Rolf Selbmann

Dichterberuf

Rolf Selbmann

Dichterberuf

Zum Selbstverständnis des Schriftstellers
von der Aufklärung bis zur Gegenwart

Wissenschaftliche Buchgesellschaft
Darmstadt

Einbandgestaltung: Neil McBeath, Stuttgart.

Die Deutsche Bibliothek – CIP-Einheitsaufnahme

Selbmann, Rolf:
Dichterberuf: zum Selbstverständnis des Schriftstellers von der Aufklärung bis zur Gegenwart / Rolf Selbmann. – Darmstadt: Wiss. Buchges., 1994
ISBN 3-534-12556-8

Bestellnummer 12556-8

Gedruckt auf säurefreiem und alterungsbeständigem Offsetpapier
Gesamtherstellung: Wissenschaftliche Buchgesellschaft, Darmstadt
Printed in Germany
Schrift: Sabon, 9.5/11

ISBN 3-534-12556-8

Inhalt

Poesie – Poetik – Poetologie: Einleitung

„Bilde, Dichter, rede nicht!" lautet eine bekannte Aufforderung an den Poeten, sich auf das dichterische Schaffen zu beschränken und poetologische Rechtfertigungen anderen zu überlassen. Doch die Schriftsteller aller Zeiten haben dieser Anordnung niemals Folge geleistet und die Reflexion über ihr Tun selbst in die Hand genommen. So gibt es kaum Schriftsteller, die sich in ihren Werken nicht über ihre Person und ihre Autorrolle, den Schreibprozeß mit seinen Hemmungen oder Antrieben, über Absichten und Hintergründe dessen, was das Eigentümliche ihrer Arbeit ausmacht, geäußert haben.[1] Im Unterschied zu denjenigen, die sich nur nachvollziehend mit Poesie beschäftigen, beanspruchen Schriftsteller gesteigerte Kompetenz auf ihrem ureigensten Gebiet. Der besondere Reiz ihrer Selbstaussagen liegt ja vor allem in der Möglichkeit, an ihren eigenen Werken überprüfen zu können, was sie programmatisch verkündet haben. Schon immer war es die Gepflogenheit der Leser, die Texte der Dichter nach offenen oder versteckten poetologischen Aussagen abzusuchen.

Der *Dichterberuf*, wie ein programmatisches Gedicht Hölderlins betitelt ist, bezeichnet dabei mehr als die Rolle, die ein Autor in seinem Text einnimmt; er enthält zugleich die sozialen und ökonomischen Bedingungen der Lebenssituation des Schriftstellers, offenbart seine Selbsteinschätzung, verrät geheime Behinderungen oder macht die reale Person des Autors scheinbar unverfälscht im Spiegel des eigenen Textes sichtbar. Doch der Schein trügt. Der Versuch, aus diesen Selbstaussagen die Wirklichkeit der jeweiligen Schriftstellerexistenz zu rekonstruieren, bleibt zutiefst problematisch. Fast immer sind Selbstdarstellung und Lebenswirklichkeit des Dichters nicht deckungsgleich, sondern verschoben und verbogen, gebrochen, stilisiert oder auf Gegenbilder bezogen. Der Weg, literarische Texte gleichsam als Fundgrube persönlicher Daten auszuwerten, endet zumeist in spekulativer Biographieschnüffelei oder in der Sackgasse einer aus Texten extrahierten Charakterstudie. Dieser Weg soll hier nicht beschritten werden, zumal sich Daten über die tatsächlichen Lebensverhältnisse der Schriftsteller auf andere Weise verläßlicher gewinnen lassen. Mit der Untersuchung des dichterischen Selbstverständnisses ist also weder eine Sozialgeschichte des Schriftstellerberufs beabsichtigt noch die Frage nach dem „Geheimnis des Schöpferischen" angeschnitten.[2] Die Suche nach der poetischen Inspirationsquelle, nach dem, was den Dichter zum

Dichter macht,[3] deckt offensichtlich nur einen kleinen Teil der Äußerungsformen ab, in denen die Schriftsteller ihre Vorstellungen präsentieren.

Auf der anderen Seite steht die Hoffnung, aus den Selbstaussagen der Dichter ein höheres Maß an Authentizität zu gewinnen, als es die Interpretation liefern könnte. Solche Botschaften der Dichter[4] erweisen sich sehr schnell als wenig ergiebig und, sollte es darum gehen, daraus wiederum eine Richtschnur für die Texte zu rekonstruieren, als zirkulär. Es entspricht dem Wesen aller Poetik, daß sie der literarischen Produktion nachhinkt oder ihr vorauseilt: entweder sie ist normativ und fordert, die Maßstäbe für das künftige Schreiben bestimmen zu dürfen, kritisiert vorhandene Werke, grenzt sie aus dem Kanon aus oder unterwirft sie ihm; oder sie ist deskriptiv und registriert alle Neuerscheinungen als Erweiterung der bislang gültigen Klassifikationsmerkmale. In beiden Fällen fügt sie die Texte in ein Ordnungssystem jenseits der Texte ein; das Selbstverständnis innerhalb des dichterischen Produktionsprozesses tangiert sie nicht unmittelbar.

Wegen dieser apriorischen Schwäche jeder Poetik muß man sich auch vor der Illusion hüten, poetologische Aussagen von Dichtern seien für das Verständnis der Werke prinzipiell relevanter als die Poetiken anderer. Vielmehr ist damit zu rechnen, daß auch die Programmatik der Schriftsteller ihre Intention verfehlen kann, sie mißversteht oder ihrerseits den Vorgaben der zeitgenössischen poetologischen Diskussion folgt. Verstehen Dichter sich selbst, ihre Kollegen oder ihr eigenes Werk am besten? Zweifel sind angebracht,[5] mit mythologischen Verbrämungen und Selbststilisierungen, dem Rückgriff auf triviale Erklärungsmodelle, einem Mangel an Reflexionshöhe, dem hilfesuchenden Anklammern an Irrationalismen oder dem Verstecken hinter psychischen Schutzwällen ist zu rechnen.[6] Schon Sigmund Freud hatte in seinem bekannten Vortrag ›Der Dichter und das Phantasieren‹ auf derlei Merkwürdigkeiten aufmerksam gemacht, nämlich daß „der Dichter selbst, wenn wir ihn befragen, uns keine oder keine befriedigende [!] Auskunft gibt" und daß die Einsicht „in das Wesen der poetischen Gestaltungskunst nichts dazu beitragen würde, uns selbst zu Dichtern zu machen".[7] Steht also schon Sinn und Ziel einer solchen Untersuchung an sich in Frage, um wieviel mehr gilt dies für den Anspruch auf einen höheren Wahrheitsgrad einer solchen Poetik? Gelegentlich können Selbstverständnis und Selbstdarstellung bis zur Unvereinbarkeit auseinanderdriften wie bei den zahllosen Dichtergedichten des 19. Jahrhunderts, in denen das Bild des Dichters aus wahllos montierten Topoi und Schwundformeln der Autonomieästhetik besteht und zu einer angeblich zeitlos gültigen Dichterideologie verkommen ist.[8] Ein solches Dichterbild ist als (selbst wieder interpretationswürdiges) literaturgeschichtliches Faktum zu registrieren, auch wenn es nicht dem tatsächlichen Selbstverständnis des Schriftstellers entspricht, das dieser, wenn er nicht in den Denkzwängen topischer Selbstdarstellung gefangen ist, ganz anders artikuliert. Nur wenige

Schriftsteller haben die Frage reflektiert, ob poetologisches Sprechen innerhalb poetischer Texte nicht eine grundsätzlich besondere und deshalb in ihrer Deutbarkeit höchst dubiose Form der Selbstaussage darstellt, wie Friedrich Hebbel 1839 in einer Rezension eines Minderdichters:

> Es ist ein schlimmes Zeichen, wenn die lyrische Poesie sich selbst besingt, wenn sie über die Würde des Sängerthums in Verzückung geräth [...] Kann denn der Dichter die Harfe rühren, so lange er anbetend vor ihr auf den Knien liegt?[9]

Die vorliegende Untersuchung möchte alle diese Einwände berücksichtigen und dennoch nicht in methodischer Beliebigkeit der Ergebnisse enden. Sie steht dabei sehr wohl in der Forschungsgeschichte poetologischer Selbstaussagen, sie grenzt sich aber auch deutlich gegen benachbarte oder ähnlich scheinende Versuche ab.[10] Es geht ihr ebenso, wie eine umfangreiche ›Geschichte des Genie-Gedankens‹ einleitend begründet, nicht um die bloße Analyse einer historischen Reihe von Belegstellen zum Thema, um eine Illustration einer Begriffsgeschichte durch Textbeispiele, sondern um die Darstellung einer „impliziten Poetik".[11] Im Unterschied zu jener, die die Ausprägungen aller Genievorstellungen durch die Epochen nachzeichnet, werden hier die Selbstaussagen der Schriftsteller nur dann herangezogen, wenn sie mehr sein wollen als poetologische Erklärungen. Auf dem Weg der Verengung solch impliziter Poetik wäre der Begriff der *immanenten Poetik* zu gewinnen, wenn es ihn nicht schon gäbe.[12] Während die implizite Poetik die poetologische Aussage in jedem selbstreflexiven Text aufsucht, geht die immanente Poetik davon aus, daß die Qualität der poetologischen Aussagen an die Gestalt der sie enthaltenden Texte gebunden ist. Die immanente Poetik macht ihre poetologischen Einsichten genau in dem Text „dingfest", in dem sie formuliert sind.[13] Ihre Formulierung ist also zugleich ihre Exemplifizierung. Dabei ist es durchaus möglich, daß innerhalb einer immanenten Poetik imaginiert wird, was reflektorisch (noch) gar nicht entwickelt werden kann. Am Material angelsächsischer poetologischer Lyrik ist gezeigt worden, in welcher Weise sich solche Texte von den seit der Antike bekannten Verspoetiken unterscheiden, weil sie zusätzliche „poetologische Substanz" auch noch in ihrer Struktur enthalten[14]:

> A poem should not mean
> but be.[15]

Damit ist offensichtlich, daß die immanente Poetik insofern eine Sonderform der impliziten Poetik darstellt, als sie nur im Gesamtfeld ihrer literarischen Gestaltung vollständig sichtbar werden kann. Poetik erscheint hier also in doppelt gebrochener Perspektive auf eine poetische Struktur, die selbst wieder strukturierender Teil eines poetischen Texts ist. Sie ist daher keine nur eingekleidete Poetologie, keine Metapoesie oder in sonstiger Weise bloß selbst-referentiell, sondern besitzt eine eigenwertige Dimension dichterischer Aussage, deren Substanz allein poetologisch nicht hinreichend erfaßt werden kann. Zwei Bildfelder bieten sich als Hilfsmittel zur Veranschaulichung an. Das erste entstammt der traditionellen Physik und geht davon aus, daß Energie immer nur an Materie gebunden vorstellbar ist. Dieses Bild würde illustrieren, daß auch jede immanente Poetik immer nur in der Gestalt eines poetischen Texts existieren kann. Sie ist auch interpretatorisch nur um den Preis der Zerstörung ihrer Trägersubstanz isolierbar, was zugleich den Zerfall der gesuchten Poetologie zur Folge hätte. Der zweite Bildbereich hat selbst autonymen Charakter, weil er die Unmöglichkeit der Trennung von theoretischer Erkenntnis und ihrem materiellen Träger poetisch vorführt. In Goethes ›Faust‹ mokiert sich Mephisto über Fausts Unvermögen, Mephistos bekannte Selbstdefinition, er sei „ein Teil von jener Kraft, die stets das Böse will und stets das Gute schafft“ (V. 1335 f.), zu verstehen, weil Faust darin einen Widerspruch zwischen der Begrifflichkeit und der lebensweltlichen Erfahrung sieht: „Du nennst dich einen Teil, und stehst doch ganz vor mir?“ (V. 1345) Mephisto greift daher zur veranschaulichenden bildlichen Rede. Sein Vernichtungsbedürfnis des Lichts reibt sich an der realen Fortexistenz dessen auf, was theoretisch längst benannt und damit vernichtet zu sein scheint:

Und doch gelingt's ihm nicht, da es, so viel es strebt,
Verhaftet an den Körpern klebt.
Von Körpern strömt's, die Körper macht es schön,
Ein Körper hemmt's auf seinem Gange,
So hoff' ich, dauert es nicht lange,
Und mit den Körpern wird's zugrunde gehn. (V. 1353–1358)[16]

Doch damit sei's genug der Begriffsprägungen und Bildanalogien. Der Fortgang der Untersuchung wird zeigen, daß es auf terminologische Sophisterei gar nicht ankommt, was eine exakte Begrifflichkeit nicht ausschließen muß.

Wichtigste Vorarbeit, freilich mit Beschränkung auf die Lyrik, ist eine Studie von Walter Hinck.[17] Im Unterschied zu Hinck, der eine eigene Gattung des poetologischen Gedichts herausarbeitet,[18] läßt diese Untersuchung am roten Faden des dichterischen Selbstverständnisses möglichst unterschiedliche Gattungen zur Sprache kommen. Der Wechsel der Textsorten spiegelt Vorlieben und Defizite bestimmter Epochen und kann selbst als interpretationswürdiger Befund gelten. Die Auswahl der zu untersuchenden Texte erscheint deshalb nur auf den ersten Blick willkürlich, etwa wenn man fragt, mit welchem Recht so hochgradig poetologisch reflektierende Autoren wie etwa Lessing oder Kleist, Jean Paul oder Stifter, Brentano oder Storm, Kafka oder Trakl nicht auftauchen. Die Auswahl ist jedoch insofern repräsentativ gemeint, als sie sich an epochentypischen Ausprägungen des dichterischen Selbstverständnisses orientiert und nicht das Ziel hat, alle greifbaren Äußerungsformen zu dokumentieren. Vollständigkeitsbestrebungen wären nach Materialstand, Thematik und Methode unsinnig; statt dessen sind die Texte hinsichtlich ihrer Systematisierungsfähigkeit ausgewählt. An ihnen soll, gleichsam an den Gelenk- und Verdichtungsstellen immanenter Poetik, exemplarisch gearbeitet werden. Das Schlußkapitel liefert dann mit dem Schrittwechsel von der Detailuntersuchung zur Überschau den Versuch einer Typologie des Dichterberufs in Kontinuität und literaturgeschichtlichem Wandel.

Ein jüngst erschienener Sammelband ›Metamorphosen des Dichters‹, der im Untertitel das „Selbstverständnis", auf dem Umschlag „Das Rollenverständnis deutscher Schriftsteller vom Barock bis zur Gegenwart" nennt,[19] behandelt in Einzelaufsätzen etwa denselben Zeitraum, jedoch unter anderer Perspektive. Eine Ähnlichkeit der Untertitel besteht nur auf den ersten Blick. Die Beiträger der Sammlung erarbeiten, wie schon die Pluralbildung ankündigt, unterschiedliche Autorrollen. Die vorliegende Untersuchung ist dagegen nicht autor-, sondern textzentriert. Ihr geht es nicht um Bilder biographisch fixierbarer Dichter, sondern um den Wandel der immanenten Poetik durch die Epochen. Ergibt der Sammelband eine Literaturgeschichte aus der Perspektive ihrer Produzenten, so liefert die vorliegende Studie eine Geschichte unterschiedlicher Ausprägungen der einen fiktiven Lebensform Dichter.

Aus dem bisher Gesagten folgt, daß auch eine Theorie der immanenten Poetik ausgeblendet bleibt. Statt dessen steht die konzentrierte Untersuchung von Einzeltexten, denen repräsentative Bedeutung als epochentypische Leittexte zukommt, im Mittelpunkt. Unterschiedliche Verdichtungsgrade in der Darstellung des Dichterberufs entsprechen dabei der unterschiedlichen Intensität der Interpretation. Dem versucht der Wechsel zwischen detailgenauer, manchmal mikroskopischer Textanalyse und literaturgeschichtlicher Systematik nachzukommen. Die Studie ist auch als eine Kette von Einzelinterpretationen zu lesen, die gelegentlich (vor allem bei vielgedeuteten Texten des Kanons) durch die Perspektive des Themas bedingte neue Deutungen wagen. Dies geschieht auch unter dem Postulat, daß nur wahrhafte Genauigkeit konkrete Erkenntnisse vermittelt, nicht der kühne Überflug literaturgeschichtlicher Höhenkämme, bei dem die Texte kaum mehr als die Flugbahn des Interpreten abzeichnen. Ein solches Vorgehen markiert auch eine Grenzscheide in der Auffassung dessen, was Literaturwissenschaft zu leisten hat. Dort, wo diese ihre Dienstleistungsfunktion an den Texten aufgibt, nämlich zu deren Verstehen beizutragen, gerät sie schnell in Gefahr, notwendige Unterschiede zu verwischen und einer übersteigerten Einschätzung der eigenen Schreibleistung zu verfallen, als gäbe es statt des Interpretenhandwerks tatsächlich eine „Kunst der Interpretation".[20] Sekundärliteratur mag ihre Verdienste haben, sie bleibt doch immer das, was ihr Name schon sagt: sekundär. Wenn Interpreten jedoch diese essentiellen Unterschiede negieren, parasitär Texte besetzen und für eigenmächtige Diskurse aussaugen, glauben sie bald selbst, sie brächten eigenwertige Literatur hervor, welche man ohne die Texte als kulturkritische Diskurse lesen könne. Der solchermaßen als Schriftsteller dilettierende Interpret findet sein wissenschaftliches Pendant in der vorgeblichen Bescheidenheit derer, die einer Relativität des Textverstehens das Wort reden, den sowieso schon bescheidenen Konsens der Literaturwissenschaft ganz aufkündigen und statt dessen die Wiedergabe jedes beliebigen Leseeindrucks als kreative „halluzinatorische" Form der Literaturaneignung zu akzeptieren bereit sind. Das scheinbar längst verabschiedete Diktum einer sich wertfrei gebenden Interpretationslehre, „Begreifen, was uns ergreift", ist dabei, unter heimlicher Sinnverschiebung fröhliche Urständ zu feiern. Zielte jener Leitsatz auf die Rechtfertigung einer Werkinterpretation, die immerhin noch am Textverstehen orientiert war, so erhält er jetzt ein Achtergewicht als Legitimation für die Ausbreitung von Be- und Empfindlichkeiten, deren literaturwissenschaftliche Irrelevanz ins Mäntelchen wahrnehmungspsychologischer „Kreativität" gekleidet ist. Das Bekenntnis des eigenen Scheiterns an der Literaturwissenschaft, so ehrenhaft es persönlich zu werten ist,[21] schafft allein noch nicht die Grundlage einer Literaturtheorie, die gar keine ist, sondern die Wahrnehmungstheorie für Leser, denen *jede* Lesart gleichwertig sein soll. Literarische Texte liefern dann nur mehr den Anlaß, beim Leser „kreative" Wirkungen auszulösen.[22]

Welches ist statt dessen wirklich die Aufgabe der Literaturwissenschaft? Sicherlich handelt es sich nicht darum, dem Leser verbindlich vorzuschreiben, was der Text denn tatsächlich meine, oder mit eigenen Worten nachzuschreiben, was der Dichter schon gesagt hat. Ohne falsche Ehrfurcht vor dem originären Dichterwort gilt es doch, dieses ernst zu nehmen und es nicht in einem Brei gleichgültiger Kreativitätsduselei jedermanns ertrinken zu lassen, geht es um die Auseinandersetzung mit ihm, ohne seine Sperrigkeit in der Glätte des aufgesetzten Diskurses zu vernichten. Die doppelte Verantwortung des Literaturwissenschaftlers gilt zweifellos beiden Seiten, den Texten wie den Lesern. Wenn am Ende der sekundären Literatur dann die geschärfte und neugierige Neulektüre der primären steht, wäre das Geschäft des Interpreten mehr als ausreichend erfüllt.

I. Mythos und Kritik: Zur Vorgeschichte des dichterischen Selbstverständnisses

1. Von Orpheus zum poeta doctus*: Zum Dichterbewußtsein in der Antike*

Als erster soll Orpheus gesungen haben. Menschen, Tiere und sogar Pflanzen waren angeblich hingerissen von der Gewalt seines Gesanges. Jedenfalls haben wir von diesem thrakischen Sänger aus dem 6. vorchristlichen Jahrhundert die erste, wenn auch sagenhafte Biographie überliefert, die ihn zum Stammvater aller Dichter aller Zeiten erhebt. Orpheus' Herkunft, sein Lebensweg, seine Sangeskunst und vor allem sein Tod machen ihn zum Archetyp des Dichters, zum Modellfall aller Begünstigungen und Bedrohungen des Dichterberufs. Als Sohn der Muse Kalliope hat Orpheus teil an der Inspirationsquelle des Göttlichen, er weiß sich im Besitz höherer Einsichten und übermenschlicher Weisheit.[1] Noch ist der Dichter keineswegs bloß Verseschmied oder Vorsänger, sondern Wissender und Weissagender zugleich und in dieser Doppelfunktion fraglos anerkannt. Die unbezweifelte Einheit von Gesangsvortrag und Wissensverkündung in der Person des inspirierten Dichters heiligt alle außergewöhnlichen Wirkungen der Poesie. Als Sänger-Musiker-Dichter zieht Orpheus nicht nur die Sterblichen in seinen Bann; nach dem Tod seiner Frau Eurydike steigt er sogar in die Unterwelt hinab und erreicht dort durch seine Kunst schier Unmögliches: er darf seine Frau aus der Unterwelt zurückführen. Das Geheimnis der Inspiration und die besondere Wirkung des Dichters verbinden sich hier mit dem dritten Element des Dichtermythos: die grenzen- und bedingungslose Liebe. In ihr schlummert schon die kommende Tragödie. Weil Orpheus es nicht erträgt, zu Eurydike nicht umblicken zu dürfen, sinkt diese für immer in die Schattenwelt zurück. Orpheus gibt sich endloser Trauer hin und zieht sich aus der Welt zurück. Das Bild vom Dichter als einem Leidenden, Gezeichneten und dem Leben Entsagenden stellt das vierte Element im urpoetischen Muster des Orpheus-Mythos dar. Zuletzt findet Orpheus ein so poesiewirksames wie sinnbildhaftes Ende: die zornigen Weiber des Dionysos zerrissen ihn, und sein abgeschlagenes Haupt und seine Leier tönen durch alle Zeiten fort und bewahren die Poesie über seinen leibhaftigen Tod hinaus.

Alle fünf Merkmale, das Wunder der göttlichen Inspiration, die dichterische Höhe des universalen Anspruchs, die rückhaltlose Orientierung am eigenen Empfinden als Maßstab des Verhaltens, das Leid als Zentrum des Lebens und die Gewißheit des poetischen Nachruhms tragen in individuell und epochal unterschiedlicher Gewichtung dazu bei, daß der Mythos eine lange Reihe von Anknüpfungen, Bezugnahmen und Anverwandlungen hervorgebracht hat und die Gestalt des Dichters zu einer literarischen Symbolfigur geworden ist.[2] Für die Dichter aller Zeiten bot Orpheus ein Modell, an dem die eigene Identität zu definieren und der göttliche Auftrag zur Poesie immer neu zu messen war.

Doch schon den Griechen kamen bald Zweifel an der Allgültigkeit dieses Mythos der Poesie. Homer, dem epischen Sänger, glaubten sie noch, er sei auch Weltweiser, Lehrer und Verkünder ewiger Wahrheiten. Doch die stillschweigende Voraussetzung hierfür, daß nämlich die Dichtung göttlich und damit unanfechtbar wahr sei, wurde bald in Frage gestellt.[3] Mit der Aufdeckung des Fiktionscharakters von Poesie brach deren universaler Weltdeutungsanspruch zusammen. Platons berühmtes Urteil aus seiner ›Politeia‹, daß alle Dichter lügen, in ihren Dichtungen nur „Nachahmer von Nachahmungen" seien und deshalb aus seinem idealen Staat verbannt werden sollten, war nur die natürliche Schlußfolgerung einer Argumentationskette, die schon Jahrhunderte zuvor ihren Ausgang genommen hatte. Der Anruf der Musen, wie er bei den epischen Sängern Homer und Hesiod Brauch war und späteren zum Topos dichterischer Legitimation wurde, signalisierte ja ursprünglich, daß der Sänger nicht der Autor, also der Schöpfer war, sondern nur Vermittler und Verkünder göttlicher Botschaften. Der Begriff des Dichters (*poietes*), wie er seit dem 5. Jahrhundert in Ablösung vom bloß vortragenden Sänger (*aiodos*) entstand,[4] betonte die Autorschaft eines dichterisch agierenden Subjekts. Steckte in der archaischen Allwissenheit des epischen Erzählers noch der Anspruch des Sängers, gültige Wahrheiten zu verkünden, so produzierte der Dichter jetzt nur noch Poesie, selbst Geschaffenes, also Fiktion. Mit diesem Ende der unbezweifelten Göttlichkeit der Poesie endete auch die bislang nur mündliche Tradierung von Literatur, es begann ihre schriftliche Fixierung. Beinahe zeitgleich entwickelte sich das Drama, das, indem es mehrere Theaterstücke zu demselben Stoff darbot, den Fiktionscharakter von Literatur noch offenbarer machte. Daneben entstand die Poetik als vernunftbegründete Reflexion über Poesie. Sie erfüllte das Bedürfnis nach säkularisierten und verharmlosenden Begriffsbildungen anstelle der ehemaligen mitempfindenden Kategorien von Ergriffenheit, Trunkenheit oder Trance. Die Poetik des Aristoteles hat dann die Genese poetologischer Begrifflichkeiten zur normativ wirkenden Traditionslinie verlängert.

Platons Dialog ›Ion‹ steht genau an dieser Nahtstelle, an der das alte Erfahrungsmuster der Göttlichkeit der Poesie und die neuen poetologischen Erklärungsversuche zusammenstoßen.[5] Zunächst fällt auf, daß Platons Sokrates seinen Dialog nicht mit einem Dichter führt, sondern mit einem Rhapsoden, der Vortragskünstler und Textexeget in einer Person ist.[6] Der Rhapsode Ion muß sich von Sokrates belehren lassen, daß er entgegen seinem eigenen Anspruch kein eigenschöpferischer Künstler, sondern nur „Vermittler für des Dichters Gedanken" sei.[7] Aber auch die Dichter selbst seien nichts anderes als das Sprachrohr göttlicher Inspiration, „Mittler der Götter" und deren „Diener"; Sokrates bekräftigt, daß letztlich „der Gott selbst es ist, der spricht".[8] Mit dieser starken Betonung der „Ergriffenheit" der Dichter, ihres „von Sinnen"-Seins[9] und ihrer Verstandesausschaltung[10] baut Platon eine Kontrastposition zu derjenigen Ions auf, der einem naiven Dichtungsverständnis, zugleich aber auch dem archaischen Erklärungsmodell anhängt, daß nämlich die Dichter auch wirklichkeitsrelevantes Wissen zu vermitteln hätten, so wie man z.B. das Kriegshandwerk aus Homers Epen lernen könne.[11] Vor dem Hintergrund dieses Vorverständnisses beginnt Sokrates mit seiner Demontage des traditionellen Dichterbildes. Wie in seiner ›Apologie‹ (22b/c), in der er Sokrates die Dichter als bewußtlose und wirklichkeitsfremde Schönschwätzer denunzieren läßt, zielt Platon auch hier in zwei Richtungen.

Zum einen kommt es ihm darauf an, den Dichter zum bloßen Ausführungsorgan des göttlichen Willens zu degradieren. Der hierzu herangezogene Vergleich mit dem Magnetstein besagt ja nicht nur, daß der Dichter durch göttliche Eingebung gelenkt wird, sondern auch, daß die Person des Dichters nur eine Figur unter vielen in der Reihe der Enthusiasmierten ist und daher für die poetische Wirkung eine zu vernachlässigende Größe darstellt:

> Denn auch dieser Stein zieht nicht nur die Eisenringe selbst an, sondern er verleiht den Ringen auch die Kraft, so daß sie ihrerseits dasselbe zu bewirken vermögen wie der Stein, nämlich andere Ringe anzuziehen, so daß bisweilen eine ganz lange Kette von Eisenringen aneinander geheftet ist; diesen allen aber haftet von jenem Stein her die Kraft an. So bewirkt aber auch die Muse eine göttliche Ergriffenheit teils unmittelbar, teils heftet sich, indem an diesen göttlich Ergriffenen sich andere begeistern, eine ganze Kette an.[12]

So wird erklärlich, warum der Dialog keinen Dichter, sondern einen Rhapsoden auftreten läßt. Denn dieser verhält sich zum Dichter wie jener zu den Göttern: beide sind jeweils nur „Mittler"[13] für höherrangige Kräfte. Selbst die Zuschauer/Hörer unterscheiden sich kaum mehr vom Dichter, der nur der erste einer ganzen „Kette von Tänzern, Chorlehrern und Unterlehrern" ist:

> Weißt du denn, daß so ein Zuschauer der letzte von jenen Ringen ist, die, wie ich sagte, durch den Herakleischen Stein von einander ihre Kraft empfangen? Der mittlere bist du, der Rhapsode und Schauspieler, der erste der Dichter selbst.[14]

Zum zweiten betreibt Platon durch Sokrates die systematische Demontage der Ernsthaftigkeit des Dichterberufs. Wiederholt wird darauf hingewiesen, daß die poetische Inspiration unter Verlust des Verstandes vor sich gehe. Die zweifellos nötige Begeisterung des Dichters wird zudem durch die Gleichsetzung mit ironisch geschilderten Korybantensängern und Bacchantinnen lächerlich gemacht:

> Denn ein leichtes Ding ist der Dichter, beschwingt und heilig, und nicht eher in der Lage zu dichten, bevor er in göttliche Begeisterung geraten und von Sinnen ist und der Verstand nicht mehr in ihm wohnt.[15]

Der Fall des völlig unbedeutenden Dichters Tynnichos aus Chalkis, „der niemals ein anderes Gedicht gemacht hat, das irgendwie eine Erwähnung verdiente", und der ausgerechnet „von allen Liedern das schönste" gedichtet habe, soll exemplarisch zeigen, daß eine aus sich selbst Dichtung hervorbringende Persönlichkeit gar nicht existiert. Offensichtlich soll ein dermaßen überzogenes Beispiel wie ein Witz wirken:

> Denn eben an ihm, so scheint mir, zeigt der Gott am stärksten auf, damit wir nicht in Zweifel sind, daß nicht menschlich diese schönen Gedichte sind und nicht von Menschen, sondern göttlich und von Göttern, daß aber die Dichter nichts anderes sind als Mittler der Götter, Besessene dessen, von dem jeder einzelne gerade besessen ist.[16]

Schon Goethe hat in einem kleinen Aufsatz ›Plato als Mitgenosse einer christlichen Offenbarung‹ von 1796 den Dialog als „Persiflage" bezeichnet und vermutet, daß die Argumentation „nicht allein *auf* etwas, sondern auch *gegen* etwas gerichtet" sei.[17] Er erkannte den Dialog als literarisches Werk Platons, das einer poetischen, nicht nur einer philosophischen Dramaturgie folgte. Aus dieser Perspektive durchschaute er den Rhapsoden Ion als polemische Gegenfigur zu Sokrates; Ion sei „ein Naturalist, ein bloßer Empiriker": „Einen solchen Tropf nimmt der Platonische Sokrates vor, um ihn zu Schanden zu machen."[18] Dem klassischen Goethe ist vor allem „die falsche Lehre von Inspirationen" ein Dorn im Auge, die der Übersetzer und Klopstock-Anhänger Friedrich Leopold Graf zu Stolberg im Sinne einer christlichen Dichtungslehre in den Dialog hineinlesen wollte. Goethe widerspricht dem und findet für die besondere Begabung des Dichters eine modernere und rationale Begründung:

> Selbst der anerkannte Dichter ist nur in Momenten fähig, sein Talent im höchsten Grade zu zeigen, und es läßt sich dieser Wirkung des menschlichen Geistes psychologisch nachkommen, ohne daß man nöthig hätte, zu Wundern und seltsamen Wirkungen seine Zuflucht zu nehmen ...[19]

Das Unerklärliche des Genies, das der junge Goethe einst selbst zum irrationalen Glaubensbekenntnis erhoben hatte, ist dem Klassiker ein Greuel geworden. Dennoch stärkt Goethes psychologisch argumentierender Einwand das „Talent" des Dichters sehr wohl gegen den Vorwurf, nichts als ein Sprachrohr höherer Mächte zu sein.

Die ›Ars Poetica‹ des römischen Lyrikers Horaz steht am Beginn einer ganz gegenläufigen Entwicklung dichterischer Selbstauffassung. Während Platon den Irrationalismen dichterischer Inspiration durch die Aussperrung der Dichter aus seinem idealen Staat, durch den abschätzigen Umgang mit ihnen und durch sein Mißtrauen gegen literarische Fiktionen begegnen wollte, legitimierte Horaz' Poetik die Position des *poeta doctus*. Die ›Ars Poetica‹ sollte eine der folgenreichsten Poetiken werden; in ihrer Form der *Epistula ad Pisones* präsentierte sie sich aber auch als eigenständiges literarisches Werk mit mehr als nur poetologischem Anspruch. Horaz stand dabei, wenn auch ohne Kenntnis der Poetik des Aristoteles, durch Anknüpfung und Abgrenzung in der Tradition der griechischen Vorgeschichte.[20] So empfiehlt Horaz den Dichtern, ihre Themen aus den griechischen Schriften über Sokrates zu entnehmen.[21] An Orpheus als einem Heiligen („sacer") und als Sprachrohr der Götter („interpres deorum") wird erinnert.[22] Freilich ruft Horaz nur deshalb die griechische Vorzeit noch einmal auf, um auf den Abstand zur Gegenwart zu verweisen: Orpheus ist Mythos und poetischer Schnee von gestern.[23] Die schon längst fremd gewordene Erinnerung an den legendären Sänger-Dichter[24] gilt dem sagenhaften Typus des *poeta vates*, der als Reminiszenz archaischer Zeiten in die Gegenwart hereinragt. Der Dichter zu Horaz' Zeiten nennt sich nur in bestimmten lyrischen Gattungen „vates", ansonsten ist er „poeta", der Verfertiger von Dichtung, Fachmann in einem erlernbaren Kunsthandwerk, wie der Titel der Poetik kundgibt. Gelegentlich bezeichnet sich der Dichter selbstbewußt als Verfasser von Gedichten oder sogar bloß als Schriftsteller.[25] Denn Literatur ist für Horaz längst und unzweifelhaft Erfindung, Fiktion („fingere"). War es ehemals der Weltweise und Prophet, der das andere Extrem des Dichterischen besetzte, so ist es jetzt nötig, das freie Spiel der dichterischen Einbildungskraft von den Wahnvorstellungen und Träumen Kranker abzugrenzen und dennoch die Freiheit des poetischen Erfindens als zeitloses Privileg des Künstlers zu sichern.[26]

Nach den Vorstellungen des Horaz hat der Dichter dem Ideal des *poeta doctus*, des hochgebildeten und hochgradig bewußten Schriftstellers nachzustreben, der über alle poetischen und rhetorischen Mittel souverän verfügt. Horaz hat damit einen über die Jahrhunderte gültigen Dichtertyp definiert.[27] Den Ruhm eines wahren Dichters erringt man nur, wenn man sich nicht seinen poetischen Einfällen überläßt, sondern diese dem mühseligen Geschäft des Ausfeilens unterzieht.[28] Den Maßstab, an dem sich Arbeit und Person des Dichters zu orientieren hat, liefert der gute Geschmack, das Angemessene und Schickliche, die Mitte zwischen poetischer Innovation und verfeinerter Wiederholung des immer Gleichen.[29]

Diese goldene Mitte als Standort des Dichters hat Horaz in einem seiner berühmtesten Gedichte (Carmen II,10) sentenzenhaft thematisiert. Sie wird sprichwörtlich, vorbildhaft und normativ für die europäische Poetik bis ins 18. Jahrhundert werden, wie schon die Namen der bekanntesten Nachfolge-Poetiken verraten: Opitz' ›Buch von der Deutschen Poeterey‹ von 1624,

Boileaus ›L'Art poétique‹ von 1674 oder Gottscheds ›Versuch einer critischen Dichtkunst‹ von 1729. Die Betonung der formalen Klassizität in der Horaz-Nachfolge hat freilich etliche Prinzipien seiner Poetik verkürzt tradiert. So ist die berühmte Sentenz über Sinn und Aufgabe des Dichters – „aut prodesse volunt aut delectare poetae"[30] – immer nur mit Blick auf die Wirkungsabsicht als Spannungsverhältnis von Nützlichkeit und Unterhaltungsbedürfnis aufgefaßt worden. Dabei wäre aus der Perspektive unseres Themas die Bedeutung des „volunt" stärker zu betonen, der Anspruch des Dichters nämlich, nicht mehr Eingeflößtes bloß wiederzugeben, sondern eigenen Intentionen zu folgen und selbstverantwortete Aussagen zu formulieren.

Bei der verkürzenden und harmonisierenden Rezeption des Horaz ist auch untergegangen, daß die ›Ars Poetica‹ mit der programmatischen Forderung nach dichterischer Freiheit beginnt und mit einer ebensolchen endet. Zwar werden die poetischen Bemühungen des wahnsinnigen Dichters („fanaticus error", „vesanum poetam"), der seine Verse herausrülpst, lächerlich gemacht, ohne jedoch das Unfaßbare der poetischen Inspiration gänzlich aufzugeben. Es vollzieht sich vielmehr eine Aufspaltung des *poeta vates* in einen *poeta doctus* als dem gesellschaftlich integrierbaren Bildungsdichter und einen auszugrenzenden halluzinierenden Wahnsinnigen. Der solchermaßen gesäuberte Dichter kann dann, wie das Beispiel des zitierten Empedokles zeigt, wieder die absolute Entscheidungsfreiheit zurückerhalten, nach eigenem Gutdünken zugrunde zu gehen.[32] Denn noch in der satirisch gemeinten Fragestellung eines räsonierenden Publikums, daß ja gar nicht klar sei, warum der Dichter überhaupt dichte,[33] stecken die Reste jener besonderen Begabung, die noch den *poeta doctus* von einem bloßen *scriptor* unterscheiden.

In seinen eigenen Gedichten hat Horaz dieses Verständnis der Dichterexistenz mit einem hohen Selbstbewußtsein in der Tradition archaischer Dichter-Sänger verbunden. Die erste seiner Oden, die Widmung an Mäcenas, hebt die Person des Dichters als *doctus* ausdrücklich vom gemeinen Volk ab,[34] wählt aber dann für das lyrische Ich die Rolle des *poeta vates*, der sich mit berechtigtem Stolz an den Sternen orientiert:

> quodsi me lyricis vatibus inseres,
> sublimi feriam sidera vertice.[35]

In seiner Dankode an die Muse Melpomene scheint sich Horaz mit der traditionellen Vorstellung einer poetischen Inspiration durch die Muse schon bei der Geburt des Dichters abzufinden, indem er ganz allein ihr das Gedicht, den poetischen Prozeß und die Anerkennung durch das Publikum zuschreibt.[36] Doch hinter diesem Bescheidenheitstopos lugt das Selbstbewußtsein eines mit seiner Einbildungskraft kokettierenden Dichters überdeutlich hervor. Horaz fordert wie selbstverständlich, in den elitären Kreis der großen römischen Dichter aufgenommen zu werden. Er beansprucht das Epitheton der Meisterschaft nicht dank vermehrter göttlicher Begabung, sondern weil ihn das Publikum schon im Vorübergehen als berühmten Dichter erkennt:

quod monstror digito praetereuntium
Romanae fidicen lyrae.[37]

Doch sogar diese extreme Darstellung dichterischen Selbstbewußtseins ist noch steigerbar. Zuletzt setzt sich der Dichter mit seinem Werk selbst ein Denkmal, das nicht nur beständiger als Erz ist und ihn und die Zeiten überdauert.[38] Horaz beansprucht für sich auch noch den Ruhm, als erster die äolische Lyrik in Italien eingeführt zu haben.[39] Als poetischer „princeps" usurpiert er den gewichtigsten Titel seines Kaisers und Förderers und fungiert so als selbsternannter Dichterfürst neben dem Imperator![40] Die Anspielungen Horaz' auf seine Herkunft oder seinen ungewöhnlichen sozialen Aufstieg[41] können hier, wo es nicht um eine sozialgeschichtliche Interpretation geht, außer Betracht bleiben. Entscheidend ist vielmehr die Selbstzuschreibung eines Titels von *nationaler* Repräsentanz.[42] Schließlich nötigt er seine Muse, ihn mit dem delphischen Lorbeer zu krönen.[43] So gibt der Erfinder des *poeta doctus* seinen Anspruch, immer auch noch ein Stück *poeta vates* zu sein, niemals auf. Er überhöht sogar seine Position in die national-poetische Vorreiterrolle und zwingt zuletzt die Muse und mit ihr die göttliche Inspiration, sich seiner Autorität als Dichter zu fügen.

2. *„Nu fraget mich": Selbstbewußtsein und Auftritt des mittelalterlichen Sängers*

Dem christlichen Mittelalter war der Gedanke fremd, die göttliche Offenbarung finde in poetischen Fiktionen ihren Ausdruck. Viel eher als Orpheus konnte David, Sänger und biblischer König zugleich, den Vorstellungen vom göttlichen Dichter entsprechen. Zudem stand die durch die Bibel, die antike Tradition und ihre Schriftlichkeit geheiligte lateinische Kultursprache in diametralem Gegensatz zur mündlichen Volkssprachigkeit. Von einer grundlegenden Differenz zwischen der lateinischen Schriftkultur der Gebildeten und den mündlich vorgetragenen und überlieferten Liedern in der Volkssprache war auch das soziale Interaktionsfeld jeder Art von Dichtung geprägt. Nur ersteres war Literatur im Wortsinn,[44] zweiteres eher sinn-lose Unterhaltung für die politisch herrschende Oberschicht adliger Illiteraten. In diesem Spannungsfeld hat speziell der Minnesang „als Aufführungsform"[45] seinen Platz. Er lebt vom musikalischen Vortrag des Sängers, der oft der Dichter des Liedes ist, vor einer festlich gestimmten höfischen Gesellschaft, die diesen Sänger dafür entlohnt.

Während die Epiker in Prologen wie Hartmann von Aue in seinem ›Iwein‹

oder im ›Armen Heinrich‹, in Exkursen oder Gleichnisreden wie Wolfram von Eschenbach oder in Literaturkatalogen wie Gottfried von Straßburg ihr Dichterbewußtsein im Medium einer souveränen Erzählerfigur gattungs- und stoffbedingt zur Schau stellten, verlangte der stärker ritualisierte Minnesangvortrag andere Formen der Selbstkundgabe. Hier diente dem Liedsänger die Auftrittssituation als Gelenkstelle zwischen seiner gesellschaftlichen Realität und der vorzutragenden dichterischen Fiktion.[46] Walther von der Vogelweide, dessen Leben und Ansehen als berühmtester Minnesänger seiner Zeit nichts als eine Rekonstruktion aus den unter seinem Namen überlieferten Liedern ist, hat immer wieder diesen spannungsreichen Auftritt als Sänger zum Gegenstand programmatischer Selbstdarstellung gemacht. So beginnen seine (im nationalen Geist des 19. Jahrhunderts zum 'Deutschlandlied' erhobenen) Strophen mit dem Auftritt des Sängers, der sich seines Erfolges gewiß ist:

> Ir sult sprechen willekomen:
> der iu mære bringet, daz bin ich.
> allez daz ir habt vernomen,
> daz ist gar ein wint: nû frâget mich.
> ich wil aber miete:
> wirt min lôn iht guot,
> ich gesage iu lîhte daz iu sanfte tuot.
> seht waz man mir êren biete.[47]

Der Sänger-Dichter appelliert nicht nur selbstbewußt an die Großzügigkeit seiner adligen Gönner-Hörer („miete“, „lôn“, „êre“), die mehr sein soll als bloße Bezahlung. Im Wechselspiel von Frage und Antwort und von Geben und Nehmen erhebt er sich und die Qualität seiner Literatur auch weit über seine dichterische Konkurrenz. Niemand anders als er schafft es, Neuigkeiten und poetische Fiktion in einem („maere“) zu präsentieren.[48] Ihm wie seinen Konkurrenten kommt es darauf an, ihr Selbstbewußtsein als Meister zusammen mit der Minnediskussion auf die Ebene einer poetologischen Diskussion zu ziehen.

Im ›sumerlaten‹-Lied[49] hat Walther noch viel eindeutiger seinen Dichterberuf zum Thema eines Minnelieds gemacht. Der Sänger tritt vor sein Publikum in der Rolle des Starvirtuosen, der längere Zeit pausiert hat:

> lange swîgen des hât ich gedâht:
> nû wil ich singen aber als ê.

Die Rückbesinnung auf die Vergangenheit läuft auf einer doppelten Ebene. Denn schon Walthers Eingang zitiert mit Heinrich von Morungens bekanntem Vers „ich wil singen aber als ê“[50] die zurückgelassene Literaturgeschichte genauso wie das eigene frühere Dichten. Diesmal haben „guote liute“ – eine Reverenz an Anwesende? – beim Dichter einen Sinneswandel veranlaßt. Walther läßt sich zu einem Comeback überreden, doch er erfüllt die Erwartungen seines Publikums nicht restlos; die Pointe folgt unmittelbar als rückbezügliche Antwort auf den Antrag:

> ich sol singen unde sagen,
> und wes si gern, daz sol ich tuon: sô suln si mînen kumber klagen.

Das läßt sich, frei übersetzt, so lesen: 'Wenn ich schon auf ihren Wunsch hin wieder auftrete, dann müssen sie es auch hinnehmen, daß ich das singe, was ich will.' Der Dichter-Sänger erhebt den Anspruch, sein Repertoire nicht von den Unterhaltungserwartungen seiner Zuhörer bestimmen zu lassen. Statt dessen wird die Themenwahl – innerhalb der Autorrolle – autobiographisch („*mînen* kumber“) und in ausdrücklichem Widerspruch zur herkömmlichen Festfreudesituation des Minnesangs begründet („klagen“).

Die zweite Strophe erhöht diese Provokation noch und verknüpft den Sängerauftritt mit dem standardisierten Rollenspiel des Minnesangs, aber so, daß letzteres zum Paradox gerät: 'Es ist etwas Unerhörtes („wunder“) passiert! Eine Frau, die ich bedichtet habe und die dadurch ihr gesellschaftliches Ansehen („werdekeit“) erhalten hat, schaut auf mich herab und das gerade deshalb, weil ich mich so angestrengt habe.' Der Schlußvers der Strophe formuliert zugespitzt die Funktion des Minnesangs in der höfischen Gesellschaft, jedoch ins Negative gewendet: „jon weiz si niht, swenn ich mîn singen lâze, daz ir lop zergât“ [Ja weiß sie denn nicht, daß, wenn ich mit dem Bedichten aufhöre, auch ihr Ansehen zu Ende ist?]. Noch programmatischer auf die Poetologiediskussion zugespitzt kann man auch formulieren: 'Hat denn diese Frau keine Ahnung, daß sie ihren Rang in der guten Gesellschaft nur meiner Dichtung verdankt?'

Die dritte Strophe spielt durch, an den männlichen Teil der Gesellschaft gewandt, welche Folgen ein solches Verhalten der Dame für diese selbst, aber auch für das Publikum und die Dichtung haben könnte. Drohung und Eigenlob, die Erfolge der Vergangenheit und die Befürchtungen für die Zukunft halten sich dabei die Waage:

> tûsend herze wurden frô
> von ir genâden; dius entgeltent, lât si mich verderben sô.

Tausend Hörer haben davon profitiert, daß sie mir ihre Gunst schenkte und daß ich durch meine Lieder diese Beziehung öffentlich und poetisch gemacht habe; die müssen es jetzt büßen, wenn sie mich zugrunde gehen läßt (weil es dann keine Minnelieder mehr von mir geben wird).

Die Diskussion der vierten Strophe um die Rolle der Frau und ihr systemgerechtes Verhalten im Regelspiel des Minnesangs („si wære guot“ – „wer was ir bezzer dô dann ich“) mündet ein in die erstaunlichste Strophenpointe: „stirbe ab ich, sô ist si tôt“. Ohne Untersuchung muß hierbei bleiben, inwiefern Walther mit dieser Formulierung seine Dichterfehde mit Reinmar aufgreift und dessen berühmte Liedpointe „stirbet si, sô bin ich tôt“ zitiert oder nicht.[51] Für unseren Zusammenhang ist die von Walther thematisierte Wechselwirkung von gesellschaftlicher Existenz und dichterischem Schaffensakt, auch hier wieder negativ formuliert, von Bedeutung. Inwiefern enthält die Verständigung des Minnesängers mit seinem Publikum über die Normen des Umgangs mit höfischen Damen zugleich einen Interpretationsauftrag für die enthaltene Poetik? So wäre in verstärkender Übernahme der spiegelbildlichen Denkfigur Walthers zu übersetzen: ‘Daran, daß es diese Frau, in Wirklichkeit und als Gegenstand meines Liedes, überhaupt gibt, hängt mein Ansehen in der Gesellschaft wie als Dichter; aber: wenn ich (durch Nichtbeachtung) persönlich und gesellschaftlich so gut wie tot bin, dann ist sie es (durch das Nichtbesungenwerden) ebenso!’

Die letzte Strophe erweitert diese Diskussion um die Dimension der Zeitlichkeit. Dabei meint der aufgeführte Gegensatz von alt und jung, von damals und heute nicht bloß die (banale) Pointe um einen im Minnedienst alt gewordenen Sänger. Der berühmte Altmeister Walther benutzt den Topos des Altwerdens im Dienst an der Frau, der im Liedeingang schon angeschlagen worden war (singen „als ê“), um im Gegensatz von alt und jung den Realitätsbezug *und* den Fiktionscharakter seiner Dichtung ins Groteske zu treiben. Ein Dichter, der seine Herzensdame jahrelang bedichtet, wird desto älter, je intensiver er sich seiner Aufgabe widmet; die bedichtete Frau altert äußerlich zwar gleichermaßen, nicht aber als erdichtete Frau, als literarische Rolle zur Wertediskussion; als solch doppelte Minnedame kann sie den Wunsch nach einem jungen Partner nur deshalb hegen, weil ihr gesellschaftliches Ansehen durch den (alten) Minnesänger dauerhaft gesichert worden ist. Die Aufforderung an den jungen Mann, um dessenwillen die Frau den altgewordenen Dichter verlassen will, ist drastisch genug[52]:

> sol ich in ir dienste werden alt,
> die wîle junget sie niht vil.
> so ist mîn hâr vil lîhte alsô gestalt,
> dazs einen jungen danne wil.
> sô helfe iu got, hêr junger man,
> sô rechet mich und gêt ir alten hût mit sumerlaten an.

Außer Schadenfreude bei den Hörern – ist die so Angesungene oder Bedrohte vielleicht im Publikum anwesend? – enthält der Schluß des Liedes aber auch eine unerwartete Wendung in Walthers Literaturverständnis:

> Wenn sie so dumm ist und nicht versteht, daß ihre Existenz (durch meinen Minnesang) eine fiktive, alterslose und zeitlose geworden ist und alles wörtlich und zeitabhängig auffaßt, dann, junger Mann (nächste Dichtergeneration?), räche mich (unseren gemeinsamen Dichterberuf), behandle sie so, wie sie es verdient; zeige ihr, was alt (nämlich sie, als Objekt meines Minnesangs) und jung (die neue, ‘derbere’ Literatur) tatsächlich bedeuten.

Walther spannt also die konventionelle Minneklage nicht nur in kunstvoll gebaute Strophen, steigende Pointen und negative Paradoxien. Er führt gleichzeitig eine raffinierte Diskussion seines dichterischen Selbstverständnisses. Die gesellschaftliche Funktion des Minnesangs innerhalb der höfischen Laienwelt des Mittelalters gestattet die Überspitzung des Denkbaren nur im Versspiel, macht aber gerade dadurch sichtbar: erst der Dichter schafft Wirklichkeit und kann über sie verfügen. Dieses Bewußtsein poetischer Allmacht läßt Walther sogar den Versuch wagen, im Gedicht die Zeitlichkeit der Welt, sein eigenes Alter, das seiner Figuren und sogar den Tod außer Wirkung zu setzen. Eingekleidet ins drastische Bild der letzten Strophe stellt Walther seine eigene Dichterrolle in den Horizont einer literaturgeschichtlichen Kontinuität. Er, der programmatische Verfechter der alten Minnesang-Schule (singen „als ê“), verfügt über ganz eigene Töne („mînen kumber klagen“). Walther beherrscht darüber hinaus die neue Kunst des derberen literarischen Umgangs mit den adligen Damen (statt „hêre frowe“ oder „herzeliebez frowelîn“ jetzt „alte hût“) ebenfalls, eine Kunstfertigkeit, die er bei Bedarf ausspielt, ohne ihr doch – wie sein (vielleicht angesagter) Konkurrent aus der nachfolgenden Dichtergeneration: Neidhart – in Ausschließlichkeit zu verfallen. Diesem und seinen Nachfolgern wird vorgeführt, in welcher Weise die Minnesangtradition fortsetzbar bleibt, ohne in einem Ritual feststehender Formeln und Diskussionsthemen zu erstarren.

Eine so weitgehende Freiheit des Dichters in seiner Vortragsrolle, wie sie – freilich immer im Rahmen eines gesellschaftlichen Rollenspiels – die moderne Autonomieästhetik vorwegzunehmen scheint, hat ihren Preis. Gerade weil der Dichter als realgeschichtliche Figur am Rande der Gesellschaftsordnung als reisender Versvirtuose und *cantor* artistische Freiheit mit ökonomischer Unsicherheit erkauft, definiert die Autorrolle ein höchstes poetisches Selbstbewußtsein als permanent vorgetragenes Programm. Vielleicht hat Walthers ›sumerlaten‹-Lied auch deshalb die „längste ununterbrochene Wirkungsgeschichte eines mittelalterlichen Liebesliedes“[53], weil es im Sänger-Ich die freie Höhe des Dichterberufs unabhängig von ihren realen Bedingungen aufbewahrt. Was – nicht zufällig im Rahmen des Rollenspiels Minnesang – als Ablösung der dichterischen Autonomie aus dem Kontext bloß höfischer Selbstvergewisserungen des Sängerauftritts formuliert wird, greift dem tatsächlichen Verlauf der Literaturgeschichte voraus.

3. *„Von dem Charaktere eines Poeten": Dichter zwischen barocker Rhetorik und bürgerlicher Vernünftigkeit*

Mit seiner 1644 in Nürnberg gehaltenen ›Lobrede der Teutschen Poeterey‹ steht der Barockdichter Johann Klaj keineswegs am Anfang, sondern in der Mitte einer poetologischen Diskussion, die vom spätmittelalterlichen Meistersang bis zur Rückbesinnung auf die Traditionen des Dichterberufs seit Humanismus und Renaissance reicht. Die Krönungen zum *poeta laureatus* malten den repräsentativen Status des Schriftstellers als Prunkform politischer Herrschaft[54] zwischen mäzenatischen Bindungen und dem Wirken für die Nachwelt aus. Die *translatio* antiker Poesie und Poetik bekundete sowohl dichterische Abhängigkeit als auch den Willen zur Einordnung in eine als vorbildhaft empfundene Tradition; die Diskussion über die Rolle der Dichtung im Konzert der übrigen Künste („ut pictura poesis") enthielt schon alle Keime für die Entstehung eines eigenständigen poetischen Bewußtseins, das dabei war, seine Ansprüche erheblich zu steigern. Das neue Selbstdarstellungsbedürfnis des frühneuzeitlichen Dichters[55] zeigte sich beispielsweise in Conrad Celtis' ›Ode an Apoll‹[56] oder an Jakob Baldes neulateinischen Gedichten. Hier wollte und konnte die deutschsprachige Literatur in Nachfolge und Abgrenzung nur bedingt anknüpfen; zu weit war die Sprachwelt des Lateinischen der Lebenspraxis entrückt, zu heftig verlangte die neue Dichtungsauffassung nach verbindlicheren Identifikationsobjekten als der Fortschreibung antiker Modelle. So tritt Johann Klaj gegen die Übermacht der antiken Vorbilder und gegen die Dominanz der romanischen Sprachen auf; er will nachweisen, daß „unsere jetzige Teutsche Sprache eben die uralte Celtische Weltweite Sprache"[57] sei. Dem Vorwurf der Rückständigkeit des Deutschen versucht er mit dem Nachweis zu begegnen, das Deutsche sei den anderen europäischen Sprachen sogar überlegen, da es für das Poetische besonders geeignet sei. An zahllosen Beispielen rhetorischer Beschreibungen weist Klaj die besondere Qualifikation der deutschen Dichtersprache für das Rhetorische nach,

> weil kein Wort in Teutscher Sprache ist / das nicht dasjenige / was es bedeute / wovon es handele / oder was es begehre / durch ein sonderliches Geheimniß ausdrükke: ... (389)

Vor diesem Hintergrund der behaupteten Identität von Sprachzeichen und Sinnpotential kommt die barocke Allmacht der Rhetorik in Abwehr und selbstbewußter Darstellung zum Tragen;[58] aus ihr bestimmt Klaj auch die Stellung des Dichters. Jetzt sei „der Name der Poeten so gar verächtlich / daß wan man jemand beschimpffen will / einen Poeten nennet" (387). Im Zeitalter christlichen Wahrhaftigkeitsglaubens und rationaler Erklärungsversuche des Göttlichen steht der Fiktionscharakter von Literatur unter stärkstem Rechtfertigungsdruck. Dem seit Platon zum Topos gewordenen Vorwurf, die Dichter seien Lügner, begegnet Klaj mit einem offensiven Rückgriff, aber nicht mehr auf den universalen Welterklärungsanspruch des Dichters:

als ob die Poeterey mit lauter Unwarheiten umgienge / und bestünde bloß in ihr selber / da sie doch alle andere Künste und Wissenschafften in sich hält. (389)

Dichtung wird jetzt vielmehr als die alles erklärende Universalwissenschaft begriffen.[59] So nähert sich der Dichter dem Ideal des vollkommenen Gelehrten so weit wie immer möglich an.[60] Diesem Prozeß der Steigerung des *poeta doctus* zum Universalgelehrten[61] wird die poetische Inspiration fast bedingungslos geopfert. Die Behauptung, „es müsse ein guter Poet von einer höhern Gewalt angetrieben werden / Göttliche Regungen und himmlische Einflüsse haben", bestätigt Klaj nur für die alten Zeiten, in denen „David / der Königliche Poet" gelebt und gedichtet habe. Für die Gegenwart wird eine göttliche Eingebung nicht ganz abgestritten, aber rational abgedämpft und begrifflich entschärft. Als poetische Erfindung kann sie dem Rhetoriksystem eingeordnet werden. Der Dichter sei ein „Poetischer Geist / von anmutigen Sinnreichen Einfällen", der „sich mit Göttlicher Vernunfft flügelt / die Alltagsgedanken übertrifft" (388).

Auch die noch weitergehenden Vorstellungen, Dichter versähen eigenwertige Schöpfungsakte,[62] wird von Klaj sowohl durch christliche als auch rationale Erklärungsmuster in die Zange genommen:

Dann gleichwie Gott / der dieses sichtbare Weltgebäu / mit allem / was in demselben begriffen / bloß aus seiner unermeßlichen Krafft und Weisheit erbauet / allein ein Dichter / diese aber / die / aus einem vorhergehenden Zeuge / etwas verfertiget / zum Unterschied / Meister benamet worden: Also hat man Anfangs die Poeten hoch und herrlich / ja Gott fast selbst gleich / geachtet / in dem man geargwohnet / sie hätten eine heimliche Zusamenkunft und Verbündniß mit den Göttern / weil sie / was niemaln gewesen / als wer es gewesen / fürgestellet. (388)

Der christlich überformte aristotelische Mimesis-Gedanke, daß Dichtung deshalb nur die Nachahmung der göttlichen Schöpfung sein könne, weil der Dichter „aus einem vorhergehenden Zeuge" schaffe, ist noch stark genug, alle Anflüge einer Autonomie des dichterischen Ichs zurückzuweisen. Statt dessen findet Klaj eine ganz erstaunliche Parallele zur Poesie: „wie die Teutsche Kriegs- also ist auch die Verskunst" (397). Diese überraschende Beiordnung kann mit der Zeitsituation des Dreißigjährigen Krieges nur an der Oberfläche begründet werden.[63] Dahinter steckt vielmehr Klajs Absicht, die Poesie wie das zur Kunstfertigkeit aufgewertete Militärwesen zu verwissenschaftlichen („Kriegs*kunst*"), ohne die alte Vieldeutigkeit zu beschädigen. So erscheint denn auch die „Poeterey" als doppelte Allegorie, nämlich „als eine wunderschöne blühende Jungfer / welche gantz verzükket mit uneingeflochtenen fliegenden Haaren / lieblichen Augenblikken in eine Laute singet" und zu den „Wissenschafften führet", oder „als eine großmütige Fürstentochter / deren Haubt mit einem güldenen Helmen staffieret" ist und die in Rüstung steht (405).[64]

Diese martialische Präsentation der Poesie, hinter der sich die Ideale der Kunstfertigkeit und der rationalen Erklärbarkeit verbergen, prägt auch die Vorstellungen Klajs von der Kraft der dichterischen Inspiration. Klaj greift die aus Platons ›Ion‹ bekannte Magnetmetapher auf, deutet sie aber verändert:

> Gleichwie aber das Eisen vom Magnet zwar gezogen wird / kein Mensch aber weis die stumme Krafft: Also wird die Dicht- und Reimkunst nicht durch Menschliche Wirkungen / sondern durch sonderbare Himmelsgnade eingegossen: sie wird nicht von dem Meister / sondern aus den süssen Vorgeschwätze und Gesäussel der Ammen erlernet: nicht in den Schulen aus dem Munde der Lehrer gefasset / sondern aus den Mütterlichen Milchbrünlein eingesogen. (403)

Klaj interessiert weniger die Kettenreaktion poetischer Infizierung durch die Magnetwirkung als die Unerklärbarkeit seiner Kraft, die dann doch in christlichem Sinn durch die göttliche Gnade erklärt werden kann. Noch fungiert nicht die Natur als Lehrmeisterin des Dichters.[65] Vielmehr arbeitet Klaj in auffällig passiver Formulierung. Die Person des Dichters schlüpft beim Akt der Inspiration in die Rolle eines Säuglings, so daß der poetische Produktionsprozeß selbst von jeder Erörterung ausgenommen bleiben kann. Die Mechanismen poetischen Sprechens unterscheiden sich in nichts von anderen Formen göttlich inspirierter Rede. Deshalb stehen die Idealtypen des *poeta vates* und des *poeta doctus* auch nicht mehr im unaufhebbaren Widerspruch, sondern sind Teil eines neu akzentuierten Dichterbildes geworden, in dem Gelehrsamkeit und christliche Offenbarung dominieren. Diese Reihenfolge ist als Rangfolge, aber auch als historische Abfolge zu lesen, wie das Schlußgedicht Klajs postuliert:

> Ich hab es gewagt /
> Am ersten zu singen
> Von Himmlichen Dingen /
> Jetz hab ichs gewagt
> Die Rede zu bringen
> Und lassen erklingen /
> Was Teutschen behagt /
>
> *Ich hab es gesagt.* (411)

Im *poeta christianus* steckt schon ein *poeta teutonicus*, der die 'nationale' Thematik der Texte noch mit den Erwartungen des Publikums begründet. Die Erkennungszeichen des *poeta doctus* („Rede", „lassen erklingen") scheinen in der unmittelbaren Selbstaussprache dagegen nur mehr wie beiläufig auf. Über allem wölbt sich jedoch, auch im Selbstbewußtsein der wirkungsmächtigen Luther-Geste der göttlich affizierten Bekenntnisrede, das sich seiner Kunstleistung rühmende Dichter-Ich.

Der Leipziger Literaturpapst Johann Christoph Gottsched ist durch Lessings berühmte Abrechnung als verbohrter Verfechter des französischen Klassizismus, als Verdünner der aufgeklärten Vernunftlehre und als knöcherner Kunstrichter in die Literaturgeschichte eingegangen. Diese Sicht wird jedoch weder dem Popularphilosophen noch dem umtriebigen Literaturprofessor, Herausgeber und Theaterdichter gerecht. Die neuere Forschung[66] hat Gottscheds historische Leistung für die Hebung des Ansehens der deutschen Literatur und seinen Kampf gegen den barocken Schwulst gewürdigt. Bei seinen Versuchen, den neuen Typ des am entstehenden bürgerlichen Lesepublikum orientierten Schriftstellers gegen den traditionellen höfischen Dichter aufzuwerten, schreckt Gottsched freilich nicht vor Überspitzungen zurück, wodurch er der nachfolgenden Generation genügend Angriffspunkte bieten wird. Gottsched darf mit mehrfachem Recht nicht nur wegen der Wirksamkeit seiner Poetik, sondern auch für die Zusammenhänge der immanenten Poetik herangezogen werden. Seine poetologischen Ausführungen erscheinen in der Form unmittelbarer Verhaltensanweisungen und geben die Erfahrungen des eigenen Dichtens wieder. Vor allem aber erhebt Gottscheds Normativität den Anspruch, einen idealen Dichter, gleichsam wie eine Kunstfigur, durch die konsequente Regelbefolgung hervorbringen zu können.

Seinem ›Versuch einer critischen Dichtkunst‹, der 1730 in erster Auflage erschien, stellte Gottsched programmatisch die ›Ars poetica‹ des Horaz „anstatt einer Einleitung" voraus.[67] Schon in seiner (interpretierenden) Übersetzung macht er deutlich, in welcher Weise er Horaz ausgelegt und als Handbuch regelrechten Dichtens angewendet wissen wollte. Den mythischen Sänger Orpheus, den Horaz als heiliges Sprachrohr der Götter bezeichnet hatte, benennt Gottsched nur noch als „Poet" (57) und polemisiert in der erklärenden Fußnote gegen bekämpfenswerte Vorstellungen:

> Indessen halten doch bis auf den heutigen Tag die meisten dafür, die Poeten würden gebohren, und wüchsen gleichsam, wie die Pilze, fix und fertig aus der Erden. (45)

Diese drastische Überzeichnung des gängigen Vorurteils über den begnadeten Dichter hat System, geht es Gottsched doch ausdrücklich darum, den Dichterberuf als Endpunkt eines von der Vernunft geleiteten Lern- und Bildungsprozesses zu begründen. So fällt es ihm leicht, im 1. Kapitel seines Buches, „Vom Ursprunge und Wachsthume der Poesie überhaupt", die Anfänge der Poesie mit dem Nachahmungstrieb der Menschen zu erklären,[68] da für Gottsched in der Nachfolge des Aristoteles Dichtung Nachahmung der Natur, also *imitatio* der göttlichen Schöpfung ist. Das hohe Ansehen der Dichter in archaischer Zeit – Orpheus wird nochmals namentlich genannt und denunziert[69] – erklärt Gottsched als historische Fehlentscheidung, die durch die Eitelkeit der Dichter begünstigt worden sei.[70] Definiert wird der Dichter im zentralen 2. Kapitel „Von dem Charaktere eines Poeten" nicht bloß als „ein geschickter

Nachahmer aller natürlichen Dinge" (89). Gottsched beschreibt ihn vielmehr als eine Summe von historisch begründeten und zu widerlegenden Vorurteilen und Erwartungshaltungen des Publikums. Da nämlich, so fährt Gottsched fort, „diese natürliche Geschicklichkeit im Nachahmen bey verschiedenen Leuten auch sehr verschieden ist",

so hat man angefangen zu sagen, daß die Poeten nicht gemacht; sondern gebohren würden, daß sie den heimlichen Einfluß des Himmels fühlen, und durch ein Gestirn in der Geburt zu Poeten gemacht seyn müßten: das heißt in ungebundener Schreibart nichts anders, als ein gutes und zum Nachahmen geschicktes Naturell bekommen haben. (101)

Schon der Formulierungsgegensatz, hier die abzulehnenden Vorstellungen im Irrealis, dort die als notwendig erachtete Übersetzung, was denn eigentlich gemeint sei, erklärt die Absicht Gottscheds, die übernatürliche Befähigung der Dichter auf die bloße „Geschicklichkeit" zu reduzieren und den Mythos der göttlichen Inspiration zum Gerücht zu erklären.[71] Selbst für den unerklärlichen Rest „von dem Göttlichen in der Poesie" hat Gottsched eine vernünftige Erklärung parat. In der Übersetzung des Horazischen „ingenium" verwirft er den (erst recht für die nächste Generation so naheliegenden) Genie-Begriff.[72] Statt dessen betont er den „Witz", die „Scharfsinnigkeit" als zentrale Kategorie des Dichterischen.[73] Durch Untersuchung der „Aehnlichkeiten der Dinge" bei der Nachahmung der Natur lasse sich dieser „Witz" sogar messen. Als wäre er selbst mit seinem Modell nicht so ganz zufrieden, führt Gottsched den Begriff der „Einbildungskraft" ein, nicht ohne diesem voller Mißtrauen zugleich Zügel anzulegen:

Eine gar zu hitzige Einbildungskraft macht unsinnige Dichter; dafern das Feuer der Phantasie nicht durch eine gesunde Vernunft gemäßiget wird. (102)

Erst eine solche gebremste und sich selbst kontrollierende Verbindung dreier „Gemüthskräfte"[74] macht den wahren Dichter aus. Aber sofort dämpft Gottsched alle Hoffnungen, diese angeborenen Eigenschaften würden für den Dichterberuf ausreichen:

Dieß ist zwar der Grund von seiner Geschicklichkeit, den die Natur legt; aber es gehört zu dem Naturelle auch die Kunst und Gelehrsamkeit. (105)

Auch Gottsched betont in Fortsetzung der barocken Poetik, daß der Dichter eine breite Allgemeinbildung in möglichst allen Wissenschaften[75] und eine möglichst umfassende Lebenserfahrung haben müsse. Das Idealbild des Dichters als eines mit dem Gelehrten um Universalität wissenschaftlicher Erkenntnis konkurrierenden *poeta doctus* scheint unverändert Bestand zu haben.[76] Doch Gottsched verlangt neben der unabdingbaren Kenntnis literarischer Tradition und ihrer Regeln auch moralische Qualitäten wie z. B. „ein ehrliches und tugendliebendes Gemüth" (109f.) und andere ethische Werte.

Gleichsam zwischen den Zeilen wird dabei deutlich, daß die Idealvorstellungen der vollkommenen Gelehrsamkeit und das System der Rhetorik keine eigentlichen Leitziele mehr darstellen, sondern für eine Art Erbauungsfunktion der Literatur funktionalisiert werden. Gottscheds Kritik gilt der bloß formalen Zielvorgabe der barocken Rhetorik und Gelehrsamkeit ebenso wie einer göttlichen Inspiration, die sich der Einordnung in ein Normenkonzept entzieht.

Gottsched reduziert daher die dichterische Begabung auf das gerade noch vernünftig zu begründende Minimum eines „Naturells", auf die „Geschicklichkeit", die durch intellektuelle und moralgesteuerte Verhaltensnormen kontrolliert werden kann. Gelehrsamkeit und rhetorische Kunstfertigkeit stehen im Dienst gesellschaftlicher Akzeptanz; der „gute Geschmack" bestimmt die Qualität des Dichterberufs. Insofern spiegeln die hohen sittlichen und selbsterzieherischen Ansprüche an den Dichter die Werte der sich erst konstituierenden bürgerlichen Gesellschaft und machen Front gegen die anstößige Lebensform des Adels. Einerseits gilt es, den vernünftigen Dichter der Kontrolle bürgerlicher Wertmaßstäbe zu unterwerfen und ihn aus den mäzenatischen Abhängigkeiten des höfischen Dichters in die (bürgerliche) Freiheit und die neue Abhängigkeit von einem sich bildenden Lesepublikum zu überführen,[77] ohne den erkämpften Rang des *poeta doctus* in Frage stellen zu lassen. Andererseits möchte Gottsched das Idealbild des Universalgelehrten in das dichterische Selbstverständnis hinüberretten, um so den gesellschaftlichen Stellenwert des Dichters gegen die Niederungen des Bänkelsängertums[78] noch deutlicher abzuschotten. Der Dichter soll weder selbstherrlicher *poeta vates* noch selbstbezüglicher *poeta doctus* sein, sondern bürgerlicher Gelehrter, ja Geistesarbeiter, der das hohe Amt der Poesie sowohl von den moralischen Verwerflichkeiten des Hofes als auch von den plumpen Vergnügungen des Pöbels fern- und der moralischen Lebensorientierung eines bildungsbürgerlichen Publikums offenhält.

II. Die Emanzipation des Dichters: Poetisches Selbstbewußtsein und der Anspruch auf Mündigkeit

1. Klopstock, der heilige Sänger

1745 hielt der 21jährige Friedrich Gottlieb Klopstock zum Abschied aus Schulpforta, der protestantischen Kaderschmiede der Altphilologie, eine programmatische Rede:

Wenn irgend etwas wegen seiner Größe und Erhabenheit des menschlichen Geistes würdig verdient gehalten zu werden; wenn irgend etwas die Seele in die unendliche Ruhe der Dinge einführt, und indem sie darinnen umherschweift, mit unsterblicher Wollust erfüllt: So ist das unstreitig die vornehmste und erste Nachahmerin der Natur, die Dichtkunst; aber die Dichtkunst, die als Königin aller der übrigen Künste einhertritt, und in neuer Ordnung so die Sachen zusammensetzt, daß sie, überall nach der natürlichen Schönheit und höchsten Vollkommenheit strebend, den Namen der Schaffenden zu verdienen scheint.[1]

Der rhetorische Schulunterricht hat offensichtlich Früchte getragen. Denn der Kerngedanke aristotelischer Poetik, Dichtung sei *mimesis*, also Nachahmung der Natur, gilt als „unstreitig". Doch wichtiger als Regelkonformität und das Bestehen vor dem kritischen Auge der Kunstrichter ist dem Redner der Entwurf „in neuer Ordnung", aus dem eine Erhöhung des Stellenwerts der Poesie zur Gipfel- und Universalkunst („Königin") hervorgehen muß. Unter ganz neuen Leitbegriffen von „Größe und Erhabenheit" beginnt Klopstock das vernunftorientierte Fundament der Poetologie Gottscheds zu verlassen und in die Linie der Schweizer Bodmer und Breitinger einzuschwenken, die wenige Jahre zuvor gegen Gottsched die Kategorien des Erhabenen und des Wunderbaren zu Kernbegriffen einer affektzentrierten Ästhetik erhoben hatten.[2] Im hymnischen Tonfall des sich selbst begeisternden Jünglings klingt jedoch noch mehr an: die schöpferische Kraft der Natur aus sich selbst (als „Schaffende") hinterläßt gesteigerte Wirkungsspuren auf der „Seele" eines Menschen, der in gehobenen Zuschreibungen (Superlative!) antwortet. Alle drei Elemente werden Klopstocks poetisches Selbstverständnis prägen. Zum einen bleibt der traditionelle Mimesis-Gedanke weiterhin gültig, wird jedoch in neuem Zuschnitt so aufgewertet, daß die nachahmende Dichtkunst zur „Schaffenden" aufsteigt. Zum zweiten verrät das Postulat der Unsterblichkeit, daß jeder Seele eine höhere Empfindungsfähigkeit zugeschrieben wird. Dahinter verbirgt sich drittens die Sehnsucht eines dichterisch gestimmten Subjekts, mehr zu sein als nur der Spiegel, in dem sich die Strahlen der Poesie brechen. Auch wenn hier die Dichtkunst noch zu allegorischer Inthronisation geführt wird und eine Ich-Formulierung noch nicht gewagt ist, so steht doch neben ihr das zukünftige Dichter-Ich und der hohe Schwung von Klopstocks lyrischer Sprache.[3]

Vor allem dieser hohe Anspruch des Dichters war es, der Klopstock bei den Zeitgenossen als unerhörten Neuerer und als Provokateur der dichterischen Konventionen berühmt machte.[4] Sein Versepos ›Der Messias‹, der Versuch, im Medium der biblischen Heilsgeschichte das Selbstbewußtsein des Nachschaffenden zu heiligen und der poetischen Höhe der eigenen Sprache adäquate Inhalte zuzuführen, wurde mit blankem Erstaunen zur Kenntnis genommen. Zur Verwunderung seiner Zeitgenossen verließ Klopstock mit diesem Anspruch einer religiösen Poesie die gewohnten Bahnen aufklärerischer Emanzipation des Dichters aus kirchlicher Bevormundung und schlug statt dessen den umgekehrten Weg ein.[5] Durch die feste Bindung des poetischen Prozesses an den religiösen Gestus fand eine gesteigerte Sakralisierung des Dichterberufs statt, die in ihren Konsequenzen die antike Lehre von der göttlichen Inspiration des Dichters weit übertraf. Poesie suchte nicht länger ihren Rang in Konkurrenz zur Gelehrsamkeit, sondern trat mit dem Anspruch auf, einen eigenwertigen Weg zu höherer Erkenntnis darzustellen. Der Dichter sollte nach den Vorstellungen Klopstocks ausdrücklich wieder Priester, prophetischer Künder des Göttlichen und heiliger Sänger sein.[6] Dazu kam noch die Aufladung des wiederbelebten archaischen Dichtermythos durch christliche Inhalte, die den *poeta vates* kämpferisch gegen den von Gottsched propagierten *poeta doctus* stellte.[7] Klopstocks Dichter war Sänger und Seher in einer Person. Er knüpfte an die antike Tradition einer übermenschlichen göttlichen Berufung an, aus der er sowohl den Rangunterschied zum bloßen Schriftstellertum als auch eine höhere moralisch-politische Autorität ableitete.[8] Eine extreme Höhe des Sängerpathos und die selbstbewußte Inszenierung der eigenen Autorposition waren die Folgen.

In seiner Ode ›Die Stunden der Weihe‹ erhob Klopstock seine Augenblicke der poetischen Inspiration zu derselben Höhe, die ehemals die antiken Musen innehatten, und heiligte sie („heilge Stunden"). Den Dichtungsprozeß selbst stellte er als einen göttlich geleiteten Prozeß dar, bei dem der Dichter als isolierter einzelner ganz auf sich selbst zurückgeworfen war[9] und in Analogie zum biblischen Mose einen Höhenstandort weit über den Normalsterblichen einnahm. Dichtung lief als religiöser Erweckungsvorgang ab:

> Er sprachs. Ein Nachklang von dem Unsterblichen
> Fuhr mir gewaltig durch mein Gebein dahin;
> Ich stand, als ging' in Donnerwettern
> Über mir ein Gott, und erstaunte freudig. (V. 17–20)

Bei diesem Prozeß, der gleichsam eigendynamisch abläuft, ist selbst der christliche Gott nichts weiter als ein „Mittler" (V. 9 und 15) zwischen der Poesie als Klangsphäre der „Unsterblichen" und den Menschen. Auf derselben Funktionshöhe steht auch der Dichter. Dieser grenzt das prosaische, uninspirierte und bloß kommunikative Sprechen aus der Poesie aus;[10] nur das wahrhaft Empfundene darf als zeitlos gültig und „ewig" überliefert werden.

Klopstock hat diesen hohen Anspruch seiner Dichtung nicht nur als innerliterarische Revolution verstanden wissen wollen, sondern auch auf die realgesellschaftliche Stellung des Dichters ausgedehnt.[11] Man hat gezeigt, daß Klopstocks Dichtervorstellung ein ins Extrem geratenes Modell für den Versuch ist, den aufgebrochenen Gegensatz zwischen der Wirklichkeit der Literaturproduzenten und den Ansprüchen ihrer Werke in den Texten selbst sichtbar werden zu lassen.[12] Klopstocks Bemühungen, einen Dichter- und Freundschaftskult um sich selbst als Mittelpunkt zu begründen, können ja auch als Bestrebungen gewertet werden, diesen Widerspruch durch diese neue Affektbetonung zumindest zu versöhnen und den realen Abhängigkeiten des Dichters, sei es vom fürstlichen Mäzen oder vom Honorar bürgerlicher Leser, die Utopie einer freien Produktionsgemeinschaft, einem „Musen Hügel / Leer vom undichtrischen Pöbel"[13], gegenüberzustellen: „Komm goldne Zeit" (V. 273).

In seiner Ode ›Auf meine Freunde‹ (1. Fassung 1747) feiert Klopstock in 72 Strophen nicht nur diese befreundeten Mitdichter, sondern präsentiert sein poetologisches Programm in einer Gedichtform, die sich selbst als Anwendung dieser Vorstellungen versteht. Die „Freunde", denen der Titel des Hymnus gilt, sind nur Vehikel zur Darstellung einer provozierenden immanenten Poetik. Der feiernde Dichter ist es, der „unsterblich" dichtet (V. 3); die Freunde werden als poetologische Gewährsleute oder als Mitstreiter am eigenen Programm und in anderen Gattungen herbeizitiert. Die durchgängige Trunkenheits- und Weinmetaphorik, die der Poesie dionysische Attribute zuschreibt und sie mit Trunkenheit gleichsetzt,[14] befestigt die Traditionsverpflichtung. Die göttliche Inspiration des Dichters ist über weite Strecken von der Geselligkeitspoesie der Anakreontik und dem Freundschaftskult der Epoche aufgesogen worden; mythologische Zuschreibungen und scheinbar private Aussagen werden ununterscheidbar durchmischt.[15] Doch immer steht das lyrische Ich des Dichters im Zentrum des Argumentationsgangs. Den Ausgangspunkt bildet, kaum verborgen, der Begriff der Unsterblichkeit und mit ihm der Wille des Sängers, mit den Höhepunkten antiker Hymnik (Pindar) zu konkurrieren:[16]

> Willst du zu Strophen werden, o Lied, oder
> Ununterwürfig Pindars Gesängen gleich,
> Gleich Zeus erhabnen trunknen Sohne,
> Frei aus der schaffenden Seele taumeln? (V. 5–8)

Gleichsetzungen und Abgrenzungen bestimmen den Argumentationsgang dieser Strophen. Dionysos und Orpheus, auch er ein „großer Unsterblicher", werden dem eigenen Dichten parallelgesetzt: „So fließt mein Lied auch" (V. 19). Aber Klopstock geht noch weiter. In der Darstellung der eigenen Seele als einer „schaffenden" begnügt sich der Dichter nicht mehr mit der Verbalisierung göttlicher Botschaften als *poeta vates*. Im Schaffensakt der Seele, als Dichter-Ich den Göttern „gleich"gestellt, scheint der radikale Schöpfungsakt des Goetheschen ›Prometheus‹ vorweggenommen. Doch die autonome Schöpfungsästhetik wird noch nicht in allen ihren Konsequenzen ausgefaltet. Noch bezieht sich das Selbstbewußtsein des Sprechenden auf die Vorgänge in seinem eigenen Inneren, die es vor der Mitwelt auszeichnen; es gilt noch nicht einem als einmalig empfundenden Schaffensprozeß, der einen eigenen Schöpfungsanspruch auch gegen die Götterwelt begründet. Während sich Prometheus im Widerstand gegen Zeus definieren und in metaphorischer Abgrenzung zum Schöpfungsmythos artikulieren wird, sucht Klopstock gerade dessen Imitation, wie seine sprachlichen Anlehnungen bezeugen:

> Um sich erschaffen. Werdet! – da wurden ihm
> Lieder! – die sah ich menschliche Bildungen
> Annehmen! Ihnen haucht' er, schaffend
> Leben und Geist ein … (V. 261–264)

Für unseren Zusammenhang ist festzuhalten, daß Klopstock zwar das Dichterbild des *poeta doctus* programmatisch aufkündigt, ohne auf dessen rhetorikgeschichtliche Grundlagen zu verzichten, und daß er ein Urteil nach den Maßstäben der Regelpoetik nicht mehr zulassen will.[17] Nicht nur in seiner Berufung auf Pindar, in der Vorbildhaftigkeit antiker Mythologie und Literatur und in der Abgrenzung „vom undichterischen Pöbel" (V. 272) bleibt er Bildungsdichter. Erschien dem Schulabsolventen die Dichtkunst als die „Nachahmerin der Natur", so jetzt die Natur als „Gottes Nachahmerin" (V. 278), noch dazu in bezeichnender Verwandlung: nicht mehr als Objekt der Nachahmung, sondern als Subjekt des poetischen Schaffensprozesses und zugleich als Unterstützung (V. 279: „zur Seiten") der eigentlichen „Schöpferin", der Utopie einer goldenen Zeit! Wenn dergestalt Zeitvorstellung und Natur an die Stelle göttlicher Allmacht treten, so macht die lyrische Sprechebene doch nicht vergessen, daß es sich bei Klopstocks Auflistung seiner Dichterfreunde auch um eine Beschreibungspoesie in der Tradition der Literaturkataloge handelt. In einer Schlußvision vereinigen sich dann die Dichter aller Epochen mit der Natur. Das sprechende Dichter-Ich bedient sich dabei der Priestergeste („Segnend") und imaginiert die sakrale Genealogie eines zeitlos gültigen Dichterberufs, an der es teilhat:

> Aus allen goldnen Altern begleiten dich,
> Natur, die großen Dichter des Altertums,
> Die großen neuern Dichter. Segnend
> Seh ich ihr heilig Geschlecht hervorgehn! (V. 285–288)

Klopstocks Auffassung vom Dichterberuf führte beim Versuch der Erneuerung des religiösen Epos, der religiösen Aufladung dichterischen Sprechens[18] und der Wiedererweckung antiker Hymnik vielleicht nicht in eine Sackgasse der Literaturgeschichte,[19] wohl aber auf einen Seitenweg mit geringerer unmittelbarer Nachfolge. Dabei wurde überdeckt, daß Klopstocks immanente Poetik in zwei Richtungen bahnbrechend wirkte. Die Feier der Poesie erhöhte diese gegen die Prosa des bloß Schriftstellerischen wie auch gegen die Gleichrangigkeit mit anderen Künsten; im Widerspruch zum bislang gültigen Postulat des *ut pictura poesis* galt schon dem jungen Klopstock die Dichtkunst als die „vornehmste und erste" unter den Künsten und hatte die Vorrangstellung der Malerei unter den Künsten durch die Poesie abgelöst. Mit seinem Anspruch des Dichters auf poetische Mündigkeit und auf gesellschaftlichen Rang erneuerte Klopstock nicht nur den Typus des *poeta vates*; zugleich formulierte und bearbeitete er den Widerspruch dieses Anspruchs mit der gesellschaftlichen Realität. Seine Versuche zur Konstituierung eines tatsächlich freien Schriftstellers, gleich weit entfernt von mäzenatischer Fürstenverpflichtung und der Honorarabhängigkeit von einem bürgerlichen Lesepublikum, sind aus dem Subskriptionsprojekt seiner ›Deutschen Gelehrtenrepublik‹ bekannt.[20] In seinem Selbstverständnis als Dichtender vereinigte Klopstock beide Aspekte und stilisierte sie. So ist es sicher kein Zufall, daß auch die Wirkungsgeschichte zweigleisig verlief. In die Walhalla des bayerischen Königs Ludwig I. ging Klopstock als „der heilige Sänger" ein, dessen Ruhm auf alltagsferner Unverständlichkeit gegründet war:

Dem Erhabenen nur, dem Edlen tönte *Klopstok's* Leyer. Einzig, nicht vergleichbar, steht er unter den Teutschen; dem Schwunge seiner Messiade, seiner Oden naht keiner, und die wenigsten kennen ihre Sprache hinlänglich, sie ganz zu verstehen.[21]

Die Marmorbüste von Johann Gottfried Schadow stellte den Dichter als greisenhaften Seher in Anlehnung an den blinden Homer dar. Diese nochmalige Sakralisierung des Dichters in seinem Dichterbildnis verunmöglichte eine wahre Nachfolge.[22] Dagegen steht das Urteil des alten Goethe, der im Rückblick seiner Autobiographie ›Dichtung und Wahrheit‹ seine Zeitgenossenschaft in die historische Perspektive umschrieb. Vor dem Hintergrund der sich mittlerweile festigenden Stellung des Schriftstellers innerhalb der bürgerlichen Gesellschaft kam Klopstock genau auf der Epochenschwelle zu stehen, von der die Emanzipation des Dichters ihren Ausgang nahm.[23] In der Person Klopstocks zieht sich der Prozeß der Individuation des Dichters aus einer ständischen Gruppierung („*die* deutschen Dichter") zur sozialen Isolierung des einzelnen („*ein* armer Erdensohn") und zum Epitheton zukünftiger Autonomie des Dichterberufs („*das* Dichtergenie") zusammen:

Die deutschen Dichter, da sie nicht mehr als Gildeglieder für *einen* Mann standen, genossen in der bürgerlichen Welt nicht der mindesten Vorteile. Sie hatten weder Halt,

Stand noch Ansehen, als insofern sonst ein Verhältnis ihnen günstig war, und es kam daher bloß auf den Zufall an, ob das Talent zu Ehren oder Schanden geboren sein sollte. Ein armer Erdensohn im Gefühl von Geist und Fähigkeiten mußte sich kümmerlich ins Leben hineinschleppen und die Gabe, die er allenfalls von den Musen erhalten hatte, von dem augenblicklichen Bedürfnis gedrängt, vergeuden. [...]

Nun sollte aber die Zeit kommen, wo das Dichtergenie sich selbst gewahr würde, sich seine eignen Verhältnisse selbst schüfe und den Grund zu einer unabhängigen Würde zu legen verstünde. Alles traf in Klopstock zusammen, um eine solche Epoche zu begründen.[24]

2. *Der Dichter als Schöpfer: Goethes ›Prometheus‹*

Goethes ›Prometheus‹-Gedicht, entstanden wohl im Sommer 1773, hat die Interpreten seit jeher verlockt, die Bezugnahme auf den Mythos, die Goetheschen Abwandlungen und die literaturgeschichtlichen Verästelungen des Motivs zu untersuchen.[25] Zugleich galt die Ode von Anfang an als Programmgedicht des Sturm und Drang[26] und als poetisches Zeugnis für die Emanzipation des bürgerlichen Bewußtseins.[27] Die Sprecherrolle des antiken Titanen in seinem Widerstand gegen Zeus, die Thematik der reflexiven Selbstfindung und die revolutionäre Form der freien Rhythmen ließen dabei relativ vielfältige und sich zum Teil nicht einmal widersprechende Lesarten zu.[28] Prometheus' in rhetorische Fragen gekleidete Anklage konnte als religionskritische Absage an die christliche Kirche und an jede göttliche Autorität gelesen werden, gegen die sich der selbstverantwortliche Mensch aufzulehnen begann; identifizierte man Zeus mit dem jeweiligen Landesfürsten, so enthielt das Gedicht politische, republikanische, ja sogar jakobinische Elemente; neben dem antiabsolutistischen Aufbegehren sprach aus der ersten Strophe gleichzeitig die Utopie des einfachen Lebens im Geiste Rousseaus. Mit Hegel und Marx konnte man die Entstehung bürgerlichen Eigentums in symbolischer Form nachweisen.[29] Eine eher psychologisch orientierte Sicht erkannte in der Hymne die Auseinandersetzung Goethes mit einem übermächtigen Vaterbild,[30] das ebenfalls in mehrfacher Brechung zu deuten war. In der Aufkündigung der bislang gültigen patriarchalischen Herrschaft konnte man biographisch Goethes Abnabelung von einem dominanten Vater wiedererkennen oder literaturgeschichtlich die Thematisierung eines epochalen Generationskonflikts. Eine stärker psychoanalytische Deutung förderte in der Gestalt des Prometheus eine Krankengeschichte an den Tag, bei der ein frühkindlicher Liebesentzug durch Allmachtsphantasien kompensiert wurde. Man hat mit Recht darauf hingewiesen, daß der Text alle diese Deutungen und sogar Verknüpfungen zwischen ihnen zuläßt[31] – vielleicht bietet er sie sogar an?

Was das Verständnis des ›Prometheus‹ so schwierig macht, liegt nicht zum wenigsten in einer Verflechtung höchst heterogener Bedeutungslinien begründet. Schon der Mythos, der dem Gedicht den Titel gibt, war Gegenstand einer fortwährenden Be-, Ver-, Um- und Aufarbeitung.[32] Sodann hat Goethe eine Vielzahl möglicher Deutungen des mythischen Stoffes nicht nur zugelassen; er hat die Polyvalenz seines ›Prometheus‹ sogar absichtlich noch verstärkt. Die jeweiligen Umakzentuierungen des Mythos lassen sich auf drei Ebenen fassen:

1. Goethe hat seine berühmten antiken Vorläufer, etwa Aischylos' Drama des ›Gefesselten Prometheus‹ oder den epischen Kosmos von Ovids ›Metamorphosen‹, durch die Reduzierung des mythischen Komplexes auf *einen* Ausschnitt und durch die Wahl der monologischen hymnischen Rollenrede vorsätzlich in andere Aussagebahnen gelenkt. Goethe hat dies im Bewußtsein getan, mit seiner Anverwandlung ein Glied in der Kette selbst-referentieller Mythos-Umdeutungen zu sein, wie sie von Lukians satirischem Gespräch zwischen Prometheus und Zeus bis zu Wielands ›Traumgespräch mit Prometheus‹ von 1770 reicht. Man hat gezeigt, daß hier ein in sich konsistenter Prozeß sichtbar wird, der die Überspitzung des Mythos und den Zweifel an seinem Erklärungswert zum Ziel hat; die Parodie des Mythos steht nicht erst am Ende, sondern bereits am Beginn der Umwandlungsgeschichte.[33]

2. Goethes jahrzehntelanger Umgang mit seinem Stoff belegt den Wandel der Prometheus-Thematik durch die unterschiedlichen Einbettungen in jeweilige Text- und Gattungszusammenhänge. Am Beginn dieser Arbeits- und Textgeschichte steht wohl die Hymne als lyrische Aussprache einer Trotz- und Widerstandshandlung, die sich biographisch an einer problematischen Phase der Selbstfindung Goethes als Schriftsteller seit dem Ende der 60er Jahre festmachen läßt.[34] Ein Jahr oder noch später und damit nachträglich wurde die Ode in das gleichnamige Dramenfragment eingefügt und damit einem diskursiveren Kontext zugeordnet.[35] Nach einem Zwischenspiel von 1795, als Goethe versuchte, das Drama unter dem Arbeitstitel ›Der gelöste Prometheus‹ mit dem Untergang der Titelfigur abzuschließen und damit seinem Sturm-und-Drang-Entwurf eine klassische Lösung aufzusetzen, hat er seit 1807 das Fragment in den Themenkreis seines Festspiels ›Pandorens Wiederkunft‹ umgeformt und damit der Gestalt des Prometheus einen grundsätzlich veränderten Stellenwert zugemessen.[36] Eine zu ermittelnde Aussage der Hymne kann daher nicht anders als im Nachvollzug der Geschichte ihrer Entstehung liegen.

3. Zugleich ist zu bedenken, daß auch Goethes Selbstaussagen zu seinem ›Prometheus‹ einem dauernden Wandel unterlegen sind. Hierbei lassen sich deutlich fünf Phasen unterscheiden, die quer zu den drei Ebenen der Mythosumschreibung verlaufen.

In der ersten Phase[37] geschieht die Anverwandlung des ›Prometheus‹ in der Ode wie im Dramenfragment als Widerstandsformel „zum Trutz Gottes und der Menschen“[38]. Die Figur des Prometheus steht hier, einem biederen mythologischen Lexikon von 1724 entnommen, im Umkreis und in enger innerer Verknüpfung zu den Sturm-und-Drang-Programmschriften wie z. B. der Rede ›Zum Schäkespears Tag‹ von 1771 oder ›Von deutscher Baukunst‹ von 1772. Prometheus figuriert als Figur im Prozeß der Absolutsetzung des produktiven Genies, dem es zunächst auf die Selbstfindung des jeweils Eigenen und auf Abgrenzung von Autoritäten ankommt. Hier wie dort treiben die Texte ihr vorsätzliches Spiel mit Provokationen des Überkommenen und mit Blasphemien geheiligter Werte. In solchen Fällen zählt der übersteigerte Anspruch der Figur und ihre herrische Geste; Prometheus ist gegenüber Shakespeare oder Erwin von Steinbach eine schlagkräftigere, weil eben mythologische Identifikationsfigur, aber eben nur *eine* der möglichen. So erscheint es denn symptomatisch, daß Goethe sein ›Prometheus‹-Drama nicht vollendet und seine Hymne nicht veröffentlicht, von letzterer keine Abschrift zurückbehält, ja sie geradezu vergißt,[39] und sie seinem damaligen Bruder im Geiste, Friedrich Heinrich Jacobi, zum freien Gebrauch überläßt.

Die zweite Phase ist dadurch gekennzeichnet, daß die Ode durch Jacobis Veröffentlichung 1785 in die religionskritische Diskussion der Aufklärung gerät und in ihr als deren Skandalon mit einer eigenen Wirkungsgeschichte lebt. Jacobi hatte den Text 1785 unautorisiert und als lose Beilage seiner anonym herausgegebenen Schrift ›Über die Lehre des Spinoza‹ veröffentlicht und damit eine Kette von Verwicklungen ausgelöst, so daß Goethe noch im Rückblick von ›Dichtung und Wahrheit‹ sein Gedicht als „Zündkraut einer Explosion"[40] empfand. Welche eventuellen persönlichen Animositäten gegen Goethe Jacobi zu dieser Form der Veröffentlichung greifen ließen,[41] spielt in diesem Zusammenhang keine Rolle. Entscheidend ist vielmehr die Tatsache, daß die Ode ein virulentes Problem der Epoche aufgriff und ihr wirkungsvoll Stimme verlieh. ›Prometheus‹ erhielt im Rahmen der Spinoza-Pantheismus-Atheismus-Debatte zusätzliche Aufladungen durch das (legendäre? atheistische?) Bekenntnis Lessings, das dadurch provoziert wurde, und nicht zuletzt durch die von Goethe selbst ausdrücklich hervorgehobene tödliche Wirkung auf Moses Mendelssohn. Damit konnte die Hymne sowohl als Essenz der religionskritischen Aufklärung, als ihr Zerstörungsmedium wie auch als ihr Totengräber gelesen werden.

Die dritte Phase setzt mit Goethes Identifizierung von Prometheusgestalt und Napoleon ein. Man hat zeigen können, daß die Parallelisierung von Prometheus und Napoleon von dem Zeitpunkt an intensiviert wird, als die geschichtliche Entwicklung die mythische Voraussage zu bewahrheiten schien: Napoleons Verbannung auf St. Helena entsprach zu genau der Situation des an den kaukasischen Felsen geschmiedeten Prometheus.[42]

Die vierte Phase ist der nachträglichen Selbstdeutung im dritten Teil von ›Dichtung und Wahrheit‹, entstanden 1812 f., zu entnehmen. Goethe widmet der Geschichte seiner Stoffindung, den religions- und literaturgeschichtlichen

Wirkungen sowie den poetologischen Implikationen des Mythos eine umfängliche Würdigung. Auf den ersten Blick scheint Goethes Darstellung der Chronologie des Entstehungsprozesses zu folgen und nichts anderes als die Situation an der Epochenwende einer zu Ende gehenden Aufklärung wachzurufen. Bei genauerem Hinsehen enthält der Abschnitt jedoch beträchtliche Retuschen. Zum einen bestimmt nun Goethes lebensgeschichtliche Sicht, die eine epochengeschichtliche sein will, die Einordnung des Textes. Die Ode erscheint in dieser Perspektive durch ihre Wirkung „in der deutschen Literatur bedeutend geworden"; die Unternehmungen der Aufklärung geraten ins Zwielicht verstiegener Geheimbündelei einer Umbruchsatmosphäre, die unter der Oberfläche der Aufklärung „unbewußt" arbeitet. Die Initialzündung des ›Prometheus‹ habe dieses Konstrukt durch „Sprache" zugleich aufgedeckt und zerstört, die Aufklärung sei dadurch gleichsam über ihr eigenes Wesen aufgeklärt worden:

es diente zum Zündkraut einer Explosion, welche die geheimsten Verhältnisse würdiger Männer aufdeckte und zur Sprache brachte: Verhältnisse, die, ihnen selbst unbewußt, in einer sonst höchst aufgeklärten Gesellschaft schlummerten. Der Riß war so gewaltsam, daß wir darüber bei eintretenden Zufälligkeiten einen unserer würdigsten Männer, Mendelssohn, verloren.[43]

Das Omen des zufälligen Todes von Moses Mendelssohn ist in diesen zeitlichen Zusammenhang wie parodistisch eingefügt; durch es sieht die Aufklärung dieser „würdigsten Männer" ziemlich fragwürdig aus. Zum anderen schildert Goethe Gewinn und Verarbeitung des Prometheus-Stoffs als Genese seines dichterischen Selbstverständnisses. Mit weiter Ausholbewegung werden zentrale Begriffe poetischer Identitätsstiftung aneinandergereiht: von „Bestätigung der Selbständigkeit", von „Talent", von „Naturgabe", aber auch von der abendlichen Wirkung von „Wein" ist die Rede; er habe dichterische Visionen „in regelmäßige Träume" umgebildet.[44] Doch neben diesen Formeln, die wie Stereotypen der dichterischen Inspiration wirken, steht das Bewußtsein eines modernen Dichter-Ichs. Dieser Dichter gewinnt seine innere Verpflichtung zu Einsamkeit und Selbstfindung aus seinem Gegenstand, so als färbe die Stoffwahl auf den Dichter ab: „Ich fühlte recht gut, daß sich etwas Bedeutendes nur produzieren lasse, wenn man sich isoliere."[45] Prometheus steht, wie die Parallelisierung zeigt, für die zur Produktion absolut nötige Isolation sowohl von den Göttern als auch von der Gesellschaft:

Indem ich nun hierbei die Hülfe der Menschen abzulehnen, ja auszuschließen hatte, so sonderte ich mich nach prometheischer Weise auch von den Göttern ab, ...[46]

Zu wenig ist bei dieser Selbstdarstellung beachtet worden, daß Goethe in ›Dichtung und Wahrheit‹ den Prozeß der Anverwandlung des Prometheusmythos gleich *zweimal* beschreibt! Im ersten Durchgang wird der Vorgang als plötzliches Finden (Prometheus „fiel mir auf"), als Verwandlung einer Idee in ein Bild („Diese Vorstellung verwandelte sich in ein Bild“) und als vorsätzliche Vergleichung („in prometheischer Weise“) erlebt und beschrieben. In einem zweiten Einsatz formuliert der Erzähler denselben Vorgang als Wachstumsprozeß, als organische Einfügung in die eigene Identitätsfindung, aus der dann der Text wie von selbst hervortritt:

Die Fabel des Prometheus ward in mir lebendig. Das alte Titanengewand schnitt ich mir nach meinem Wuchse zurecht und fing, ohne weiter nachgedacht zu haben, ein Stück zu schreiben an, ...[47]

Erst wenn der Stoff der eigenen Lebensgeschichte eingepaßt ist, sprudelt die poetische Produktion ungehindert.

Die fünfte Phase ist durch eine Briefstelle von 1820 charakterisiert, in der Goethe die Befürchtung äußert, sein Gedicht könne in der Zeit der liberalen burschenschaftlichen Opposition zum unerwünschten Politikum werden:

Lasset ja das Manuskript nicht zu offenbar werden, damit es nicht im Druck erscheine. Es käme unserer revolutionären Jugend als Evangelium recht willkommen, und die hohen Kommissionen zu Berlin und Mainz möchten zu meinen Jünglingsgrillen ein sträflich Gesicht machen.[48]

Goethe möchte damit nicht etwa den Atheismusvorwurf der Entstehungszeit vergessen machen;[49] er wehrt sich vielmehr gegen die Gefahr, daß seine Hymne aus ihrem entstehungsgeschichtlichen Zusammenhang, der längst ein literaturgeschichtlicher geworden ist, herausgelöst und in neue politische und damit falsche Bedeutungshorizonte eingepaßt wird. Seine Verwahrung dagegen spielt oberflächlich-ironisch mit der Furcht, selber in die Bespitzelungen und Demagogenverfolgungen durch „die hohen Kommissionen“ hineingezogen zu werden. Schwerer wiegt jedoch der Hinweis, daß der Text nur vor dem Hintergrund seiner Entstehungsgeschichte adäquat verstanden werden kann. Dem entspricht Goethes ausdrückliche Feststellung, sein ›Prometheus‹ sei trotz aller philosophischen, religiösen (und politischen) Implikationen im innersten Kern ein poetischer und poetologischer Text: „so gehört er doch ganz eigentlich der Poesie.“[50]

Was bedeutet nun diese sowohl lebens- als auch epochengeschichtliche Einbettung der Hymne für ihr Verständnis? Unbestritten enthalten die Aussagen Prometheus' in Sprachform und Gestus, in Thematik und Anspruch ein Programm der Auflehnung. Die Infragestellung der bislang unangefochtenen Allmacht des Göttervaters Zeus setzt im Gegenzug ein extremes Selbstbewußtsein frei. Dieser Anspruch auf Befreiung von jeder Art von Bevormundung, von dem das Gedicht redet, das seine Wirkungsgeschichte bis heute bestimmt und dem die Interpreten zu folgen aufgefordert sind, trübt jedoch den Blick für andere Aspekte des prometheischen Selbstbilds. Zweifellos enthält die Hymnenform im Rückgriff auf Pindar und in der revolutionär gemeinten Anknüpfung an Klopstock[51] die bekannten Elemente der Selbsterhebung und der Sakralisierung des sprechenden Ichs. Der rückhaltlosen Emanzipation des rebellierenden Titanen gegen die patriarchaliche Allmacht des Göttervaters steht jedoch die fehlende Gedankenfreiheit Prometheus' entgegen. Die monomanische Vaterfixierung auf Zeus, nicht nur in der permanenten Du-Anrede, auch dort, wo der Sprecher von sich erzählt, verrät die weiterhin bestehende innerliche Bindung an die göttliche Autorität, die so lauthals angegriffen wird. Prometheus arbeitet mit einer regelrechten Umkehrung patriarchalischer Unterwerfungserwartungen, indem er Zeus zum „Knaben" erniedrigt und die Götter in den Wirkungskreis der „Kinder" stellt.[52] Ebenso auf den Kopf gestellt wird die Abhängigkeit der Menschen von den Göttern, als könnten diese ohne die Verehrung der Menschen nicht existieren.[53] Eine echte Autonomie ist das nicht; zu sehr schimmert die Negativfolie des abgelehnten Herrschaftsbilds durch.

Die Hymne ist, wie ›Ganymed‹ und ›Mahomets-Gesang‹, die beide in den engsten Entstehungszusammenhang mit ›Prometheus‹ gehören, ein Rollengedicht. Es ist deshalb methodisch unstatthaft und interpretatorisch gefährlich, das sprechende Ich reflexionslos mit Goethes Intentionen kurzzuschließen, als handle es sich um eindeutige Selbstaussagen des Dichters, gerade weil Goethe in ›Dichtung und Wahrheit‹ diese Identifikation als „um so natürlicher" aufgebracht hatte: auch er sondere sich „nach prometheischer Weise auch von den Göttern ab"[54]. Dabei betont Goethe genausosehr die Bildhaftigkeit seiner Vorstellung, die mythologische Auskleidung der eigenen Befindlichkeit durch einen Stoff, der seinen damaligen poetischen Intentionen eher dämpfend und dem Gebot der Konvenienz entsprechend angepaßt war:

> Der titanisch-gigantische, himmelstürmende Sinn jedoch verlieh meiner Dichtungsart keinen Stoff. Eher ziemte sich mir darzustellen jenes friedliche, plastische, allenfalls duldende Widerstreben, das die Obergewalt anerkannt, aber sich ihr gleichsetzen möchte.[55]

Unter solcher Perspektive darf auch nicht übersehen werden, daß das Selbstbild des Künstlers nur *einen* Teilaspekt des Tatmenschen Prometheus darstellt. Prometheus' Menschenschöpfung ist eine Reproduktion der eigenen Gottbildlichkeit. Sein Entschluß, er „forme" Menschen, beinhaltet nur die Umbildung vorhandenen Materials nach neuen Zielvorgaben, wie der Plural von „Menschen" belegt. Es handelt sich also nicht um eine Wiederholung oder Korrektur des biblischen Schöpfungsakts des einen Menschen, sondern um die Ergänzung der Menschheit um verbesserte Exemplare der Gattung („Kinder" und „Bettler" werden als schon existent genannt). Im dramatischen Fragment benötigt Prometheus dazu noch die Hilfe Minervas, um den von ihm geformten Bildsäulen Leben einzuhauchen.[56] Dort wie auch in der nachträglichen Selbstdeutung von ›Dichtung und Wahrheit‹ trägt die Mittler-Figur der Minerva die eigentliche inspirative Kraft. Die letzte Strophe der

Hymne formuliert die Schöpfung Prometheus' im Präsens mit futurischem Sinn (und Potentialis in Vers 3), während die fast wörtlich identische Stelle im Dramenfragment die eigene Welt bereits geschaffen hat:

> Sieh nieder, Zeus,
> Auf meine Welt: sie lebt!
> Ich habe sie geformt nach meinem Bilde, ...[57]

Durch die Regieanweisung am Schluß des Dramenfragments, „Minerva tritt auf, nochmals eine Vermittelung einleitend“[58], wird der programmatisch-wunschhafte, monologische Charakter des Texts besonders deutlich. Dem entspricht die Absetzung seiner eigenen Schöpfungsvorstellungen vom biblischen Schöpfungsakt, die Goethe in ›Dichtung und Wahrheit‹ gibt, wenn er dessen gesteigerte „Poesie“ durch die Einführung einer „Mittelfigur“ hervorhebt:

> Auch ist es ein schöner, der Poesie zusagender Gedanke, die Menschen nicht durch den obersten Weltherrscher, sondern durch eine Mittelfigur hervorbringen zu lassen, ...[59]

Prometheus' Menschenbildung geht außerdem in doppelter Weise an einer Imitation des biblischen Schöpfungsakts vorbei. Durch die Vermengung antik-mythologischer und christlicher Gottesvorstellungen werden die theologischen Fragen des biblischen Schöpfungsberichts nach dem Grad der Gottähnlichkeit des Menschen außer Kraft gesetzt. Der Rollensprecher Prometheus folgt nicht der biblischen Darstellung, die die Ähnlichkeit des Erschaffens mit ihrer Vorlage betont,[60] sondern den Abbildungscharakter des Schöpfungsprozesses: „nach meinem Bilde“. ›Prometheus‹ läßt sich daher als mythisch-sakral eingekleidete Darstellung eines (künstlerischen) Produktionsprozesses begreifen, als das Erschaffen von fiktiven Figuren, die ein Abbild des Künstlers sind. Prometheus strebt ja an, mehr als nur einen Menschen zu bilden; er möchte die Innenstruktur einer umfänglichen Figurenwelt („Geschlecht“) neu definieren. Im Dramenfragment hatte sich Prometheus noch ausdrücklich als schaffender Bildhauer bezeichnet.[61] Auf diese Weise entstehen eher strukturgleiche Identifikationsfiguren des Künstlers als äußerlich baugleiche Kopien. Der Anspruch Prometheus' (und Goethes?) bestünde dann darin, diesen eigenen Kunstschöpfungen ein (ästhetisches) Lebensrecht zuzuschreiben, das weder dem göttlichen Odem noch der natürlichen Zeugung entspringt; auch dadurch erhalten diese Figuren eine eigene künstliche Qualität. Sie sind Kunstprodukte, die nach den psychischen Mechanismen ihres Schöpfers funktionieren sollen.

Zuletzt sind alle diese Fragen in die Struktur des Goethe-Gedichts einzulesen. Goethe wählt aus den drei zentralen Komplexen des Mythos: der Feuerraub zugunsten der Menschen, die auf Ewigkeit angelegte Strafe durch Anschmiedung und Leberfraß, schließlich die Befreiung durch Herakles nur den ersten aus. Aber auch diesen schreibt er in bezeichnender Weise um. Er stellt Prometheus ausdrücklich *nicht* als den Wohltäter der Menschheit dar, der das Feuer bringt. Prometheus tritt als egozentrischer Widerständler auf, der *sein* Besitzrecht am Feuer betont. Dieser Mein-Dein-Gegensatz („deinen Himmel" – „meine Erde") qualifiziert die Abgrenzung gegenüber Zeus, er definiert kein Verhältnis zu den Menschen. Obwohl Goethes Prometheus auf dem Höhepunkt seines (vermeintlichen) Triumphes über die Götter steht, ist doch der Fortgang des Mythos nicht getilgt, sondern nur ausgeblendet. Prometheus' schreckliches Ende bleibt dem Leser als mitzudenkende Leerstelle deshalb präsent, weil erst sie der Selbstdefinition Prometheus' als Leidender Sinn verleiht.[62] Die Darstellung dieser Leidensgeschichte, die übrigens mehr als die Hälfte des Gedichts ausmacht, ist der entscheidende Kern der ›Prometheus‹-Hymne. Sie wird als eine Lebensgeschichte in den Etappen eines Bildungsprozesses („Da ich ein Knabe war") mit Rückblicken auf Geleistetes („meine Hütte", „mein Herd") sichtbar und umreißt die Konturen einer Widerstandsbiographie. Prometheus gibt sie als Leidensfähigkeit an die von ihm geschaffenen Menschen weiter und macht dadurch eine Fähigkeit überdauern, die den Göttern abgeht. Der Tempuswechsel zwischen den präsentischen Anklagen, den erzählenden Ausschnitten der Lebensgeschichte und der vollendeten Leidensgeschichte im Perfekt ist signifikant. Die Lebensgeschichte des Prometheus setzt insofern Zeus und die Götter ins Unrecht, als diese zwar ebenfalls der „allmächtigen Zeit" und dem „ewigen Schicksal", aber nicht dem prozessualen Charakter einer Biographie unterliegen; sie haben keine Lebens*geschichte* in der Zeit. Prometheus' Geschichte speist dagegen sein Selbstbewußtsein gerade aus der durchlebten Chronologie von überwundener Benachteiligung und verweigerter Hilfe. Sie hat sich als die Geschichte verletzten Liebeswerbens, enttäuschter Hoffnungen und gescheiterter Illusionen gebildet und ihre Autonomie als Selbstrettung durch Selbstbezug auf ihr Ich gewonnen („Hast Du's nicht alles selbst vollendet"). Im Zusammenhang einer solchen Leidensbiographie kann der Rückblick auf Gewordenes („Hat nicht mich zum Manne geschmiedet / Die allmächtige Zeit") als Vorausdeutung auf Kommendes gelesen werden: Die Metaphern der Gestaltwerdung wechseln vom Geschmiedet- zum Geformtwerden. Erst diese Lebensgeschichte, die ein Leidensweg war, ermöglicht Prometheus' Autonomieanspruch, Menschen zu formen, die mehr sind als leere Figuren, weil sie die Spuren seiner eigenen Lebensgeschichte in sich tragen werden. In ihnen ist seine Vergangenheit und die (im Gedicht ausgeklammerte) Zukunft aufbewahrt. Prometheus' grausiges Ende, die unfreiwillige Isolation des Angeschmiedetseins antwortet auf die freiwillige, der zeitlos ritualisierte Schmerz der zerfressenen Leber auf die Lebensgeschichte bewiesener Leidensfähigkeit. So tritt dem sich selbst überhebenden, den Göttern trotzenden Prometheus das Rollen-Ich eines leidtragenden Sturm-und-Drang-Dichters zur Seite. Der hohe Anspruch Prometheus' enthält schon dieses „Mißverhältnis"[63], das den Dichterberuf in Zukunft so problematisch werden läßt.

3. Der Dichter als Warner: „Gold und Zuckermandeln" oder „Kartoffeln und Brunnenwasser"?

Im Unterschied zu Klopstocks dithyrambischem Pathos der dichterischen Sendung und Goethes antiker Mythenmaske senkt Christoph Martin Wielands ›Sendschreiben an einen jungen Dichter‹ von 1782 die Diskussion um den Dichterberuf auf eine sehr viel geringere Höhe ab. Aber trotz des Plaudertons besteht das ›Sendschreiben‹ darauf, an einen „Dichter" in der Nachfolge „des göttlichen Tasso", nicht etwa an einen bloßen Schriftsteller gerichtet zu sein. Das Spannungsverhältnis von „Lorbeerkranz" und „dunkeln Kämmerchen"[64], der Topos vom Widerspruch zwischen dem idealen dichterischen Streben und den Mißlichkeiten realer Existenz wird in vollem Ernst ausgetragen. Man hat die Nähe der Position Wielands zu derjenigen Goethes in seinem ›Tasso‹ gesehen.[65] Dennoch ist Wielands Brief keine bloße poetologische Reflexion zeitgenössischer Dichtungsprogrammatik oder die Apologie der eigenen Position. Im Unterschied zu den beiden anderen, die Dialogstruktur aufnehmenden ›Briefe an einen jungen Dichter‹ (1784), die literaturtheoretische Äußerungen Wielands zur deutschsprachigen Lyrik und zum damals modernen Drama enthalten, arbeitet das ›Sendschreiben‹ mit einem fiktiven Handlungszusammenhang zwischen den Briefen eines Absenders, der ein erfahrender Dichter ist und seine „eigene Geschichte" hat (9), und den vorausgegangenen Bekenntnissen eines poetischen Dilettanten (7f.). Als dialogische Rollenrede hat das ›Sendschreiben‹ zweifellos autobiographischen Bekenntnischarakter[66] und steht in der Formtradition didaktischen Erzählens, das mit der extremen biographischen Nähe von Absender und Autor spielt.

> Ich habe Ihre Beichte gehört, und den ganzen Fall wohl erwogen. Ihr innerer Beruf scheint in der That keinem Zweifel unterworfen zu seyn. (3)

Der „Fall", der zu prüfen ist, unterliegt keiner kritischen Grundsatzdiskussion mehr. Als „innerer Beruf" vor jeder vernunftgemäßen Entscheidung ergriffen, ragt die Poesie als „Beichte" in die religiöse Sphäre; die Eigenschaften, die nach Wieland die „natürliche Anlage zu einem künftigen Dichter" (5) ausmachen, erscheinen im Bild der vom leisesten Hauch der Luft in Schwingungen versetzten Äolsharfe. Die Urgewalt einer göttlichen Inspiration ist ganz im Sinn der Empfindsamkeit abgedämpft; eher wird „Leichtigkeit" als „Leidenschaft" (4) gepflegt. Das Herz, Zentralorgan poetischer Gestimmtheit nicht erst seit Klopstocks Hymnen und Goethes ›Prometheus‹, bildet auch hier den Maßstab:

Ein Herz, das bey jeder edlen That hoch empor schlägt, vor jeder schlechten, feigherzigen, gefühllosen, mit Abscheu zurück schaudert. (5)

Sodann entfahren dem Absender Charakterisierungen des Dichterischen, wiewohl ironisch als Antikenzitat gekennzeichnet, als „schöne Raserey" (6), als „Zeichen der Erwählung" (7), der Dichter als „Priester der Musen" (6), zuletzt noch das Ergriffensein durch *mania*, die „Musenwuth" Platons (6). Aus dem Rückblick auf die „ersten Lebensjahre" seiner Debütantenzeit formuliert der Briefschreiber sogar Ekstase[67]; er spricht von seinen „Visionen" und einer ins Humorige abgebogenen Genialität, die allen exorzistischen Bemühungen widerstanden hat:

und der Genius oder Kobold (wie Sie ihn lieber nennen wollen) der mich besaß, wollte mich weder in gutem noch bösem austreiben lassen. (8)

Wielands Dichterbild ist schillernd. Es ironisiert die zugeschärften Spielmarken der antiken, noch vorpoetologischen Poesiemystik. Dennoch wird das Modell des *poeta vates* heftig verteidigt und der *poeta doctus* erst als Folgeschritt zugelassen.[68] Die eigene Lebenserfahrung des Absenders dient zum Beleg für Notwendigkeit und Vorhandensein eines dichterischen Talents.[69] Dem jungen Dichter und fiktiven Briefempfänger wird die poetische Begabung zwar gleichermaßen bescheinigt,[70] jedoch in ihrer Bedeutsamkeit für den Dichterberuf in Frage gestellt. Die Begabung durch „Mutter Natur" sei völlig einseitig und mache lebensuntüchtig,[71] „was mich für Sie zittern macht". Spätestens hier wird offenbar, daß Wieland die landläufigen Paradigmen der poetologischen Reflexion ausgewechselt hat. Er verzichtet auf die traditionelle Entgegensetzung von *poeta vates* und *poeta doctus*. Statt dessen stellt er dem künftigen Dichter die Notwendigkeit einer gesellschaftlichen Einordnung vor Augen. Dessen Fehler, die ökonomischen Grundlagen seiner geplanten Dichterexistenz nicht genügend bedacht zu haben,[72] bildet den kritischen Hintergrund eines ironischen Szenarios, das dennoch seine Ernsthaftigkeit nicht einbüßt. Denn der Dichter, „der so wenig als die Paradiesvögel, von Blumendüften leben" kann, könnte bald einer sein, der „unter allen Menschen in der Welt dem Hungersterben am nächsten ist" (11).

Indem Wieland die Höhe des Klopstockschen Anspruchs mit den Niederungen der ökonomischen Realitäten konfrontiert, setzt er die bislang gültigen Empfindungswerte des poetischen Talents einer ironisierenden Beleuchtung aus. Was tun, wenn die dichterische Begabung von niemandem mehr angezweifelt wird, der Dichter aber von seiner Poesie nicht leben kann? Ein Ausweg in die kleinbürgerliche Idylle, den Dichterberuf als dilettierendes Freizeitgeschäft, „bloß als Nebenwerk neben einem einträglichen Amte" (11) zu betreiben, bietet sich an. Doch die satirische Überspitzung zur verlogenen Gemüthaftigkeit macht diesen Vorschlag von vornherein als anachronistische Position der vorigen Generation kenntlich und hinterläßt den Eindruck des Altfränkischen und Provinziellen:

> Dein Kaffe und die Vögel warten
> Nebst deinen Blumen schon auf dich;
> Du wirst entzückt, du freu'st dich inniglich,
> Du kennst schon die Natur und sie kennt dich,
> Und eh' du's merkst, macht sie dich selbst zum Dichter; ... (12)

Die Parodie der poetischen Inspiration durch die Natur ist zugleich eine des Naturnachahmungsprinzips; sie zeigt ihre mangelnde Notwendigkeit durch fehlende Qualität.[73] Freilich wird auch nicht verschwiegen, daß diese Art Reimerei[74] ohne „ernsthafte Leidenschaft" (13) vor den Gefährdungen bewahren würde, die dem Dichterberuf als kompromißloser Lebensform drohen:

> Sie werden überall, in allen Vorfallenheiten, Verhältnissen, Geschäften, Händeln, Leiden und Freuden Ihres Erdenwallens, Dichter seyn; immer denken, fühlen, reden, handeln, wie nur ein Dichter denkt, fühlt, spricht und handelt; und, wenn Sie auch zehn Jahre hinter einander keinen einzigen Vers gemacht hätten, so wird doch alles, was Sie in diesen zehn Jahren gesehen, gehört, versucht, gethan und gelitten haben, entweder Poesie gewesen oder Poesie geworden seyn; ...(13)

Der solchermaßen vereinzelte und in der Gesellschaft vereinsamte Dichter, von „den gewöhnlichen Menschen" als „Wunderthier" bestaunt (14), erfährt am eigenen Leibe den schwierigen Entwicklungsprozeß des freien, auf ein bürgerliches Lesepublikum angewiesenen Schriftstellers, der ohne die Sicherheit adliger Mäzene oder fürstlicher Höfe auskommen muß.[75] Wielands Haltung ist hierbei genausowenig eindeutig wie es die reale Lage des Schriftstellers ist, der seinen Positionsverlust von der Höhe des angesehenen Gelehrtenstandes durch poetologische Emanzipations- und Professionalisierungsanstrengungen kompensieren muß. Davon kündet Wielands Vorschlag, diesen Widerspruch durch den Rückgriff auf antike Vorbilder aufzulösen – etwa wie Horaz, „der ein eben so feiner Weltmann als ein Mann von Genie und auserlesenen Kenntnissen war" (19). Doch das alte Modell funktioniert in der veränderten literarischen Öffentlichkeit des späten 18. Jahrhunderts nicht mehr, das Selbstverständnis des modernen Dichters kann nicht mehr in die ökonomisch naive Unabhängigkeit eines höfischen Dichters zurückgeschraubt werden. Das erlauben weder die selbst zugeschriebene Würde des Dichters noch die anderen „schönen Lufterscheinungen" literarischer Fiktion, etwa die (aus Horaz abgezogene) Vorstellung einer „Nazion" (20), die als Utopie im Boden deutscher Kleinstaaterei versickert. In der Wirklichkeit des fortgeschrittenen 18. Jahrhunderts bleibt nichts anderes als ein zwangsläufiger Zusammenhang von hohem Dichtertum und bescheidener Existenz bestehen.[76]

Deshalb muß sich der nicht mehr vom fürstlichen Gönner abgesicherte Schriftsteller mit den Augen einer Unterhaltung suchenden Öffentlichkeit taxieren lassen:

> Von dem Momente an, da wir wahrnehmen oder uns auch nur einbilden daß Sie nach unserm Beyfall ringen, betrachten wir Sie mit eben den Augen, womit wir alle andere Prätendenten an Virtuosität in den ergetzenden Künsten ansehen; und sie stehen (es mag Ihnen nun gefallen oder nicht) mit Taschenspielern, Luftspringern und Histrionen in Einer Linie. (21)

Die Konkurrenz der Kunstproduzenten vor dem Richterstuhl eines kulturkonsumierenden Publikums[77] macht die Dichterideale zu meßbaren Größen. Dabei trifft die Ablösung ehemals verbindlicher Kunstnormen durch den subjektiven Geschmack[78] die „Musenkunst" besonders hart. Literatur, an den privaten Unterhaltungsbedürfnissen einer Zerstreuung suchenden Gesellschaft ausgerichtet, unterliegt genau diesen Kriterien:

> Die Leser oder Zuhörer fühlen wohl, ob man sie interessiert oder gähnen macht: aber das ist auch alles! Und da ein sehr mittelmäßiges oder höchst nachlässig gearbeitetes Werk so gut als ein Meisterstück etwas interessantes haben kann: so können Sie sich darauf gefaßt machen, daß, so bald Ihr Werk aufgehört hat, eine Meß-Neuigkeit zu seyn, der erste beste Roman, der etwas Neues ist, und ein wenig Witz, hier oder da eine überraschende Situazion, eine rührende Stelle oder ein schlüpfriges Gemählde hat, sich der Aufmerksamkeit der lesenden Welt bemächtigen, und ihre Arbeit, hätten Ihnen auch alle neun Musen darauf geholfen, auf die Seite drängen wird. (22)

Die vom Dichter aufgestellten Regeln für ein „Meisterstück" haben gegenüber den Bedürfnissen der Verbraucher keine Chance. Wielands satirische Beschreibung der Kriterien eines sentimentalen Bestsellers, des schnellen Umsatzes, des Abnutzens und des Neuigkeitsreizes, sollen zeigen, daß der Wert eines Kunstwerks nur sein Markt- und Unterhaltungswert, daß es „Fabrikwaare" (25) ist.

Gerade an dieser Verteidigungslinie des dichterischen Anspruchs gegen die fragwürdigen Erwartungen des literaturkonsumierenden Publikums zeigt sich die Virulenz des Wielandschen ›Sendschreibens‹. Einerseits werden die Forderungen des neuen dichterischen Selbstverständnisses der Empfindsamkeit und des Sturm und Drang aufgerufen; andererseits übersieht Wieland die Realitäten der Schriftstellerexistenz keineswegs. Die neu zu vermessende Position des Dichters in seiner Zeit spiegelt sich im Schwanken zwischen den Extremen. Einerseits werden die Mechanismen der öffentlichen Kategorisierung von Literatur als „etwas so natürliches, so alltägliches" anerkannt, „daß es lächerlich wäre sich darüber zu beklagen"; andererseits wird auf die „Empfindlichkeit" des Dichters und die „Reitzbarkeit einer poetischen Organisazion" verwiesen (25), die den Schriftsteller eben nicht zum Produzenten beliebigen Kulturgenusses degradiert wissen will, sondern versucht, den Kunstcharakter der Dichtung noch im Gewande ihres Warencharakters zu retten, da doch gerade „die Grazie der höchsten Leichtigkeit" dem Dichter „unendliche Mühe gekostet hat" (23). Auf der einen Seite wird der Dichter aufgefordert, sich der freien Kunstkritik der Leseöffentlichkeit zu stellen, mit dem Risiko, „bey einer Mahlzeit von Kartoffeln und Brunnenwasser glücklich seyn" zu müssen (31). Die Gefahr eines verfestigten Literaturbetriebs mit Cliquenwesen, Schulbildungen und Rezensionsklüngeleien wird mit dem Hereinzitieren von Klopstocks ›Gelehrtenrepublik‹ beantwortet.[79] Zugleich wird vor der Verlockung, in die Zeit fürstlicher Patronage oder in die Abhängigkeit von der „Gleichgültigkeit der Großen" zurückzufallen, gewarnt (30f.). Auf der anderen Seite ist dem Dichter der Umgang mit seinem Lesepublikum noch fremd. Tastend versucht er zu verstehen, daß die neue bürgerliche Gesellschaft sehr wohl ohne Dichter auskommen kann, dieser freilich nicht ohne sie:

Die Menschen um uns her, vom größten bis zum kleinsten, haben so viel mit sich selbst und ihrer eignen Noth, so viel mit ihren eignen Planen, Bedürfnissen, Leidenschaften und momentanen Eingebungen des guten und bösen Dämons, den jeder gern oder ungern auf den Schultern tragen muß, zu thun, daß es kein Wunder ist, wenn sie sich nicht viel um die unsrigen bekümmern können.[...] Wie können wir verlangen, daß andern Menschen, mitten im Gedränge ihrer Verhältnisse, Geschäfte, Sorgen, Zerstreuungen, Ergetzlichkeiten, die Kunst die wir treiben, die Gegenstände wovon unsre Seele voll ist, das Werk womit wir uns beschäftigt haben, und womit sie vielleicht auf der Gottes-Welt nichts anzufangen wissen, eben so wichtig seyn sollen als uns selbst? (32f.)

Durch diese Ungefestigtheit des Bezugssystems und die daraus folgende Unsicherheit im Umgang mit dem Publikum ist der Widerspruch zu erklären, mit dem Wieland seine Publikumsbeschreibung abschließt. Das vorhin so heftig kritisierte (falsche) Bewußtsein des Publikums mit seiner Forderung nach bloßer Unterhaltung durch Vielfalt[80] wird jetzt anerkannt; der Schriftsteller hat sich diesen Erwartungen zu unterwerfen.[81] Dennoch soll er die Reste des Poetischen bewahren und gleichsam in die reine Unterhaltungskunst einschmuggeln; er soll, „anstatt nur auf einen Augenblick ergetzen", dauerhafte Dichtung bieten.[82]

Eine solche Wendung, die leicht als Opportunismus oder als Anbiederung Wielands gewertet werden könnte,[83] erhält erst vor dem Hintergrund der Positionssuche des Schriftstellers ihren Sinn. Denn von den hohen Forderungen an seinen Dichterberuf weicht Wieland keineswegs zurück. Er stellt den „Schriftsteller", der in diesem neuen ehrenvollen Begriff die poetische Würde des Dichters mit dem neuen gesellschaftlichen Rang des Literaturproduzenten verbindet, in die Reihe der bürgerlichen Heroen:

Und mit welchem Rechte wollen die Schriftsteller allein von ihrer Nazion mehr Gerechtigkeit, mehr Dankbarkeit, mehr Gleichheit und Beständigkeit fordern, als irgend ein andrer Mann von Verdienste, in welcher Kategorie er immer seyn mag, von ihr zu gewarten hat? (35)

So könnten die Schriftsteller aus ihrer gewohnten Funktion in der ehemals höfisch-feudalen Gesellschaft entlassen und in die bürgerliche Lesegesellschaft integriert werden, ohne in ihr unterzugehen. Dennoch bleibt ihnen das Reservat erhalten, das die bürgerlichen Dichter von anderen gesellschaftlich Verdienten unterscheidet: die Verpflichtung auf die „reinste Wahrheit" mit dem Maßstab aus sich selbst und für sich selber (36f.). So rettet der Dichter die Zwecklosigkeit der Kunst über den Markt ihrer fehlenden Nutzbarkeit hinweg und bewahrt die poetische Inspiration, die als „Quelle von Glückseligkeit in Ihrem Innern springt". Was der Dichter „Labsal" und „Trost" an seiner dichterischen Begabung findet und genießen darf, was den Dichter zum Dichter macht, gilt letztlich ihm allein: „Und hört dir niemand zu, so singst du [= Muse] mir allein" (37).

III. Die gerettete Autonomie und die neue Einsamkeit des Dichters

1. Dichter mit Zuschauern: Goethes ›Torquato Tasso‹ I

Goethes 1780 erstmals im Tagebuch erwähntes und 1789 fertiggestelltes Drama ›Torquato Tasso‹ bildet in doppelter Hinsicht einen Kulminationspunkt in der Entwicklungsgeschichte des dichterischen Selbstverständnisses. Zum einen steht ›Tasso‹ im Umfeld anderer poetologisch reflektierender Texte, die alle ein gesteigertes Interesse des Jahrzehnts an der Frage nach dem Wesen des Dichterberufs artikulieren. Herders Abhandlung ›Über die Würkung der Dichtkunst auf die Sitten der Völker in alten und neuen Zeiten‹ hatte die kulturtheoretische, Wielands ›Sendschreiben‹ von 1782 die gesellschaftskritische Unterfütterung der Problematik gegeben. Schillers programmatisches Gedicht ›Die Künstler‹ erschien 1786, Karl Philipp Moritz' Aufsatz ›Über die bildende Nachahmung des Schönen‹, der von Goethe nicht wenig beeinflußt war und von diesem in Wielands ›Teutschem Merkur‹ rezensiert wurde, entstand 1788. Aber auch Goethes eigene Arbeiten neben seinem ›Tasso‹ kreisten um die Erörterung dieser Frage nach dem Wesen des Dichterischen. Das Konzept des Künstlerromans ›Wilhelm Meisters theatralische Sendung‹ wurde zu den ›Lehrjahren‹ umgeformt, die ›Zueignung‹ zum ›Faust‹ mit dessen ›Vorspiel auf dem Theater‹ führte die Auseinandersetzung bis in die 90er Jahre fort.[1] Hier wie dort ging es darum, die im Sturm und Drang geforderte Autonomie des Dichters von der bloß subjektiven Geniebindung zu befreien und ihr statt dessen Akzeptanz innerhalb des auszufaltenden ästhetischen Systems der Klassik zu sichern.

Bei Goethes ›Tasso‹ kam noch hinzu, daß der Thematisierung des Dichterberufs die plane Eindeutigkeit mangelte. Schon die Zeitgenossen haben das Stück weniger als Bearbeitung eines historischen Stoffes aus der italienischen Renaissance verstanden, sondern als unmittelbare Selbstdarstellung Goethes in seiner Doppelrolle als Weltmann und Dichter. Gegen eine solche Deutung als Schlüsseldrama zur Kritik am Weimarer Musenhof nahm schon Karoline Herder den Dichter in Schutz:

Die gute Kalbin ... nimmt Goethes ›Tasso‹ gar zu speziell auf Goethe, die Herzogin, den Herzog und die Steinin; ich habe sie aber ein wenig darüber berichtigt. Das will ja auch Goethe durchaus nicht so gedeutet haben. Der Dichter schildert seinen *ganzen Charakter*, wie er ihm in seiner Seele erschienen ist; einen solchen ganzen Charakter besitzt ja aber ein einzelner Mensch nicht allein. So ist es mit dem Dichtertalent selbst, so mit der Kunst zu leben, die er durch den Herzog oder Antonio darstellt. Daß er Züge von seinen Freunden, von den Lebenden um sich her nimmt, ist ja recht und notwendig. Dadurch werden seine Menschen wahr, ohne daß sie eben im ganzen Charakter lebend sein können oder dürfen.[2]

Demselben Brief verdanken wir auch die bekannte Formulierung von der „Disproportion des Talents mit dem Leben“ als dem „eigentlichen Sinn“ des Dramas. Beide Äußerungen greifen dabei jene so eindeutig scheinende Sentenz des Dramas auf (V. 1668–1710), daß erst Tasso und Antonio zusammen eine Idealgestalt ergäben. Synthetische Kunstfiguren also? Andererseits hatte Goethe während der Arbeit am Stück darauf beharrt, daß das Drama „aus dem Innersten meiner Natur entstand“[3]. Noch im hohen Alter hatte er die große Nähe seiner eigenen Dichterexistenz zu derjenigen Tassos herausgestrichen:

Ich hatte das *Leben* Tassos, ich hatte mein eigenes Leben, und indem ich zwei so wunderliche Figuren mit ihren Eigenheiten zusammenwarf, entstand in mir das Bild des Tasso, dem ich, als prosaischen Kontrast, den Antonio entgegenstellte, wozu es mir auch nicht an Vorbildern fehlte. Die weiteren Hof-, Lebens- und Liebesverhältnisse waren übrigens in Weimar wie in Ferrara, und ich kann mit Recht von meiner Darstellung sagen: *sie ist Bein von meinem Bein und Fleisch von meinem Fleisch*.[4]

Die Forschung hat mit dem Drama als zentralem Text für die Geschichte der dichterischen Selbstdarstellung und für Goethes Selbsteinordnung als Dichter ihre Probleme.[5] ›Tasso‹ bietet noch viel weniger als andere klassische Dramen eindeutige Positionsbeschreibungen, die als Sentenzen zu isolieren wären. Vielmehr entfaltet das Stück ein Geflecht vielfältiger Spiegelungen und Brechungen der Figuren, die sich in ihren Äußerungen und Aktionen gegenseitig relativieren, aufheben oder widersprechen. Mit dem Begriff vom „Kontrast“ als dem notwendigen Gegenstück jeder Position hat Goethe selbst den nützlichsten Hinweis zum Verständnis seines Stückes mitgeliefert: Nicht allein *was* eine Dramengestalt sagt, sondern in welcher Gesprächssituation, mit Bezug auf welchen Partner und in Rückantwort auf welche Äußerung sie dies tut, ist von Bedeutung! Dieser „Konfiguration“[6], einem kunstvoll gefügten Spiel von Antinomien und Antivalenzen, deren Struktur im Verlauf des Dramas selbst einer Metamorphose unterliegt, Oppositionspaaren von Personen (Tasso – Antonio), Motiven (Lorbeerkranz – Blumenkranz), Themen (Reden – Schweigen, Scheinen – Erkennen) und Begriffen (Dichter – Held)[7] antworten auf der sprachlichen Ebene Dialogverschränkungen, Begriffsübernahmen und wörtliches Wiederaufgreifen in den Wortwechseln der Protagonisten. Bis hin zum verstellten und uneigentlichen Sprechen hinter „Sprachmasken“[8] konstruiert das Drama einen Diskussionsraum, dem jede Eindeutigkeit der Aussagen mangelt und der weder das Wörtlichnehmen noch die Einebnung der Extreme erlaubt.[9] Der vermittelnde Ausgleich scheint eher dem harmonisierenden Wunsch der Interpreten als der Intention Goethes zu entsprechen. Das Dramenfragment ›Prometheus‹ war kennzeichnenderweise gerade an der Stelle abgebrochen worden, an der Minerva, „nochmals eine Vermittelung einleitend“[10], aufgetreten war. Noch in den ›Wahlverwandtschaften‹ ist „Mittler“ die einzige nicht-tragische und eine erfolglose Figur. Für das Tragische hat Goethe selbst zwar den Verzicht auf Parteinahme, aber auch die Unmöglichkeit einer Vermittlung angedeutet:

> Der Dichter aber, der seiner Natur nach unparteiisch sein und bleiben muß, sucht sich von den Zuständen beider kämpfender Teile zu durchdringen, wo er denn, wenn Vermittlung unmöglich ist, sich entschließen muß, tragisch zu endigen.[11]

Auch im ›Tasso‹ ist die vermittelnde Position eindeutig negativ besetzt.[12]

Was zu Beginn des ›Tasso‹ den Eindruck einer Schäferidylle erweckt, in der etwaige Gegensätze vermittelt würden, entspringt daher eher einem grundlegenden Mißverständnis. Die Prinzessin thematisiert die Struktur dieses Widerspruchs im Zeichen des (falschen) Scheins, der das gesamte Drama durchzieht: „Du scheinst bedenklich, doch du scheinst vergnügt.“ (V. 4) Die anstehende Dichterkrönung Tassos erlebt dieser als einmaligen und unwiderruflichen Gipfel seines poetischen Ruhms, zugleich aber auch als bildhaften Ansporn zu einem unerreichbaren, ewig zu erstrebenden Ziel (V. 497–502). Deshalb tritt er aus sich heraus und beobachtet sich selbst gleichsam von außen (V. 532 ff.), als sei er eine Figur seiner eigenen dichterischen Visionen: „Abwesend schein ich nur, ich bin entzückt!“ (V. 561) In seiner poetischen Begeisterung nennt Tasso „die Heroen, die Poeten“ (V. 545) (auch syntaktisch) in einem Atemzug, eine unzulässige, weil von den Krönenden nicht gemeinte Verbindung von Held und Dichter.[13] Die Gleichsetzung von dichterischem und heroischem Ruhm bildet den Umschlagpunkt im Streit mit Antonio, der gegen die poetischen Lorbeeren als „leichte Kränze“ und als „zufälligen Putz“ (V. 1315) polemisiert, die sich „im Spazierengehn bequem erreichen“ lassen (V. 1300–1302). Tasso indes verteidigt den Lorbeer als seine „Krone“ (V. 1333 u. ö.) als nicht bloß poetische Belohnung, so daß er Antonio, der ja keinerlei dichterische Ambitionen hat, zum gleichgerichteten Wettstreit auffordern kann (V. 1324): Dichter und Held stehen in chiastischer Parallelstellung.[14] Zuletzt kündet das geradezu emblematisch verschlungene Arrangement von Lorbeerkranz und Degen (V. 1591 ff.), das Tasso dem Herzog zu Füßen legt, von der „Vergänglichkeit“ des die politische Tat poetisch umrankenden Ruhms (V. 1587). Seit dem Traummonolog des IV. Aktes ist der Lorbeer ganz aus dem Bild verschwunden. Tasso betrauert nun die Stunden, „die um dein Haupt mit Blumenkränzen spielten“ (V. 2159), also die (falsche) Gartenidylle des Ausgangspunkts noch jenseits der Poesie. In der Schlußszene schließlich sieht der Dichter, daß ihn die Krönung nicht zum Helden, sondern zum Schlachtopfer gemacht hat:

So hat man mich bekränzt, um mich geschmückt
Als Opfertier vor den Altar zu führen! (V. 3313 f.)

Im Gegensatz zu Tasso ist sich die Hofgesellschaft der sozialen Spielregeln bei Dichterkrönungen zum poeta laureatus jederzeit bewußt.[15] In deren Verlauf erhält Tasso einen Kranz zugeteilt, der ursprünglich gar nicht für ihn, sondern für Vergil geflochten war (V. 14 f.) und der nur im Kontrast zum Blumenkranz des Antipoden Ariost zu verstehen ist (V. 21). Wenn Tasso dem Lorbeer tiefere Bedeutung zuschreibt, so mißversteht er auch hier wieder die Geste. Für Leonore gehört der Lorbeer zu ihrer sentimentalen Vorstellung von Literatur als seelentröstendem Ruheplatz, einer „Insel der Poesie in Lorbeerhainen" (V. 140 f.), während Tassos Empfindungen für die Prinzessin eher der Baum der Venus, die „Myrte" entspräche (V. 144). Aber auch vom Akt der Dichterkrönung hat Tasso ganz andere Vorstellungen als die übrigen Beteiligten. Für Leonore ist die Bekränzung ein jederzeit wiederholbarer Vorgang (V. 482: „Der zum erstenmal Bekränzte"), der nur „zieret" (V. 483).[16] Dabei wiederholt der Kranz auf dem Haupt des Dichters den poetischen Produktionsprozeß, wie sie ihn versteht und ihn Tasso unterstellt, nämlich als Verflechtung poetisch-rhetorischen Schmucks: „Und jede Blume windet er zum Kranz" (V. 189). Für den Herzog und die Prinzessin bedeutet die Dichterkrönung im Park die spielerische Vorwegnahme eines späteren Nachruhms (V. 483–486). Für die Gleichsetzung von Dichter und Held, die durch den Krönungsakt proklamiert wird, ist der Herzog verantwortlich (V. 457–463). Doch der Kranz, als „schönes Zeichen" hierfür (V. 459), trügt. Der Büste des Vergil abgenommen, kann er nichts weiter als höchstens ein literarisches Heldentum bedeuten!

Hier besetzt Antonio die spiegelbildliche Position zu Tasso. Ihm wird die „Bürgerkrone" aus „Eichenlaub" gerade deshalb versprochen, weil er (im Sinne Tassos) unheldisch gehandelt und sie sich (im Unterschied zu Tasso) tatsächlich „verdient" hat: „Ohne Schwertschlag / Hast du's geleistet, eine Bürgerkrone / Dir wohl verdient" (V. 680–682). Zugleich mißversteht Antonio die Situation, da er den Krönungsvorgang nicht kennt und nur unvollständig aufgeklärt wird. Den lorbeerbekränzten Tasso sieht er nicht als Nachfolger Vergils an, sondern als Gegenfigur zu seinem Lieblingsdichter Ariost: „Zwei Bekränzte / Erblickt ich mit Verwundrung" (V. 692 f.). Seine Lobrede auf Ariost läßt Antonios Vorstellungen vom Dichterberuf ganz deutlich werden. Dabei zeigt sich Antonio keineswegs als der plumpe Utilitarist, den man nach seinem Lob der päpstlichen Kunstpflege als Dekoration und Selbstdarstellung des autokratischen Herrschers in ihm sehen könnte.[17] In seiner Lobrede auf Ariost feiert Antonio die Dichtung zwar als Einkleidungspoesie,[18] jedoch huldigt er gleichzeitig einem inhaltlichen Klassizismus (V. 717) mit moralisch-ethischem Wahrheitsanspruch[19] nicht ohne spielerische Anklänge an erotische Frivolitäten.[20] Selbst der Zauber des Exotischen,[21] das rhetorische

Pathos[22] und der „Wahnsinn", freilich literarisch gebändigt,[23] sind seinen Poesievorstellungen nicht fremd. Man tut Antonio also unrecht, wenn man ihn, wie oft geschehen, als literarischen Banausen abtut.[24]

Doch sind die Poesievorstellungen Antonios auf die Literaturgeschichte und auf theoretische Überlegungen beschränkt, denn im Umgang mit dem lebenden Dichter Tasso zeigt Antonio keine so tolerante Gesinnung. Schon bei der Begrüßung besteht er auf einer scharfen Grenzziehung zwischen Tassos dichterischer Sphäre und der Wirklichkeit, wobei über die Rangfolge beider Bereiche kein Zweifel aufkommt: „wenn du je / Aus deiner Welt in meine schauen magst" (V. 583 f.). Vor allem kritisiert Antonio am Dichter dessen Introspektion, die der wahren Welterkenntnis hinderlich sei, weil ihr die rechten Maßstäbe fehlten:

> Es ist wohl angenehm, sich mit sich selbst
> Beschäft'gen, wenn es nur nützlich wäre.
> Inwendig lernt kein Mensch sein Innerstes
> Erkennen; denn er mißt nach eignem Maß
> Sich bald zu klein und leider oft zu groß. (V. 1227–1230)

Unter der Prämisse gesellschaftlicher Nützlichkeit ist Dichtung kein Instrument zur Welt- und Selbsterkenntnis; Dichtung erscheint hier als „Putz" (V. 1315), der Dichterberuf als kurzweiliger Zeitvertreib „im Spazierengehn" (V. 1302) und als bloßes „Lippenspiel und Saitenspiel" (V. 1373). Tassos naive Impulsivität stört den zögernden und jeden Schritt genau reflektierenden Antonio (vgl. V. 1204 ff.) vor allem deshalb, weil sie erfolgreich zu sein scheint: „Du bist gewohnt zu siegen" (V. 1289). So kommt ihm Tasso als „Müßiggänger" vor (V. 2002), der den harten Arbeiter um die verdiente Anerkennung bringt: „Der Lorbeer ist es und die Gunst der Frauen" (V. 2020). Deshalb erregt ihn Leonores Verteidigungsrede für Tasso so: „Mit *solchen* Künsten *solche* Herzen! Ist's / Zu glauben?" (V. 2097 f.) Daß gerade das Inkommensurable so erfolgreich sein kann,[25] macht Tassos Wirkung für Antonio beneidenswert und unverdient: „Zu jung hat er zu vieles schon erreicht" (V. 2950). Die in seinen Augen ungerechte Begünstigung des Dichters wegen seiner so offensichtlichen psychischen Schwächen (vgl. V. 2117 ff.), unerfüllbaren Wunschvorstellungen[26] und mangelnden Selbstbeherrschung (V. 2147 f.) dämpft Antonios Neid auf Tassos Erfolg bei den Frauen so lange, als Tasso für Antonio ein zu bespöttelnder Krankheitsfall (vgl. V. 2896 ff.) bleibt. Erst als der Dichter zum Hypochonder abqualifiziert wird, gewinnt Antonio seine souveräne Weltläufigkeit zurück.

In der Beurteilung von Tassos Existenz als psychischem Fall und als Krankengeschichte berührt sich Antonio am stärksten mit dem Herzog, der sich selbst zum „Arzt" (V. 334) und Erzieher Tassos ernannt hat. Alfons möchte Tasso nach dem Verhaltenskodex der höfischen Welt in einer Weise bilden, die nicht wenig mit Zwang zu tun hat:

Vaterland
Und Welt muß auf ihn wirken. Ruhm und Tadel
Muß er ertragen lernen. Sich und andre
Wird er gezwungen recht zu kennen. (V. 264–267)

Wie Antonio geht es auch Alfons darum, Tassos Menschenbild an den gesellschaftlichen Normen des Umgangs auszurichten:

Die Menschen fürchtet nur, wer sie nicht kennt,
Und wer sie meidet, wird sie bald verkennen. (V. 310 f.)

Das Verständnis für die lebens- und schaffensnotwendige Einsamkeit des Dichters im Unterschied zur Weltläufigkeit des Gesellschaftsmenschen, wie sie Leonore sentenzenhaft auf den Begriff bringt – „Es bildet ein Talent sich in der Stille" (V. 304) –, bleibt dem Herzog verschlossen. Für ihn und seine Lebensform sind Dichter und Dichtung funktional der höfischen Welt in untergeordneter Bedeutung eingepaßt. Als Tasso den ankommenden Antonio nach dem Status der Kunst am allseits bewunderten päpstlichen Hof fragt (V. 662 f.), lenkt Alfons den antwortenden Antonio sofort auf den eigentlich interessierenden Gegenstand ab: „Und glaubst du, daß wir die Geschäfte bald / Vollenden können?" (V. 672 f.) Sein zuvor so überschwengliches Lob für Tassos vollendetes Werk, das mehr aus Überraschung[27] in die Dichterkrönung ausgeufert war, verkehrt sich nun in beinahe gehässige Ironie, wenn er jetzt Tassos Epos ›Das befreite Jerusalem‹ neben den diplomatischen Erfolgen Antonios als papierne Spielerei abtut:

Indessen hat mich Tasso auch bereichert;
Er hat Jerusalem für uns erobert ... (V. 685 f.)

Denn der Herzog versteht Dichtung als zwar für den Nachruhm notwendige Kulturarbeit, jedoch nur als eine Maßnahme unter vielen im Bündel der fürstlichen Vorsorge für den Glanz der Dynastie. Für den fürstlichen Mäzen ist der Dichter einer der „Diener", über den zu verfügen ist:

Und wer der Dichtkunst Stimme nicht vernimmt,
Ist ein Barbar, er sei auch, wer er sei.
Gefunden hab ich diesen und gewählt,
Ich bin auf ihn als meinen Diener stolz,
Und da ich schon für ihn so viel getan,
So möcht ich ihn nicht ohne Not verlieren. (V. 2848–2853)

In seiner Verzweiflung wird Tasso dieses Dienstverhältnis als rigides Herrschaftsverhältnis deuten.[28] Doch vorläufig trifft Tasso mit der unterwürfigen Übergabe seines Manuskripts genau die Haltung und den Tonfall, die von ihm erwartet werden. Denn aus der materiellen Versorgung des Dichters als Teil des Hofstaats leitet der Herzog nicht nur das Besitzrecht am Kunstwerk ab: „Und nenn es in gewissem Sinne mein!" (V. 394), was Tasso vorbehaltlos bestätigt: „denn euch gehört es zu“ (V. 423). Dem Mäzen wird sogar die poetische Inspiration insoweit zugesprochen, als der Dichter ihm sein Werk wie ehemals den Musen verdankt:

Hast du mir nicht, o kluger, tapfrer Fürst,
Das alles eingeflößt, als wärest du
Mein Genius, der eine Freude fände,
Sein hohes, unerreichbar hohes Wesen
Durch einen Sterblichen zu offenbaren? (V. 435–439)

Auch wenn die Unterwürfigkeitsgeste schon den Rand streift, an dem die Devotion in die Ironie fürstlicher Überheblichkeit umzukippen droht (und Tasso die fürstliche Eingebung in einen Irrealis-Vergleich einkleidet), so bleibt doch das materielle Verfügungsrecht des Fürsten über den Dichter unbestritten: „wie ich dich / Als *mein*, obgleich entfernt, betrachte“ (V. 3012 f.). Mit der zu erwartenden Nachwirkung, die vom Kunstwerk ausgeht und aus dem der Dichter (durch die passivische Formulierung) schon entfernt worden ist, sorgt sich Alfons um den eigenen Ruhm:

Dann soll das Vaterland, es soll die Welt
Erstaunen, welch ein Werk vollendet worden.
Ich nehme meinen Teil des Ruhms davon, ... (V. 290–292)

Diese Gewißheit, Dichtung als höfische Dienstleistung jederzeit in Auftrag geben zu können, erlaubt dem Herzog einen großmütigen und nachsichtigen Umgang mit dem Dichter. Anders als Antonio, der die Kunst an ihrem augenblicklichen Nutzen mißt, kann Alfons es sich leisten, den ästhetischen Gewinn durch Tassos Kunst nicht unmittelbar ausmünzen zu müssen. Die mit dem Langmut eines Kreditgebers scheinbar zweckfrei ausgestreute Kunstförderung wird sich eines Tages schon bezahlt machen:

Du hättest recht, Antonio, wenn in ihm
Ich meinen nächsten Vorteil suchen wollte!
Zwar ist es schon von Vorteil, daß ich nicht
Den Nutzen grad und unbedingt erwarte.
Nicht alles dienet uns auf gleiche Weise;
Wer vieles brauchen will, gebrauche jedes
In seiner Art, so ist er wohl bedient.
Das haben uns die Medicis gelehrt,
Das haben uns die Päpste selbst bewiesen.
Mit welcher Nachsicht, welcher fürstlichen
Geduld und Langmut trugen diese Männer
Manch groß Talent, das ihrer reichen Gnade
Nicht zu bedürfen schien und doch bedurfte! (V. 2936–2948)

Seine Nachsicht gegenüber Tassos gesellschaftlich anstößigem Betragen[29] hat freilich da ihre Grenzen, wo der Dichter sich die Freiheit nimmt, seine eigenen, innerpoetischen Handlungsmaßstäbe über die gesellschaftlichen zu setzen:

So sehr in manchem Sinn das große Werk
Mich freut und freuen muß [!], so sehr vermehrt
Sich auch zuletzt die Ungeduld in mir.
Er kann nicht enden, kann nicht fertig werden,
Er ändert stets, ruckt langsam weiter vor,
Steht wieder still, er hintergeht die Hoffnung;
Unwillig sieht man den Genuß entfernt
In späte Zeit, den man so nah geglaubt. (V. 262–269)

Der auf Bestellung erwartete „Genuß", Leitmotiv der Poesievorstellung des Herzogs (vgl. V. 2821, 3049, 3092), meint ja nicht bloß das private Vergnügen am Kunstkonsum, sondern die öffentliche Anerkennung seines Gönnertums. Die freudige Erwartung kippt daher sehr schnell in „Verdruß" um, da die gesellschaftliche Verfügbarkeit des Dichters auf Konkurrenz und Wettbewerb mit anderen fürstlichen Mäzenen ausgerichtet ist:

Ich bin verdrießlich, daß ich dir's gestehe,
Und lieber sag ich dir, daß ich es bin,
Als daß ich den Verdruß verberg und mehre.
Er will verreisen; gut! ich halt ihn nicht.
Er will hinweg, er will nach Rom; es sei!
Nur daß mir Scipio Gonzaga nicht,
Der kluge Medicis ihn nicht entwende!
Das hat Italien so groß gemacht,
Daß jeder Nachbar mit dem andern streitet,
Die Bessern zu besitzen, zu benutzen. (V. 2836–2845)

Aber selbst dann, als Tasso sich loßreißen kann, bleibt sein Werk, gleichsam vom Auftraggeber dem Produzenten enteignet, in den Händen des Fürsten: „Es bleibt von deiner Hand in meinen Händen" (V. 3044). Diesen unnachgiebigen Besitzanspruch, der nur an der Verfügung über das Kunstwerk, nicht an der Person des Dichters interessiert ist, auch wenn er sich hinter höfischen Floskeln versteckt,[30] durchschaut Tasso erst am Ende:

So lockte man mir noch am letzten Tage
Mein einzig Eigentum, mir mein Gedicht
Mit glatten Worten ab und hielt es fest!
Mein einzig Gut ist nun in euren Händen, … (V. 3315–3318)

Wie der Herzog sieht auch Leonore Sanvitale Dichtung und Dichter als Teil der ästhetischen Legitimation politischer Herrschaft, bei der Tasso wie Petrarca und Ariost nur ein Glied in einer historischen Reihe berühmter Dichter ist (vgl. V. 58 ff.). Innerhalb dieses höfischen Funktionsrahmens ist Dichtung für Leonore bevorzugt mit der pastoralen Landschaftsidylle verbunden, wie ihre Krönung Ariosts mit Blumen in Abgrenzung zum Lorbeerkranz für Vergil (V. 15–18), noch stärker aber ihre Definition von Poesie belegt:

> Und dann nach dieser ernsten Unterhaltung
> Ruht unser Ohr und unser innrer Sinn
> Gar freundlich auf [!] des Dichters Reimen aus,
> Der uns die letzten, lieblichsten Gefühle
> Mit holden Tönen in die Seele flößt.
> Dein hoher Geist umfaßt ein weites Reich,
> Ich halte mich am liebsten auf der Insel
> Der Poesie in Lorbeerhainen auf. (V. 135–142)

Trotz dieser naiven, auf harmlose Heiterkeit reduzierten Ästhetik ist Leonore diejenige Figur des Dramas, die den Menschen Tasso am besten versteht.[31] Sie möchte Tasso in seiner Eigenart „gerecht" werden (V. 157) und erkennt – auch wenn sie ihr fremd bleibt – Tassos eigene Welt seiner poetischen Existenz (vgl. V. 158–166), die in ausdrücklicher Distanz zur höfischen Sphäre angesiedelt ist:

> In diesem Zauberkreise wandelt
> Der wunderbare Mann und zieht uns an,
> Mit ihm zu wandeln, teil an ihm zu nehmen:
> Er scheint sich uns zu nahn und bleibt uns fern;
> Er scheint uns anzusehn, und Geister mögen
> An unsrer Stelle seltsam ihm erscheinen. (V. 167–172)

Leonore formuliert im Begriffsfeld des Scheinens sowohl die Attraktivität des Dichters gerade wegen dessen Fremdheit als auch den Abstand dieser Lebensform zur höfischen. Im Unterschied zur Prinzessin, die sofort auf die Identifikation mit Tassos Seelenleben abzielt,[32] bewahrt Leonore emotionale Distanz; sie betont den „Doppelsinn" im Spiel mit dem Namen Leonore (V. 203) und durchschaut im Gegensatz zur Prinzessin den Unterschied zwischen echter und poesieentsprungener Liebe in den Versen Tassos (vgl. V. 206–209). Von Leonore stammt die Erkenntnis, die die Prinzessin schmerzt und Tassos späteres Verhalten vorausdeutet, daß Tassos Liebesdichtung und die tatsächliche Liebesempfindung nicht deckungsgleich sein müssen:

> Uns liebt er nicht – verzeih, daß ich es sage! –,
> Aus allen Sphären trägt er, was er liebt,
> Auf einen Namen nieder, den wir führen,
> Und sein Gefühl teilt er uns mit; wir scheinen
> Den Mann zu lieben, und wir lieben nur
> Mit ihm das Höchste, was wir lieben können. (V. 213–218)

Diese Klarsichtigkeit Leonores gilt auch für die Dramenhandlung im engeren Sinn. Leonore ist am genauesten in den Fortgang von Tassos Dichtung eingeweiht (V. 250–258); aus ihrem Munde stammt der gegen die Weltbildung des

Herzogs gerichtete Aphorismus über die Besonderheiten des poetischen Talents (V. 304 f.). So ist es kein Zufall, daß Leonore die Sentenzen prägt, die Tasso dort am präzisesten zu charakterisieren scheinen, wo Tassos Abstand von den Verhaltensnormen der Hofgesellschaft in Rede steht.[33] Freilich ist einzuschränken, daß Leonore zumeist uneigentlich spricht, weil sie ganz ausdrücklich eigene Interessen verficht.[34] Im Gespräch mit der Prinzessin bringt Leonore die Existenz von Tasso und Antonio auf den bekannten Begriff:

> Zwei Männer sind's, ich hab es lang gefühlt,
> Die darum Feinde sind, weil die Natur
> Nicht *einen* Mann aus ihnen beiden formte. (V. 1704–1706)

Mit dieser Utopiekonstruktion stellt Leonore der Prinzessin einen Idealzustand vor, um ihren Plan, Tasso für sich zu gewinnen, leichter durchsetzen zu können. Antonio und dessen Ärger über Tassos Verhalten kann sie durch die Abwiegelung besänftigen, der Dichter sei bei den Frauen so beliebt, gerade weil er eitel, ungeschickt, nachlässig und der Fürsorge bedürftig sei (V. 2067 ff.). Unter allen Figuren ist sie die einzige, die den dunklen Untergrund von Tassos Lebenskampf[35] und die Schattenseite des poetischen Ruhms erkennt:

> Der Lorbeerkranz ist, wo er dir erscheint,
> Ein Zeichen mehr des Leidens als des Glücks. (V. 238 f.)

In ihrer Raffiniertheit – Tasso nennt sie mit Recht „kleine Schlange" (V. 2510) und „verschmitzte kleine Mittlerin" (V. 3352) – will sie Tasso für sich, nicht weil sie ihn liebt, sondern weil sie seine dichterischen Fähigkeiten auf sich als Gegenstand binden möchte. Leonore will nicht den Dichter Tasso, sondern nur seine Funktion als Dichter. Wie Alfons durch die Dichtung die ästhetische Überhöhung und Überdauerung seiner politischen Herrschaft anstrebt, so will Leonore dies für ihre Person. Sie strebt nach poetischer Beschönigung ihrer Existenz mit dem Ziel, nach dem Vorbild von Petrarcas Laura durch die Dichtung Alterslosigkeit und sogar Unsterblichkeit zu erringen:

> Wie reizend ist's, in seinem schönen Geiste
> Sich selber zu bespiegeln! Wird ein Glück
> Nicht doppelt groß und herrlich, wenn sein Lied
> Uns wie auf Himmelswolken trägt und hebt?
> Dann bist du erst beneidenswert! Du bist,
> Du hast das nicht allein, was alle wünschen;
> Es weiß, es kennt auch jeder, was du hast!
> Dich nennt dein Vaterland und sieht auf dich,
> Das ist der höchste Gipfel jedes Glücks.
>
> […]

Alsdann vermag die Zeit, das Alter nichts
Auf dich, und nichts der freche Ruf,
Der hin und her des Beifalls Woge treibt:
Das, was vergänglich ist, bewahrt sein Lied.
Du bist noch schön, noch glücklich, wenn schon lange
Der Kreis der Dinge dich mit fortgerissen. (V. 1928–1952)

Auch hier soll der Dichter seiner Dichtung enteignet und die Poesie mißbraucht werden.

Dagegen wird die Prinzessin gern als diejenige unter den Figuren des Dramas bezeichnet, die Tasso am nächsten stehe, weil sie über eine ähnliche Seelendisposition verfüge.[36] Gegenüber dem Drängen ihres Bruders nach Fertigstellung des Werkes nimmt sie den Dichter in Schutz, indem sie ein vertieftes Verständnis für die Arbeitsweise des Dichters aufzubringen scheint. Tasso könne nicht nach dem Diktat seines Auftraggebers und Gönners arbeiten, sondern nur „durch die Gunst der Musen" (V. 271–283). Bei genauerer Betrachtung werden jedoch grundlegende Differenzen zwischen der Poesieauffassung der Prinzessin und dem Selbstverständnis Tassos sichtbar. Gleich zu Beginn des Dramas artikuliert die Prinzessin ihre Poesievorstellung als das Zurückträumen in eine Vergangenheit, von der sie selbst weiß, daß sie nie wirklich existiert hat: „Uns in die goldne Zeit der Dichter träumen" (V. 23).[37] Im Unterschied zu Leonore, die zwischen wirklicher und poetischer Liebe sehr wohl unterscheiden kann, vermischt die Prinzessin beide Bereiche; tatsächliche Liebe sucht sie ausdrücklich nicht in der Wirklichkeit, sondern im Reich der Dichtung (vgl. V. 143–155)! Tasso gegenüber predigt sie in völliger Verkennung seines absoluten Dichteranspruchs den bescheidenen Umgang mit seinem Talent (V. 521 f.), ruft ihn zur Genügsamkeit auf (V. 808) und verlangt „Mäßigung" und „Entbehren" (V. 1119–1122), während sie ihm gleichzeitig – von Tasso mißverstandene – Hoffnungen macht. Man hat die Prinzessin in die Nähe der „Schönen Seele" aus Goethes ›Wilhelm Meisters Lehrjahren‹ rücken wollen. Tatsächlich scheinen sich ihre Jugendgeschichte als Krankengeschichte und ihre Entsagungsideologie mit derjenigen der Tante der Turmgesellschaft im ›Wilhelm Meister‹ zu berühren. Man hat jedoch übersehen, daß die „Schöne Seele" in Goethes Roman ihre pietistische Initiation in ein vorbildhaft gemeintes Leben verwandelt und sowohl im Roman als auch für den Helden zwar als einseitiges, jedoch als durchaus beachtenswertes Bildungsbeispiel fungiert. Im Gegensatz dazu ist die Prinzessin wehleidig und egozentrisch. Einerseits versucht sie Tasso in wiederholten Anläufen an sich zu binden und mit ihm eine Seelen- und Empfindungsgemeinschaft aufzubauen, andererseits zeigen ihre Äußerungen ein grundsätzliches Mißverstehen des wahrhaft Dichterischen. Die goldne Zeit, die Tasso in toposhaften Bildern antiker Hirtenidylle imaginiert und auf den Begriff grenzenloser Freiheit bringt,[38] ist für sie kein utopisches Konkretum, sondern eine in sich widersprüchliche Fiktion, die zugleich der Vergangenheit angehört wie auch eine nicht existente Traumwelt darstellt:

Mein Freund, die goldne Zeit ist wohl vorbei:
Allein die Guten bringen sie zurück;
Und soll ich dir gestehen, wie ich denke:
Die goldne Zeit, womit der Dichter uns
Zu schmeicheln pflegt, die schöne Zeit, sie war,
So scheint es mir, sowenig, als sie ist;
Und war sie je, so war sie nur gewiß,
Wie sie uns immer wieder werden kann. (V. 996–1003)

Mit ihrer Gegensentenz: „Erlaubt ist, was sich ziemt" (V. 1007) nimmt die Prinzessin ihrer Fiktion die phantastische Dimension wieder ab und unterwirft sie dem Diktat des konventionell Schicklichen nach den Maßstäben weiblichen Sittlichkeitsempfindens. Während Leonore gegen den Verfall ihrer Körperlichkeit und den Verlust der Wirkung weiblicher Reize ein Rezept parat hat, nämlich das Überdauern als Objekt des Dichters sucht (vgl. V. 1947 ff.), bejammert die Prinzessin das Verhalten der Männer (V. 1032 ff.). Ihre Stellung am Hof und ihre Bildungsaufgabe gegenüber Tasso, die dieser willig akzeptiert,[39] verdecken ihre fragwürdige Empfindsamkeit, die sich als poetische Gleichgestimmtheit mit dem Dichter ausgibt, es aber nicht wirklich ist. Ihre Neigung zur Dichtung und zum Dichter Tasso enthüllt sie selbst als beinahe mechanistischen Prägevorgang in der Folge von Krankheit und psychischer Isolation:

Zum erstenmal trat ich, noch unterstützt
Von meinen Frauen, aus dem Krankenzimmer,
Da kam Lukretia voll frohen Lebens
Herbei und führte dich an ihrer Hand.
Du warst der erste, der im neuen Leben
Mir neu und unbekannt entgegentrat.
Da hofft ich viel für dich und mich; (V. 860–866)

Als Auslöser eines Schlüsselreizes sekundärer Fixierung gerät Tasso zufällig als erster vor die Augen der Prinzessin: „Der Augenblick, da ich zuerst ihn sah, / War vielbedeutend" (V. 1823 f.). Gegenüber Leonore äußert sich die Prinzessin noch deutlicher. Während der Krankheitszeit, in der Leben und Leiden identisch waren,[40] wurde Kunstgenuß zum Selbstgenuß[41] und zum „Trost" (V. 1816) in solcher Weise, daß das Leiden wie Kunst konsumiert werden konnte:

Da wurde Leiden oft Genuß und selbst
Das traurige Gefühl zur Harmonie. (V. 1811 f.)[42]

In diesem Bewußtsein ihres Leidens scheint sich die Prinzessin mit dem Tasso des Schlußauftritts zu berühren. Während der Dichter dort aber nicht „in seiner Qual verstummt" (V. 3432), sondern zum dichterischen Ausdruck seines Leidens findet, ist die Prinzessin in ihrem Leiden nur „geschwätzig" (V. 1847); während sie über die Nichtexistenz der goldenen Zeit lamentiert, dichtet Tasso vor ihren Augen mit dem von ihr gelieferten Phantasiematerial das Bild einer solchen Welt,[43] dem sie in ihrer wehleidigen und konventionsverhafteten Beschränkung nicht mehr folgen kann. Dem wirklichen Dichter Tasso steht sie als Verkörperung des Dilettantismus gegenüber.[44] Weder in der Dichtung noch im Dichter Tasso sucht sie Nähe, sondern Befriedung in der Verklärung von Traumbildern (V. 1857–1864). Ihre Erkenntnis, wenn sie denn über den Genuß von Tassos Dichtung abläuft, gipfelt in der masochistischen Feier der Entbehrung, die erst im nachhinein zu schätzen weiß, was sie verloren hat (V. 1908–1913). Selbst dann, als sie behauptet, ausdrücklich zu Tasso zu sprechen,[45] meint sie niemand anderen als sich selbst, wenn sie fordert: „Ist's edel, nur allein an sich zu denken" (V. 3167). Der Umgang mit Dichter und Dichtung dient dem Selbstgenuß; Dichtung wird nicht als Kunstwerk betrachtet, sondern zu therapeutischen Zwecken benutzt.

2. Der Schiffbruch des Dichters: Goethes ›Torquato Tasso‹ II

Am weitesten von dieser Position der Prinzessin ist Tasso zu Beginn des Dramas entfernt. Tasso tritt dort als äußerst gefügiger Hofdichter auf, der sich bedingungslos den Erwartungen seines absolutistischen Mäzens unterwirft. Tasso forciert diese Unterwerfung mehr, als dies von ihm verlangt würde. Er verwirft das aufklärerische Bild der „Freiheit" als Menschenrecht[46] und proklamiert den Fürstendienst als Glück (V. 931 f.). Tassos eigene Vorstellung von „Freiheit" meint das Gegenteil: einmal die Befreiung aus ökonomischen Zwängen eines armseligen Lebens, materielle Absicherung durch den Mäzen und Freistellung von Erwerbsarbeit; zweitens aber die innere Freiheit, die die erste zur Voraussetzung hat, die dichterische Produktivität freisetzt und dadurch den Mäzen zum Auslöser der poetischen Inspiration macht:

> Du warst allein, der aus dem engen Leben
> Zu einer schönen Freiheit mich erhob,
> Der jede Sorge mir vom Haupte nahm,
> Mir Freiheit gab, daß meine Seele sich
> Zu mutigem Gesang entfalten konnte; (V. 416–420)

In Tassos Bild der sagenhaften goldenen Zeit „Erlaubt ist, was gefällt" (V. 994) fallen beide Formen von Freiheit in eins, in Wirklichkeit jedoch nicht, wie sich im Streit mit Antonio zeigt; Antonio nimmt sich die Freiheit, die auch Tasso beansprucht:

> Was du dir hier erlaubst, das ziemt auch mir.
> Und ist die Wahrheit wohl von hier verbannt?
> Ist im Palast der freie Geist gekerkert? (V. 1344–1346)

Aus Antonios Sicht ist der von einem Mäzen abhängige Dichter Tasso folgerichtig „kein freier Mann" (V.1457); Tasso sieht dies ganz anders: „mich Freien" (V. 1537). Erst die Beschränkung seiner Freiheit durch die freiwillige Unterwerfung unter internalisierte gesellschaftliche Zwänge macht Tasso seine Freiheitsvorstellung konkret faßlich und dadurch problematisch. Wie kann er einerseits real abhängig sein, andererseits die geistige Freiheit für sich in Anspruch nehmen? Dienst in Freiheit – dieses Spannungsverhältnis sprengt den Rahmen sowohl der historisch feudalen als auch der intendierten bürgerlichen Gesellschaft:

> Einen Herrn
> Erkenn ich nur, den Herrn, der mich ernährt,
> Dem folg ich gern, sonst will ich keinen Meister.
> Frei will ich sein im Denken und im Dichten;
> Im Handeln schränkt die Welt genug uns ein. (V.2302–2306)

So kann Freiheit, durch Antonio im Namen des Fürsten gewährt, für Tasso nur aus taktischen Gründen annehmbar sein.[47] Um so lauter artikuliert Tasso nun seine Freiheitsforderung und erhebt sie geradezu zur Voraussetzung seiner weiteren Existenz (V. 2702– 2716).

Aber noch ist es nicht so weit. Die dramatische Handlung entwirft vom ersten Vers an das Spannungsverhältnis des Dichters Tasso zur höfischen Welt als Entwicklungsprozeß, der zugleich Erkenntnis- und Selbstfindungsprozeß ist. Einer „Tragödie des Dichters"[48] scheint die Gattungsbezeichnung „Schauspiel", die nach klassischer Terminologie auf ein versöhnliches Ende hindeutet, zu widersprechen; Zweifel bestehen auch hinsichtlich der Eindeutigkeit des Schlußbilds als einem tragischen Scheitern des Dichters. Bis zu diesem Schlußbild durchläuft Tassos dichterisches Selbstverständnis fünf Phasen, die durch eine immer stärkere Bewußtwerdung der eigenen Position charakterisiert sind.[49]

1. In der ersten Phase will Tasso nur affirmativer höfischer Dichter sein. Mehr als nötig folgt er in den Beschreibungen seiner dichterischen Welt den Erwartungen der höfischen Gesellschaft. Ganz bewußt schwächt er alles Konventionsstörende an seinem Dichterberuf ab, indem er Abschreckendes unterdrückt und die Poesie zur idyllischen Unterhaltung verharmlost. Sein dichterisches Talent gibt er als gleichsam zufällige, natürliche Ausstattung aus[50] und den Herzog als seinen „Genius"[51]. Seine dichterischen Intentionen spielt er selbst auf die reine Unterhaltungsfunktion und die Erfüllung oberflächlicher Publikumserwartungen herunter.[52] Dieses Anpassungsangebot Tassos wird als Unterwerfungsgeste akzeptiert und im Gegenzug durch die Dichterkrönung honoriert, die für Tasso die Illusion nährt, er sei der tatsächliche Mittelpunkt dieses höfischen Kreises. Im Unterschied zum Hof, für den der Akt jedoch nur eine beiläufige Gunstbezeigung darstellt, deutet ihn Tasso als einmaligen Höhepunkt seines augenblicklichen Dichterbewußtseins. Daß er „ent-

zückt" ist (V. 561) und sich „im Widerschein / Des Himmels" wähnt (V. 534 f.), wird von den anderen nicht als Ausdruck poetisch inspirierten Sprechens verstanden, sondern als Traum und Verkennung der Gegenwart (vgl. V. 558 f.). Tasso rekurriert bei seinen Beschreibungsversuchen zur Kennzeichnung dieser Differenz zwischen Konversationsrede und dichterischer Sprache nicht zufällig auf die antike Dichtertopologie,[53] um auch die Aspekte des Irrationalen in die gesellschaftliche Rede einzubringen.[54] Hier findet er (auch in der syntaktischen Parallelstellung) die Gleichgerichtetheit von Held und Dichter.[55] Der in diesem Zusammenhang angezogene Magnet-Vergleich mit seinem Ursprung bei Platon und einer alten Topostradition erscheint dabei in bezeichnender Verschiebung. Stand damals die Wirkung des Magneten als Bild für die unerklärliche Herkunft der dichterischen Inspiration, so dient Tasso das Gleichnis für die innere Gleichgerichtetheit von Dichter und höfischer Welt des Heroischen:

> So bindet der Magnet durch seine Kraft
> Das Eisen mit dem Eisen fest zusammen,
> Wie gleiches Streben Held und Dichter bindet. (V. 548–551)

2. Dieses erste Stadium, das durch die Illusion bestimmt wird, der Dichter könne im Mittelpunkt der mäzenatischen Hofgesellschaft seinen Platz einnehmen, findet ihr abruptes Ende mit der Ankunft Antonios. Es ist kennzeichnend für diesen Bruch, daß Tasso während der Szene fast vollständig verstummt! Das anschließende Gespräch mit der Prinzessin, das den II. Akt eröffnet, artikuliert in doppelter Hinsicht eine grundlegende Verstörung Tassos[56]:

> Ich will dir gern gestehn, es hat der Mann,
> Der unerwartet zu uns trat, nicht sanft
> Aus einem schönen Traum mich aufgeweckt;
> Sein Wesen, seine Worte haben mich
> So wunderbar getroffen, daß ich mehr
> Als je mich doppelt fühle, mit mir selbst
> Aufs neu in streitender Verwirrung bin. (V.760–766)

Mit zum Teil identischen Begriffen wie bei seiner ersten Selbstdefinition beschreibt Tasso nun das Auseinanderbrechen seines illusionären Konstrukts bis hin zur Erfahrung eigener Nichtigkeit (V. 798–800). Hier, in der „aufs neu" (V. 766) aufbrechenden Verstörung wird erst deutlich, daß Tassos freiwillige Selbstauslieferung an Mäzenatentum und Ergötzungspoesie schon Errungenschaft, willentlich noch einmal zusammengefügtes und längst gefährdetes Dichterbewußtsein war. Wenn Tasso sich nicht nur „getroffen", sondern sich auch „doppelt" fühlt, so formuliert er zwar noch kein modernes Spaltungs- oder Entfremdungsbewußtsein, jedoch die tiefsitzende Erfahrung eines Bruchs. Jetzt treten Helden- und Dichterwelt auf alle Zeiten unversöhnlich auseinander. Währenddessen möchte die Prinzessin noch einmal beide Bereiche versöhnen:

> Wie Held und Dichter füreinander leben,
> Wie Held und Dichter sich einander suchen. (V. 802 f.)

Doch auch ihr gelingt dies nur noch um den Preis, die Gleichgerichtetheit beider aus „dem wilden Lauf der Welt“ (vgl. V. 808–810) auszugliedern. Anders als die Prinzessin ist Tasso ganz in der Erfahrung des Auseinanderfallens gefangen. In seinen rückblickenden Gedankengängen, das Präteritum fungiert als Ausdruck des nicht mehr Aktualisierbaren, ist die verlorene Einheit problematisch geworden.[57]

Diesen Verlust erlebt Tasso im Vergleich mit Antonio als Mangel,[58] der den Wunsch auslöst, gerade auf dem Gebiet „nicht mit Worten, mit der Tat“ (V. 909) etwas zu leisten. Tasso vergißt oder unterdrückt gleichsam sein Dichten zugunsten des Wunschs nach Handlung, wie sein Monolog nach dem Gespräch mit der Prinzessin programmatisch formuliert; der angestrengte Potentialis wirkt indes verräterisch:

> O daß die edelste der Taten sich
> Hier sichtbar vor mich stellte, rings umgeben
> Von gräßlicher Gefahr! Ich drängte zu
> Und wagte gern mein Leben, … (V. 1170–1173)

In der folgenden Auseinandersetzung mit Antonio spitzt Tasso dieses selbst aufgestellte Programm noch zu und unterliegt deshalb einem Mißverständnis, das er selbst konstruiert hat; er verlangt von Antonio, seinen Dichterlorbeer auch als Heldenauszeichnung zu akzeptieren:

> Doch zeige mir den Mann, der das erreicht,
> Wonach ich strebe, zeige mir den Helden,
> Von dem mir die Geschichten nur erzählten;
> Den Dichter stell mir vor, der sich Homeren,
> Virgilen sich vergleichen darf, … (V. 1326–1330)

Um so heftiger muß ihn der Spott Antonios treffen, der diesen Anspruch Tassos gerade nicht anerkennt und die Grenzziehung zwischen Heldenleistung und Dichterruhm betont, indem er beide Welten sarkastisch miteinander vermischt:

> Wo Lippenspiel und Saitenspiel entscheiden,
> Ziehst du als Held und Sieger wohl davon. (V. 1372 f.)

Den Schlußpunkt dieser zweiten Phase setzt schließlich Tasso mit der Reflexion über die Vergänglichkeit seines Ruhms (V. 1568 ff.). Von seinem Dichtertum ist nun überhaupt nicht mehr die Rede, sondern nur noch in negativem Sinn davon, daß der erworbene Lorbeerkranz nur den Dichterruhm betrifft und eben kein Zeichen für Heldenhaftigkeit darstellt: „Geselle dich zu diesem Degen, der / Dich leider nicht erwarb." (V. 1591 f.) Tasso fordert erneut die Ebenbürtigkeit von Held und Dichter ein, gerade weil diese ihm fragwürdig geworden ist. Im Wunsch nach Gleichrangigkeit von gesellschaftlichem Handeln und poetischem Schaffen manifestiert sich noch einmal die Problematik des Sturm-und-Drang-Dichters, der seinen Genieanspruch nicht auf den poetischen Bereich einschränken lassen möchte, sondern Totalität fordert.[59]

3. Da dies nicht mehr miteinander zu vereinen ist, beginnt die dritte Phase im Selbstverständnis Tassos mit der Suche nach den eigenen Besonderheiten, die die Abgrenzung von der Gesellschaft bedingen. Ging es Tasso bislang vornehmlich um die Erkenntnis anderer,[60] so kreisen seine jetzt einsetzenden Selbstreflexionen und Monologe um sein eigenes Anderssein:

> Hab ich verbrochen, daß ich leiden soll?
> Ist nicht mein ganzer Fehler ein Verdienst? (V. 2202 f.)

In diesem Sinne ist ›Tasso‹ eine „monologische Tragödie"[61], in diesem Sinn signalisiert Tassos selbstbezügliches Umsichkreisen die geringe Wirklichkeitssättigung und damit letztlich die Fragwürdigkeit seiner Erkenntnisse. Viele seiner Einsichten sind eingestandenermaßen gar keine:

> Mir bleibt es unbegreiflich, wie es ist;
> Ich meine fast, ich müßt es denken können.
> Auf einmal winkt mich eine Klarheit an,
> Doch augenblicklich schließt sich's wieder zu, ... (V. 1549–1552)

Oft verweigert sich Tasso der klaren Erkenntnis, weil ihm die Selbstbespiegelung im Gegenüber eines klaren Feindbilds wichtiger ist als tatsächliche Einsicht: „Und irr ich mich an ihm, so irr ich gern"! (V. 2339) Deshalb benötigt Tasso für diese nur für ihn schlüssige Selbstanalyse den Widerstand gegen seine Umgebung; an ihren Verhaltenserwartungen richtet er seine eigenen Willensbekundungen aus. So sind die Verse „Ich soll erkennen, daß mich niemand haßt" bis „Bekennen soll ich, daß ich unrecht habe" (V. 2466 ff.) in doppelter Weise ganz präzise Signale: einmal verweisen sie auf den Schluß des Dramas, in dem Erkenntnis und Bekenntnis, weiterhin negativ formuliert, nicht mehr bloß korrespondieren, sondern einander bedingen, einen Entwicklungsprozeß enthalten und die Genese des Dichterischen beschreiben; zum anderen dokumentieren sie die selbstbezügliche Argumentationsstruktur Tassos: „Ich kenne mich in der Gefahr nicht mehr / Und schäme mich nicht mehr, es zu bekennen" (V. 3446 f.).

4. Die vierte Phase in Tassos Selbsterkenntnisweg zu einem veränderten Dichterbewußtsein setzt genau da ein, wo sich sein Blick von der bloß wehleidigen Selbstbemitleidung als Mensch zur Reflexion des wahrhaft Dichteri-

schen weitet. Den Anstoß zu dieser Verobjektivierung seiner Dichterexistenz gibt bezeichnenderweise der Herzog, indem er genau das Gegenteil fordert:

> Ich bitte dich, entreiße dich dir selbst!
> Der Mensch gewinnt, was der Poet verliert. (V. 3077 f.)

In diesem Kontext (und nur in diesem!) ist eine der bekannten Dichterdefinitionen im ›Tasso‹ zu deuten:

> Ich halte diesen Drang vergebens auf,
> Der Tag und Nacht in meinem Busen wechselt.
> Wenn ich nicht sinnen oder dichten soll,
> So ist das Leben mir kein Leben mehr.
> Verbiete du dem Seidenwurm zu spinnen,
> Wenn er sich schon dem Tode näher spinnt.
> Das köstliche Geweb' entwickelt er
> Aus seinem Innersten und läßt nicht ab,
> Bis er in seinem Sarg sich eingeschlossen. (V. 3079–3087)

In diesen bis zur Ideologie des dichterischen Produktionsprozesses verabsolutierten Zuspitzungen steckt mehr als nur die Einsicht, daß sich das Ich des Dichters in der poetischen Produktion verzehre[62] oder die Lebenssubstanz in dichterisches Schaffen umwandle.[63] Der Blick auf den Dialogzusammenhang zeigt indes, daß Tassos Formulierungen in Abwehr gegen das Drängen des Herzogs („Verbiete du") und dessen Vereinnahmung des Kunstwerks, von dem Tasso beteuert, es sei ein Teil seiner Person, gesprochen sind. Zumeist wird auch übersehen, daß Tasso diese Äußerung, als er allein ist, als verstelltes Sprechen bezeichnet (V. 3100)! Erst in der Schlußszene spricht Tasso wieder frei; aber auch hier dürfen Tassos programmatische Positionsnahmen nicht so ohne weiteres absolut gesetzt werden, sondern müssen als Reaktion auf die Anreden gelesen werden. Antonios Anruf an Tasso: „Ermanne dich! Du gibst zu viel dir nach." (V. 3406) hatte die Ermahnung des Herzogs als Denkfigur aufgegriffen und so variiert, als sei Antonio beim dortigen Gespräch dabeigewesen:

> Ich bitte dich, entreiße dich dir selbst!
> Der Mensch gewinnt, was der Poet verliert. (V. 3077 f.)

In beiden Aufforderungen geht es darum, daß Tasso sich als eine gedoppelte Existenz erfahren soll. Während der Herzog den Menschen Tasso vor dem „Abgrund" in sich selbst (V. 3074) zurückhalten möchte, auch auf die Gefahr hin, daß dadurch das Poetische in ihm verlorengeht, vernachlässigt Antonio diese innere Spannung zwischen Mensch und Dichter völlig; er sieht nur die charakterliche Laschheit Tassos, die es zu bekämpfen gilt. Auch unter dieser Perspektive muß sich die Frage nach Antonios Fähigkeit, Tassos Dichtertum zu begreifen, stellen.[64] Tasso reagiert auf beide Aufforderungen jedenfalls mit denselben Begriffen; seine Antwort erarbeitet die Formulierung seines „Talents“ in derselben gedoppelten Denkfigur!

> Bin ich nichts,
> Ganz nichts geworden?
> Nein, es ist alles da! und ich bin nichts!
> Ich bin mir selbst entwandt, sie ist es mir! (V. 3414–3417)

Das Auseinanderdriften des als nichtig erachteten Ichs („ich bin nichts!“) und des bewahrten poetischen Talents („es ist alles da!“) mißversteht Antonio als Selbstverlust: „Und wenn du ganz dich zu verlieren scheinst“ (V. 3419). Diesem Mißverständnis entspricht die von ihm angebotene (falsche) Lösung: „Vergleiche dich! Erkenne, was du bist!“ (V. 3420), denn eine solche Aufforderung widerspricht der Einmaligkeit und Außerordentlichkeit des Dichters im Selbstverständnis Tassos, weil er sich eben *nicht* vergleichen kann und will.[65] Noch dazu trifft Antonios Aufforderung zur Selbstrettung den Dichter Tasso von der falschen Seite: Tasso soll erkennen, *was* er ist (vgl. V. 3420), während er selbst betont, *wie* er leidet (V. 3433)!

In diesem Bezugsrahmen ist auch die berühmte Bestimmung des Dichterberufs im Schlußbild des Dramas zu lesen:

> Die Träne hat uns die Natur verliehen,
> Den Schrei des Schmerzens, wenn der Mann zuletzt
> Es nicht mehr trägt – Und mir noch über alles –
> Sie ließ im Schmerz mir Melodie und Rede,
> Die tiefste Fülle meiner Not zu klagen:
> Und wenn der Mensch in seiner Qual verstummt,
> Gab mir ein Gott zu sagen, wie ich leide. (V. 3427–3433)

Goethe hat ja bekanntlich den letzten Vers in den Rang einer existentiellen Definition seines Dichterberufs erhoben, als er ihn 1823 zum Motto seiner ›Marienbader Elegie‹ und zum Mittelpunkt der 1827 zusammengefaßten ›Trilogie der Leidenschaft‹ machte. Hier wie dort ist das Leiden als Leidensaussprache die zentrale Kategorie der Dichtergenese.[66] Indem Goethe seine ›Tasso‹-Sentenz aufgriff, tat er nicht bloß kund, daß die Formulierung auch außerhalb des Textzusammenhangs als Lebensbestimmung benutzbar war. Denn im Wiederaufgreifen hat Goethe den Satz auf bezeichnende Weise verändert. Tasso reagiert ja abweisend auf die Aufforderung Antonios, vergleichend zu erkennen, „was du bist“ (V. 3450). Die Sentenz betont daraufhin die Andersartigkeit der dichterischen Erkenntnis unter drei Aspekten. Zum einen geht es Tasso nicht um eine Vergleichung, sondern um seine Einzigartigkeit und Einmaligkeit: „mir noch über alles“; zum zweiten meint er keine irgendwie psychologisch begründete Erkenntnis, sondern die göttliche Gabe des Poetischen, seine Befindlichkeit in Worte zu fassen; und drittens setzt er sein „wie“ der Selbstaussprache gegen Antonios Forderung nach dem „was“ der Selbsterkenntnis.

In seiner ›Trilogie der Leidenschaft‹ hat Goethe die Selbstdefinition Tassos nicht ganz wörtlich übernommen, sondern im Sinne der Forderung Antonios abgewandelt, sowohl im Schlußvers des ersten Gedichts ›An Werther‹, wo es heißt: „Geb ihm ein Gott zu sagen, was er duldet“, als auch im Motto der unmittelbar folgenden ›Elegie‹, das nun formuliert:

> Und wenn der Mensch in seiner Qual verstummt,
> Gab mir ein Gott zu sagen, was ich leide.[67]

Dem alten Goethe, der sich mit seinen Leidenschaften im Rückblick auf die erfolgte Freischreibung durch den ›Werther‹ und die peinliche Marienbader Angelegenheit konfrontiert sieht, gelten nur mehr die Inhalte seines Dichterberufs. Im ›Tasso‹ hingegen geht es um die Redeformen, durch die sich dichterisches Sprechen von konventionellen menschlichen Äußerungen unterscheidet. Die „Träne“, der „Schrei des Schmerzens“, steht dem „Mann“, jedermann als Ausdrucksmittel zur Verfügung; allein dem Dichter ist „Melodie und Rede“ gegeben, nicht nur seine Verzweiflung zu „klagen“, sondern diese in ästhetische Form mit universalem Geltungs- und Vollkommenheitsanspruch zu kleiden, mit Worten auch dann noch „tiefste Fülle“ zu erschaffen, wenn „der Mensch“ schon längst verstummt ist. Die Moderne wird diese unlösliche Verknüpfung von Leiden und dichterischer Rede radikalisieren. Für Goethes ›Tasso‹ versteht es sich noch von selbst, daß Leiden allein noch keinen Dichter macht, wenn nicht die göttliche Gabe des Talents hinzutritt. Bei Hofmannsthal oder Thomas Mann zeigt sich diese Konstellation zugleich zugespitzt und auf den Kopf gestellt. Erst das Mit-Leiden, die „Bürgerliebe zum Menschlichen, Lebendigen und Gewöhnlichen“[68], an dem man selbst nicht teilhat, macht aus dem bloßen Literaten, „dessen bürgerlicher Beruf die Kunst ist“[69], einen Dichter.

5. Steht dort also das als Beruf ergriffene Dichtertum am Anfangspunkt der Selbsterkenntnis, so hier am Ende. Denn mit seiner Sentenz hat Tassos Erkenntnisprozeß zwar sein Ende erreicht, das Drama aber noch nicht. In seinem Schlußmonolog entwirft der Dichter Tasso aus seiner theoretischen Einsicht die poetische Praxis, hier faßt er die vorausgegangene Erkenntnis in poetische Sinnbilder. Nur so läßt es sich auch erklären, warum der soeben noch beschimpfte und verfluchte Antonio (vgl. V. 3394 ff.) jetzt „edler Mann!“ (V. 3434) genannt wird. Das biographische Feindbild ist zur literarischen Figur und zur dichterischen Bildkonstruktion umgeschmolzen.[70] In genau diesem Sinn erhält das von Tasso angezogene Vergleichsbild von Welle und Fels bzw. von Fels und Schiffer seine nicht bloß gedankliche, sondern auch poetisch gestaltete Eigendynamik. Die Bilder, in denen Tasso seine Dichterexistenz faßt, scheinen widersprüchlich zu sein.[71] Tasso definiert sich einerseits als „die sturmbewegte Welle“ (V. 3435), andererseits als der am Felsen gestrandete „Schiffer“ (V. 3452 f.), wobei jede Eindeutigkeit bewußt vermieden

ist: Tasso „scheint“ nur die Welle zu sein; er bezeichnet sich nicht als Schiffer, sondern vergleicht sich mit ihm! Für ihn ist der Metaphernaustausch und der plötzliche Perspektivenwechsel möglich, während Antonio unwandelbar dem Bild des Felsens verhaftet bleibt. Bedeutsam am Doppelbild von Fels und Welle bzw. von Fels und Schiffer ist ihre argumentative Zweiteilung. In einem ersten Teil wird nur der Gegensatz von Welle und Fels wahrgenommen. Die Widerspiegelungsfunktion der Welle für eine ruhiggestellte,[72] am schönen Schein und am „Glanz“ ausgerichtete Ästhetik hat ausgedient. Mit dem Auftauchen – besser: dem In-den-Blick-Kommen – des vormals gar nicht wahrgenommenen Felsens legt die Welle eine neue, bislang nicht gezeigte „Beweglichkeit“ (V. 3439) an den Tag. Diese neue Beweglichkeit, ausgelöst durch den „Sturm“[73] nach der Ruhe, definiert eine neue Form des Dichterischen[74]: Die Welle spiegelt nicht mehr wie bisher im Sinne einer konventionellen und beschönigenden Mimesistradition ästhetische Oberflächenreize ab, sondern enthält in ihrer fraglos ästhetischen Form die sie auslösende Naturgewalt: „die Welle flieht / Und schwankt und schwillt und beugt sich schäumend über“ (V. 3440 f.). Zugleich ist ihre ehemalige Widerspiegelungsfunktion nicht ausgelöscht, sondern – wenigstens in der Erinnerung des sprechenden Ich – (im Tempuswechsel zum Präteritum!) erhalten geblieben. Tasso faßt in diesem Bild sein dichterisches Talent als eine nicht biographisch gebundene „Kraft“ auf, die dem Felsen als seinem Gegenprinzip gegenübersteht. Das erklärt, warum sich in diesem ersten Bildteil die „sturmbewegte Welle“ nicht etwa am Felsen bricht, sondern ihn (gleichsam unsichtbar) für ihre neuen Formveränderungen benützt und benötigt.

Erst im zweiten Teil des Doppelbildes verbindet Tasso seine dichterische Begabung mit seiner biographischen Existenz. Während im ersten Teil das dramatische Ich ganz zurückgetreten war,[75] tritt es jetzt programmatisch hervor. In Tassos zweitem Bildteil steigert es die poetische Erkenntnis zum poetischen Bekenntnis:

> Ich kenne mich in der Gefahr nicht mehr
> Und schäme mich nicht mehr, es zu bekennen. (V. 3446 f.)

Tasso nimmt damit in Umkehrung und Negation die damals zurückgewiesene Forderung der Hofgesellschaft auf, er solle „erkennen, daß mich niemand haßt“ und „Bekennen soll ich, daß ich unrecht habe“ (V. 2468–2472). Dort hatte Tasso dem Druck von Soll-Normen widerstanden, jetzt sind sie ein Teil seiner Einsicht geworden, daß „er scheitern sollte“ (V. 3453). Damals ging es um ein Bekenntnis zu gesellschaftlich geziemendem Verhalten („unrecht“), jetzt geht es um die dichterische Selbstaussprache, für die es keine Schambarriere mehr geben kann. Der Anspruch der Prinzessin, Dichterwelt und goldene Zeit in eins zu setzen und unter dem Diktat des Schicklichen zu zähmen („Erlaubt ist, was sich ziemt“), hat abgewirtschaftet. Dichtung ist Bekenntnisdichtung, die nicht mehr den schönen Schein der Oberflächenreize oder die Illusionen einer goldenen Zeit spiegelt, sondern die gebrochene Lebenslinie einer in Zeiten des Sturms bedrohten poetischen Existenz in Worte faßt (V. 3448–3451). Für Tasso ist diese neue Erkenntnis seines Dichterberufs keine theoretische, die nicht seine Sache ist („Ich kenne mich [...] nicht mehr"), sondern die Fähigkeit zur rückhaltlosen Selbstaussprache in bewegten und bewegenden Bildern.

Erst unter diesen Prämissen ist der vielgedeutete Schlußsatz[76] richtig einzuordnen:

> So klammert sich der Schiffer endlich noch
> Am Felsen fest, an dem er scheitern sollte. (V. 3452 f.)

Tasso hat erst durch seine eigene Bilderschöpfung erkannt, daß er „scheitern sollte"[77]. Dieses Scheitern hat schon Hugo von Hofmannsthal als „unabänderlich" empfunden.[78] Man kann es als Verzweiflungsakt des um seine Emanzipation ringenden Dichters lesen, in die abgelegte Rolle des Hofdichters zu regredieren oder als Vorwegnahme jener Modalbeziehung zwischen Dichter und Fürst, die Schiller in seiner ›Jungfrau von Orleans‹ auf den Begriff gebracht hat (und auf die in anderem Zusammenhang zurückzukommen ist), der Dichter *solle* mit dem König gehen. Tasso erkennt jedenfalls jetzt, daß sein Scheitern als gesellschaftliche Dichterexistenz von Anfang an angelegt war. In dieser Voraussehbarkeit, die der Betroffene zu vermeiden bestrebt war („noch"), am Ende aber als unvermeidlich („endlich") einsieht, steckt Tassos Schicksal, die Bestätigung vom Auseinandertreten von bewahrter dichterischer Begabung und unverwirklichtem Dichterberuf. Als Person, als „Schiffer" ist Tasso gescheitert, mit seinen poetischen Fähigkeiten (als „Welle") ist er es nicht.

So wie Klopstocks Pathos und ›Prometheus'‹ Provokation den *Anspruch* der dichterischen Autonomie ins Bild setzen, so beschreibt ›Tasso‹ den *Prozeß* ihrer Entstehung. Erst im Nachvollzug eines solchen Prozesses treten die Widersprüche und Brüche, die Gefährdungen und Schattenseiten zutage. Wofür Klopstock und der Sturm und Drang mangels historischen Abstands noch kein Sensorium entwickeln konnten, wird offenbar: Die besondere Begabung des Dichters verweist auf die Kehrseite, das Leiden. Die Etappen auf Tassos Weg zur Erkenntnis und Anerkenntnis seines Dichterberufs lassen sich auch als die auf seine Person verkürzten literaturgeschichtlichen Entwicklungsstufen lesen: Dem Hofpoeten folgt ein Dichter mit dem Anspruch auf Gleichrangigkeit poetischer und gesellschaftlicher Leistungen, dann einer, der die Anerkennung dichterischer Eigenwertigkeit einfordert. Tassos Drama enthält auch die Lehre, daß wahre Autonomie des Dichters nur im bewußtgemachten Nachvollzug der historischen Entwicklung zu haben ist. Insofern ist Tassos Erfahrung des pathologischen Untergrunds des Dichters auch als literaturgeschichtliches Konstituens in jede neue Definition eingegangen. Hinfort ist der

Dichterberuf immer eine doppelbödige Sache. Einerseits sichert der hohe Anspruch einen neuen Grad personaler und dichterischer Autonomie, andererseits ist das „Scheitern“ systembedingt, gleichsam die natürliche Folge eines konsequent betriebenen Dichterberufs und beleibe kein persönliches Versagen. Diese Spannung ist, einmal eingesehen, für Tasso wie für die realen Dichter, fürderhin immer nur auszuhalten, niemals mehr aufzulösen oder zu versöhnen.

3. „Wozu Dichter in dürftiger Zeit?“: Hölderlins ›Dichterberuf‹

Zwischen dem Abschluß von Goethes ›Torquato Tasso‹ im Sommer 1789 und Hölderlins Ode ›Dichterberuf‹ hatten die Ereignisse und Folgen der Französischen Revolution auch die Dichter in ein grundlegend verändertes Koordinatensystem von Anspruch und Wirklichkeit gestellt. In seiner 1798 konzipierten, 1799 zuerst unter dem Titel ›An unsre großen Dichter‹ gedruckten, dann im Sommer 1800 fortgeschriebenen und 1802 vollständig veröffentlichten Ode ›Dichterberuf‹ unternimmt Hölderlin eine grundsätzliche Standortbestimmung des Dichters unter diesen veränderten Bedingungen. Zugleich revidiert Hölderlin im Entstehungsprozeß seiner Ode auch seine bisher gültigen Vorstellungen vom Dichterischen unter dem Druck der geschichtlichen Stunde.[79] Die Ursprünge des Dichterberufs, seine Fehlentwicklungen und Gefährdungen, seine Zeitbezüglichkeit und seine utopische Dimension werden niemals wieder so programmatisch thematisiert wie hier und im Hymnenfragment ›Wie wenn am Feiertage ...‹.[80]

Gleich die erste Strophe der Ode verlegt die göttlichen Ursprünge der Poesie in den Osten („vom Indus her“) und ins Gefolge des „Freudengotts“ Bacchus als eines dionysischen Triumphzugs.[81] Noch ist freilich nicht ausdrücklich von Dichtung die Rede, denn Bacchus – im ersten Entwurf „Der freundlichste von allen Eroberern“ – versteht sich als Erwecker ganzer „Völker“ und als Lebensspender. Erst der Vergleich der Endfassung mit dem Entwurf macht deutlich, daß schon hier das Dichterische enthalten ist; die Anrede als „des Tages Engel“ und die Zuschreibung „Meister“ sind auf ihn zu beziehen.[82] Das entstehungsgeschichtlich nicht weit davon entfernte Hymnenfragment führt diesen Zusammenhang in der 6. Strophe weiter aus.[83]

Doch was hier noch wie die unbezweifelte Einheit von Götterwelt und Dichtertum inmitten der „Völker“ aussieht, wird mit Beginn der dritten Strophe durch die vorgestellte Negation in Frage gestellt. Dichtung hat sich nicht mit der Beschreibung der Fährnisse des Alltags zu beschäftigen[84] oder Welterklärungen zu liefern für alles, „was wohl sonst des Menschen Geschick' und Sorg / Im Haus und unter offenem Himmel ist“[85]: „denn es gilt ein anders“. Dichtung ist Dienst, eine priesterliche, permanent auszuübende Besingungsaufgabe („immerneu besungen"). Dieser priesterliche Dichterberuf, der so nahtlos an antike Vorläufer und zuletzt an Klopstocks feierliches Dichteramt anzuknüpfen scheint,[86] bildet jedoch nur den Ausgangspunkt einer über sieben Strophen reichenden Argumentationskette, die in einem ausdrücklichen Gegensatz zu bloß konventionellen Dichtungsaufgaben gestellt werden: „Und dennoch"[87].

So einfach, nachdem die bloße Wiederholung der topischen Aufgaben des Sängers verabschiedet ist, um den Dichter als Rhapsoden der Zeitereignisse, der „ruhelosen Thaten in weiter Welt", neu zu konstituieren, macht es sich Hölderlin nicht. In seiner Hymne ›Brot und Wein‹ hat Hölderlin die Ausgangsfrage sentenziös und epochensignativ vorgegeben: „Wozu Dichter in dürftiger Zeit?" Seine Beantwortung dieser Frage ist differenziert und benötigt eine längere Reihe von Abweisungen. Zuerst erinnert die Anrufung der „Himmlischen" an den traditionellen Ausgangspunkt aller dichterischen Unternehmungen, an die Versicherung der poetischen Inspiration: Unerwartet plötzlich („der unverhoffte Genius") geschieht die Erleuchtung durch göttlichen Eingriff („wie vom / Strale gerührt das Gebein erbebte").[88] Dieser plötzliche Vorgang, den Hölderlin gern mit unerwarteten Naturereignissen, mit Gewitter und Blitzschlag synonym setzt,[89] macht erst einsichtig, in welcher Weise die Zeitereignisse in das traditionelle dichterische Sängeridyll störend einfallen. Auch sie erscheinen als göttlicher Eingriff, voller Gewalt, mit gigantischer Wirkung und ohne die Möglichkeit des Ausweichens. Man kann dies ganz konkret auf die Zeitereignisse beziehen, zumal Hölderlin selbst die unmittelbare Aktualität betont: „Neulich die Donner"[90]. Es steht also außerhalb jeder Diskussion, in der Gegenwart sein dichterisches Priesteramt weiterhin so zu versehen, als sei nichts geschehen: „Euch sollten wir verschweigen", heißt die rhetorische Frage, auf die die Antwort nicht zweifelhaft sein kann. Aber auch die gegenteilige Konsequenz, nämlich den „Geist" diesen Zeitströmungen „dienstbar" zu machen, wird abgelehnt und eindeutig negativ ausgezeichnet („Spott", „feil"). Daran entzündet sich der Widerstand des wahren Dichters. Für diesen, so definiert die 10. Strophe, wäre das bedingungslose Eingehen auf „die Gegenwart" das Ende echter Poesie.[91] Hölderlins Kritik trifft ein falsches Dichtungsverständnis, das mit Begriffen wie „Spott", als „herzlos", „danklos" und „feil" charakterisiert wird.[92] Auffällig ist aber auch der Begriff des Spiels im Zusammenhang negativer Zuschreibungen („zum Spiele feil"), der vielleicht doch unmittelbar auf Schillers Briefe ›Über die ästhetische Erziehung des Menschen‹ von 1795 anspielt, in denen der Spielbegriff geradezu auratisch (und provokativ) verwendet wird. Das heißt nicht, daß Hölderlins Formulierung *gegen* Schillers Ästhetikkonzeption gerichtet ist;[93] es kann auch bedeuten, daß Hölderlin diesen durch Schillers *Briefe* modisch gewordenen und mißverstandenen Begriff gleichsam rettet, indem er ihn – in negativen Konnotationen[94] – ausgrenzt und für seine eigene Bestimmung des Dichterischen ausdrücklich *nicht* verwendet.[95]

Zentrale Kategorie für Hölderlin ist der „Geist", Ausfluß des schöpferischen und göttlichen „Genius" im Gegensatz zum bloßen „Verstand", wie er in ›Die scheinheiligen Dichter‹ ausgegrenzt wird, der nicht in falschen Dienst genommen werden darf. Gerade wegen des göttlichen „Ursprungs", an den sich der Geist erinnert, tötet der „Meister" selbst in einem Vorgang, der parallel zur poetischen Inspiration abläuft. Hier wie dort hat der Erleidende keine Möglichkeit des Entweichens. Wird er dort vom „Strale gerührt", so wird er hier von „heißen Todesgeschossen" getroffen, wird er dort vom göttlichen Genius – die Handschrift hat „seelige"! – überkommen, so bleibt er hier „entseelt" zurück.

Nach der Absage an beide falschen Alternativen, einem Dichten, das die Augen vor der Zeit verschließt und so tut, als könne es seine überkommene Prophetenaufgabe einfach fortsetzen, und einer Dichtung, die sich den „reißenden" Zeitereignissen überläßt, holt Hölderlin in drei weiteren Strophen zur kulturkritischen Abrechnung mit dem bisherigen Geschehen aus: „Zu lang ist alles Göttliche dienstbar schon."[96] Demgegenüber setzt Hölderlin eine besondere Verpflichtung des Dichters zu „Dank" und die Ablehnung von „Gewalt" gegen den „Himmel". Gemeint ist damit die Bewahrung einer universalen Weltsicht und des natürlichen Schauens, wie es Hölderlins Begriff und Gedicht von der ›Blödigkeit‹ thematisiert,[97] die mit mangelnder Intellektualität nichts zu tun hat. Vielmehr soll der fatale Irrtum gebrandmarkt werden, die möglichst tiefe Erkenntnis sei durch technisch verfeinerte Beobachtungsmethoden oder durch vollständige Klassifizierung zu erreichen: „und es späht / Das Sehrohr wohl sie all und / Nennet mit Nahmen des Himmels Sterne." Statt dessen gelangt „ein schlaues Geschlecht" nicht zur wahren Erkenntnis, sondern nur „zu kennen wähnt es". Nach der Absage an die zeitlos überkommene Sängeraufgabe und die Zeitdichtung scheint Hölderlin damit eine dritte vorzunehmen: „Noch ists auch gut, zu weise zu seyn." Der Selbstverantwortung des Genies im Denken, Fühlen und Handeln, die der Sturm und Drang gefordert und die Klassik als Autonomie der Kunst postuliert hatte, kann Hölderlin offenkundig nicht mehr folgen. Die drittletzte Strophe scheint einer Rücknahme solcher Postulate das Wort zu reden und den säkularisierenden Widerstand etwa des ›Prometheus‹ ausdrücklich zu verdammen:

Der Vater aber deket mit heilger Nacht,
Damit wir bleiben mögen, die Augen zu.
Nicht liebt er Wildes! Doch es zwinget
Nimmer die weite Gewalt den Himmel.

Was auf den ersten Blick nichts als die Affirmation der alten Gottesordnung zu sein scheint, ist zweideutig. Denn genau hier („Doch"), an der Bedrohung des alten Himmels durch „weite Gewalt", erscheint der Dichter als Einzelner: „Und gern gesellt, damit verstehn sie / Helfen, zu anderen sich ein

Dichter." Diese neue Aufgabe des Dichters als Helfender wird nötig, die gottlose Zeit, „so lange, bis Gottes Fehl hilft", zu überbrücken.

Hölderlins Selbstverständnis des Dichterberufs wird noch deutlicher, wenn man sich die Entstehungsgeschichte der Ode vergegenwärtigt. Dann zeigt sich, daß Hölderlin seine ursprünglichen Vorstellungen im Prozeß der Textgenese nicht etwa ausdifferenziert, sondern geradezu auf den Kopf gestellt hat. Der erste titellose Entwurf einer einzelnen Strophe, der aus dem Sommer 1798 stammt, hatte Bacchus noch nicht als Freudengott, sondern als freundlichen Eroberer erscheinen lassen; Besiegung und Erweckung der Völker waren gleichgesetzt:

Der freundlichste von allen Eroberern
Der ho Bacchus kam an den Indus einst
und hin zum Ganges und besiegt' und
Wekte mit heiligem Wein die Völker, ...[98]

Schiller druckte in seinem ›Musenalmanach‹ von 1799 unter dem Titel ›An unsre großen Dichter‹ ein zweistrophiges Gedicht ab, dessen zweite Strophe lautete:

O wekt, ihr Dichter! wekt sie vom Schlummer auch,
Die jezt noch schlafen, gebt die Geseze, gebt
Uns Leben, siegt, Heroen! ihr nur
Habt der Eroberung Recht, wie Bacchus.[99]

Der Unterschied zur zweiten Strophe der 1802 veröffentlichten endgültigen Fassung ist eklatant. Ursprünglich gehen Dichter und Heroen gemeinsam aus dem Erscheinen des Bacchus hervor und treten gleichrangig auf: die Dichter sind für das Wecken der Schlafenden, die Heroen für Gesetzgebung und Eroberung zuständig. Dagegen verändert die Endfassung diese ideale Aufgabenteilung grundlegend:

Und du, des Tages Engel! erwekst sie nicht,
Die jezt noch schlafen? gieb die Geseze, gieb
Uns Leben, siege, Meister, du nur
Hast der Eroberung Recht, wie Bacchus.

Hölderlins gewandelte Position ist eindeutig. Die Helden sind getilgt, dem „Meister" und „des Tages Engel"[100] werden nun ehemals heroische Fähigkeiten zugeschrieben. Wie im ersten Entwurf hatte Hölderlin auch in dem 1797 entstandenen Gedicht ›Buonaparte‹ die ideale Gemeinschaft von Dichter und Held konzipiert:

Heilige Gefäße sind die Dichter,
Worinn des Lebens Wein, der Geist
Der Helden sich aufbewahrt,

Aber der Geist dieses Jünglings
Der schnelle, müßt' er es nicht zersprengen
Wo es ihn fassen wollte, das Gefäß?

Der Dichter laß ihn unberührt wie den Geist der Natur,
An solchem Stoffe wird zum Knaben der Meister.

Er kann im Gedichte nicht leben und bleiben,
Er lebt und bleibt in der Welt.[101]

Offensichtlich läßt sich der Wendepunkt in Hölderlins poetischem und politischem Denken damit genau fixieren. Die als noch offen erlebten Verhältnisse im revolutionären Frankreich waren mit dem Staatsstreich Napoleons 1799 umgeschlagen. Hölderlins Verstörung darüber läßt sich biographisch belegen.[102] Sie hat offensichtlich auch Hölderlins bisherige Einschätzung des Dichterberufs grundlegend erschüttert. Die arbeitsteilige Gleichgerichtetheit und Ebenbürtigkeit von Dichter und Held, die Goethes ›Tasso‹ in der noch höfischen Welt desillusioniert hatte, war nun auch in der revolutionären Gegenwart gescheitert. Mag dies auch Hölderlins konkrete politische Hoffnungen vernichtet haben; in der Formulierung seines Dichterberufs hat es zu begrifflicher Präzisierung in der Ausfaltung der Kurzode zu ›Dichterberuf‹ und zur Verschärfung der Abgrenzung des genuin Dichterischen geführt. Die Heftigkeit, mit der der Dichter zwar auf das Nichtverschweigen der Zeitereignisse, zugleich aber auch auf seine Eigenständigkeit und seinen Widerstand gegen jede Form von Indienstnahme festgelegt wird, ist so zu verstehen. Die beiden Schlußstrophen der früheren Fassung hatten noch die Hoffnung auf eine heitere und goldene Zeit der Gottesnähe ausgemalt:

Anbetungswürdig aber und ewigfroh,
Lebst du Natur, den Deinen und einig sind
Im Glanze deines Lichts, in deinem
Geiste die Sterblichen, die dich lieben;

Wohin sie gehn, die goldene Wolke folgt
Erheiternd, und befruchtend, beschirmend auch
Und keiner Würden brauchts, und keiner
Waffen, so lange der Gott uns nah bleibt.[103]

In der endgültigen Fassung ist davon nichts übrig geblieben, die Skepsis hat gegenüber einer solchen Idylle die Oberhand gewonnen. Parallel zur Übertragung der Heldenaufgaben auf den Dichter zu Beginn der Ode wird an ihrem Ende der Dichter genau an der Stelle eingeführt, an der die „goldene Wolke“ eines unbezweifelten Himmels nicht mehr glaubwürdig ist. Dann fällt dem Dichter seine neue Aufgabe zu, solidarisch als Helfender einzuspringen:

Noch ists auch gut, zu weise zu seyn. Ihn kennt
Der Dank. Doch nicht behält er es leicht allein,
Und gern gesellt, damit verstehn sie
Helfen, zu anderen sich ein Dichter.

Furchtlos bleibt aber, so er es muß, der Mann
Einsam vor Gott, es schüzet die Einfalt ihn,
Und keiner Waffen brauchts und keiner
Listen, so lange, bis Gottes Fehl hilft.[104]

Aber noch mehr geschieht durch diese Umarbeitung. Der Hilfsdienst des Dichters muß Gottesnähe ersetzen und deren Stellvertretung übernehmen.[105] Die existentielle Einsamkeit, zwar durch „Einfalt" geschützt, gegen Furcht gesichert und wie auf den Himmel zurück abfärbend („allein"), überwindet nicht die Gottesferne; sie wird zum Signal einer Vereinzelung und Isolation, der die freiwillige Solidarität unter seinesgleichen („gern gesellt") nicht abhelfen kann: „Einsam vor Gott". Erst in dieser Konstellation erhält der Dichter seine Würde.[106] Die Hoffnung, da „der Gott uns nah bleibt", ist verschwunden; das Fehlen Gottes ist sicher. Aber selbst das kann und muß helfen, weil es die neue, veränderte, die dürftige Zeit überbrückt, in die der Dichter gestellt ist.

Dem Dichter bieten sich veränderte Identifikationsbilder an. Aus dem Dichter, der sich am Ende der 1. Fassung in der Nähe der antiken Götter zwischen goldenen Wolken, in klassischer Heiterkeit und Würde zu Hause sah, ist in der 2. Fassung eine offenkundige Analogie zur Passion Christi geworden: einsam und wehrlos, einfältig und gottfern. Mit dieser Selbsteinschätzung steht der Dichter an der Schwelle zu einer neuen Zeit und am Ende einer Entwicklungslinie, deren Ausfaltung gerade begonnen hatte. Auch Goethe hatte die Selbstwerdung des Schöpferischen in seinem ›Prometheus‹ an der Negation des Bestehenden festgemacht. Doch Prometheus konnte an diesem Widerstand seine Ichstärke ausleben und sein Eigenrecht gegen die Ansprüche der Götter sichern. Hölderlins Negation ist radikaler. Seine Ode benennt fast nur noch Abwesendes, verweigert sich Vorhandenem oder verzeichnet Verluste, selbst dort, wo sie (grammatikalisch) positiv formuliert. Die eine Generation zuvor errungene Autonomie des Dichters ist längst problematisch geworden. Tasso war es gelungen, die Autonomie seines Dichtertums um den Preis seines menschlichen Scheiterns zu bewahren, ja sich durch dieses Scheitern erst dieser Autonomie bewußt und sicher zu werden. Hölderlins ›Dichterberuf‹ sucht, in Abgrenzung gegen die Extreme von Zeitverdrängung und falscher Zeitgeist-Anpassung, die Rückbindung an die traditionelle Quelle der poetischen Inspiration, die Rettung aus bedrohlicher Indienstnahme der dichterischen Ideale verspricht. Doch hier durchschlägt die Zeitempfindlichkeit des modernen Dichters seinen Wunsch nach Geborgenheit im anachronistischen Gehäuse einer wiederhergestellten Antike. Denn dem heutigen Dichter bleibt anderes aufgegeben.

IV. Romantische Dichter und arme Poeten

1. *„Apotheose der Poesie": Novalis' ›Heinrich von Ofterdingen‹*

Als „Apotheose der Poesie" hatte Friedrich von Hardenberg seinen ersten und einzigen Roman ›Heinrich von Ofterdingen‹ konzipiert und in einem Brief an Ludwig Tieck vom 23. Februar 1800 als doppelzyklische Thematisierung des Dichterberufs angekündigt:

Heinrich von Afterdingen wird im 1sten Theile zum Dichter reif – im Zweyten, als Dichter verklärt.[1]

Diese Ankündigung deutete nicht bloß voraus, daß der Roman nicht über den ersten Teil hinauskommen konnte und Fragment bleiben mußte, sie verriet auch den eigentlichen Anlaß seiner Entstehung. ›Heinrich von Ofterdingen‹ war von Anfang an Novalis' Auseinandersetzung mit Goethes Sensation machendem Bildungsroman ›Wilhelm Meisters Lehrjahre‹ eingeschrieben; er blieb es erst recht, als Novalis seine Einstellung innerhalb kürzester Zeit von kritikloser Bewunderung in eine grundsätzliche Ablehnung wandelte.[2] War Goethe 1798 in ›Blüthenstaub‹ noch als „der wahre Statthalter des poetischen Geistes auf Erden" gefeiert (II, 279) und sein ›Wilhelm Meister‹ zum Muster der Gattung schlechthin erhoben worden,[3] so bewirkte die intensive Beschäftigung endlich die völlige Umkehrung: „Es ist ein Candide gegen die Poesie (I, 733).

Im Prozeß der Auseinandersetzung mit Goethes vorbildhaftem Roman entwickelt Novalis seit 1798 eine eigene Romanpoetologie, die sich zum Ziel setzt, Goethe zu übertreffen[4] und dabei Goethes Roman als Negativfolie der eigenen Vorstellung des Romantischen benutzt: „Das Romantische geht darin zu Grunde."[5] Gemäß solcher Einsichten gibt sich der Roman ›Heinrich von Ofterdingen‹ als provokanter Gegenentwurf zu Goethes ›Wilhelm Meister‹ vor allem da zu erkennen, wo er die Normativkraft des Goetheschen Bildungsbegriffs in Frage stellt: Heinrich wird zwar als Dichter „reif", er macht jedoch keine Entwicklung durch![6] Schon nach wenigen Zeilen verfügt der Titelheld über die Poesie; mit seinem Denken untrennbar verbunden ist das Dichten von Anfang an da, als zwanghafte Handlungs- und Denkstruktur wirkend: „ich kann nichts anders dichten und denken" (I, 240). Traum und Erzählung eines „Fremden", zielloses Sehnen nach der blauen Blume und eine sprachlose Ergriffenheit haben Heinrich in einen „wunderlichen Zustande" am Rande des Bewußtseinsverlusts[7] und der haltlosen Imagination nicht ohne erotische Konnotationen versetzt:

neue, niegesehene Bilder entstanden, die auch in einander flossen und zu sichtbaren Wesen ihm wurden, und jede Welle des lieblichen Elements schmiegte sich wie ein zarter Busen an ihn. Die Flut schien eine Auflösung reizender Mädchen, die an dem Jünglinge sich augenblicklich verkörperten.[8]

Der Roman läßt keinen Zweifel, was Heinrich zum Dichter, zu dem Dichter schlechthin macht. Heinrichs Eingangstraum der blauen Blume ist ja nicht bloß als leitmotivartige Vorausdeutung der Romanhandlung zu lesen, sondern verweist auf einen ähnlichen Traum des Vaters,[9] den dieser im Anschluß erzählt. Heinrich wird, den Prophezeiungen des väterlichen Traums folgend, diese erfolgreicher wiederholen und vertiefen. Für Heinrich stellt sein Traum eine „Schutzwehr gegen die Regelmäßigkeit und die Gewöhnlichkeit des Lebens" (I, 244) dar, wie sie die Devise des Vaters verkörpert: „Träume sind Schäume" (243). Heinrichs Anlagen nehmen diejenigen seines Vaters auf, übertreffen diese jedoch in ihrer künstlerischen Intentionalität. Heinrich ist, wie der Dichter Klingsohr sofort bemerkt, „zum Dichter geboren", indem er die gleichgerichteten, aber eben nicht ganz entfalteten Anlagen des Vaters zur Vollendung führt:

Er sieht seinem Vater ähnlich; nur scheint er weniger heftig und eigensinnig. Jener war in seiner Jugend voll glücklicher Anlagen. Eine gewisse Freysinnigkeit fehlte ihm. Es hätte mehr aus ihm werden können, als ein fleißiger und fertiger Künstler. (318)

Heinrichs Vater, so der fragmentarische zweite Teil des Romans, war „eben so" wie Heinrich vor der Entscheidung gestanden, ein wahrer Künstler zu werden, hatte sich aber in bewegten Zeiten für die handfesten Realitäten des Lebens entschieden:

Ich bemerkte in ihm die Anzeichen eines großen Bildkünstlers. Sein Auge regte sich voll Lust ein wahres Auge, ein schaffendes Werkzeug zu werden. Sein Gesicht zeugte von innrer Festigkeit und ausdauernden Fleis. Aber die gegenwärtige Welt hatte zu tiefe Wurzeln schon bey ihm geschlagen. Er wollte nicht Achtung geben auf den Ruf seiner eigensten Natur. Die trübe Strenge seines vaterländischen Himmels hatte die zarten Spitzen der edelsten Pflanze in ihn verdorben. Er ward ein geschickter Handwerker und die Begeisterung ist ihm zur Thorheit geworden. (374)

Nicht nur der Roman und sein Erzähler, auch Heinrich selbst denunziert die Lebensentscheidung seines Vaters; aus dem Kunstbegabten sei ein glücklos gegen die Lebensleere Arbeitender geworden:

Wohl, versezte Heinrich, hab ich in ihm oft mit Schmerzen einen stillen Mißmuth bemerkt. Er arbeitet unaufhörlich aus Gewohnheit und nicht aus innrer Lust. Es scheint ihm etwas zu fehlen, was die friedliche Stille seines Lebens, die Bequemlichkeiten seines

Auskommens, die Freude sich geehrt und geliebt von seinen Mitbürgern zu sehn und in allen Stadtangelegenheiten zu Rathe gezogen zu werden, ihm nicht ersetzen kann. Seine Bekannten halten ihn für sehr glücklich, aber sie wissen nicht, wie lebenssatt er ist, wie leer ihm oft die Welt vorkommt, wie sehnlich er sich hinwegwünscht, und wie er nicht aus Erwerblust, sondern um diese Stimmung zu verscheuchen, so fleißig arbeitet. (374)

Der „seiner eigensten Natur“ und sich selbst entfremdete Vater hat die in ihm angelegte Begabung nicht vollständig entfaltet, statt dessen diese vorzeitig auf Wirklichkeitsbewältigung hin abgebogen; doch das Bewußtsein seiner familialen Besonderheit war ihm nicht verlorengegangen. Um dieses zu bewahren, hatte er die Erziehung Heinrichs ganz der Mutter überlassen. Heinrichs Erziehungsgang, wenn überhaupt von einem solchen die Rede sein kann[10], war ausschließlich weiblich dominiert.[11] Auch dadurch gerät Heinrichs Entwicklung in Gegensatz zu derjenigen Wilhelm Meisters, die ja sowohl programmatisch angetreten wurde als auch nach den traditionellen Mustern einer männlichen Sozialisation abgelaufen war.

Kann also bei Heinrichs Dichterwerdung von einem herkömmlichen Entwicklungsprozeß nicht die Rede sein, so fällt des weiteren auf, daß neben der mütterlich geleiteten Sozialisation noch weitere Faktoren hinzutreten müssen, um zu den Geheimnissen der Dichterwerdung zu führen. Neben der poetischen Veranlagung benötigt der zukünftige Dichter eine bestimmte Konstellation des Horoskops[12] und die Fähigkeit zum Erleben rauschhafter Zustände. Bei seinem Initialtraum ist Heinrich „berauscht von Entzücken und doch jedes Eindrucks bewußt“ (242). Schon Heinrichs Vater hatte seinen vorwegnehmenden poetischen Traum dem Alkoholgenuß und dessen poetisierender Wirkung zu verdanken gehabt[13]: „Wie gelöst war meine Zunge, und was ich sprach, klang wie Musik“ (247). Auch Heinrichs Traumneigung führt der Vater, von der Mutter unwidersprochen, auf Zeugung im Rausch zurück:

Mutter, Heinrich kann die Stunde nicht verläugnen, durch die er in der Welt ist. In seinen Reden kocht der feurige wälsche Wein, den ich damals von Rom mitgebracht hatte, und der unsern Hochzeitabend verherrlichte.[14]

Das Fest bei Schwaning in Augsburg, bei dem Heinrich mit Klingsohr zum erstenmal ein lebendiger Dichter vor Augen tritt, steht ausdrücklich im Zeichen des Weins:

und der Wein schlich zwischen den Schüsseln und Blumen umher, schüttelte seine goldnen Flügel und stellte bunte Tapeten zwischen die Welt und die Gäste. Heinrich begriff erst jetzt, was ein Fest sey. Tausend frohe Geister schienen ihm um den Tisch zu gaukeln, und in stiller Sympathie mit den fröhlichen Menschen von ihren Freuden zu leben und mit ihren Genüssen sich zu berauschen. [...] Er verstand nun den Wein und die Speisen. Sie schmeckten ihm überaus köstlich. Ein himmlisches Öl würzte sie ihm, und aus dem Becher funkelte die Herrlichkeit des irdischen Lebens. (319 f.)

Das von Klingsohr bei dieser Gelegenheit vorgetragene „Weinlied" ist ja nicht nur zur Veranschaulichung eines rokokohaften Festes und der Fähigkeit der Romantiker, die Traditionen der Anakreontik einzuschmelzen, von Interesse,[15] sondern weil in ihm (freilich auf scherzhafte Weise) der notwendige Zusammenhang von Trunkenheit und dichterischer Produktion formuliert wird:

Er nahm als Geist der goldnen Zeiten
Von jeher sich des Dichter an,
Der immer seine Lieblichkeiten
In trunknen Liedern aufgethan. (323)

Wie in Hölderlins ›Dichterberuf‹ wird auch hier der Freudengott Bacchus für die Poesie zuständig erklärt. Während dort der Gott jedoch im Eroberungszug auftritt, erfährt hier die antike Anspielung eine scherzhafte Abbiegung; nicht nur das Trinken, auch das Küssen sei ein „Vorrecht der Dichter". Deutlich wird, daß es sich um den geselligen Aspekt von Poesie handelt, den Klingsohr mit seinem Lied im Sinn hat und der auch in dieser unbeschwert heiteren Sicht verstanden wird: „Nicht wahr, es ist hübsch, wenn man ein Dichter ist?" (323) Das Ironisch-Parodistische der Szene ist nicht zu übersehen. Die hohen Begriffe des Dichterberufs werden in unbefugtem Munde geführt, spielerisch eingesetzt und gleichsam entweiht; Winzer gelten so viel wie „Priester" (322) und die prophezeiende Kraft des Dichters wird ins sentimental Umgangssprachliche verbogen: „Ein schöner Profet!" (323) Der in Heinrich geschlüpfte Erzähler thematisiert dies als Kontrast: „Der Übermuth der Freude und der Ernst der ersten Liebe kämpften in seinem Gemüth" (323). Denn in unmittelbarem Anschluß wendet sich Heinrich von der lustigen, aber eben nur reizenden Veronika ab und der ernsthaften Mathilde und ihrem Gitarrespiel zu.

Durch diese höhere Gestimmtheit mittels des Weins betritt Heinrich die erste Stufe dichterischen Sprechens. Die Zuhörer bewundern seine „Beredsamkeit" und die „Fülle seiner bildlichen Gedanken"; der Erzähler registriert hingegen eine andere Wirkung der gehobenen Stimmung: „Seine Augen glänzten ungewöhnlich."[16] Dieses Fest als das Urfesterlebnis seines Lebens[17] mit rauschhaften Wirkungen auch auf weniger poetisch Veranlagte („die berauschte Jugend") erfüllt und bewahrheitet früher gemachte Vorausdeutungen über Heinrich:

Man besinnt sich nun genauer auf den Unbekannten [= Heinrich], und ahndet und ahndet, bis es auf einmal klar wird, daß es ein Bewohner der höhern Welt gewesen sey. (276)

Diese Vorankündigung greift eine noch frühere auf: „Es dünkt uns, ihr habt Anlage zum Dichter."[18] Es sind ausgerechnet die Kaufleute, Heinrichs Reisegefährten, die gleich zu Beginn des Romans grundsätzliche Bestimmungen des

Dichterberufs liefern und damit Heinrichs Lebensgang prognostizieren. Novalis' Opposition gegen Goethes ›Wilhelm Meister‹ und seiner programmatischen Entgegensetzung von bürgerlich-ökonomischer Welt und adligem Selbstbildungsideal wird abgewehrt. Kaufmannsberuf und Dichterberuf erscheinen hier nicht als sich ausschließende Gegensätze, sondern vielmehr als zwei sich ergänzende Welten, zeichnen sich doch gerade die Kaufleute durch ihr tiefes Verstehen des Dichterischen aus. Sie erkennen Heinrichs Neigung „zum Wunderbaren, als dem Elemente der Dichter“ und rubrizieren die Literatur als die innerlichste der Künste: „Es ist alles innerlich“ (255). Ihnen ist die „magische Gewalt“ dichterischen Sprechens vertraut (256), ebenso selbstverständlich akzeptieren sie den aus „alten Zeiten“ abgeleiteten und auf die Gegenwart übertragenen Anspruch der Dichter auf einen höheren Rang menschlicher Existenz: „Sie sollen zugleich Wahrsager und Priester, Gesetzgeber und Ärzte gewesen seyn“ (257). Mit der Gleichsetzung von Musik und Poesie als universaler Kunstäußerung wie als Lebensform[19] entpuppen sich die Kaufleute trotz ihres scheinbar prosaischen Berufs als Verfechter eines romantischen Literaturbegriffs, wie dies ihre exemplarisch gemeinten Erzählungen über den Sänger Arion und Atlantis zeigen.

Heinrichs Bildung zum Dichter, wenn von einem solchen Prozeß überhaupt geredet werden kann,[20] nimmt ihren Ausgangspunkt bei den provozierenden Vorausdeutungen der Kaufleute. Erst in der Höhle des Einsiedlers, in der der „hohe poetische Geist“ waltet (308), fällt der Bildungsbegriff, dort im Zusammenhang mit der Natur und in der Übertragung auf gesellschaftliche Entwicklungen (309). Doch handelt es sich dabei weder um einen kontinuierlichen Aufstieg zu einem Endziel noch um einen schrittweisen Entwicklungsprozeß wie beim ›Wilhelm Meister‹.[21] Vielmehr wird hier ein Vorgang geschildert, der anderen Bewegungsmodellen nachempfunden ist. Heinrich erfährt seine Dichterwerdung als universales Erlebnis, bei dem zeit-, raum- und kausallogische Bezüge außer Kraft gesetzt oder synthetisiert werden. Der allmählichen Ausfaltung innerer Anlagen korrespondieren Initialzündungen in den Bildern sowohl der plötzlichen Eingebung von oben als auch der Befruchtung, wobei sogar der Erzähler jede Rücksicht auf die Handlungschronologie aufgibt:

> Heinrich und die Kaufleute hatten aufmerksam dem Gespräche zugehört, und der Erstere fühlte besonders neue Entwickelungen seines ahndungsvollen Innern. Manche Worte, manche Gedanken fielen wie belebender Fruchtstaub, in seinen Schooß, und rückten ihn schnell aus dem engen Kreise seiner Jugend auf die Höhe der Welt. Wie lange Jahre lagen die eben vergangenen Stunden hinter ihm, und er glaubte nie anders gedacht und empfunden zu haben. (311)

Das gewollte Vergessen, der Verzicht auf die bisherige eigene Lebensbahn, ihre Last und ihre Vergangenheit, die einen Bildungshelden wie Wilhelm Meister auszeichnet, bleibt unthematisiert. Entwicklung, so untauglich dieser Begriff sich hier ausweist, wird dennoch genannt, aber nur im Wortsinn eines Herausfaltens von immer schon Vorhandenem, das die berühmte Formulierung viel trefflicher kennzeichnet: „Die Worte des Alten hatten eine versteckte Tapetenthür in ihm geöffnet" (299). Was Heinrich nun sieht, ist die allegorische Architektur einer romantischen Universalpoesie, die alle Gegensätze im „silbernen Gesang" der Engel und in der Universalsprache „aller Creaturen" aufhebt:

> Er sah sein kleines Wohnzimmer dicht an einen erhabenen Münster gebaut, aus dessen steinernem Boden die ernste Vorwelt emporstieg, während von der Kuppel die klare fröliche Zukunft in goldnen Engelskindern ihr singend entgegenschwebte. Gewaltige Klänge bebten in den silbernen Gesang, und zu den weiten Thoren traten alle Creaturen herein, von denen jede ihre innere Natur in einer einfachen Bitte und in einer eigenthümlichen Mundart vernehmlich aussprach. Wie wunderte er sich, als ihm diese klare, seinem Daseyn schon unentbehrliche Ansicht so lange fremd geblieben war. Nun übersah er auf einmal alle seine Verhältnisse mit der weiten Welt um ihn her; fühlte was er durch sie geworden und was sie ihm werden würde, und begrif alle die seltsamen Vorstellungen und Anregungen, die er schon oft in ihrem Anschauen gespürt hatte. (299)

Heinrichs Einsicht, in die doppelte akustische und optische Wahrnehmung eingeschlossen, meint ein Wiedererkennen und Voraussehen zugleich; seine Erkenntnis ist ein Begreifen des schon längst Vorgefühlten.

Nicht zufällig im Anschluß an eine solche Selbstfindungsimagination des Helden steht eine umfängliche Erzählerreflexion, die die Perspektive Heinrichs sowohl objektiviert als auch auf die Ebene theoretischen Sprechens hebt. Novalis' Begriffsbestimmung der Dichter – schon der Plural ist bezeichnend! – bezieht sich ganz offenkundig auch hier auf Goethes ›Wilhelm Meister‹ als ausdrücklicher Gegenfolie. Hatte Wilhelm dort in seinem berühmten Bildungsbrief an den Kaufmann Werner die Formierung seiner Identität programmatisch gegen die bürgerliche Welt der Nützlichkeit ausgerichtet und sich am Ideal des allseitig weltläufig gebildeten Adligen orientiert, so propagiert der Erzähler des ›Ofterdingen‹ ein anderes Modell. In Abgrenzung gegenüber „Menschen, die zum Handeln, zur Geschäftigkeit geboren sind", setzt er jene anderen, „ruhigen, unbekannten Menschen, deren Welt ihr Gemüth, deren Thätigkeit die Betrachtung, deren Leben ein leises Bilden ihrer innern Kräfte ist" (314). Im Unterschied zum Gegensatz von bürgerlicher Kaufmannstätigkeit und adliger Repräsentation im ›Wilhelm Meister‹ ist hier eine Polarität von „Handeln" und „Betrachtung" gemeint. Auf der Ebene des ›Ofterdingen‹ hat der Kaufmannsberuf weder eine Ökonomie- noch eine Bildungskritik zu gewärtigen, sondern verkörpert im Gegenteil weltläufige Kulturvermittlung! Novalis' Gegensätze heißen Bewegung und Ruhe, während Goethes Roman die (bürgerlichen) Einschränkungen gegen den (adligen) Tätigkeitsanspruch ausspielt. Hatte Wilhelm Meister das Theaterspiel als Kunst nicht um seiner selbst, sondern zum Zweck der Persönlichkeitsbildung betrieben, so verweigert sich Novalis einer solchen Bindung an „den Faden des Zwecks" (314). Unter solchen Gemütsmenschen stellen die Dichter einen Sonderfall ideal Gebildeter auf einer höheren Stufe dar, die man „wie ein guter König" behandeln muß. Erst auf dieser Ebene treten die Dichter erneut zu den „Helden" in Opposition:

> Wenn man ihn mit dem Helden vergleicht, so findet man, daß die Gesänge der Dichter nicht selten den Heldenmuth in jugendlichen Herzen erweckt, Heldenthaten aber wohl nie den Geist der Poesie in ein neues Gemüth gerufen haben.[22]

Die Ebenbürtigkeit von Dichter und Held, die noch Goethes ›Tasso‹ ersehnt hatte, ist freilich längst aufgegeben. Der Dichter besitzt jetzt den uneinholbaren Vorsprung seiner besonderen Begabung. Die Realität mit ihrem Kausalnexus[23] gilt für den Helden, nicht für den Dichter. Dieser folgt, durch „Natur" und „Bildung" geleitet, einem Weg der sich laufend erfüllenden Vorausahnungen und der „Zufälle":

> Heinrich war von Natur zum Dichter geboren. Mannichfaltige Zufälle schienen sich zu seiner Bildung zu vereinigen, und noch hatte nichts seine innere Regsamkeit gestört. Alles was er sah und hörte schien nur neue Riegel in ihm wegzuschieben, und neue Fenster zu öffnen. (315)

Was dem Dichter zuletzt noch fehlt, ist die Liebe als Auslöser,[24] die dadurch selbst in den Rang einer poetischen Leistung erhoben wird. Mit dem Durchlaufen dieses Initiationswegs ist denn auch Heinrichs Reise in mehr als einem Sinn „geendigt" (315), denn der solchergestalt geschaffene Dichter ist in seinen Aufgaben festgelegt. Es gilt für ihn, möglichst alle historisch bekannten Vorstellungen vom Dichterberuf miteinander zu verschmelzen:

> Es sind die Dichter, diese seltenen Zugmenschen, die zuweilen durch unsere Wohnsitze wandeln, und überall den alten ehrwürdigen Dienst der Menschheit und ihrer ersten Götter, der Gestirne, des Frühlings, der Liebe, des Glücks, der Fruchtbarkeit, der Gesundheit, und des Frohsinns erneuern; sie, die schon hier im Besitz der himmlichen Ruhe sind, und von keinen thörichten Begierden umhergetrieben, nur den Duft der irdischen Früchte einathmen, ohne sie zu verzehren und dann unwiderruflich an die Unterwelt gekettet zu seyn. Freye Gäste sind sie, deren goldener Fuß nur leise auftritt, und deren Gegenwart in Allen unwillkührlich die Flügel ausbreitet. Ein Dichter läßt sich wie ein guter König, frohen und klaren Gesichtern nach aufsuchen, und er ist es, der allein den Namen eines Weisen mit Recht führt. (315)

Die unstete Zugvogelexistenz des Dichters, der dann viele der Dichtergestalten Eichendorffs verfallen werden, betont die soziale Unabhängigkeit und das Gezeichnetsein der biblischen Verfluchung Kains. Im „alten ehrwürdigen Dienst" an Mensch und Göttern tritt der Dichter als Priester auf, er befestigt die Sakralisierung des Dichterberufs als eine Art Schamane, der in beschwörungshaften Ritualen die Urthemen der Poesie zu wiederholen hat. Zugleich lebt er eine unwirkliche Existenz auf Erden, ohne die Schlacken sündiger Menschlichkeit, ohne Interessen und Begierden, mit jenseitssicherer Auserwähltheit. Sogar die Erbsünde scheint für ihn aufgehoben, da der Dichter „nur den Duft der irdischen Früchte" einatmet, „ohne sie zu verzehren"! Der Orpheus-Mythos ist ebenso angesagt („unwiderruflich an die Unterwelt gekettet") wie der Anspruch auf universale Weltdeutung, der dem Dichter wieder das „Recht" einräumt, als Weiser zu gelten. Diese Freiheit ist nicht nur engelsgleich, sie enthält auch die Abgehobenheit des Dichterfürsten, jedoch noch nicht zur Dichterideologie des späteren Jahrhunderts verfestigt. Der tastende Vergleich „wie ein guter König" und die gewollte allzeitige Zugänglichkeit für jedermann deuten eher auf eine Märchen- als auf eine Sozialordnung.

Gegenüber einem dermaßen gesteigerten Anspruch des dichterischen Selbstverständnisses können die Kontrastfiguren und eingewobenen Erzählungen nur noch einige Aspekte des Dichterischen verdeutlichen. Schon Heinrichs Vater hatte ja den Weg zur wahren Kunst eingeschlagen, war jedoch auf halber Strecke beim bloßen Kunsthandwerk stehengeblieben. Was der Vater dem Sohn als Negativmodell vorlebt, kann Heinrich in literarischer, erzählter Brechung an den eingeschobenen mythischen Erzählungen ablesen. An der Geschichte von jenem „sonderbaren Dichter oder mehr Tonkünstler" (315) wird Heinrich vorgeführt, in welcher Weise der Sänger seine magische Macht sogar über „Unthiere" ausübt und mit deren Hilfe die gestörte Weltordnung wiederherstellt. Zahllose Anspielungen verweisen auf ein unterschwelliges Orpheus-Motiv, das Novalis immer wieder beschäftigt hat. Novalis hat ja nicht nur schon 1789 eine Verserzählung ›Orpheus‹ verfaßt und das Gedicht ›Orpheus‹ aus Vergils ›Georgika‹ übersetzt.[25] Man hat zeigen können, welche zentrale Bedeutung der Orpheus-Mythos für Novalis' Dichtungsverständnis hat[26] und daß der zweite Teil des ›Ofterdingen‹ die Titelfigur mit der Gestalt des Orpheus verknüpfen sollte. Daneben enthält die Erzählung aus sagenhafter Vorzeit noch einen anderen Rekurs auf die antike Mythologie. Die Schiffer, die sich gegen den „Zaubergesang" des Dichters und dessen herzerweichende Wirkung wehren und Anstalten machen, „sich die Ohren fest zu verstopfen, daß sie nichts davon vernähmen" (258), nehmen offensichtlich Bezug auf Odysseus' Abwehr des Sirenengesangs.[27]

Das von den Kaufleuten in unmittelbarem Anschluß daran erzählte Königsmärchen um Atlantis trägt den Dichterberuf aus dem Mythos in eine sagenhaft archaische, jedoch sozial problematisierte Lebenswelt. In ihr kommt es auf die Durchbrechung eines „geheimnißvollen Schicksals" (260) durch die Sicherung der Erbfolge an. Dazu dient die Poesie, die soziale Distanzen überwinden kann. Obwohl die Monarchie, nach guter poetologiegeschichtlicher Tradition „einer uralten Morgenländischen Königsfamilie entsprossen", sich als poesiegesättigte Lebensform ausgibt (263), kommt die Erlösung doch von einem Dichter aus sozial niederem Milieu. Der „Jüngling", der wie in Trance

Gedichte verfaßt,[28] und die Prinzessin, als deren „Schüler“ er erst das Handwerk des Sängers erlernt (267), können, jeder für sich allein, nichts ausrichten. Erst die Verbindung der beiden bringt die neue Poesie hervor und die Hoffnung auf die „Wiederkehr eines ewigen goldenen Zeitalters“[29]. Eines solchen Hinweises, für den zukünftigen Dichter Heinrich gedacht, bedürfte es gar nicht, denn das anschließend vorgetragene Lied thematisiert diese romantische Auffassung des Sängerberufs mustergültig. Die Anspielungen auf die Lieder Mignons und des Harfners in Goethes ›Wilhelm Meisters Lehrjahren‹ sind nicht zu übersehen. Goethes Ballade ›Der Sänger‹ ist programmatisch anzitiert, aber auch umgebogen. Denn Goethes sentenzenhafte Bestimmung des Dichterberufs „Ich singe wie der Vogel singt...“[30], die ja im Erzählzusammenhang der theatralischen Aktivitäten Wilhelm Meisters verstanden werden muß, wird vom „Jüngling“ des Märchens gerade nicht akzeptiert. Wie bei Goethes Harfner ist auch hier der Kunstvortrag nicht ohne düstere Untergründe, doch im Gegensatz zu dort hat hier der Gesang keinen Selbstzweck, sondern zielt nach „dem höchsten Erdenlohne“: „Der Myrthenkranz wird eine Krone“ (273)! Damit nimmt Novalis' Sängerfigur eine Position vorweg, die Schiller fast zeitgleich in die einprägsame Formulierung fassen wird:

> Drum soll der Sänger mit dem König gehen,
> Sie beide wohnen auf der Menschheit Höhen![31]

Während Schiller eine Wunschvorstellung formuliert, den Sänger dem König nur beigesellt und beide zeitlos ruhigstellt, folgt hier der Dichter zuerst einer Berufung, dann einem beschwerlichen Weg und tritt schließlich die Erbfolge des Königs an:

> Ein Herz voll Einklang ist berufen
> Zur Glorie um einen Thron;
> Der Dichter steigt auf rauhen Stufen
> Hinan, und wird des Königs Sohn. (273)

Der Höhe des Dichterkönigs entspricht die Sphäre des Bergmanns als Gegenwelt wie als Ergänzungsmodell. Sie enthält einen eigenständigen Kunstanspruch des Bergbaus als eine Form der Poesie[32] und liefert den Nährboden, auf dem Heinrichs Anlage, sein aufkeimendes Bewußtsein und die Deutungen der Erzählungen miteinander in Beziehung treten können: „In Heinrichs Gemüth spiegelte sich das Mährchen des Abends.“[33] Hatten Festbegeisterung und Weinrausch, Bildungs- und Empfindungshöhe sowie die Erhebung durch die Liebe den Dichter von der Alltagswelt ab- und aus der prosaischen Realität herausgehoben, ergänzt die Bergbau-Parallele die Poesie durch Sinntiefe und Abschließung von der Welt, aber auch durch Konzentration und geheimnisumwitterte Wunderwelten (272). Im Gespräch des Einsiedlers mit dem Alten entwickeln sich aber noch weitere Bezugnahmen zwischen dem Bergmann und dem Dichter. Denn was der Alte als Geschichtsreflexion begonnen hat, läßt sich auch als Ratschlag zur dichterischen Komposition und zur Bestimmung des Fiktionscharakters von Poesie lesen:

> Wenn ich das alles recht bedenke, so scheint es mir, als wenn ein Geschichtsschreiber nothwendig auch ein Dichter seyn müßte, denn nur die Dichter mögen sich auf jene Kunst, Begebenheiten schicklich zu verknüpfen, verstehn. In ihren Erzählungen und Fabeln habe ich mit stillem Vergnügen ihr zartes Gefühl für den geheimnißvollen Geist des Lebens bemerkt. Er ist mehr Wahrheit in ihren Mährchen, als in gelehrten Chroniken. Sind auch ihre Personen und deren Schicksale erfunden: so ist doch der Sinn, in dem sie erfunden sind, wahrhaft und natürlich. (306)

In der Tiefe des Berges, nicht auf den Höhen der Menschheit stößt Heinrich auf jenes geheimnisvolle Buch, in dem er sein eigenes Leben und seinen Dichterberuf vorauslesen kann:

> ein Roman von den wunderbaren Schicksalen eines Dichters, worinn die Dichtkunst in ihren mannichfachen Verhältnissen dargestellt und gepriesen wird. (313)

Als „verkehrte Astrologen" (307) haben die Bergleute insofern viel mit den Dichtern gemeinsam, als beide sowohl die Deutbarkeit der Welt als auch die Notwendigkeit solcher Deutung postulieren.

Die Gestalt Klingsohrs, der als der Dichter schlechthin eingeführt wird (317), bündelt alle diese dichterischen Elemente, die an Heinrich vorüberziehen. In Klingsohr verbinden sich die Fähigkeit zu heiterer Sangeskunst im Gewand anspruchsloser Anakreontik wie im „Weinlied" mit ernsthaften poetologischen Belehrungen. Klingsohr tritt dabei als universale Vorbildfigur, als Dichterideal wie als Märchengestalt auf. Seine Poesiepädagogik gegenüber seinem Schüler Heinrich beschränkt sich nicht darauf, dessen Enthusiasmus zu dämpfen.[34] Klingsohr verficht, so wie er als Dichter einer Vielzahl der Töne fähig ist, auch eine weit ausgespannte Dichtungstheorie. Denn einerseits betont er das „Handwerksmäßige" des Dichtens und fordert die Poesie als „strenge Kunst" (330), andererseits erstrebt er die Poetisierung des Lebens: Heinrich und Mathilde sollen ihr „Leben zur ewigen Poesie machen" (332). Dieses ewig Poetische verstetigt gleichsam die Feststimmung, die dem jungen Dichter Heinrich zu seiner dichterischen Initiation vonnöten war, zu radikaler Dauerhaftigkeit. So erklärt sich die merkwürdige Zusammenziehung von Poesie und Krieg.[35] Denn die Extremsituation eines solchen poetisierten Krieges führt erneut den Gegensatz von Dichter und Held zusammen, nun auf einer höheren Stufe, obwohl beide doch längst als prinzipiell getrennt erfahren worden waren:

> Hier sind die wahren Helden zu Hause, die das edelste Gegenbild der Dichter, nichts anders, als unwillkührlich von Poesie durchdrungene Weltkräfte sind. Ein Dichter, der zugleich Held wäre, ist schon ein göttlicher Gesandter, aber seiner Darstellung ist unsere Poesie nicht gewachsen. (333)

Als der Erzähler die Opposition von Held und Dichter zum erstenmal aufgerufen hatte, konnte der Dichter als Antrieb für heldisches Verhalten dienen, dieses aber umgekehrt nicht mehr als Medium, den „Geist der Poesie“ zu erwecken (314). Jetzt erreicht die erneuerte Verbindung beider die „Grenze der Darstellbarkeit“ (333), da die poetische Durchdringung der Welt als schon vollzogen gedacht wird. Dies ist auch der springende Punkt für Bedeutung und Stellenwert des anschließend von Klingsohr erzählten Märchens. Denn nur das Märchen, von Klingsohr als Gipfel der Dichtkunst eingeführt,[36] kann diese „Grenze der Darstellbarkeit“, an der auch Novalis' eigener Roman angesiedelt ist, überschreiten: Heinrich ist zugleich Dichter und Held seines Romans. Diese selbstbezügliche Steigerung über die „Grenze der Darstellbarkeit“ hinaus erklärt, warum Novalis' Versuch, mit seinem ›Ofterdingen‹ Goethes ›Wilhelm Meister‹ zu übertreffen, scheitern und Fragment bleiben mußte, warum hingegen Klingsohrs Märchen als Gegenstück zu Goethes ›Märchen‹ aus dessen ›Unterhaltungen deutscher Ausgewanderten‹ von 1795 gelingt.[37] Exakt im Tonfall des Romananfangs (338) benennt das Märchen die Problematik des Dichterberufs und bleibt doch auf einer sinnbildlichen Ebene. „Held“ und „Fabel“ vollenden anspielungsreich die Dichtungsapotheose, die Heinrich in der Romanwirklichkeit nicht erreichbar war: „Die Erwartung war erfüllt und übertroffen“ (361).

Im zweiten, nur mehr fragmentarischen Teil seines ›Ofterdingen‹ hat Novalis sowohl eine Fortführung und Ergänzung des Stoffes[38] als auch eine Deutung und Verschärfung seiner Position versucht. Im Gespräch mit Sylvester, dem Ebenbild des Bergmanns aus dem ersten Teil, wird der Dichterberuf noch deutlicher als bisher ins Religiöse gehoben. Die Parallele der Dichtung zu den „heiligen Schriften“ bietet sich von selbst an, so daß der Dichter anstrengungslos der göttlichen Vorsehung, eine „höhere Stimme des Weltalls“, folgen kann, die aus ihm spricht:

> Wie sicher kann nun der Dichter den Eingebungen seiner Begeisterung oder wenn auch er einen höhern überirdischen Sinn hat, höherer Wesen folgen und sich seinem Berufe mit kindlicher Demuth überlassen. (381)

Gegen Tassos Rettung in die Artikulation des Leidens, gegen Schillers Anspruch auf die Höhen der Menschheit und gegen Hölderlins Hoffnung, daß die Abwesenheit einer göttlichen Macht vielleicht zu überbrücken wäre, setzt Novalis' ›Ofterdingen‹ die Apotheose eines absolut aufgefaßten, religiös gesteigerten Dichterberufs. Diesem Anspruch auf Poetisierung der Welt, der in einem solchen Konzept steckt, ist die Entwirklichung des Dichterberufs komplementär. Dichter und Dichtung werden in extremer Weise selbstbezüglich. Träume, ihr offener Rand zum Wachzustand und deren Deutung durch den Träumer selbst, ein Erzähler, der bis zur Unkenntlichkeit seines auktorialen Gestus in seine Hauptfigur schlüpfen kann und damit keinen Zweifel an den

Erzählvorgaben zuläßt, mithin also seine Subjektivität als Objektivität der Erzählwirklichkeit ausgibt, und zuletzt die selbstbezüglichen, das Sinnbildhafte überreizenden Erzählungen und Märchen – all dies verstärkt die Tendenz des Romans, Poesie über Poesie mit den Mitteln der Poesie zu liefern. Die zentralste Denkfigur und den Höhepunkt für diese Metapoesie des ›Ofterdingen‹[39] bildet das Buch in der Höhle des Einsiedlers, in dem Heinrich zugleich fiktiver Held, realer Leser und der den Schluß fortschreibende Autor ist:

> [...] denn das Buch gefiel ihm vorzüglich ohne daß er eine Sylbe davon verstand. Es hatte keinen Titel, doch fand er noch beym Suchen einige Bilder. Sie dünkten ihm ganz wunderbar bekannt, und wie er recht zusah, entdeckte er seine eigene Gestalt ziemlich kenntlich unter den Figuren. Er erschrack und glaubte zu träumen, aber beym wiederhohlten Ansehn konnte er nicht mehr an der vollkommenen Ähnlichkeit zweifeln. Er traute kaum seinen Sinnen, als er bald auf einem Bilde die Höhle, den Einsiedler und den Alten neben sich entdeckte.[...] Eine große Menge Figuren wußte er nicht zu nennen, doch däuchten sie ihm bekannt. Er sah sein Ebenbild in verschiedenen Lagen. Gegen das Ende kam er sich größer und edler vor.[...] Die letzten Bilder waren dunkel und unverständlich; doch überraschten ihn einige Gestalten seines Traumes mit dem innigsten Entzücken; der Schluß des Buches schien zu fehlen. (312)

Die Begriffe aus der Sprache des Helden, was denn nun Vorbild und Abbild, „Ebenbild" oder bloße „Gestalt" sei, geraten ins Schwimmen; das eigene Selbst wird so „wunderbar", daß der Held erschrecken muß und seinen sinnlichen Erfahrungen mißtraut. Schließlich fließen Vergangenheit, Gegenwart und Zukunft, aus der geordneten Chronologie in die bildliche Simultaneität aufgelöst, ineinander. Wie Novalis den Antrieb zum Schreiben seines Romans nicht aus einer Fabulierfreude, sondern aus der poetischen Auseinandersetzung mit Goethe gewonnen hatte, so wird auch Heinrich deshalb zum Dichter, weil er seine Lebensgeschichte aus der Literatur, nämlich einem „Roman" (323) herauszieht, der Dichtung über das Wesen der Dichtung enthält. Was dieser Dichter später einmal dichten wird, steht schon jetzt fest. Dichter und Dichtung, die sich nur noch mit sich selbst beschäftigen, kreisen dann endgültig um sich selbst.

2. *Gefährdungen des Dichters: Eichendorffs ›Dichter und ihre Gesellen‹*

Joseph von Eichendorffs romantischer Roman ›Dichter und ihre Gesellen‹, 1833 entstanden und 1834 erschienen, steht in denkwürdiger Verspätung inmitten der jungdeutschen und realistischen Romantheorie; dennoch hält er die Höhe der Zeit.[40] Dieses Überkragen der konventionellen Epochengrenzen legitimiert nicht nur, daß der Roman vor den früher erschienenen Erzählungen E.T.A. Hoffmanns zu betrachten ist. Zumindest nach seiner inneren Orientierung steht ›Dichter und ihre Gesellen‹ dem vergangenen Jahrhundert näher als der Mitte des 19. Wie Novalis' ›Heinrich von Ofterdingen‹ begreift sich auch Eichendorffs Dichterroman als Widerstand gegen den Verlust des wahrhaft Poetischen in einer umtriebigen Zeit. Dieses moderne Lebensgefühl verdichtet sich im Bild des drohenden Gewitters:

> diese Gewitterschwüle ist ein bedeutungsvolles Bild der Gegenwart, alles liegt in banger Erwartung, daß man fast den leisen Schritt der Zeit hört, Gedankenblitze spielen auf dem dunklen Grunde.[41]

Zugleich wird diese bedrückende Sinnbildlichkeit aber auch wieder ironisch in Frage gestellt: „Gewitter ist Gewitter, und dummes Zeug ist dummes Zeug!" (955). Genauso zwiespältig ist auch die Position des Romans. Einerseits übernimmt Eichendorff die Erlösungstheologie der Romantik und ihre symbolhafte Bilderwelt.[42] Andererseits präsentiert sich der Roman, wie ja schon der Titel signalisiert, als ganz moderne Form: Eichendorff verzichtet auf die einsinnige Erzählführung in der Tradition des Entwicklungs- und Individualromans nach dem Muster seines Jugendromans ›Ahnung und Gegenwart‹, mit dem dieser Roman zahlreiche Berührungspunkte unterhält. Sein Dichterroman bedient sich statt dessen des Strukturmodells mehrerer, kunstvoll ineinandergeschachtelter Novellen[43] und damit einem fortschrittlicheren Erzählprinzip. Vorgeführt wird nicht mehr die Idealgestalt des einen Dichters, sondern in der Vervielfachung der Figuren die sich gegenseitig relativierenden und ergänzenden Facetten des romantischen Dichtertums und seiner Gefährdungen.

In ›Dichter und ihre Gesellen‹ ist nicht mehr wie im ›Ofterdingen‹ der Held das alleinige Gegenbild zum Dichter. Statt dessen zeigt sich das Dichterische als schwer faßbares Lebenszentrum auch in anderen Existenzformen. Noch der zum Philister eingetrocknete Bürger Walter, der „Beamte" (890), trägt in sich die Reste poetischen Fühlens aus der Zeit seiner hochgestimmten studentischen Jugendzeit. Zwar hat „die langsam zersetzende und zerstörende Gewalt der Verhältnisse" (888) ihn in eine spießbürgerliche Alltagsexistenz „im Schlafrock am Schreibtische neben großen Aktenstößen, Tabaksbüchse, Kaffeekanne" und anderen Utensilien mehr (887) umgeformt, es hat die Poesie jedoch nicht ganz vernichten können. In Walter leben die Relikte poetischer Empfindsamkeit seiner Jugendzeit fort,[44] auch er hat noch „den wunden Fleck" aufzuweisen (890), der in allem Dichterischen steckt. Die Dichterexistenz begreift er als bewußtseinserweiternde Denk- und Lebensform,[45] während sein eigenes Leben – „Mit mir selbst geht es gerade umgekehrt" – immer „enger wird".[46] Walter macht nicht nur aus seiner Not eine Tugend, wenn er seinem ruhigen und geradlinigen Leben Vorteile abgewinnen will; er formuliert auch, in der Entgegensetzung von Dichter-„Aufgabe" und bürgerlichem

„Beruf", die Verwirrungen, Illusionen und Irrationalismen des dichterischen Wesens:

Ruhiger als Du Dir vielleicht einbilden magst, habe ich endlich meine Stellung in der Welt erkannt und von den vornehmen Täuschungen Abschied genommen. Ich lerne mich bescheiden und beschränken, und mir ist wohl. Eure Aufgabe ist unübersehbar, verwickelt und selten recht in Eurer eigenen Gewalt, Mein Beruf dagegen ist einfach und mir jederzeit klar (985 f.)

So wie Walter tragen alle Figuren des Romans Elemente des Poetischen in sich. Sogar der englische Lord entpuppt sich als Novellist und läßt mit dichterischer Freiheit offen, ob seine vorgetragene „Geschichte der wilden Spanierin" wahr ist oder nicht (970); ein Prediger aus dem Gesellschaftskreis des Landbarons Eberstein erweist sich, als es ans Erzählen geht, als dilettierender Schriftsteller: „eine Novelle, die er neulich für ein Taschenbuch geschrieben, steckte ihm schon im Halse" (959). Aber was da so freischwebend als poetische Attitüde von jedermann eingenommen werden kann, liefert sich allseitiger Kritik aus. Im Umkreis des spießbürgerlichen Amtmannhauses, in der Landschaftsidylle kleinbürgerlicher Behäbigkeit zwischen „Kaffee und Pfeifen" (898), die vordergründige Staffage um das Schloß des „Dichtergrafen Victor" (899), ist jede Form der Dichtung dem Spott der Gemütlichen ausgesetzt. Das „Versemachen" (899) und „dergleichen unkluges und kostspieliges Zeug" (910) gilt als „ein bloß herrschaftliches Vergnügen" (911), als eine letztlich überflüssige Unterhaltung des hohen Adeligen, die sich dieser erlauben kann, weil er daneben noch „ein rechter Mann" sei: „Das Berühmtsein und Versemachen ist nur so ein Lumpenzeug daneben" (899). Erst recht gilt das Theater als besonders verwerfliche Form poetischer Zeitverschwendung; „Komödienspielen oder Versemachen" (911) bedeutet dasselbe. Für den Amtmann ist das unbürgerliche Leben nicht bloß liederlich, die Abweichung von den engen Normen wird auch mit den Begriffen der Theatersprache abqualifiziert.[47] So erscheint das Theater als gesteigerte Form des Poetischen und kann bis in die Parodie reichende Selbstbezüglichkeit getrieben werden. Goethes ›Tasso‹ dient dem Maler Guido dazu, dessen Thematisierung der Dichterproblematik in die eigenen erotischen Abenteuer einzuschmelzen; Leserolle und landschaftliche Umgebung schaukeln sich in eine poetische Stimmungshaftigkeit hoch, die sich selbst trägt:

Sie strickte einen Strumpf, er las ihr Goethes Tasso vor. Zwischen den grünen Taxuswänden schillerten von fern die reichen Täler herauf, bunte Schmetterlinge flatterten auf den halbverwilderten Blumenbeeten; die feierliche Pracht der Gänge, die Hermen römischer Dichter, die in der Einsamkeit umherstanden, weiterhin über den Buchenwipfeln das heitere, fürstliche Schloß – alles versetzte ihn recht mitten in das schöne Gedicht, er las sich immer mehr ins Feuer. (972)

Der Dichter Dryander steigert sich so sehr in die Tasso-Situation hinein, daß er trotz der Warnung der Fürstin – „Tasso!" sagte sie scherzhaft warnend, „wir sind hier nicht in Belriguardo" (979) – ihr eine Liebeserklärung in der Identifikation mit seiner Rolle macht, die gar nicht ernst gemeint ist, sondern der „innern Lüge" (981) seiner poetischen Gestimmtheit entsprungen ist.

Manifestiert sich in diesen Fällen die Lügenhaftigkeit einer für prosaische Zwecke mißbrauchten Poesie, so versagt umgekehrt die wahre Dichtung bei ihrem Zusammenprall mit den Erfordernissen der Realität. Der echte Dichter Otto scheitert mit seinem „Manuskript eines Trauerspieles" (972) bei seiner Vorlesung vor den Schauspielern, obwohl er selbst davon ergriffen ist.[48] Man lobt sein Stück zwar als „Schön – recht poetisch", erklärt es aber, gemessen an den Erfordernissen der Bühne, für nicht aufführbar (973). Otto, der die Kritik nicht ertragen kann, leidet an diesem Konflikt zwischen seiner idealen Poesieauffassung und den Forderungen der realen Bühne. Aus der Höhe seines absoluten Anspruchs verlangt er, die Dichter dürften keine Kompromisse machen und „nicht nachgeben"; sie sollten das Theater „poetisch aushungern" (974) und auf diese Weise den Mißbrauch der Kunst als konsumptive Bedürfnisbefriedigung des Publikums verhindern.[49] Otto erhält daher von dem noch inkognito auftretenden, jedoch berühmten Dichter Victor den Ratschlag – „wollt Ihr ein Dichter werden" –, die Theaterdichtung aufzugeben, sich vom Beifall des Publikums ganz abzuwenden und statt dessen nur noch „für die handvoll Gescheiter im Lande zu dichten" (974).

Diese Erfahrung einer Diskrepanz zwischen dem Publikumsgeschmack und dem Autorinteresse, die dem romantischen Universalitätsanspruch etwa eines Novalis zuwiderläuft, kennzeichnet Eichendorffs fortgeschrittenes poetisches Bewußtsein. Dadurch erklärt es sich auch, daß die lyrische Schreibart zur wahren Heimat des Poetischen und zum eigentlichen Gegenpol des Prosaischen aufsteigt. Selbst dem Dichter Fortunat gelingt es nicht, seine „Novellen, die er in glücklichen Reisestunden auf seinem Pferde ersonnen, endlich einmal recht in Ruhe zu Papier zu bringen" (909). Hingegen verfaßt er problemlos aus der Gestimmtheit „ein Lied, das in keine Novelle paßt":

Ich wollt' im Walde dichten
Ein Heldenlied voll Pracht,
Verwickelte Geschichten,
Recht sinnreich ausgedacht.
Da rauschten Bäume, sprangen
Vom Fels die Bäche drein,
Und tausend Stimmen klangen
Verwirrend aus und ein. (909)[50]

Dichtung in diesem engeren Sinn meint also sangbare Lyrik, scheinbar naiv empfunden, simpel strukturiert und im Einklang mit der Natur. Selbst anderen Künstlern wie dem Maler tritt der Dichter als Liedsänger gegenüber; seine Kunst ist gesellschaftlich wie landschaftlich durch Freiheit definiert:

Wir Maler sind überall an Ort und irdisches Material gebunden. Da sind die andern Künstler besser dran, zumal der Dichter. Die ganze schöne Welt ist sein Revier, und wo er singt, ist der Himmel. (940)

Was den Dichter ausmacht, beschreibt Eichendorffs Roman als dichterische Gestimmtheit, als Lebensprinzip und keinesfalls als „Dichterberuf"[51]. Wenn in ›Dichter und ihre Gesellen‹ die Poesie als Beruf ergriffen wird, zeigt sich immer die negative Seite des Poetischen, wenn das romantische Unfaßbare in die Zwangsjacke alltäglicher Berufstätigkeit gesteckt wird. Selbst dort, wo von berufsmäßigem Dichtertum am ehesten gesprochen werden könnte, bei Otto und Dryander, artikulieren sich immer sogleich Zweifel. Gleichsam kontrapunktisch unter dem Stichwort gestörter poetischer Ordnung tritt Dryander zu Beginn des Romans in die Handlung ein. Als Tanzgeiger präsentiert er sich durch eine „heillose Fertigkeit auf der Geige", die er selbst zwar herunterspielt („Kleinigkeit! Kleinigkeit!"), die aber für den Umsturz des Kunstgenusses ins Chaos verantwortlich ist:

Vergebens riefen diese ihm zu, sich zu moderieren, der Unaufhaltsame drehte mit wahrem Virtuosenwahnsinn die Töne, wie einen Kreisel, immer schneller und dichter, die Tanzenden gerieten endlich ganz außer Takt und Atem, es entstand ein allgemeines Wirren und Stoßen, bis zuletzt alle zornig auf den Musikus eindrangen. (892)

Das Chamäleonartige, Unstet-Wechselhafte und kaum Faßbare ist denn auch die Ausprägungsform Dryanders, der einmal als Witzfigur, als „Kerl im Frack" herumjagt, dann als „Zauberer" die Gegend unsicher macht (932), als „Doktor" im Zeichen der Gelehrsamkeit auftritt und sich als ehemaliger Kompositeur („früher einmal als Musikdirektor") der reisenden Theatertruppe entpuppt (934). Eichendorff läßt Dryander, den Dichter mit dem identifikationsheischenden Namen, sein bekanntes Wanderlied singen, dessen erste Strophe die heillose Bewegung des Herumziehens auf den Zeitverlauf überträgt:

Mich brennt's an meinen Reiseschuhn,
Fort mit der Zeit zu schreiten –
Was wollen wir agieren nun
Vor so viel klugen Leuten? (934)

Das ziel- und endlose Herumziehen ist keine erstrebenswerte Lebensform. Der Dichter Fortunat registriert sensibel, daß genau an diesem Punkt der spontane Lebensgenuß in den institutionalisierten Beruf umzukippen droht:

Fortunat aber fühlte sich unbehaglich überrascht, da nun das bisherige fröhliche Reiseleben plötzlich zum förmlichen Metier werden sollte. (935)

Dryander wird in wechselnder Verkleidung und Verwandlungsrollen immer dort auftauchen, wo es gilt, den Dichterberuf von seiner lächerlichen Seite zu zeigen. Auf dem fürstlichen Schloß erfährt Dryanders Poesie die besondere

Wertschätzung, der Dichter erhält sogar als eine Art poetischer Hofnarr eine Stellung bei Hofe:

Am wunderlichsten aber war es Dryander ergangen. Sein Dichterruf öffnete ihm alle Flügeltüren des Schlosses, da hatte ihn aber der Hofwind so wacker gefaßt, daß er bald den Hut samt dem Kopfe darüber verloren hätte. Die unverschämte Art, mit er sich selbst vergötterte, sein Witz und poetisches Wetterleuchten dazwischen blendete, verwirrte und belebte alles, und eh' man sich dessen versah, hatte der Fürst ihn bei Hofe angestellt, die Schauspieler meinten: als lustigen Rat. (971)

Diese Tätigkeit, vom Erzähler als „wie ein Schneemann eingefroren" charakterisiert (979), hindert den berufsmäßigen Dichter nicht, sich die Poesie gefügig zu machen. Dryander „überredete sich in allem Ernste selber", wie Goethes Tasso in die Prinzessin verliebt zu sein, und so „umspann er sich immer hitziger mit dem tollsten Roman"; die Bewertung dieser Pervertierung der dichterischen Einbildungskraft durch den Erzähler ist eindeutig: „Eitelkeit macht dumm" (979). Selbst als er von der Prinzessin unpoetisch abgewiesen wird,[52] setzt Dryander seine Art der emotionalen Nutzbarmachung der Poesie fort; er verfolgt eine andere Dame „mit wahrhaft poetischer Wut" (982). Die solchermaßen selbst entfachten Empfindungen sind genauso leicht zu revidieren wie sie entstanden sind; Dryander flieht rechtzeitig aus der Ehe (984) in den poesiehaltigen Wald.

Es ist kein Zufall, daß Dryander im zweiten Buch des Romans, das in Italien spielt, nicht auftaucht. Seine Gefährdung ist keine solche der Erkenntnis, sondern besteht in der Verlockung, sich rückhaltlos an die Bedürfnisse des Publikums anzupassen. Als „berühmter Dichter Dryander", der „eben auf Volkslieder" reist (1041), taucht der „Schwärmer", wie er sich selbst bezeichnet (1043), wieder auf. Dryanders Kommentar zu seiner Art des Dichtens ist Parodie ihrer selbst, die nicht nur der eigenen Gestimmtheit zum Opfer fällt, sondern die sich noch im Reimgeklingel über sich selber lustig macht:

Das kam mir auf einmal ganz spanisch vor mit dem Balkone, ich redete sie erst zierlich in Assonanzen an, sie verbarg sich halb furchtsam, halb neugierig, bald sah ich eine Locke, bald ein bloßes Füßchen, bald einen Arm, bald wieder gar nichts. Ich wurde immer verliebter, die Reime flossen mir wie Lavendelwasser, ich sprach von des Mondes Zaubermacht, der das Lieben hat erdacht, von einer süßvalenzschen Nacht, vom Kosen und vom Flüstern sacht, bis daß die erste Lerche erwacht! (1044)

Dryander ist sich der Fragwürdigkeit seines Dichtertums also durchaus bewußt (was davor warnen sollte, ihn als bloße Karikatur zu betrachten):

„Sie haben ganz recht", rief er aus, „das ist die verruchte Doppelgängerei in mir, ich kann nichts Großes ersinnen, ohne ihm sogleich von hinten einen Haarbeutel anzuhängen, ein tragischer, wahnsinniger König und ein Hanswurst, der ihm fix ein Bein unterstellt, die hetzen und balgen sich Tag und Nacht in mir, daß ich zuletzt nicht weiß, welcher von beiden Narren ich selber bin." (1045)

Im schnellen Wechsel in ein anderes Genre zeigt Dryander wenig Anhänglichkeit an seinen Dichterberuf.[53] Dryanders Lied nach seiner überstürzten Abreise bildet die unmittelbare Antwort auf sein Eingangslied (vgl. 934f.) durch sprechende Gegensätze. Im Gegensatz zu dort singt er diesmal nicht, das Lied wird als geschriebenes Gedicht aufgefunden; der zerstreuten Habe des Dichters im Zimmer entspricht seine innere Zerrissenheit („Von Lüsten und Reue zerrissen die Brust"); der Wandertrieb ist zu einem Gejagtwerden gesteigert; endlich entpuppt sich die Schattenseite der poetischen Existenz als Verlokkung und Irrsinn: „Mit irren Tönen verlockend den Sinn" (1046). Auffällig in beiden Gedichten ist der Drang des Dichters, sich selbst in das Gedicht aufzunehmen. Nannte sich der Dichter dort mit vollem Selbstbewußtsein als „Autor" und als integrierter Teil einer Theateraufführung beim Namen,[54] so steht er jetzt mit einer anderen Rolle im Widerstreit zu der ihn umgebenden Welt: „Der Spielmann aber ich selber bin." (1046)[55]

Während der Dichter Victor sich in den „Waldbruder Vitalis" (1047) verwandelt, folgt ihm Dryander in neuer Verkleidung im „abenteuerlichen Aufzuge des Dichters" als Eremit. Dem Einsiedler auf Zeit liefert die neue Rolle eine neue Stimmung und sogar poetische Anregungen; er sammelt wahllos alles ein, wovon er profitieren kann:

er freute sich darauf, die ganze Nacht einmal das Einsiedlerleben recht gemächlich mit durchzumachen, auch wollte er noch einige von den Nachtliedern des Eremiten abschreiben. (1055)

Auch die nächste Verkleidung Dryanders als „der abenteuerliche Pilgrim" (1058) beeinflußt seine Fähigkeit zu oberflächlicher Anpassung nicht, wie das Urteil Fortunats zeigt.[56] Doch tritt Dryander kurz vor dem Ende des Romans noch einmal als Sänger eines Liedes auf, das Titel und Thematik des Romans ins lyrische Bild setzt[57] und die eigene dichterische Existenz als ein ewiges, vergebliches Suchen bestimmt: „Ich aber muß wandern und suchen, / Wo der ewige Frühling sei." (1103) Dryander kommentiert dies selbst- und epochenkritisch:

und schimpfte, außer sich vor Zorn und Schreck, über die dumme Romantik: kaum beträte man das Revier eines Poeten, so schössen verstorbene Doppelgänger, gleich wahnsinnigen Pilzen, aus dem unvernünftigen Boden und säßen auf den Klippen umher und wackelten mit den Köpfen. (1104)

So erweist sich Dryanders Aufenthalt beim Einsiedler wie auch sein Dichtertum nicht nur als persönliches Schicksal, das den Dichterberuf auf den falschen Schein gründet und dem er schließlich selbst erliegt, als er in einem Totengerippe mit seinem Pelz „sich selbst zu erblicken" glaubt (1104). Dryander verkörpert auch eine epochenspezifische Bedrohung des Dichterberufs. Unter den vier Dichtern spielt Dryander im Roman den „kuriosen Gesellen", dessen poetische Begabung keine dichterische Imagination erschafft, sondern nur bis zur „phantastischen Faselei" vorstößt, „wo er sich und andere überredete, ganz besonders unglücklich zu sein". (1104) Diese Methode Dryanders, die „gesunde, herbe, klare Prosa durchaus auf die poetische Lyra spannen" zu wollen (1005), führt zu Texten, die nicht nur „konfus" wirken, sondern ihren Wirklichkeitsbezug aufkündigen. Dichtung ist dann nicht mehr nur Fiktion, sie verliert jede Plausibilität, worin sich sogar der Erfinder verstrickt:

„Wahrhaftig", sagte Fortunat lachend, „da ist Lug und Einbildung, Wahrheit und Dichtung so durcheinander gefilzt und gewickelt, daß er selber nicht mehr heraus kann!" (1106)

An diesem Punkt scheint dann der Erzähler sein Interesse am Dichter Dryander verloren zu haben,[58] der am Schluß des Romans, aus der Überschauperspektive betrachtet, auf seinen Ausgangspunkt zurückfällt, der Poesie zugunsten einer Art fideler Marschmusik entsagt und „mit der Geige" an der Spitze der Komödianten „wieder voran" schreitet (1110): Fortschritt als Fortschreiten, das ein Wiederholen des Alten ist!

Ganz anderen Gefährdungen des Dichterberufs ist Otto ausgesetzt. Seine Hinwendung zum Dichtertum verläuft schon an ihrem Ausgangspunkt in dreifacher Weise fehlerhaft. Zum ersten enthält Ottos Abkehr vom Elternhaus nichts anderes als einen existentiell erfahrenen Generationskonflikt „mit verbissener Bitterkeit und einem höhnischen Stolze" auf seiner Seite und der überzogenen Reaktion des Amtmanns,[59] aufgeladen mit sozialer Widerständigkeit und Aufmüpfigkeit gegen die saturierte Herkunft. Otto verweigert sich der vorausgeplanten bürgerlichen Ordnung lebenslanger „gemeiner Glückseligkeit vom Buttermarkt zum Käsemarkt" (912). Zum zweiten vollzieht sich Ottos Weg zur Poesie in den schon verblaßten Denkfiguren der Theatromanie des 18. Jahrhunderts.[60] Nicht zufällig versteht sich Otto zuerst als Theaterdichter, wobei er nicht so sehr an der Produktion von Stücken als an der Lebensform des herumziehenden Komödiantentums interessiert ist. So wirkt seine Poesiebegeisterung eher wie eine Theaterleidenschaft nach dem Vorbild des Wilhelm Meister, abgezogen aus den begeistert nachgelebten Leseerfahrungen einer schon anachronistisch gewordenen schöngeistigen Lektüre – Poesieerlebnis aus zweiter Hand.[61] Zuletzt entgleitet Ottos Berufung zur Dichtung jeder Kontrolle von Bewußtsein und Willen. Otto ist, wie seine Dichterlaufbahn bestätigen wird, ein Getriebener und Verführter, der den Verlockungen der Poesie erliegt, statt sie zu meistern. Seine Beschreibung des erträumten Dichterberufs im Gespräch mit dem seinerseits von der Poesie abgekommenen Walter ist sprechend. Während Dryander, dessen Spielmannsmetaphorik anzitiert wird, sich dem Poesierausch bis zur Tollheit hingab, aber jederzeit über ihn verfügen konnte, ergibt sich Otto widerstandslos einer zauberisch-verlockenden Märchen-, Erotik- und Geisterwelt:

Und wenn ich Ihnen nun auch erzählen wollte von dem zauberischen Spielmanne, der jeden Frühling, wenn der Sonnenschein sich munter über die Felder ausbreitet, aus dem Venusberge kommt mit neuen, wunderbaren Liedern und die Seelen verlockt, von dem in schwüler Mittagsstunde der einsame Vogelsang schallt, von dem die Ströme und Quellen verworren rauschen im Mondschein, und die badenden Nixen wie im Traume singen durch die stille goldne Nacht – Sie würden mich ja doch nur für verrückt halten! (914)

Deshalb ist Ottos Benennung der Extreme, „ein Dichter zu sein, der die Zauber regiert" (914) oder „der fröhlichen Dichtkunst, der Metze" abzuschwören (915), keine wirkliche Entscheidungssuche. Denn Walters Vorschlag, er brauche „darum die Poesie nicht ganz aufzugeben", man könne sie gleichsam dilettantisch und nebenberuflich weiter betreiben, kommt für Ottos absoluten Anspruch nie in Frage: „er fühlte bald, wie albern solcher Trost in solcher Stunde war" (915).

Otto wird rückhaltlos wahrer Dichter. Sein Auftritt „als ein neues Mitglied" der Theatertruppe (951) ist nur Übergangsstadium. Otto entwickelt schnell eine eigene Sprache zur Selbstdarstellung seines Poetentums, die sich zwar an der Tradition des freien Dichterberufs nach Goethes Ballade ›Der Sänger‹ orientiert. Doch dessen Bild des Dichters als eines in Freiheit singenden Vogels erhält hier eine höchst bedrohliche Note. Goethes freier Vogel ist nun zwar zur Nachtigall aufgestiegen, jedoch im Käfig gefangen und in seiner Sangeskunst der Fremdsteuerung umgekehrt proportional:

die Seele des Dichters ist wie eine Nachtigall, je tiefer man ihren Käfig verhängt, je schöner schlägt sie, und ich hörte sie oft in Träumen wunderbar klagen, aber ich hütete mich wohl, wenn ich erwachte, dem weiter nachzuhängen. (953)

Die Radikalität von Ottos Selbstverständnis wird besonders deutlich in seiner Weigerung, dem Publikumsgeschmack zu folgen; statt dessen will er das „Theater poetisch aushungern" (974). Sein Ziel, absolut und „mit strengem Ernste ganz der Dichtkunst zu leben" (975), erreicht er mit Unterstützung Lotharios. Denn obwohl dieser Ottos „unglückliche Disposition" zum Dichterberuf (974) richtig vorhersagt, schafft er doch die finanziellen Voraussetzungen für die unabhängige Dichterexistenz Ottos (vgl. 986) und übernimmt damit einen Teil der Verantwortung und Schuld für Ottos Ende.[62]

In Rom scheint der „poetische Student" Otto (1003) zum selbstbewußten Dichter gereift:

Gegen seine sonstige zurückhaltende Gewohnheit teilte er unaufgefordert mehrere soeben vollendete Gedichte mit, sprach voll fröhlicher Zuversicht von seinen Plänen zu künftigen, großen Arbeiten, und entwickelte einen solchen bunten Reichtum der Seele, daß Fortunat wie in ein Kaleidoskop hineinzusehen glaubte. (1015)

Doch der Optimismus trügt. Gerade die südlichen Gefilde lassen Otto, der „die dumpfe Enge meines deutschen Gebirgsstädtchens" verflucht (1015), den Verlust der Heimat besonders stark empfinden[63]: „es war heute fast etwas Freudeverstörtes in seinem ganzen Wesen" (1016). Während Fortunat als Wanderdichter[64] nie in diese Gefahr gerät, nistet sich Otto in Rom ein, um sich in sprunghaften Wendungen zwischen der Verachtung der Heimat und immer heftigerem Heimweh aufzureiben.[65] Italien bringt nicht, wie das unausgesprochene klassische Beispiel vorgelebt hat, die dichterischen Projekte zur Vollendung; es zieht den Dichter nur noch weiter davon ab und wirft ihn auf sich selbst zurück. Ein „unwiderstehliches Grausen" (1025) packt Otto beim Tod des gescheiterten, ihm innerlich verwandten Malers Albert; es gibt den letzten Anstoß, Rom und die daraus resultierende Unproduktivität zu verlassen, wie der prosaische Mensch Grundling richtig konstatiert: „Der Otto", sagte er, „war beständig in poetischem Tran, das mußte ein Ende mit Katzenjammer nehmen." (1029)

Den Todesstoß erhält Ottos Dichterbild ausgerechnet durch seinen Mäzen und Mentor Lothario/Victor, indem dieser seine eigene Abkehr vom Dichterberuf auf die Situation Ottos projiziert:

> Otto, den Kopf auf beide Arme gestützt, ahnet heimlich, was jener meint, Lotharios Urteil gilt ihm alles, seine ganze Seele hängt lauschend wie an einem jähen Absturz. – Aber Victors Sinn war heut wie ein schneidendes Schwert. – „Und red' mir nicht von Poesie, von Dichterberuf", fuhr er fort, „du hast nicht mehr davon als ein verliebtes Mädchen. Es gibt nur wenige Dichter in der Welt, und von den wenigen kaum einer steigt unversehrt in diese märchenhafte, prächt'ge Zaubernacht, wo die wilden, feurigen Blumen stehen und die Liederquellen verworren nach den Abgründen gehen, und der zauberische Spielmann zwischen dem Waldesrauschen mit herzzerreißenden Klängen nach dem Venusberg verlockt, in welchem alle Lust und Pracht der Erde entzündet, und wo die Seele wie im Traum frei wird mit ihrem dunklen Gelüsten." (1038 f.)

Was für Lothario nichts anderes ist als die Denunzierung der Poesie als unernste Triebbefriedigung, der er bald zugunsten seiner religiösen Berufung absagen wird, bedeutet für Otto die Zertrümmerung seines Lebensplans. Denn Otto hatte seine Initiation als Dichter damals (914) mit fast identischen Bildern in Sprache gefaßt! Die Szenerie, in deren Mittelpunkt der „zauberische Spielmann" steht, erscheint damals und jetzt auf den ersten Blick sehr ähnlich. Doch in die hoffnungsfrohe Idylle von früher mischen sich bedrohliche Klangfarben; aus den „neuen, wunderbaren Liedern" sind „herzzerreißende Klänge" geworden! Die damalige Befürchtung Ottos, als ein solcher Dichter für verrückt gehalten zu werden, hat längst zu seiner Beschädigung geführt: Otto ist nicht mehr „unversehrt". Auch deshalb reagiert Otto „wie ein Rasender" (1039); er erkennt die Richtigkeit der Analyse und sucht, als Lothario Vitalis ist, seine Nähe, als könne er das einmal Ausgesprochene wie einen Fluch bannen. Doch Vitalis „jagt' ihn wieder fort", denn Otto mißversteht Vitalis' religiöse Konversion als literarische Haltung und begreift nicht die radikale Abkehr von der Poesie, was sie tatsächlich ist; er selbst versucht, Victors religiöse Sprache als Material dichterischen Sprechens zu benutzen und es zu ästhetisieren: „unsere alten Gebete waren ihm noch nicht schön genug, er setzte sie in künstliche Verse“ (1053).

Im 23. Kapitel, Ottos ureigener Geschichte, die auch sein Ende besiegelt, begibt sich der Erzähler sehr viel deutlicher in Ottos Perspektive. Im Gegensatz zu Victor, der die Poesie zugunsten seines Seelenfriedens aufgeben kann, bleibt Otto unlösbar an die Dichtung gefesselt. Er fühlt zwar den „rechten Trieb und Mut, nach dem Höchsten in der Welt zu streben“ und „selbst sein Dichten zu lassen“ (1065). Doch der Rückweg ist ihm versperrt, sein Dichterberuf wird ihm zum Verhängnis. Die Bilder, in denen Otto seine Dichtungsvorstellungen formuliert hatte, werden nun gleichsam lebendig und ziehen den Dichter in die bedrohlichen Abgründe seiner eigenen Imagination. Im Palast der Bergvorstadt wird er von der geheimnisvollen Dame sofort als Dichter identifiziert[66] und mit seinen eigenen Dichtungen konfrontiert, als wären sie Wirklichkeit. Indem er nämlich „eines seiner liebsten Gedichte von der schönen Meerfei Melusina“ dieser selbst vorlesen muß („ich bin eigentlich selbst die Melusina“), kehrt sich die von Otto thematisierte Verlockung der Poesie gegen ihn selbst. Zugleich muß der Dichter Otto erfahren, wie sich seine poetische Fiktion gegen ihn wendet, ihn als Autor entmachtet und zum willenlosen Rezipienten degradiert:

> Otto sah sie verwundert an, dann las er wieder weiter. Es war ein langer Romanzenzyklus, er hatte ihn in der glücklichsten Jugendzeit gedichtet und seitdem nicht wieder gesehn; jetzt nach so langer Zeit, in der märchenhaften Umgebung, ergriff es ihn selber wunderbar, es las aus ganzer Seele fort und immer fort. (1069)

Die Rolle des zauberischen Spielmanns, die Otto in seinem Poesiemodell phantasiert hatte, kann er nicht ausfüllen. Statt Herr der Verlockungen zu sein, wird er, als poetischer „Herr Morpheus“ sinnfällig apostrophiert, deren Opfer: „war es um ihn geschehen“ (1070). Hier vollendet Otto, mit ausdrücklicher Ablehnung des Erzählers, einen poetischen Weg, der dichterisch steril und selbstbezüglich geworden ist:

> Da befiel ihn eine tiefe Angst, er dichtete hastig oft ganze Nächte hindurch, er wollte mit Poesie sich selber überflügeln – als wäre das Talent ein Ding für sich ohne den ganzen Menschen! (1071)

Seine Heimkehr „nach Hause“ (1073, 1072, 1076 u.ö.) konterkariert Novalis' berühmte Sentenz. Dessen Erlösungsgewißheit kontrastiert mit Ottos Verzweiflung, einerseits die Wirklichkeit zu verachten, diese aber andererseits nicht meistern zu können: „ihm graute recht vor dieser faden Kehrseite des Lebens.“ (1074) Heimkehr hat für Otto einen „Doppelsinn“, sie ist geographische Rückkehr in „seine Heimatsgegend“ und zum Ausgangspunkt seiner Dichterlaufbahn, und sie ist zugleich die Erfahrung eines Verlusts, so daß das

Zurückversetzen in die „stille, alte Zeit" (1076) nicht mehr möglich erscheint.

Es ist symptomatisch, daß der abgeschworene Dichter Victor Ottos halluzinatorisches Einschlafen (1077) als Tod eines naiven Liedersängers völlig fehldeutet. Fortunat muß Victors falsche Vogelmetaphorik – die Lerche statt der Nachtigall – korrigieren. Aber auch Fortunat hat den Käfig, der Ottos Vogelbild zentral geprägt hatte (953), übersehen:

„wen habt ihr heute nacht im Walde begraben?" – „Den armen Otto." – „O Gott! du fröhliches Liederherz, so frisch wie eine Lerche singend aus der Luft zu fallen! mir ist's, als hört' ich's noch im Ohre klingen." – „Wohl ihm", entgegnete sein Begleiter, „er hatte rasch gelebt und stand schon müd' und schlaftrunken im tiefen Abendrote, dort ruht er aus." (1100)

So steigt Ottos Grab zum Sinnbild der Poesie schlechthin und zum romantischen Dichterdenkmal auf. Doch Ottos Dichtertum bildet es nicht ab. Es sind vielmehr die beiden überlebenden Dichtergestalten Victor und Fortunat und mit ihnen der Erzähler, die es als euphemistische Bildstaffage in den Vordergrund rücken. Victor inszeniert ausdrücklich ein theatralisches Gesamtkunstwerk,[67] Die Beschreibung des Erzählers setzt allen Poesievorstellungen die Glanzlichter einer heroischen Landschafts- und Geschichtsidylle auf, und Fortunat pflichtet bei:

Sie traten durch ein halbverfallenes Bogentor auf einen freien grünen Platz, es schien ein ehemaliger Klosterkirchhof zu sein. Ein neues Grab, soeben erst mit schönem Rasen belegt, schimmerte ihnen taufrisch entgegen. Ein Mönch kniete betend daneben zwischen wilden bunten Blumen, und Vögel flatterten und sangen lustig in dem Grün, das aus allen Mauerritzen rankte, über die Gräber aber leuchtete auf einmal eine unermeßliche, prächtige Aussicht aus der rauschenden Tiefe herauf. – „Gott gebe jedem Dichter solch ein Grab!" rief Fortunat freudig überrascht. (1100)

Ottos Scheitern und sein Verlöschen scheinen in einem solchen Bild versöhnt. Es macht vergessen, daß dieses Scheitern im fehlenden inneren Widerstand gegen die Verlockungen der Poesie begründet war, so daß Otto das Poetische glaubte zu einem Beruf machen zu können. Neben dem Irrlicht Dryander verkörpert Otto das andere Extrem des modernen, entwurzelten und gefährdeten Dichters. War jener zu sehr auf die Wirkung seiner Kunst aus, so Otto zu wenig, folgte Dryander zu wenig den absoluten Ansprüchen des Dichterberufs, so Otto zu sehr.

Ganz anders agieren die beiden Dichter Victor und Fortunat. Beide sind dadurch vor einem Scheitern am Dichterberuf bewahrt, als sie sich nicht bis zum Selbstverlust darauf einlassen. Victor etwa kommt in ›Dichter und ihre Gesellen‹ in vierfacher Gestalt vor, schon dies ein Hinweis auf die in ihm konzentrierte Problematik des Dichters. Während Dryander wie ein Chamäleon seine poetischen Äußerungsformen variiert, wechselt Victor mehrfach seine

Identität als Mensch und Dichter. Nur seine „poetische Erscheinung“ (901) bleibt durchgängig erhalten. Als „Dichtergraf“, gar als „Dichterkönig“ (900) führt er sich selbst inkognito ein, nachdem der Ruhm seiner „neuesten poetischen Werke“ (890) sich so ausgebreitet hat, als sei er längst kanonisierter Klassiker: „wer einen Dichter recht verstehen will, muß seine Heimat kennen“ (891). Als „ein Genie, zumal ein Dichter“ (901)[68] hatte Victor seine hohe Auffassung des Dichterberufs nicht nur in seine Texte, sondern auch in die Gestaltung seines Gartens eingebracht; indem er Fortunat als Cicerone herumführt und sein Inkognito wahrt, verweigert er das Bekenntnis zu seinem Dichterberuf, legt aber dennoch Wert auf eine Selbstaussprache. Dann war er unter die Schauspieler gegangen:

Herr Lothario dann, auch Literatus genannt – Charakter: erster Tenor; besondere Kennzeichen: verdrehte Schleife am Halstuch, ungekämmtes Haar, spricht am vernünftigsten, wenn er betrunken ist, in Summa: großes Genie. (928)

Nur in dieser Maskerade des ästhetischen Literaten aus einer vergangenen Epoche und unter Verleugnung seiner wahren Existenz ist Lothario fähig, die hohen Ideale seines Dichtertums zu formulieren:

Lothario sah ihn ein Weilchen fast ärgerlich an. „Ich begreif's nicht“, sagte er dann, „wie ihr Dichter es vor Langerweile aushaltet, so ein dreißig bis fünfzig Jahre auf der ästhetischen Bärenhaut rücklings zu liegen und Kriegstrubel, Philosophie, wilde Jäger und singende Engel wie ein Wolkenspiel über euch dahinziehen zu lassen, um daraus ganz gemächlich ein paar dicke Romane zusammenzuschreiben, die am Ende niemand liest. Zum Teufel, ich bin keine Äolsharfe, die nur Klang gibt, wenn ein Poet ihr Wind vormacht! Ist das Leben schön, so will ich auch schön leben, und selber so verliebt sein wie Romeo, und so tapfer wie Götz, und so tiefsinnig wie Don Quixote. Um die Schönheit will ich freien, wo ich sie treffe, und mich mit den Philistern drum schlagen, daß die Haare davonfliegen. Warum sollte man so ein lumpiges Menschenleben nicht ganz in Poesie übersetzen können?“ – „Du bist ein wunderlicher Mensch“, unterbrach ihn Fortunat, „ich glaube, du könntest ein großer Dichter sein, wenn du nicht so stolz wärest.“ (947 f.)

Die Übersetzung des Lebens „ganz“ in Poesie ist tatsächlich das Problem Lotharios, wie sein Spanienabenteuer gezeigt hat (vgl. 970). Während Fortunat seine Dichterexistenz zum Seismographen höherer Wirkungsmechanismen werden lassen kann, sehr wohl also mit dem Bild des Dichters als einer Äolsharfe einverstanden sein könnte, artikuliert Victor ein zwiespältiges Dichterbewußtsein. Seine Verachtung für jeden einzelnen Dichter und ein jedes „lumpiges Menschenleben“ deutet auf seine gebrochene Identität. Fortunat mißversteht dies als übergroßen Stolz. In Wahrheit ist es ein so umfassender Anspruch, der über die Identifikation mit *einer* Empfindung (oder einer literarischen Figur) weit hinausgeht.

Weil Victor seine Identität als Dichter so hoch angesetzt hat, muß er sie im Gegensatz zu seinen Gesellen nicht mehr suchen; statt dessen wechselt er sie.

Dies ist auch die Begründung dafür, daß Lothario im zweiten Buch, das in Italien spielt, nicht auftaucht. Denn dort werden alle Figuren in ihrer Selbstfindung gezeigt. Lothario hat aber diesen Weg nicht durchlaufen, weil er mit dem Ablegen seines Namens Victor auch dem Dichterberuf entsagt. Nicht er verwandelt sich, sondern die Poesie hat für ihn eine veränderte Funktion übernommen. Als sogar die Inspirationhilfe Alkohol versagt, hat Lothario das Vertrauen in die Kraft der Fiktion verloren. Literatur ist Ruhm durch Lüge, ihre Produktion eine Versuchung durch den Teufel[69]:

> Er ließ Licht und Wein bringen, er fühlte seit langer Zeit wieder einmal eine echte Lust zu dichten. – Als er sich aber so einsam hinsetzte und hastig trank und schrieb, da war's ihm, als riefe es durch die Stille seinen Namen, erst leise, dann lauter, und der Teufel sähe ihm beim Schreiben über die Schulter und flüsterte zu ihm: Nur zu, nur zu! die unschuldige Welt mit vornehmen Worten belogen und verführt, ich will dich dafür auf die Zinnen des Ruhms stellen, und die Welt soll dir huldigen! (1031)

Nur das Lied gelingt noch, freilich um den Preis, die poetische Unschuld verloren zu haben. Dichten bedeutet, „die Teufel in der Brust" zu wecken (1031) und ein „schönes, lügenhaftes Bild" zu produzieren (1032). Dem Sängertopos der zerbrochenen Harfe[70] gibt Victor veränderte Nuancen. Die radikale Zerstörungsaktion des Dichters ist ins Erdulden umgeschlagen und im Sinne seiner Poesie als universaler Lebensbewältigung dem Zerbrechen des eigenen Herzens beigebunden:

> O du mein Gott! und mir brechen
> Herz und Saitenspiel entzwei! (1033)

Das Zerbrechen von Instrument und Ich-Zentrum signalisiert das Ende des Dichterberufs. Victors Besuch der Aufführung eines seiner Jugenddramen findet schon im Geist religiöser Voreingenommenheit statt.[71] Die Abkehr vom Dichten wird als Erkenntnisprozeß gegeben. So wie das Theaterpublikum ihn als den (ehemaligen) Dichter erkennt,[72] so erkennt der Leser genau hier Victor in Lothario („denn er war es wirklich"), erkennt Victor nachträglich, welche brisante Vorausdeutung in seinem Jugendstück auf sein eigenes Leben enthalten war: „damals dichtete er das Schauspiel von der wilden Gräfin. Da dachte er nicht, daß es so kommen würde!" (1034) Dichtung und Leben sind wieder in Relation getreten, jedoch umgekehrt zu Victors Übersetzung von jener in dieses: nicht Leben wird in Literatur, sondern Dichtung wird in Leben verwandelt.

Wie damals aus dem Dichter Victor durch die Absage an die Theaterschriftstellerei der Schauspieler Lothario wurde, so heftig vollzieht sich auch die Abwehr von Ottos „Dichterberuf" (1038). Während Otto, „im Innersten getroffen", mit dem „Theaterdegen" (!) gegen seinen Mentor um dessen Zerstörung seiner poetischen Illusionen fechten will, signalisiert Victor, daß es ihm schon längst nicht mehr um die Ergründung seines Dichtertums, sondern um seine religiöse Identitätsfindung geht: „Mich aber laß, ich habe mit mir selbst zu fechten, Gott gnad' uns beiden!" (1039) Der Vorwurf, er verschleudere sein „poetisches Talent" „wie ein Verschwender" (1108), trifft Victor nicht mehr. Victors Absage an die Poesie gründet sich auf ihre Wirkungslosigkeit; die poetische Inspiration deutet er jetzt in eine göttliche Erleuchtung um:

„Was wär' denn Poesie", meinte Victor unwillig, „wenn sie in feinem Goldschnitt auf einer Morgentoilette durchzublättern wäre? Talent! das ist nur ein Blitz, den der Herr fortschleudert in die Nacht, um zu leuchten, und der sich selbst verzehrt, indem er zündet." (1109)

Victors daraus abgeleitetes aggressives missionarisches Plädoyer für den Krieg und gegen die europäische Kultur zeigt, daß es sich hier nicht wie bei Baron Friedrich in Eichendorffs Roman ›Ahnung und Gegenwart‹ um einen resignativen Rückzug aus dem Trubel der Welt ins Kloster handelt.[73] ›Dichter und ihre Gesellen‹ mißtraut einer so eindeutigen Lösung. Die Szenerie wird vielmehr in symbolischer Landschaft „auf einem Abhang, von dem verschiedene Pfade auseinandergingen" (1109), angesiedelt. Victors Abkehr von der Poesie bedeutet keinesfalls nur einen Rückzug, wie das Beispiel des in den Staatsdienst tretenden Manfred zeigt, der „wenn auch auf anderer Bahn, auf dem frischen Gipfel des Lebens mit Victor wieder zusammenzutreffen" hofft (1110). Fortunat charakterisiert schließlich „erschüttert" seinen Freund als „geistliches Soldatenherz" (1109). Insofern kann man die letzten Worte des Romans, den letzten Vers im Lied des Einsiedlers, durchaus doppelsinnig und damit als Drohung lesen: „Du schöne Welt, nimm dich in acht!" (1110) Victor erlebt die Bedrohung seines Dichtertums als Sinnverlust, gerade weil er ein erfolgreicher und anerkannter Schriftsteller war. Seine Lösung, Identitäten bis zur Grenze der Selbstaufgabe und der Selbstverleugnung zu wechseln, erweist sich als Fehlweg. Paradoxerweise ist dieser so gefährdete Dichter eine Identifikationsfigur für alle poetisch Inspirierten; Fortunat und Otto nehmen sich ihn zum Vorbild. Paradoxerweise bewahrt Victor das Poetische als Form der Lebensbewältigung in der Religion, indem er die Poesie aufgibt.

Für Eichendorff als Dichter ist daher nicht Victor,[74] sondern Fortunat die Leitfigur des Romans. Fortunat begleitet den Leser durch den gesamten Roman als Erzählvehikel; an ihm lagern sich die verschiedenen Ausprägungen des Dichterberufs in Annäherung und Kontrastierung an. Fortunat wirkt darüber hinaus poetisch vermittelnd. Selbst dem allmählich verspießernden Jugendfreund Walter kann er noch poetische Regungen ablocken (vgl. 894), während seine eigenen dichterischen Versuche, „einige Novellen, die er in glücklichen Reisestunden auf seinem Pferde ersonnen, endlich einmal recht in Ruhe zu Papier zu bringen", stocken (909). Entscheidend ist Fortunats Nähe zu Lothario, die sich nicht bloß aus ähnlichen Einstellungen zum Dichterischen ergibt. Fortunat kann die Rolle des Dichtergrafen Victor problemlos ausfüllen, ja dieser ernennt ihn spaßeshalber sogar selbst dazu (901)! Walter erhebt Fortunat schließlich zum Musterbeispiel des Dichters schlechthin und zur Verkörperung der Poesie:

Wie glücklich seid Ihr Dichter? Eurem zauberischen Sinne erschließt sich überall, wo Ihr wandelt, wie dem Geliebten, willig und vertraulich die verborgene Schönheit der Welt, mit jedem Schritte erweitern sich die Kreise, das Entfernte, Dunkle rückt verständlich in freundliche Nähe, und neue Fernen heben sich wieder wunderbar immer weiter und schöner. (985)

Was Walter an Fortunat als Dichter charakterisiert, könnte er auch über die innere Struktur des Romans sagen.[75] Diese Übereinstimmung mit der Sinnstruktur des Romans rückt Fortunat in die Nähe der Position Eichendorffs. So läßt der Erzähler Fortunat in Italien als einzigen nicht zerbrechen, sondern in Fiametta sein „Dichterweibchen" (1083) finden und seine Liebesabenteuer poetisch bewältigen:

In seiner poetischen Behaglichkeit hatte er sich alles aus dem Sinn geschlagen und machte überhaupt aus seiner Liebe gar nichts als ein langes Gedicht in vielen Gesängen und verschiedenen Silbenmaßen, worin ein schönes, schlankes italienisches Mädchen die Hauptfigur spielte. (1027)

Trotz dieser „poetischen Behaglichkeit" besteht bei Fortunat die Gefahr der Verspießerung wie bei Walter nicht; er besitzt ein inneres Regulativ und bewahrt sich seine poetische Naivität. Seine Erzählung „Kasperl und Annerl" ist daher für die Synthese von Volkspoesie und Kunstfertigkeit programmatisch gemeint. Der Erzähler läßt Fortunat als den Idealtyp poetischer Rede auftreten. Die romantische Erzählsituation „aus dem Stegreif", „als spräch' er im Traum", der Erzählort (im Baum) und die dazu passende Zeit („Mondlicht") wirken (1079). Clemens Brentanos bekannte Erzählung ›Geschichte vom braven Kasperl und dem schönen Annerl‹ leiht den Titel; dazu kommen Märchenton und -sinnbildlichkeit, biographische Bezugnahmen auf die Beteiligten und romantisch-ironische Unterbrechungen des Erzählflusses.

Zuletzt tritt Fortunat, ausgestattet mit den Eigenschaften romantischer Ironie, sogar in die Fußstapfen des Erzählers, wenn er seine eigene Lebensgeschichte als Dichter aus höchster Distanz kommentieren kann:

„Da bist du uns eben zur rechten Stunde gekommen, Fortunat." – „Ich? wieso?" fragte dieser betroffen. – „Ich meine, als Dichter in solchen romantischen Fällen." – „Ach teurer Freund", entgegnete Fortunat, „ich wollte, die Romantik wäre lieber gar nicht erfunden worden! Solche romantische Verliebte – [...] die machen zusammen an einem Morgen mehr dumme Streiche, als ein gesetzter Autor im letzten Kapitel jemals wieder gutmachen kann!" (1088)[76]

Die „Konfusion" (1090) löst sich erst im großen Schlußtableau des Romans. Gegen Victors hohle Worte und seine großsprecherische, militante Weltrettungsvision setzt Fortunat seinen Dichterberuf als ein „Metier" und als endgültige Verpflichtung:

„Geht, geht", fiel Fortunat hier ein, „über euren Reden verlier' ich mich selber ganz. Du Victor zumal, verwirrst mir schon seit gestern, wie ein nächtliches Wetterleuchten, der Seele Grund: tiefe Klüfte mit kühnen Stegen darüber und manche alte, geliebte Gegend fernab, aber alles so fremd und wunderbar wie in Träumen. Zuletzt ist's doch dasselbe, was ich eigentlich auch meine in der Welt, ich habe nur kein anderes Metier dafür als meine Dichtkunst, und bei der will ich leben und sterben!" (1109)

Trotz eindeutiger Abgrenzung gegen Victors Position gilt es die Ähnlichkeiten nicht zu übersehen: „Zuletzt ist's doch dasselbe"! Am Ende des Romans bleibt freilich Fortunat als einziger ernstzunehmender Dichter übrig und steht mit Fiametta in einer typischen Aufbruchsituation romantischen Erzählens,[77] die kundtut, daß Anfang und Ende dieser Dichterexistenz nach unveränderlichen Prinzipien funktionieren:

Vor ihnen glänzte schon manchmal die Landstraße unermeßlich herauf, alle Ströme zogen da hinaus, Wolken und Vögel schwangen sich durchs heitere Blau ihnen nach, und die Wälder neigten sich im Morgenwind nach der prächtigen Ferne. (1110)

Alle Formen des Dichterischen in Eichendorffs ›Dichter und ihre Gesellen‹ sind in unterschiedlichen Graden Gefährdungen. Die extreme Auffassung Ottos ist dem Untergang geweiht, sie findet aber nach dem dunklen Ende in der Apotheose des Dichtergrabs ihre Würde wieder. Walters poetische Jugendader versiegt im Zeitfluß bürgerlicher Tätigkeit, Dryander erweist sich als Irrlicht und als Karikatur des ernsten Dichterberufs. Für Victor, den erfolgreichsten der Dichter, ist die Poesie nur eine Zwischenstation auf dem Weg zum religiösen Seelenheil. Dieses sichert er sich um den Preis, dem Dichterberuf zu entsagen. Nur Fortunat gelingt es, am Dichterischen unbeirrt festzuhalten und den Dichterberuf auch unter prosaischen Lebensbedingungen zu bewahren: er geht eine bürgerliche Ehe ein, kauft Fiamettas Palast in Rom und wandert nach Italien aus, als sei romantisches Dichten in Deutschland nicht mehr möglich. Eichendorffs Dichtergestalten, das zeigt das Schlußtableau des Romans, enthalten alle Gefahren des romantischen Dichtertums, aber auch alle Möglichkeiten der Bewältigung. Freilich geschieht diese Bewahrung des reinen Poetischen nicht mehr in und durch den *einen* Dichter, sondern in überindividuellen Facetten romantischen Erzählens. Denn als Victor und Fortunat zum Schluß aufbrechen, bewahrt eine religiös-pathetische Morgenstimmung die Kraft des Poetischen über ihre Dichtergestalten hinweg: im Lied eines namenlosen Einsiedlers, gesungen bei prächtigem Sonnenaufgang unter Begleitung der Morgenglocken, lebt die Poesie fort.

3. E. T. A. Hoffmanns Dichtergestalten

E. T. A. Hoffmanns ›Das Fräulein von Scuderi‹ aus dem dritten Band der ›Serapions-Brüder‹ wird als Künstlernovelle oder als Detektivgeschichte um den Goldschmied Cardillac gelesen.[78] Der durch vorgeburtliche Prägung zum triebhaften Mörder und dämonischen Künstler gewordene Cardillac scheint die abgründigen Ursprünge des Künstlertums und ihre Gefährdungen wirkungsvoll zu repräsentieren. Wie in seinem Schauerroman ›Die Elixiere des Teufels‹ inszeniert Hoffmann die Nachtseiten des Absoluten. In der Darstellung solcher Gefährdungen scheint er eine nahtlose Verbindung zu Eichendorffs ›Dichter und ihre Gesellen‹ zu knüpfen.

Die Erzählung heißt freilich nicht ›Der Diamentenraub von Paris‹, wie August Lewalds Theaterstück von 1824, auch nicht ›Cardillac‹, wie Paul Hindemith seine 1926 uraufgeführte Oper nannte, sondern nach der höfischen Romanschriftstellerin Madeleine de Scudéry (1607–1701). Diese realhistorische Fundierung seiner Geschichte betont Hoffmann mehrfach; der Untertitel „Erzählung aus dem Zeitalter Ludwigs des Vierzehnten" deutet darauf hin; und der wiederholte Verweis auf seine Quellen in den Gesprächen der Serapionsbrüder signalisiert, daß hier das Finden des historischen Stoffes in der chronikalen Geschichtsüberlieferung als Kernstück der dichterischen Imaginationskunst zu verstehen ist. Rückt man deshalb die Scuderi, wie es sich gehört, in den Mittelpunkt der Untersuchung, auch wenn dies dem Interesse mancher Interpreten für den dämonischen Cardillac entgegenstehen mag,[79] so tut man dies auch mit Blick auf den Stellenwert der Novelle innerhalb des Zyklus der ›Serapions-Brüder‹. Hier nämlich leitet sie den 6. Abschnitt des dritten Bandes ein und folgt einer Erörterung der Freunde über das Wesen dichterischer Intention. Scheinbar beziehungslos wird dort die Eingangsfrage erörtert, bis zu welchem Grad der Theaterdichter in allen Figuren seiner Stückes stecke und in welcher Weise seine dichterischen Absichten durch den darstellenden Schauspieler adäquat interpretiert werden können. Wie in der Erzählung selbst geht es in diesen Gesprächen um die „innersten Gedanken"[80] des Dichters und die Art und Weise, diese zu vermitteln. Hinterher gilt gerade diese Erzählung Sylvesters als „wahrhaft serapiontisch"[81] und als mustergültige Verkörperung des gemeinsam verfochtenen Erzählprinzips.[82]

Die Scuderi vertritt in Hoffmanns Erzählung nicht wie die historische Gestalt der Literaturgeschichte den höfischen Heldenroman.[83] Statt dessen führt sie der Erzähler mit einer Apposition, die sofort zu ihrem Epitheton wird, als Versdichterin ein: „bekannt durch ihre anmutigen Verse"[84]. Und in der Tat bildet die Poesie ihres witzigen Epigramms über den Liebenden, der der Liebe unwürdig sei, weil er die Diebe fürchte (18), den Ausgangspunkt der verwikkelten Handlung. Gerade weil das Verspaar die tatsächlichen Ereignisse falsch deutet – es geht ja nicht um den Diebstahl an Liebhabern, sondern um einen

Triebmörder –, triumphiert es dank seiner witzigen Pointe über den rhetorischen Schwulst in jenem „hochtrabenden Panegyrikus“, dem es seinerseits nicht an „geistreich-witzigen Wendungen“ fehlt (17). Obwohl das konventionelle Huldigungsgedicht der Wahrheit viel nähersteht, ja sogar den „heimtükkischen Anfall des Mörders“ im Text nennt, alle Register mythologischer Ausstattung zieht und „mit sichtlichem Wohlgefallen“ rechnen kann (17), unterliegt es doch im poetischen Wettbewerb gegen das Kurzgedicht der Scuderi. Scuderis Verse, in ihrer Prägnanz makellose Poesie, versammeln im „ritterlichen Geist“ alle gesellschaftlichen Voraussetzungen höfischer Kunst in einem Begriffs-, Klang- und Rhythmusspiel, dem die „ellenlangen Tiraden“ nichts gleichzusetzen haben. Scuderis Verspaar tritt als in sich geschlossenes, nur auf seine eigene Pointe bezogenes und autonomes Kunstwerk auf, im Unterschied zu jener „dichterischen Supplik“, die ihre poetischen Mittel in den Dienst politischer Ziele stellt. Dort dient Literatur zur Einkleidung politischer Ansprüche, denen die Kunst letztlich doch nur als ästhetische Hülle übergestülpt ist: „So ernst die Sache auch war, so fehlte es diesem Gedicht doch nicht [...] an geistreich-witzigen Wendungen.“ (17) In Scuderis Epigramm ist dieses Ziel-Mittel-Verhältnis genau umgekehrt. Ihr Gedicht benutzt das stattgehabte Ereignis der sich häufenden Überfälle als Grundlage für ein witziges Sprachspiel, aus der jeder Wirklichkeitsbezug getilgt ist. Erst viel später erfährt der Leser die genaueren Umstände des dabei abgelaufenen poetischen Schaffensprozesses. Die Scuderi, so zeigt sich, hat für ihre Verse die tatsächlichen Ereignisse zugunsten größerer poetischer Wirksamkeit umgeformt und das Bedrohliche ausgeblendet. Sogar das „ergötzliche Bild“ einer darin verwickelten Liebesgeschichte ist ganz allein *von ihr* eingefügt worden:

> Den Auftritt mit dem Meister René brachte die Scuderi in anmutige Verse, die sie den folgenden Abend in den Gemächern der Maintenon dem Könige vorlas. Wohl mag es sein, daß sie auf Kosten Meister Renés, alle Schauer unheimlicher Ahnung besiegend, das ergötzliche Bild der dreiundsiebzigjährigen Goldschmiedsbraut von uraltem Adel mit lebendigen Farben darzustellen gewußt. (29)

Diese „anmutigen Verse“ verdecken ihre Falschheit unter dem Mantel höfischer Neckerei kaum. Im gewissenlosen Umgang mit der Wahrheit „auf Kosten“ anderer wird Realität manipuliert. Mit ihren nur auf poetische Wirkung schielenden Versen gerät die harmlose alte Dame, wie man gezeigt hat,[85] in fatale Nähe zur Kunstauffassung Cardillacs, mit dem sie auf den ersten Blick nichts zu tun zu haben scheint. Doch auch die Scuderi betreibt ihr poetisches Geschäft ohne Rücksicht auf Verluste als reine Kunst; auch ihre heiteren Verse arbeiten mit verborgener Gewalttätigkeit, wenn man liest, daß sie das konkurrierende Gedicht durch ihre dichterische Wirkungsmächtigkeit „zu Boden schlugen“ (18)!

So wie Scuderis Epigramm einerseits die Ereignisse fehldeutet, damit den Wahrheitsanspruch von Dichtung pervertiert und falsche politische Maßnahmen des Königs provoziert, so existiert das Gedicht andererseits in freischwebender Verfügbarkeit für jedermann und für jeden Zweck. Diese falsche Autonomie leistet keinerlei Widerstand gegenüber jeder denkbaren Benutzung; deshalb steht das Epigramm jeder verfälschenden Interpretation offen, wie die Scuderi selbst erkennt: „O Gott, sind Worte, halb im Scherz hingeworfen, solcher gräßlichen Deutung fähig!“ (20) Dichtung wird, wenn die Autonomie der Kunst verantwortungslos konzipiert ist, beliebig, dienstbar und daher auch mißbrauchbar. Der Mißbrauch der Verse bei der Übersendung des Schmuckes verhöhnt nicht nur die Verfasserin, wenn die „Unsichtbaren“ sich auf ihre „Freundschaft“ (20) berufen; auf der Ebene kriminellen Handelns betreibt Cardillac mit dem Gedicht denselben gewissenlosen Erfolgsfetischismus, dem auch die Scuderi in ihrer poetischen Welt anhängt: „das Recht des Stärkern“ (20). So bedeutet die Übersendung des Schmucks an die Scuderi auch die Gleichwertigkeit von außergewöhnlicher Dicht- und Goldschmiedekunst (20: „Das Kostbarste“) und die Gleichrangigkeit beider im Zeichen einer absoluten Kunst, so wie Cardillac die Scuderi an ihren Versen identifiziert und akzeptiert, „wie sonst kein menschliches Wesen“ (59).

Wie es der Scuderi gelingt, von einer solchen Kunstauffassung zu einer humaneren Position zu kommen und die Wahrheit ans Licht zu bringen, ist in der Forschung zumeist mit Blick auf die „falsche Alternative: Detektivgeschichte versus Künstlergeschichte“ untersucht worden.[86] Richtet man indes sein Augenmerk stärker auf die dichterischen Aktivitäten der Scuderi, so ist nicht nur ihr spezifischer Umgang mit Sprache nachzuweisen.[87] Scuderis rhetorische Fähigkeiten beschränken sich nicht auf ihre wortmächtige Überzeugung des Königs entgegen einer erdrückenden Beweislast in einer Rede, die ausdrücklich als Gerichtsrede bestimmt ist (74), als eine zwar rhetorisch stilisierte, aber durch ihre Gebrauchsfunktion von der poetischen Fiktion geschiedene Sprachform. Darüber hinaus verfügt die Scuderi über ein außergewöhnliches Sensorium, ein vorrationales Gespür, das der kriminalistischen Wahrheitsfindung weit vorauseilt:

> Mir graust vor dem Blute, das an dem funkelnden Geschmeide zu kleben scheint. – Und nun hat selbst Cardillacs Betragen, ich muß es gestehen, für mich etwas sonderbar Ängstliches und Unheimliches. Nicht erwehren kann ich mich einer dunklen Ahnung, daß hinter diesem allem irgendein grauenvolles, entsetzliches Geheimnis verborgen, und bringe ich mir die ganze Sache recht deutlich vor Augen mit jedem Umstande, so kann ich doch wieder gar nicht auch nur ahnen, worin das Geheimnis bestehe. (28 f.)

Gegen alle empirischen Sachverhalte vertraut die Scuderi bedingungslos ihrer „innern Stimme“ (40), einem „innern Gefühl“ (41) für Zusammenhänge jenseits verstandesmäßigen Begreifens, so daß eine Auflösung gelingt, die nach anderen Mechanismen als denen kriminalistischer Beweissicherung abläuft. Nicht der Tatsachenbericht, sondern das Erzählen von emotionsgetränkten und redestrategischen Beichten Oliviers, Cardillacs und Madelons enthüllt die wahren Sachverhalte! Schließlich siegt mit der zweiten französischen Sentenz der Erzählung, die eine kategoriale Differenz zwischen der faktischen Wahrheit und ihren möglichen Erscheinungsformen herstellt, das literarische und nicht das kriminalistische Prinzip: „Le vrai peut quelque fois n'être pas vraisemblable." (65)

Merkwürdigerweise ist die Figur des Advokaten d'Andilly, der, obwohl Jurist, mit diesem poetologischen Satz argumentiert, von der Forschung recht stiefmütterlich behandelt worden. Dabei ist d'Andilly „der berühmteste Advokat in Paris" und für den Juristen Hoffmann sicher nicht ohne Identifikationspotential. Der Erzähler führt ihn mit außergewöhnlich hohen Bewertungen ein: „Seiner tiefen Wissenschaft, seinem umfassenden Verstande war seine Rechtschaffenheit, seine Tugend gleich." (65) Die Zuschreibung von „Tugend" läßt aufhorchen, gilt doch dieses Attribut als Leitbegriff der Scuderi.[88] Das Eingreifen des „tieferfahrnen d'Andilly" (66) markiert insofern der Wendepunkt, als die Zustimmung des hochgeschätzten Anwalts den poetischen Zugang der Scuderi zur Lösung des Rechtsverfahrens legitimiert. D'Andilly akzeptiert die mögliche Duplizität der Wahrheitsfindung mit juristischen und mit erzählerischen Mitteln zugleich;[89] er schlägt, da Olivier „auf gewöhnlichem Wege" nicht zu retten ist (68), der Scuderi vor, den König nicht mittels einer Beweiskette, sondern über „seine innere Überzeugung"(66) zu packen, also keinen Rechtsentscheid herbeizuführen:

> Keinen Rechtsspruch, aber des Königs Entscheidung, auf inneres Gefühl, das da, wo der Richter strafen muß, Gnade ausspricht, gestützt, kann das alles begründen. (69)

Mit der Begründung durch „inneres Gefühl" wäre der König der ideale Leser, sein absoluter Herrscherspruch erwiese sich als quasi poetische Lösung des Falls, da er keiner Begründung bedarf, sondern seine Berechtigung aus seiner Existenz speist.

Schnell zeigt sich indes, daß ein solcher Erfolg auf mehr fußen muß als bloß auf einer rhetorischen Glanzleistung. Zwar inszeniert die Scuderi ihren entscheidenden Auftritt nach allen Regeln der Erzählkunst mit raffiniertem Redeeingang, *captatio benevolentiae*, Bescheidenheitstopos und allen Kniffen rhetorischer Meisterschaft,[90] was seinen Eindruck auf den König nicht verfehlt – der Erzähler macht die innere Erregung sogar in der Satzkonstruktion mit:

> Der König, hingerissen von der Gewalt des lebendigsten Lebens, das in der Scuderi Rede glühte, gewahrte nicht, daß von dem gehässigen Prozeß des ihm abscheulichen Brussons die Rede war, vermochte nicht ein Wort hervorzubringen, konnte nur dann und wann mit einem Ausruf Luft machen der innern Bewegung. (70 f.)

Doch die rhetorische Kunstfertigkeit allein genügt nicht. Der König verlangt nach verbürgter „Wahrheit" zur Überprüfung einer so „abenteuerlichen Erzählung". Die „entsetzliche Geschichte" allein zeitigt keinen Erfolg, während es umgekehrt der Scuderi die Sprache verschlägt und sie auf Ausrufe und herausgeschleuderte, unzusammenhängende Satzteile zurückwirft (71)! Im zögernden Verhalten des Königs zeigen sich die Grenzen literarischer Überredungsstrategien, die im Falle des Epigramms noch problemlos (und falsch) funktioniert hatten. Diesmal läßt sich Ludwig XIV. durch eine noch so ausgefeilte Rhetorik nicht mehr übertölpeln. Wieder ist es die Schlüsselfigur d'Andilly, über den ein zweiter Überzeugungsversuch eingefädelt wird und der beim König deshalb Erfolg hat, weil dieser nun die rhetorische Leistung der Scuderi zwar ironisch anerkennt,[91] jedoch auch „selbst dem wahren Zusammenhange der Sache nachforschen" läßt (74) und erst dann begnadigt, als mit der „Tugend" das moralische Korrektiv sichtbar wird, das der rhetorischen Virtuosität der Scuderi als humane Richtschnur dient. Das Poetische wird also nicht nur im Erkenntnisprozeß der Schriftstellerin Scuderi, sondern auch im Handeln der obersten gesellschaftlichen Instanz an moralische Maximen gebunden.

Erst mit dieser Absage an eine frei verfügbare, Verantwortung leugnende Dichtung, bestätigt durch die Entscheidung des Königs, wird die Scuderi zur Kontrastfigur und zum Gegenbild Cardillacs, jedoch keinesfalls in dem Sinne, die Scuderi vertrete ein zweitrangiges Künstlertum[92] oder sei eine „mittelmäßige Schriftstellerin"[93]. Die Scuderi ist keine „tugendhafte Märchentante"[94], sondern besitzt sehr wohl unterschwellige Verbindungen zum dämonischen Künstlertum Cardillacs. Dieser verfügt wie die Scuderi über eine „innere Stimme" (60), der er folgt. Zudem verbindet die beiden das Motiv der „Goldschmiedsbraut", das zwar von der Maintenon stammt, das die Scuderi aber aufgegriffen und ins „ergötzliche Bild" (29) ihrer Verse gegossen hatte. In ihrem Schlußauftritt als Trauernde und Braut in einer Person trägt sie mit dem Schmuck Cardillacs gleichsam dessen Kunstverständnis an sich, um sich dann von ihm durch Sprache zu befreien: „ich habe mich ganz losgesagt" (70). Nicht nur die Hauptbeteiligten legen im Erzählgang Beichten ab, die man als quasi psychoanalytische Diskurse lesen kann.[95] Auch Scuderis Auftritt vor dem König bedient sich ähnlicher Bekenntnis- und Ausdrucksformen:

> fiel die Scuderi, wie den Scherz fortsetzend, ein [...]. Die Scuderi erzählte nun mit kurzen Worten [...]. Sie schilderte [...]. Mit immer steigerndem und steigerndem Interesse begannen nun die Szenen [...]. Der König, hingerissen von der Gewalt des lebendigsten Lebens, das in der Scuderi Rede glühte [...] lag die Scuderi schon zu seinen Füßen und flehte um Gnade. (70 f.)

Indem die Scuderi ihre ganze Person einbringt, befreit sie sich zugleich von den Verstrickungen in eine als falsch und gefährlich erkannte Kunst.

Hoffmanns Erzählung ›Das Fräulein von Scuderi‹ stellt den Dichterberuf in ein Spannungsfeld von richtigem Sehen und richtigem Sprechen. Erkenntnis vollzieht sich hier an Indizien und Beweisen, Augenscheinlichkeiten und empirischen Wahrnehmungen, die nicht unbedingt dem entsprechen, was sich tatsächlich ereignet. Die unübersichtliche Erzählstruktur mit verschobenen Zeitebenen, Rückblicken und Vorausverweisungen, nachtragenden Erzählungen und Blindmotiven, Strukturverdoppelungen (zweimaliger Versuch beim König) und Figurenpaaren enthält die eigentliche Lösung der Geschichte. Denn erst die *Ver*wicklung der Scuderi (und des Lesers) ist die Voraussetzung ihrer *Ent*wicklung, die sich aus der Enthüllung des Nachgetragenen, das sich vorher ereignet hat, ergibt. Das Wissen um die Fragwürdigkeit des Augenscheins allein genügt freilich nicht. Auch Scuderis „innere Stimme", so notwendig sie für die Auflösung des Falls sein mag, bedarf der Ergänzung durch dichterische Rede, die nicht nur in Worte faßt, sondern die richtigen Worte findet. Scuderis Epigramm und Boileaus poetologische Sentenz geben die Leitlinie vor, der die Erzählung folgt: ein bislang fraglos gültiger Begriff wird plötzlich höchst zweifelhaft. Eine Feinanalyse kann dieses Prinzip des negierten Kontrasts offenlegen. Beide, Sentenz wie Epigramm, haben eine identische Struktur; sie definieren jeweils nicht bloß Gegensätze, sondern einen inneren Zusammenhang zwischen zwei sich auf den ersten Blick ausschließenden Positionen:

> „Un amant, qui craint les voleurs,
> n'est point digne d'amour." (18; 20; 59)

> „Le vrai peut quelque fois n'être pas vraisemblable." (65)

Der Angelpunkt ist beidemal die Negation von être, wodurch nicht nur ein bloßer Gegensatz, sondern eine Sinnverzahnung formuliert wird. Im ersten Fall ist die Angst vor Dieben und die Liebe durch die Würde, im zweiten sind Wahrheit und Wahrscheinlichkeit durch die manchmalige Möglichkeit verbunden. Was auf den ersten Blick nichts miteinander zu tun hat, gerät schnell in ein selbstbezügliches Spannungsverhältnis. Denn beide Sentenzen stehen auch insofern spiegelbildlich zueinander, als sie wortspielerisch ihren jeweiligen Zentralbegriff demontieren (amant – amour, vrai – vraisemblable). Dabei schreitet das Epigramm vom Ungesicherten zum Verfestigten. Aus der beliebigen Person irgendeines Liebhabers („*un* amant") formiert sich in äußerst eindeutigen Syntaxbezügen („point", „craindre") ein Gattungsbegriff. In Boileaus Sentenz wird genau umgekehrt ein Abstraktum, welches fraglos zu gelten scheint, fragwürdig; das substantivierte „vrai" wandelt sich, durch die Verbindung mit dem aus einem Verbum hervorgekommenen Adjektiv „semblable", in sein Gegenteil! Dadurch wird im Fall des Epigramms aus dem Einzelereignis eine abstrakte Regel abgeleitet, mithin der Sonderfall zum Prinzip erhoben. Das Epigramm baut den Spannungsbogen des Satzes so auf, daß die entscheidende Aussage (die Liebeswürdigkeit) an den End- und Höhepunkt zu stehen kommt, auf den die (sachlich falsche) Argumentation um

Liebe und Diebstahl hinführt. Dieses Lebens- und Kunstprinzip ist aber, wie der Leser der Erzählung bald merkt, falsch. Deshalb funktioniert die poetologische Sentenz, in der die Mechanismen, nach denen der Fall aufgeklärt werden wird, schon angelegt sind, genau umgekehrt. Hier erscheint der abstrakte Begriff der Wahrheit auf einen Einzelfall reduziert und durch einschränkende Bedingungen zusätzlich noch relativiert: „quelque fois", nicht „toujours"; „peut", nicht „est". Boileaus Sentenz stellt die Ausgangssituation der fraglosen Gültigkeit der einen Wahrheit auf den Kopf, indem sie diese dreifach (Möglichkeit, manchmal, scheinbar) relativiert.

Die Deutung dieses Befundes spiegelt den Sinn der Novelle. Was wahr ist, ist nicht die logische Folge eines Lebensprozesses, an dessen Ende die gesicherte Lebensregel steht. Die Wahrheit muß vielmehr erst durch die Infragestellung von Wahrscheinlichkeiten enthüllt werden, jedoch nicht durch deren bloße Negation, sondern in einer umständlicheren Denkfigur: die Wahrheit steckt ja (auch grammatikalisch) in der Wahrscheinlichkeit – so wie auch der feigste und unwürdigste Liebhaber noch immer das Wesen der Liebe repräsentiert. Nach diesem Prinzip des negierten Kontrastes funktioniert auch die immanente Poetik der Erzählung. Cardillac stellt sich als Künstler dar, der unfähig ist, seine Produkte aus der Hand zu geben; auch darauf läßt sich das Epigramm der Scuderi übertragen: der Künstler, der die Enteignung seiner Produkte fürchtet und deshalb der wahren Liebe zur Kunst nicht würdig ist! Denn Cardillac hat sich selbst, seine ganze Person und seine gesamte Lebensgeschichte in den künstlerischen Schaffensprozeß eingebracht. Dies ist der Grund, warum er eine Abgabe seiner Schmuckstücke als Abtrennung von sich empfindet. Indem Cardillac aber Kunst aus sich selbst, als Teil seiner selbst (und deshalb nur von ihm angemessen zu würdigen) produziert, spitzt er den Autonomieanspruch des Künstlers in extremster Weise zu. Demgegenüber verfertigt die Scuderi selbstreflexive, „redende" Kunstwerke, die (wie in ihrem Epigramm) den Begriff der Liebe zur Diskussion stellen, indem sie ihn als poetische Spielmarke einsetzen. Ihre Kunst ist von Anfang an auf Abtrennung von sich angelegt und soll ausdrücklich außerhalb ihres Produktionsprozesses und Lebenszusammenhangs existieren können. Es ist ausgerechnet dieses ältliche Fräulein, das sich nur noch poetisch mit Liebe befaßt, das die Grundfrage aller „Liebhaber" (17) auf den Begriff bringt! Gerade weil sie mit wirklicher Liebe nichts mehr im Sinn hat, vertritt die Scuderi nicht mit ihrer erotisch unattraktiven Person, sondern mit dem witzigen Epigramm das Prinzip der Liebe so wirkungsvoll. Steht Cardillac für den Autonomieanspruch des *Künstlers*, so die Scuderi für die Autonomie des *Kunstwerks*.[96]

Welchen literaturgeschichtlichen Stellenwert diese Ausprägung des Dichterberufs erhält, ist leicht einzusehen. Einerseits sind die alten romantischen Inspirationsmechanismen noch einmal und sogar radikalisiert aufgerufen; gleiches gilt für die Vorstellung, der Dichter könne durch seine Begabung in humaner Weise sozial und politisch wirksam werden und damit seinen universalen Deutungsanspruch erneuern, wie dies der Scuderi gelingt.[97] Andererseits leuchtet die provokante Kritik Hoffmanns an der Autonomie und Absolutsetzung der Kunst ein; ihre Doppelbödigkeit tritt klar zutage. Man hat gezeigt, daß gerade in diesem Widerspruch die Schwierigkeiten und der Reiz bei der Darstellung des Dichterberufs liegen.[98]

In Hoffmanns letzter vollendeter, 1822 erschienener Erzählung ›Des Vetters Eckfenster‹ lugt die alte, ins Romantische umgebogene Vorstellung vom *poeta vates* noch einmal hervor,[99] jedoch in bezeichnender Verbiegung. Ging es in den ›Serapions-Brüdern‹ um die möglichst phantastische Umsetzung eines aufgefundenen Stoffes durch die Einbildungskraft des Dichters, so stehen jetzt die Bedingungen dieses Prozesses selber zur Disposition.[100] Im Unterschied zu den ›Serapions-Brüdern‹, bei denen fiktive Erzählung und poetologische Reflexion auf unterschiedlichen Ebenen und nebeneinander ablaufen, wird hier das Erzählen nicht nur vorgeführt, sondern als Gegenstand der Erzählung thematisiert. Der romantische Dichter ist „armer Vetter" geworden, mithin das Gegenteil einer olympischen Autorität.[101] Dem Verlust der traditionellen Dichterhöhe zum bloßen „Schriftsteller" entspricht die Fesselung an den Lehnstuhl und die reduzierte Erkenntnisperspektive des Eckfensters. Dazu tritt die versuchte Anlehnung an literaturgeschichtliche Vorläufer. Schon der Eingang der Erzählung, der einem ähnlichen Prinzip des negierten Kontrasts wie ›Das Fräulein von Scuderi‹ folgt, ruft den literaturgeschichtlichen Parallelfall zu Hilfe: „Meinen armen Vetter trifft gleiches Schicksal mit dem bekannten Scarron."[102] Die Gemeinsamkeiten zwischen Scarron und dem Vetter sind so auffällig betont, daß die Unterschiede übersehen werden. Der Vetter ist arm, jener ein berühmter Autor, der erfolgreich gegen seine körperlichen Gebrechen anschreibt, während dem Vetter gerade dieser Zusammenhang zwischen körperlicher Isolation und poetischer Produktion problematisch zu werden beginnt. Denn daß der Vetter „schriftstellert", kompensiert nicht etwa seine körperliche Behinderung, indem sie ihm den freien Flug der poetischen Phantasie ermöglichte, sondern verstärkt das Handikap. Der Abbruch des Lebenskontaktes führt zum Versagen des Dichters. Sein Phantasiepotential bleibt zwar erhalten, hindert aber nicht am Auseinanderfallen von poetischem Einfall und schriftstellerischer Umsetzung:

> Doch eben dieser unbesiegbare Hang zur Schriftstellerei hat schwarzes Unheil über meinen armen Vetter gebracht; die schwerste Krankheit vermochte nicht den raschen Rädergang der Phantasie zu hemmen, der in seinem Innern fortarbeitete, stets Neues und Neues erzeugend. So kam es, daß er mir allerlei anmutige Geschichten erzählte, die er, des mannigfachen Wehs, das er erduldete, ungeachtet, ersonnen. Aber den Weg, den der Gedanke verfolgen mußte, um auf dem Papiere gestaltet zu erscheinen, hatte der böse Dämon der Krankheit versperrt. Sowie mein Vetter etwas aufschreiben wollte, ver-

sagten ihm nicht allein die Finger den Dienst, sondern der Gedanke selbst war verstoben und verflogen. (865)

Folge ist also das Versagen der dichterischen Inspiration durch den Verlust der schriftstellerischen Produktivität. Als Schriftsteller funktioniert der Vetter nur noch durch den Ich-Erzähler, der die Rede des Vetters schriftlich fixiert, die poetische Erfindung „auf dem Papiere gestaltet" und dadurch erst zu Literatur macht. Trotz seiner Schreibhemmung tut der Kranke so, als könne er seinem gesunden Besucher „die Primizien der Kunst zu schauen beibringen" und ihm zeigen, wie man „wirklich schaut" (868). So entspinnt sich ein gleichsam sokratisches „Gespräch" (867), zu dem der Ich-Erzähler die scheinbar naive Schilderung, der Schriftsteller hingegen den wissenden Kommentar, Deutung und Belehrung beisteuert. Aber schon die graphische Umstellung auf den dramatischen Dialog verweist darauf, daß Verlauf und Ergebnis dieses Gesprächs keine „Verlegenheitslösung" darstellen,[103] sondern durch den Verzicht auf erzählerische Parteinahme beide Positionen urteilsfrei und unvermittelt gegeneinander setzen. Wie im Drama haben die beiden Vettern das gleiche Recht; die Dominanz des kranken Vetters im Gespräch wird durch die kommentierende Erzählerautorität seines Besuchers zu Beginn und am Ende der Erzählung aufgewogen.[104]

Das Gespräch der beiden läuft als eine Schule des Sehens ab. Zuerst sieht der Gast das Markttreiben als „eine einzige, dicht zusammengedrängte Volksmasse" (867) ohne Konturen und ohne Interesse: „Jener Markt bietet dir nichts dar als den Anblick eines scheckichten, sinnverwirrenden Gewühls des in bedeutungsloser Tätigkeit bewegten Volks." (868) Im Geist der schon überholten Physiognomik des 18. Jahrhunderts[105] faßt er seine Eindrücke in Worte, was der Vetter nur als Vorstufe des richtigen Sehens akzeptieren kann: „Gut, Vetter, das Fixieren des Blicks erzeugt das deutliche Schauen." (868) Bis hierher kann der literarisch scheinbar unbeleckte Gast[106] mithalten; aber erst der zweite Schritt enthält die eigentliche poetische Leistung, wenn es gilt, die Sinneseindrücke in Begriffe zu fassen[107] oder in den Rahmen einer erfundenen Geschichte einzuspannen, sei es durch die Verknüpfung mit vergangenen Ereignissen, sei es durch das Hinzudeuten von Sinn[108] bis zu dem Punkt, an dem der Autor solcher Geschichten seinen eigenen Fiktionen auf den Leim geht.[109] Trotz ihrer Fiktivität enthalten seine Erzählungen einen Wahrheitsanspruch höherer Art, denn als poetische Erfindungen sind sie in sich konsistent und „plausibel":

Von allem, was du da herauskombinierst, lieber Vetter, mag kein Wörtchen wahr sein, aber indem ich die Weiber anschaue, ist mir, Dank sei es deiner lebendigen Darstellung, alles so plausibel, daß ich daran glauben muß, ich mag wollen oder nicht. (870)

Aber der poetisch imaginierende Vetter geht noch weiter. Er spielt nun mit diesem Gegensatz von empirischer Realität und poetischer Erfindung, indem er ihre Grenzen überspringt und eins zum Gegenstand des jeweils anderen macht. In dieser Durchmischung von Wirklichkeit und Literatur schildert er das tatsächliche Zusammentreffen eines Blumenmädchens, das gerade eins seiner Werke gelesen hat, mit ihm selbst (874 f). Diese Episode ist, wie man gesehen hat,[110] die einzige, die nicht der Phantasie des Vetters am Fenster, sondern seiner Teilhabe am wirklichen Leben entsprungen ist. Der naiven Leserin ist der „Begriff eines Schriftstellers, eines Dichters", „gänzlich fremd" (876). Deshalb lassen sich Romanhandlung, Erzählvorgang und Leseerlebnis kaum mehr unterscheiden: „aber dann ist es so, als wenn man mitten darin säße" (875). Indem „das sublime Genie", der bislang abstrakt gebliebene Autor, tatsächlich „bei den Geranien" erscheint, wird nicht nur die „Autoreitelkeit" gestraft (876) und die Naivität der die Literatur als Lebenssurrogat konsumierenden Leserin verspottet, sondern auch der Dichterberuf karikiert. Denn das Verhalten des Mädchens bezeugt zugleich die historische Rückständigkeit von Literaturvorstellungen, die noch ganz im Sinne der traditionellen Produktionsästhetik davon ausgehen, daß Kunst der vom Produzenten willentlich nicht zu steuernde Ausdruck seines Innenlebens sei.[111] Darüber hinaus enthüllt die naive Leserin die Mechanismen eines schon modernen Literaturmarkts, auf dem die Werke von ihrem Autor entfremdet werden: „Die Literatur ist autonom und deutet nicht auf ihren Autor zurück."[112] Muß der Vetter ob solcher Wirklichkeit „kleinlaut" (876) abziehen, so demonstriert er an anderer Stelle, daß er über selbstgestaltete Figuren jederzeit frei verfügen und ihnen eine andere Identität, die genauso wahr ist, zuschreiben kann. Aus der Figur des Zeichenmeisters hat er einen französischen Pastetenbäcker „umgeschaffen" (880), nachdem die Figur selbst schon an einem Umschreibungsprozeß beteiligt war, nämlich seinen „alten Malkasten zum Marktkorbe adaptiert" hat (879)! Nach dieser „Erfindung", die dem Gast als Beweis für das „Schriftstellertalent" des Vetters gilt (880), versteigt sich dieser zuletzt noch in die Grenzbereiche poetischer Erfindungskunst. Er ruft gar nicht sichtbare Figuren für seine Szenen auf, die literarischer Provenienz sind[113] oder unter seinen Händen zu Fabel- und Märchenwesen werden: „Es scheint ein fabelhaftes Tier, eine Art märchenhaftes Känguruh über den Markt zu hüpfen." (885)

Die Schule des Sehens, die der Vetter mit dem Ich-Erzähler veranstaltet, ist längst zum Lehrbeispiel dichterischen Produzierens geworden. Stringenz und pädagogische Dominanz des Vetters relativieren sich freilich durch den Erzählzusammenhang, in den sie gestellt sind. Zum ersten ist die eingeschränkte Perspektive zu bedenken, in der sich jede Form des Sehens innerhalb der Erzählung abspielt. Während der am Leben beteiligte Ich-Erzähler die Aussicht vom Zimmer seines Vetters als „Panorama" wahrnimmt (866), lebt die Sicht des Vetters aus einer doppelten Reduktion der Optik. Zum einen geschieht dies durch die (auch dem Gast aufgedrängte) Benutzung eines Fernglases

(868, 872), wodurch zwar Tiefenschärfe und Detailgenauigkeit der Beobachtung gesteigert werden, jedoch auch der Ausschnitt extrem verkleinert wird und der Bildzusammenhang verlorengeht. Zum anderen versinnbildlicht das titelgebende Eckfenster eine modifizierte Sicht auf den Markt: es verengt nicht nur den Blickwinkel, es rahmt auch die Ansicht zu einem Bild. Diese Doppelfunktion des Rahmens als Ordnungsfaktor des Sichtbaren und als Beschränkung des Rundumblicks dürfen als Signatur für das Erzählgeschehen selbst wie für die Vorstellung vom Dichterberuf gelten. Denn der „Sinn für die zu erhaltende Ordnung“ (886) gibt ja den zentralen Begriff für die Perspektive auf das Volk vor; der doppelt reduzierte Blick des Vetters verweist auf die reduzierte Allwissenheit des traditionellen Erzählers und steht am Anfang einer Linie, die unmittelbar zu den reduzierten Erzählperspektiven der Moderne führt. Hier wie dort entspringt die reduzierte Optik sowohl den faktischen gesellschaftlichen Bedingungen als auch denen einer persönlichen Behinderung.

Einen Ausweg aus dieser Reduktion des universal gedachten romantischen Dichterberufs durch Perspektivenverengung und Isolation des Schriftstellers scheint die Einführung des Volkes als Erzählgegenstand anzubieten. So jedenfalls haben es zahlreiche Interpreten sehen wollen[114] und mit dieser Begründung Hoffmanns späte Erzählung in die Vorgeschichte des literarischen Realismus gestellt[115]. Für den Vetter liefert das auf dem Marktplatz agierende Volk „ein treues Abbild des ewig wechselnden Lebens“ (888). „Also herrscht in der Tat im Volk ein Sinn für die zu erhaltende Ordnung“ (886), erkennt sogar der Ich-Erzähler, nachdem der Vetter an einem Modellfall vorgeführt hat, wie ein Streit ohne Eingreifen der Polizei und des Staats „lediglich durch das Volk selbst beschwichtigt wurde“ (886). Gegen dergleichen Idealisierungen sind mehrfache Einwendungen vorzubringen. Weder der Ich-Erzähler noch der Vetter meinen mit „Volk“ die unteren Gesellschaftsschichten, etwa im Sinne eines kritischen Sozialdenkens. Aus einer solchen Perspektive müßte die Weltsicht Hoffmanns natürlich als biedermeierlich und provinziell gelten.[116] Gegen diesen „Kreis des niedrigsten Volks“ (872), „roh und brutal“, „aus der stinkenden Grube der tiefsten Depravation gestiegen“ (887), gegen dieses „Hökervolk“ (888) haben beide die größten Vorbehalte. Was der Vetter an der Berliner Bevölkerung so lobt, ist ihr „Volkswitz“, geradezu „Shakespearesch zu nennen“ (887f.). Mit diesem Begriff des Volkes führt er also eine gleichsam poetische Kategorie ein. Solange das Volk als Figurenlieferant dem Schriftsteller dienlich ist, aus der Distanz beobachtet werden kann und dort „das anmutige Bild der Wohlbehaglichkeit und des sittlichen Friedens darbietet“ (888), darf es sogar die Funktion einer Kontrollinstanz ethischer Normen übernehmen: „Anstand des Volkes“ (888). Im Bild der die störenden Überstände losgewordenen „Abgeschliffenheit der Sitte“ verteidigt der Vetter die neue Mäßigkeit gegen Befürchtungen vom Verlust angeblicher

Werte des „Volkstümlichen“ (888). Die Ursachen für diesen zu beobachtenden Wandel des Volkes sind zweifellos politische. Die zur „Courtoisie“ abgeschliffenen äußeren Anstandsformen spiegeln den Geist der Preußischen Reformen:

Überhaupt, mein lieber Vetter, haben mich meine Beobachtungen des Marktes in der Meinung bestärkt, daß mit dem Berliner Volk seit jener Unglücksperiode, als ein frecher, übermütiger Feind das Land überschwemmte und sich vergebens mühte, *den* Geist zu unterdrücken, der bald wie eine gewaltsam zusammengedrückte Spiralfeder mit erneuter Kraft emporsprang, eine merkwürdige Veränderung vorgegangen ist. Mit *einem* Wort: das Volk hat an äußerer Sittlichkeit gewonnen ... (886 f.)

Die Versittlichung des Volks, deren wichtigste Qualität die Erhaltung der „Ordnung“ (mehrfach 886, 888) ist und programmatisch als Ausbildung der Untertanen zu Staatsbürgern konzipiert ist, richtet sich gegen alle Formen kollektiven extremen Verhaltens, sei es die „Grobheit“ im Geist neuen nationalen Selbstbewußtseins (888) oder der Deutschtümelei im Gefolge der Befreiungskriege. Die Verfechter solcher Positionen werden als Störenfriede seiner Stimmungs- und Ordnungsvorstellung abgelehnt und eindeutig als anachronistische Bannerträger einer heruntergekommenen Romantik gekennzeichnet.[117]

Dem schriftstellernden Vetter dient die Beobachtung des Volks also keinesfalls als ein Wirklichkeit bezeugender Erzählstoff. Kommen solche Vorstellungen in den Blick, so erscheinen sie im Auge des Betrachters eher als das Gegenteil, als ungeordnete Struktur und bloße Masse, so daß ein schauerromantisches Stimmungsbild entsteht:

Rege Tätigkeit, das Bedürfnis des Augenblicks trieb die Menschenmasse zusammen, in wenigen Augenblicken ist alles verödet, die Stimmen, welche im wirren Getöse durcheinanderströmten, sind verklungen, und jede verlassene Stelle spricht das schauerliche: ‘Es war!’ nur zu lebhaft aus. (888 f.)

Statt dessen betont ›Des Vetters Eckfenster‹ neben der utopischen politischen Füllung und der Abgrenzung gegen Masse und Pöbel den mäßigenden und zugleich versittlichenden Prozeß, der eine so „merkwürdige Veränderung“ hervorgebracht hat. Inwiefern treffen sich darin die Wunschvorstellungen eines von der Lebenspraxis abgeschnittenen behinderten Erzählers, inwiefern kann dergleichen gegen das Zerfallen der Erzählerautorität, gegen die Beschränkung der Beobachterperspektive und die Isolierung von der Wirklichkeit helfen? Folgt man den weiteren Hinweisen des Texts in Richtung auf dieses Mäßigkeitspostulat, so stößt man auch hier auf eine ähnliche Abdämpfungsstrategie nach dem Prinzip des negierten Kontrasts. An der Gestalt des Zeichenmeisters, eine Rudimentärform des Künstlers und deshalb für den Vetter Identifikations- und Abgrenzungsfigur in einem, läßt sich das Muster dieses Erzählens demonstrieren: „schon lange ist mir jener Mann aufgefallen und ein unauflösbares Rätsel geblieben" (877). Dieser Zeichenmeister hat seinen „alten Malkasten zum Marktkorbe aptiert" (879), mithin sein Kunstgerät den vegetativen Bedürfnissen, den ausführlich geschilderten Markteinkäufen, „dem verführerischen Gegenstand seiner Begierde" (878) aufgeopfert. Die Abneigung des Vetters heftet sich an dessen orale Phantasien, weil der Zeichenmeister genau diejenige Lebensführung praktiziert, die dem Vetter verschlossen ist:

> – nur einem Gott opfert er – dem Bauche; – seine ganze Lust ist, gut zu essen, versteht sich allein auf seinem Zimmer; – er ist durchaus ohne alle Bedienung, er besorgt alles selbst – (879)

Was dem armen Vetter in seiner „Autoreitelkeit" (876) mit dem poesiekonsumierenden Blumenmädchen mißglückt war, nämlich seine eigene Person über den Umweg der Poesie in die Wirklichkeit einzuschleusen, gelingt dieses Mal. Der Ich-Erzähler beobachtet den hemmungslosen Lebensmittelkauf des Zeichenmeisters, indem er dessen oralen Phantasien in seiner eigenen Sprache erotischen Raum gibt.[118] Aber während der Ich-Erzähler sich von einem so „widrigen Menschen" (879) nur abwenden kann, erprobt der Vetter an ihm seine Imaginationskunst, indem er die widrige Wirklichkeit in ein poetisches Bild umschreibt:

> So habe ich den widrigen zynischen deutschen Zeichenmeister augenblicklich zum gemütlichen französischen Pastetenbäcker umgeschaffen, und ich glaube, daß sein äußeres, sein ganzes Wesen recht gut dazu paßt. (880)

Der Ich-Erzähler ist denn auch voll des Lobes über eine solche Kunst, extreme Widrigkeit in maßvolle Gemütlichkeit umzudichten: „Diese Erfindung macht deinem Schriftstellertalent Ehre, lieber Vetter." (880)

Über diese Rede vom Essen, die sich nicht nur auf eine überflutende Speisemetaphorik beschränkt,[119] läuft ein roter Faden von ›Des Vetters Eckfenster‹. Schon der Eingang der Erzählung hatte kontrapunktisch die schriftstellerischen Eigenarten des Vetters von denen seines französischen Geistesverwandten Scarron in einer kulinarischen Figur abgegrenzt. Während Scarron es nötig hat, „seine kleinen pikanten Schüsseln mit Asa fötida zu würzen", verzichtet der Vetter auf eine so extreme Würze: „Es genügt ihm das edle Gewürz, welches, indem es reizt, auch stärkt." (865) Durch das Salz, das hier gemeint ist, verzichtet die Literatur des Vetters keinesfalls auf Biß oder Schärfe. Dem Vetter genügt es, den Gaumen seiner Leser nur „zu kitzeln"; er „treibt wunderlichen humoristischen Scherz auf seine eigne Weise" (865). So wie das Salz den Eigengeschmack der Gerichte nicht übertönt, sondern erst hervorhebt, genauso betreibt der Vetter seine Poesie. Der milde Humor, nicht die ätzende Satire ist angesagt. Dieser Verzicht auf aufgesetzte Reizmittel ist sowohl für die Literatur als auch für die Mahlzeiten des Vetters Programm:

Die aufgetragenen Speisen bestanden in einem mäßigen, mit Fleischbrühe gefüllten Suppenteller, einem in Salz aufrecht gestellten, weichgesottenen Ei und einer halben Mundsemmel. (889)

Doch die Mäßigkeitsforderung ist keine freie Entscheidung im Geist klassischer Selbstbestimmung, sondern in Wahrheit vom Zwang der Krankheit diktiert. In ihr liegen, wie die Superlative der Formulierung beweisen, extreme Zwänge verborgen, die auf ihr Gegenteil verweisen: „das kleinste Stückchen des verdaulichsten Fleisches verursacht mir die entsetzlichsten Schmerzen" (889). So wie der diätische Mäßigungswille von den Forderungen der Krankheit gespeist wird, genauso deutet die Dichtung des Vetters auf ihren Ursprung in den Schmerzen und der Abschnürung vom normalen Leben. Sie erwächst aus den extremen Einschränkungen hinsichtlich der Bewegungsfreiheit und orientiert sich an den Vorgaben der poetologischen Tradition. Diese Hoffnung des Vetters, die „schwärzeste Melancholie" (865) abzuwerfen und „neuerweckte Lebenskraft" (867) zu finden, resultiert gar nicht aus einer Besserung seines Gesundheitszustandes – im Gegenteil. Zur Bewegungseinschränkung am Anfang der Erzählung gesellen sich die Ernährungsprobleme am Schluß. Vielmehr sind es poetologische Denkmuster, an denen sich der Schriftsteller aufrichtet. Die Gehbehinderung Scarrons, an dessen beibehaltenem Schaffen der Vetter sich ein Beispiel nimmt, bildet auch unter diesem Aspekt der Fortführung und Modifizierung literarischer Traditionen und Vorläufer einen programmatischen Erzähleinsatz: „Meinen armen Vetter trifft gleiches Schicksal mit dem bekannten Scarron." (865) Was hier vom Ich-Erzähler als die gewöhnliche Verlängerung einer schon literaturgeschichtlich abgesegneten Produktionsästhetik eingeführt wird, entspricht jedoch nicht dem Selbstverständnis des Vetters. Denn dieser hat seit des Erzählers letztem Besuch eine entscheidende Wandlung durchgemacht. War es damals „die schwärzeste Melancholie" (865), die den Vetter zur Aufgabe jeglichen Lebenskontakts und zum Rückzug in sich selbst nötigte,[120] so scheint es, als lege er jetzt wieder Interesse für die Wahrnehmung der Realität an den Tag und zeige „neuerweckte Lebenskraft" (867). Doch: „Dem ist beileibe nicht so." (867) Nicht eine Besserung des Gesundheitszustands hat einen Stimmungswandel des Vetters bewirkt, sondern die willentliche Neuorientierung seiner Poetologie! Leitmotivisches Signal hierfür ist das die Erzählung in einen Rahmen spannende, bedeutungsschwangere, weil „mit großen Buchstaben" permanent vor die Augen geheftete lateinische Zitat „Et si male nunc, non olim sic erit" (867, 889). Dabei handelt es sich nicht um einen billigen gesundheitlichen Trost des Vetters auf eine bessere Zukunft, sondern um ein geringfügig verändertes Zitat aus der berühmten poetologischen Horaz-Ode (nämlich II, 10). Die neue Epoche im schriftstellerischen Selbstverständnis des Vetter definiert sich durch den Rückgriff auf ein klassisches Lebens- und Literaturprinzip! Gerade diese Horaz-Ode, die den sprichwörtlich gewordenen goldenen Mittelweg empfiehlt, enthält zugleich einen poetologischen Ratschlag. Denn das Gedicht thematisiert mit seiner Vertröstung auf später die Gefahr des Ausfalls bzw. die Unbeständigkeit der dichterischen Inspiration, daß nämlich trotz Apolls Bemühungen die Muse gelegentlich schweigen könne.[121] Der Vetter orientiert sich also nach seinem früheren Rückzug jetzt an anderen, nämlich klassizistischen Poesievorstellungen. Den darin aufgestellten Postulaten der Mäßigung und des Mittelmaßes entspricht auf der Ebene des Erzählvorgangs der diätische Lebenswandel des Vetters. In literaturgeschichtlicher Betrachtungsweise wirft das Horaz-Zitat als klassische Mäßigungsforderung ein etwas anderes Licht auf die Versuche der Interpreten, ›Des Vetters Eckfenster‹ als frührealistisch zu klassifizieren. Wie schon ausführlich gezeigt worden ist, stimmen die realistische und die klassizistische Poetik in der Abwehr des Romantischen überein; die neue realistische Programmatik knüpft ausdrücklich an klassizistische Prinzipien an.[122]

Aber nicht nur hier folgt der Vetter klassizistischen Poetikgrundsätzen. Auch seine Wirkung auf die Leser richtet sich kaum versteckt am ebenfalls Horazischen *prodesse aut delectare* aus, wie sogar der Ich-Erzähler zugeben muß: „Die Leute lesen gerne, was er schreibt; es soll gut sein und ergötzlich; ich verstehe mich nicht darauf." (865) Der Ich-Erzähler versteht sich wahrlich nicht darauf, weil er in der erzählerisch übersprungenen Zeit den mittlerweile im Vetter abgelaufenen Entwicklungsprozeß nicht mitgemacht hat. Er legt seinen Vetter vielmehr immer noch auf die ausgeleierten Topoi romantischer Dichterideologie fest, wie schon seine Terminologie verrät: „der böse Dämon der Krankheit" (865). Er deutet die Wohnung seines Vetters als romantische Dichtermansarde in Vorwegnahme von Spitzwegs Gemälde ›Der arme Poet‹, das für den poetischen Gedankenflug wie geschaffen sei:

> Es ist nötig zu sagen, daß mein Vetter ziemlich hoch in kleinen niedrigen Zimmern wohnt. Das ist nun Schriftsteller- und Dichtersitte. Was tut die niedrige Stubendecke? Die Phantasie fliegt empor und baut sich ein hohes, lustiges Gewölbe bis in den blauen glänzenden Himmel hinein. (866)

In Wirklichkeit wohnt der Vetter gar nicht im abgeschiedenen poetischen Kämmerchen, sondern im belebten Zentrum einer europäischen Großstadt:

> Dabei liegt aber meines Vetters Logis in dem schönsten Teile der Hauptstadt, nämlich auf dem großen Markte, der von Prachtgebäuden umschlossen ist, und in dessen Mitte das kolossal und genial gedachte Theatergebäude prangt. (866)

Bei seinem ersten Besuch unterstellt der Ich-Erzähler, der selbst noch im Geist der romantischen Universalität „das ganze Panorama" aus der Überschau im Auge hat (866), dem Vetter einen ebensolchen Blick, der die Wahrnehmung sofort in Empfindung zu überführen gewohnt ist[123]:

> Der Anblick war in der Tat seltsam und überraschend. Der ganze Markt schien eine einzige, dicht zusammengedrängte Volksmasse, so daß man glauben mußte, ein dazwi-

schen geworfener Apfel könne niemals zur Erde gelangen. Die verschiedensten Farben glänzten im Sonnenschein, und zwar in ganz kleinen Flecken; auf mich machte dies den Eindruck eines großen, vom Winde bewegten, hin und her wogenden Tulpenbeets, und ich mußte mir gestehen, daß der Anblick recht artig, aber auf die Länge ermüdend sei, ja wohl gar aufgereizten Personen einen kleinen Schwindel verursachen könne, der dem nicht unangenehmen Delirien des nahenden Traums gliche; darin suchte ich das Vergnügen, das das Eckfenster dem Vetter gewähre, und äußerte ihm dies ganz unverhohlen. (867)

Der Ich-Erzähler nimmt mit Befremden Masse und Farbigkeit wahr sowie eine Verquickung von halluzinatorischer Traumerfahrung und überreizter Phantasie. Er verfügt nicht über den mit dem pulsenden Leben sympathisierenden Blick des Vetters,[124] er empfindet nur die schwindelerregende Schaukelbewegung an der Oberfläche, die Beweglichkeit suggeriert, in Wahrheit aber (wie das Bild des Tulpenbeets) feststeht. Der beobachtende Vetter nimmt Bewegung wahr, obwohl (oder weil) er sich selbst kaum bewegen kann;[125] er verbindet die Vielfalt der Marktbewegungen mit den zugrundeliegenden Triebkräften: „mir entwickelt sich daraus die mannigfachste Szenerie des bürgerlichen Lebens". Der Ich-Erzähler scheitert an der Fülle der Oberflächenreize, vor deren Sinnverständnis er versagt, wie der Vetter richtig erkennt:

Jener Markt bietet dir nichts dar als den Anblick eines scheckichten, sinnverwirrenden Gewühls des in bedeutungsloser Tätigkeit bewegten Volks. (868)

Statt dessen entwirft er sofort eine Ausdeutung seiner Eindrücke in den überkommenen romantischen Begriffen und „aufgereizten" Formulierungen, mit „Traum", „Schwindel" und „Delirien"! Aber obwohl sich hier der Vetter noch zu wehren weiß, indem er in die Offensive geht, dem Ich-Erzähler „das kleinste Fünkchen von Schriftstellertalent" (868) abspricht und ihn in die Schule dieses neuen, nicht mehr romantischen Sehens nimmt, siegt am Ende der Erzählung nicht die neue „Kunst zu schauen" des Vetters, sondern die Gesundheit des Ich-Erzählers. Genauso „unverhohlen", wie der Vetter die überholte romantische Sehweise seines Gastes auflaufen läßt, genauso rücksichtslos zerstört dieser die Illusionen des Vetters.[126] Dessen klassizistisches Lebens- und Kunstprinzip, Frucht einer extremen Willensanstrengung, wischt er mit dem bloßen Hindeuten auf das Sentenzenblatt vom Tisch. Nicht erst mit seinem Schlußkommentar „Armer Vetter!" (889), der damit ja alle poetischen wie physiologischen Hoffnungen des Vetters ins Unrecht setzt, markiert der Ich-Erzähler seine Distanz zum Vetter. Er, der von außen, aus der Teilhabe am Leben zum eingeschränkten Dichter emporsteigt, führt diesen zwar mitleidig, jedoch ohne Identifikation vor. Als Chronist, dem wir die schriftliche Fixierung und Überlieferung der mündlichen Erzählungen des Vetters verdanken, ist er selber Vetter und damit Standesgenosse des Dichters, ein Titel, den er schon eingangs für sich abgelehnt hatte.

So bietet dieser Ich-Erzähler zwar eine Ordnungs-, jedoch keine Beglaubigungsfigur für die Erzählung. In dieser Figur tritt E. T. A. Hoffmann am stärksten aus der Legitimation seiner Erzählerrolle heraus, als seien ihm selbst Zweifel an ihrer Gültigkeit gekommen. Denn dem Vetter wird das Scheitern seines eigenen Erzählens ausgerechnet von demjenigen vor Augen gebracht, den er selbst über das richtige Sehen belehrt und dem er die Unbrauchbarkeit seiner überholten Wahrnehmungsmuster vorgeführt hatte. Dieser Ich-Erzähler tut wiederum alles, um seinen Vetter zum armen Poeten romantischer Provenienz zu stilisieren, obwohl er es nicht mehr ist. Der solchermaßen in Frage gestellte Dichterberuf erhält eine neue Legitimation durch die permanente Reflexion der Erzählerfunktion im Text selbst, die mehr ist als eine Thematisierung des handlungsadäquaten Erzähleinsatzes wie im ›Sandmann‹. ›Des Vetters Eckfenster‹ ist insofern ein hochgradig selbstreflexiver und immanent poetologischer Text, als er nicht nur die äußersten Grenzen des Dichterberufs aufsucht, sondern genau an dem Umschlagspunkt anhält, an dem die permanente Selbstreflexion zum Ende jedes Erzählens führen müßte. Was ›Des Vetters Eckfenster‹ in die Vorgeschichte des Poetischen Realismus stellen kann, ist nicht so sehr eine stoffliche Erweiterung der Wirklichkeitssättigung von Literatur durch eine veränderte Thematik des Erzählens. Vielmehr ist es die Abweisung des Romantischen. Als Extrem poetischer Erkenntnis fortgesetzt, müßte sie zum Ende des Dichterberufs führen. Statt dessen versucht Hoffmann den Rückgriff auf klassizistische Positionen, der jedoch kein Rückschritt sein soll, sondern eine neue Poetik des Maßes, abgerungen den Selbstzwängen und körperlichen Einschränkungen poetologischer Diätetik.

V. Schwundformen poetischer Autonomie

1. Die Parteinahme des Dichters: Georg Herweghs Auseinandersetzung mit Ferdinand Freiligrath

Mit der Einführung des Volks als Sinnkategorie des Dichters gegen dessen eigene Gefährdungen hatte E. T. A. Hoffmann einen Weg beschritten, der auch in andere Richtungen führen konnte. Romantik und Befreiungskriege sahen im Unterschied zur Wirklichkeitsbeglaubigung Hoffmanns im Volk eine mythische Kraft oder benutzten den Begriff als auswechselbare Spielmarke im Verein mit ähnlich aufladbaren Begriffen wie Nation oder Vaterland. In seinem 1816 entstandenen Zeitgedicht ›Das Herz für unser Volk‹ etablierte Ludwig Uhland das Volk auf eine rhetorische Höhe zusammen mit einer geschichtsträchtigen Vaterlandsliebe und einer unkonkret gefüllten, jedoch hoffnungsfrohen Zukunft.[1] Dem Dichter war in einem derartigen Wertesystem weniger eine konkrete Aufgabe als ein erhöhter Standort zugewiesen. Dem poetischen Hochstand verband sich ein moralischer Vorrang in Abgrenzung zu den Niederungen der schnöden prosaischen Welt. So hieß es in Uhlands programmatischem Gedicht ›Der Dichter‹ von 1808 über den Protagonisten:

> Schwingt er sich auf hellen Höhn dahin;
> Tief im Tale schleichen, die den Schranken
> Kalter Wirklichkeiten nie entfliehn.[2]

Man hat gezeigt, daß es sich hierbei um kein wirklich geschautes Dichterbild handelt, sondern um die Topoi der Dichterautonomie des 18. Jahrhunderts, von ihren Horizonten abgezogen und zur Dichterideologie verkommen, deren Wurzeln sogar noch weiter zurückreichen.[3] Die Verachtung jeder „Alltagsseele" schielt auf den Beifall derjenigen, die sich als Leser den höheren Gefilden zurechnen dürfen, in die sie sich an der Seite des Dichters emporschwingen. Das Tun des Dichters bleibt indes merkwürdig verschwommen. Er zeichnet sich hauptsächlich durch die universale, komparativisch von den normal Sterblichen abgehobene Verfügung über Naturgewalten, Götter und Mythologismen aus. Doch die Allmachtsgeste entpuppt sich als ein Amalgam literarischer Zitate, an den Haaren herbeigezogener Dichterzuschreibungen und aus Reminiszenzen bildungsbürgerlicher Literaturtraditionen. Aufgerufen werden der Orpheus-Mythos („des Orkus Riegel springen") und eine vage Bezugnahme auf Griechenland („Helikon"), aber auch der zweite Aufguß der Antikenrezeption durch die Übernahme der jüngeren Vergangenheit: Schillers Ballade ›Die Bürgschaft‹ („Damon") und Klopstocks germanische Sängerwelt („Barden")!

Eine solche Epigonendichtung, die den klassisch-romantischen Anspruch auf Autonomie des Dichters noch einmal aufkocht, zugleich darunter leidet und sich dennoch häuslich darin einrichtet,[4] literaturbezüglich und Papierdichtung in einem, konnte der jüngeren Dichtergeneration nur mehr als Schreckgespenst einer vom Leben getrennten Poesie erscheinen. In der berühmt gewordenen Auseinandersetzung des deutschen Vormärz zwischen Georg Herwegh und Ferdinand Freiligrath über die Aufgabe des Dichters fassen wir den Schnittpunkt einer grundlegenden Neuorientierung des Dichterberufs in gewandelter Zeit.[5] Schon länger schwelte unter der Oberfläche poetischer Geschäftigkeit der Grundsatzkonflikt zwischen einer tagespolitisch-journalistischen Auffassung vom Beruf des Schriftstellers, wie ihn die Jungdeutschen programmatisch zuspitzten, und den Versuchen einzelner, die Restbestände dichterischer Autonomie gegen solche Bedrängnis in Schutz zu nehmen.[6] Ausgerechnet der immerhin mit Friedrich Engels befreundete und sich selber als fortschrittlichen Liberalen verstehende Ferdinand Freiligrath löste mit einem im November 1841 im ›Morgenblatt‹ abgedruckten Gedicht ›Aus Spanien‹ über den monarchistischen General Diego León den Streit zwischen politischer und ästhetischer Lyrik aus. Auf diesen Gegensatz hatte es Robert Prutz, der mit einigen seiner Zeitgedichte selbst in diese Auseinandersetzung verwickelt war,[7] in seinem 1842 erschienen Aufsatz ›Die politische Poesie. Ihre Berechtigung und ihre Zukunft‹ zugespitzt. Freiligrath interessierte an seinem Sujet indessen weniger der politische Standort des spanischen Generals, sondern seine idealistische und heldenhafte Haltung, die viel mit einer Ästhetisierung des Heldentodes im Sinne einer romantischen Vergangenheitsverklärung zu tun hatte.[8] Neben dieser innerlichen Unabhängigkeit von *jeder* politischen Inbeschlagnahme, die Freiligrath für seine Heldenfigur proklamierte, formulierte er eine provokativ gemeinte poetologische Position. Wie sein Held wollte auch der ihm huldigende Dichter absolute Freiheit („frei hab ich sie verkündigt") selbst gegen die Willenskundgebung seiner Leser in Stoffwahl und Ausführung beanspruchen dürfen: „Ob jedem recht: – schiert ein Poet sich drum?" Freiligraths Gedicht gipfelte in einer Sentenz, in der dieses Programm exemplarisch, zugespitzt und provokativ abgrenzend zusammengefaßt war:

> Der Dichter steht auf einer höhern Warte
> Als auf den Zinnen der Partei.

Freiligraths Position, so wirkungsvoll sie werden sollte, war indes keineswegs neu, sondern Ausfluß einer längst populär geführten Diskussion, die sich mit der Politisierung des Partei-Begriffs und der Entstehung politischer Parteien in Deutschland schnitt.[9] Die erhöhte Position des Dichters oder zumindest den Anspruch darauf hatte indes schon Friedrich Schiller in der 2. Szene des 2. Aktes seiner ›Jungfrau von Orleans‹ (1802) programmatisch verkündet:

Drum soll der Sänger mit dem König gehen,
Sie beide wohnen auf der Menschheit Höhen!

Die Akzente waren freilich anders gesetzt. Während Schiller in antiker Tradition den Rhapsoden meinte und ihn auf die Höhe neben den politischen Herrscher hob, ging Freiligrath einen Schritt weiter. Er meinte nun jeden Dichter, hatte aus dem erhöhten Standort den Herrscher eliminiert, den Dichter dort oben vereinsamt und in Opposition zu den Positionskämpfen der politisierten Gegenwart gesetzt.[10]

Der mittlerweile berühmt gewordene Georg Herwegh, der 1841 mit seinen Gedichten eines Lebendigen auf die beliebten ›Briefe eines Verstorbenen‹ des Fürsten Pückler-Muskau reagiert hatte, nahm Freiligraths Gedicht zum unmittelbaren Ausgangspunkt einer grundlegenden Auseinandersetzung um den Dichterberuf. Sein Gedicht ›Die Partei‹, das im Februar 1842 in mehreren Blättern fast gleichzeitig erschien, so in der von Karl Marx mitredigierten ›Rheinischen Zeitung‹ und innerhalb eines Artikels von Arnold Ruge ›Wer ist und wer ist nicht Partei?‹ in den ›Deutschen Jahrbüchern‹, setzte sich Freiligraths letzte Strophe als zu widerlegendes Thesenmotto vor und antwortete in Strophenbau, Reim- und Versschema, in Sprachebene und Argumentationsgang dem zu bekämpfenden Kollegen. Reizwort und Schlüsselbegriff „Partei" hatte Freiligrath in epigonaler Fortschreibung des klassischen Hoch-Tief-Gegensatzes übernommen; in den ›Noten und Abhandlungen zu besserem Verständnis des west-östlichen Diwans‹ hatte Goethe 1819 formuliert: „Der Dichter steht viel zu hoch, als daß er Partei machen sollte."[11] Sprach Goethe noch vom Partei*machen*, so variierte Freiligrath einen zu vermeidenden Prozeß in einen Zustand, den Partei*standpunkt*. Herwegh entkleidet zunächst den Partei-Begriff der Dichotomie von Oben und Unten; sodann gibt er ihm sein aktives Moment zurück, indem er die Partei*nahme* des Dichters verlangt. Den Begriff baute er im Titel und im graphisch hervorgehobenen, am Ende jeder Strophe refrainartig wiederholten Begriff zum Leitmotiv aus. Man hat gezeigt, daß Herweghs „Partei" die generelle Verpflichtung des Dichters auf *irgendeine* Anteilnahme bedeutet; es geht darum, eindeutig Position zu beziehen,[12] egal welche:

O wählt ein Banner, und ich bin zufrieden,
Ob's auch ein andres denn das meine sei ...[13]

Diese Kampfansage an die moralisch-humane Indifferenz im Verhalten der Dichter[14] machte denn auch Herweghs Partei-Begriff zu einer sehr umfassenden Kategorie. Nicht nur den olympischen Göttern wurde Parteinahme nachgesagt; der Begriff konnte auch stellvertretend für Kampfgruppen (3. Strophe), die „Menschheit“ (4. Strophe), das „Volk“ (5. Strophe) oder den Nachruhm (6. Strophe) stehen. Die Stilhöhe des Gedichts, die die Vorlage Freiligraths noch steigerte, schwelgte in einer Rhetorik, die ihre Herkunft aus der theologischen Bildersprache nicht verleugnete[15] und das hohe Pathos leerer Menschheitsformeln bevorzugte. Dies geschah durchaus im Widerspruch zur sachlichen Forderung, vom hohen Roß dichterischer Überheblichkeit zu steigen, „ans Krankenlager unsrer Zeit“ zu eilen und für das „Volk“ Partei zu nehmen. Der christlichen Bildtradition stellte Herwegh eine politische Terminologie zur Seite, der militärische Begriffe und eine Kampfmetaphorik eigen waren, deren überreizter Gestus (Interpunktion!) die Heftigkeit des Kontrasts suchte. Die Du-Anrede zielte auf das Streitgespräch, die einfache Parole „Für oder wider?“ verhinderte eine differenzierte Argumentation. Die mit kriegerischer Bildlichkeit befrachteten Denkfiguren griffen auf das alte Begriffspaar von Held und Dichter zurück, lösten dieses aber in provokanter Weise auf. Die Dichter sollten die Aufgabe der Fürsten übernehmen, weil diese unter der Hand diejenige der Dichter übernommen hatten:

> Die Fürsten träumen, laßt die Dichter handeln!
> Spielt Saul die Harfe, werfen wir den Speer![16]

Im Konfliktfall hätte sich der Dichter dann sogar gegen die Poesie und für die Tat zu entscheiden und seinen Dichterberuf zu beenden. Herweghs Bild vom Zerbrechen der Harfe[17] verwies auf eine sowohl topische Bildtradition als auch auf eine geistliche Konversion[18] und verriet, daß Herweghs Politisierung des Dichters im Kern eine Resakralisierung der Literatur war! Deshalb gehört das Bild der zerbrochenen Harfe zum zentralen Motivkomplex seiner poetologischen Gedichte. Noch 1870 hatte Herwegh in seiner Antwort an Geibel dessen Gedichtstrophe zitiert, die wiederum auf sein *Partei*-Gedicht Bezug genommen hatte.[19] Herweghs Dichtergedicht ›An die deutschen Dichter‹ von 1840 war da sehr viel konkreter, in welcher Weise der Dichter zur Tat schreiten sollte:

> So haltet nur am Schwerte fest
> Und laßt die Harfen uns zertrümmern![20]

Eine Versöhnung von Dichtung und Tat wird nicht erstrebt, ja sogar verhindert durch die hybride Überbeanspruchung des Dichters als eines Übermenschen mit dem Postulat, Literatur könne die Probleme der Gegenwart wenn schon nicht lösen, so doch Lösungen in die „Zukunft“ visionieren oder mittels der Solidaritätsgeste kämpferischer Parteizusammengehörigkeit vertrösten. Wie Herweghs Versuch, in die Revolutionsereignisse des Jahres 1849 militärisch einzugreifen, kläglich scheiterte, so übernahm er sich auch als Dichter durch eine solche Überbelastung. Mit der Forderung nach der Parteilichkeit von Literatur legte Herwegh die Argumentationsbasis für die künftige Politisierung sogar lyrischer Texte und lieferte das Schlagwort für die politische Dichtung bis zur jüngsten Vergangenheit. Im Gegenzug verzichtete er auf bislang hochgeschätzte Funktionen der Dichtung, dem Alltag zu entheben oder die Wirklichkeit zu beschönigen.

Bei allem Anspruch waren Herweghs Zuschreibungen neuer Dichteraufgaben wenig konsequent. Einerseits mündete die politische Lyrik zwangsläufig in die reale Tat, andererseits sollte sie weiterhin existieren, um metaphorisch als Waffe eigener Art zu fungieren: „Ein Schwert in eurer Hand ist das Gedicht“[21]! Auf seinen spezifischen Dichterruhm wollte der politische Lyriker nicht verzichten; nur das traditionelle bürgerliche Lesepublikum wurde gegen die Partei ausgetauscht: „Und *meinen* Lorbeer flechte die *Partei*!“ Dem Widerhall einer so eindeutigen Stellungnahme konnte sich selbst Freiligrath nicht entziehen. Freiligrath, der sich gegen den Beifall von der falschen Seite zu wehren hatte, seine Pension an den preußischen König zurückgab und sich zum Verfechter eines radikaleren Liberalismus wandelte,[22] bekannte sich im Vorwort seiner Zeitgedichte von 1844 ›Ein Glaubensbekenntnis‹ „offen und entschieden zur Opposition“[23]. Dort zitierte er seine Übereinstimmung mit der Position Herweghs, freilich im Wortlaut der Verse seines eigenen Gedichts: „daß ich nun doch von jener 'höheren Warte' auf die 'Zinnen der Partei' herabgestiegen bin“[24]. Noch immer siedelte er also die Dichterwarte über jeder Partei an, wenn es für ihn auch zwischenzeitlich galt, dichterisch ins politische Handgemenge einzugreifen. Wenn also überhaupt von einer echten Parteinahme Freiligraths die Rede sein konnte, dann von einer solchen für das ganze Volk, wie seine Umkehrung von Schillers Sentenz bekräftigte: „Mit dem Volke soll der Dichter gehen.“[25] Insofern war es kein Widerspruch, daß Freiligrath in seine Anthologie ›Dichtung und Dichter‹[26] weder sein eigenes poetologisches Gedicht noch dasjenige Herweghs aufnahm. Er demonstrierte damit, daß er an der Sonderstellung des Dichters als einer überpolitischen, dem klassisch-romantischen Autonomiepostulat verpflichteten Instanz festzuhalten gedachte und daß nicht der Person des Dichters, sondern der Dichtung der erste Rang gebühre.[27]

Auch Heinrich Heine hatte neben den vielen anderen konventionellen Lyrikern der 40er Jahre auf Herweghs Forderung nach Parteilichkeit der Literatur abweisend reagiert. Doch lehnte Heine die politische Dichtung als solche nicht ab, sondern nur deren Inhaltsleere und Konsequenzlosigkeit, die sich mit der Erzeugung einer rhetorischen Geräuschkulisse begnügte. Heine faßte von Anfang an nicht den Einzelfall Herwegh ins Auge, sondern betonte das Allgemeingültige. Deshalb vermied er auch die persönliche Konfrontation und beleuchtete statt dessen besonders grell die Konsequenzen, die sich aus einer solchen Art Lyrik ergeben würden. Heine machte Herweghs Lyrik als Blasmusik lächerlich, bei der die Lautstärke jede Nuancierung übertönt. Auf

Herweghs martialische Rhetorik antwortete Heine mit dem Bildfeld der „Vögel", das vielfältige Konnotationen ermöglichte. Obwohl selbst „Tendenzbär", grenzte er seinen ›Atta Troll‹ scharf ab,[28] indem er die politische Propagandadichtung kräftig denunzierte[29] oder karikierte: „Jene Gänse, / Die gemästet mit Tendenzen!" Mit dem Begriff der „Tendenz", so zeigte sein gleichnamiges Gedicht von 1842, glaubte Heine den poetischen Mißgriff präziser fassen zu können:

Deutscher Sänger! sing und preise
Deutsche Freiheit, daß dein Lied
Unsrer Seelen sich bemeistre
und zu Taten uns begeistre,
In Marseillerhymnenweise.

Girre nicht mehr wie ein Werther,
Welcher nur für Lotten glüht –
Was die Glocke hat geschlagen,
Sollst du deinem Volke sagen,
Rede Dolche, rede Schwerter!

Sei nicht mehr die weiche Flöte,
Das idyllische Gemüt –
Sei des Vaterlands Posaune,
Sei Kanone, sei Kartaune,
Blase, schmettre, donnre, töte!

Blase, schmettre, donnre täglich,
Bis der letzte Dränger flieht -
Singe nur in dieser Richtung,
Aber halte deine Dichtung
Nur so allgemein als möglich.[30]

Die Parodie benennt die Streitpunkte präzise: die schwungvolle Rhetorik politischer Liedformen mit unvermittelter Leseransprache, die Abkehr von der antiken wie klassischen Tradition des Dichterberufs (mit einer Wende von Goethe zugunsten der Schillerschen Rhetorik: „Glocke"!), die unterschwellige Bevormundung des Volks, der schrille, übertriebene Ton dieser Dichtung, die Kampfmetaphorik, die Einseitigkeit und die sich wiederholende Fülle der Leerformeln.

Der Katzenjammer nach dem bürgerlichen Revolutionsversuch von 1848/49 sorgte schließlich dafür, daß sich diese Alternative des Dichterberufs, Parteinahme oder Bewahrung der Autonomie, als überholt herausstellte, weil sie den Ansprüchen der Wirklichkeit längst nicht mehr gewachsen war. In seinem Versepos ›Der Trompeter von Säkkingen‹ (1853), das ihn erst mit jahrzehntelanger Verspätung berühmt und zu einem der populärsten Dichter des Kaiserreichs machte, ließ Joseph Viktor von Scheffel in der Nachfolge von Tiecks

›Gestiefeltem Kater‹ und Hoffmanns ›Kater Murr‹ den Kater Hiddigeigei als Identifikationsfigur des Dichters auftreten. Die „selbstbewußte / Epische Charakterkatze“[31] wollte nicht als Schmusetier der Philisterwelt herhalten, sondern sie erhob sich in ihren locker der belanglosen Handlung angefügten Liedern über das „Treiben der Partein“:

Von des Turmes höchster Spitze
Schau' ich in die Welt herein,
Schaue auf erhabnem Sitze
In das Treiben der Partein.[32]

Doch schon längst war die hier verkündete Position des Höhenstandpunkts und des poetischen sich Nichteinmischens keine ernsthafte mehr. Heines Kritik an der falschen Parteilichkeit der Literatur war zwar mitgedacht[33] und die Höhenlage des Dichters nachzitiert.[34] Doch der Kontakt zwischen dem dichtenden Kater und dem Publikum war so gut wie abgebrochen:

Menschentun ist ein Verkehrtes,
Menschentun ist Ach und Krach;
Im Bewußtsein seines Wertes
Sitzt der Kater auf dem Dach![35]

Was da als Verachtung des Weltgeschehens und als selbstbewußte Isolation auf dem Dach daherkam, konnte kaum verdecken, daß sich der Dichterberuf in der zweiten Hälfte des 19. Jahrhunderts an anderen Prämissen orientierte als an der Parteilichkeitsdiskussion des Vormärz. Scheffel warf in der ›Zueignung‹ seines ›Trompeters‹ die abzulehnende Tendenzpoesie in einen Topf mit anderen poetischen Attitüden und Stilhaltungen, die er alle im Widerspruch zu seinen Vorstellungen von 'realistischer' Literatur sah.[36] Ihm ging es um eine natürliche Simplizität („Lerchenfröhlich und gesund“), die heute gepreßt naiv und daher unfreiwillig komisch wirkt („rotwangig / Ungeschliff'ner Sohn der Berge, / Tannzweig auf dem schlichten Strohhut.“), obwohl die aufgesetzte Fröhlichkeit auf einen dunklen Untergrund an der Grenze des Verstummens hindeutete.[37] Was jedoch wie die Vorwegnahme der Moderne wirkt, war in Wirklichkeit nichts anderes als ein auf dunkle Ahnungen reduziertes poetisches Bewußtsein, daß der Dichterberuf längst den Marktmechanismen und den Bedingungen des Literaturbetriebs gehorchte. Auf seiner parodistisch gemeinten Sprachebene formulierte der Kater Hiddigeigei konzis diese Gefahr, daß die Dichtung zur Selbstbefriedigung und „Aneignung“ ihrer Produzenten und Konsumenten verkommen war:

Eigner Sang erfreut den Biedern,
Denn die Kunst ging längst ins Breite,
Seinen Hausbedarf an Liedern
Schafft ein jeder selbst sich heute.

Drum der Dichtung leichte Schwingen
Strebt' auch ich mir anzueignen;
Wer wagt's, den Beruf zum Singen
Einem Kater abzuleugnen?

Und es kommt mich minder teuer,
Als zur Buchhandlung zu laufen
Und der andern matt' Geleier
fein in Goldschnitt einzukaufen.[38]

Am Ausgang des 19. Jahrhunderts wurde die Problematik der Parteilichkeit des Dichterberufs wieder höchst aktuell; doch nun ging es um gesellschaftliche Aufstiegschancen, die der autoritäre Staat dem Dichter als Gegenleistung für seine Parteinahme anbot. Theodor Fontane griff in einem Dichtergedicht von 1891, ›Es soll der Dichter mit dem König gehn‹[39], das Schillersche Grundmodell parodistisch auf, indem er die poetisch zu erklimmende Dichterhöhe in die Karriereleiter eines jungen Dichters umschrieb, der mit idealstem Anspruch begann („Nur das Hohe / Sei Gegenstand für jene heil'ge Lohe / die mich durchglüht") und als Staatskünstler endete.[40] Die Dachgeschoßatmosphäre des trivialromantischen Armen Poeten à la Spitzweg („Sitzt er im 4. oder 5. Stocke") war ebenso anzitiert wie Scheffels epigonal-ironisches Spiel mit dem philisterhassenden Dichterbewußtsein („Akten und Pandekten"). Doch der bekannte Höhenstandort des Dichters hatte noch eine andere Qualität erhalten. Ihm entsprach nun auch die (falsche) Höhe der Stoffwahl („Ein jeder seiner Helden trägt die Krone"), die auf dem Markt des Literaturkonsums nicht bestehen konnte: „Er schreibt und schreibt, doch es will sich nicht verkaufen." Dann endlich nimmt der Dichter Partei, freilich nicht wie Herwegh dies tat,[41] sondern als poetischer Steigbügelhalter der preußischen Monarchie: „Gebt ihm den Kronenadler 4ter Klasse."

2. *„Drum soll der Sänger mit dem König gehen": Dichterfürsten*

Die politische Aufrüstung des Dichterberufs strömte in das Vakuum sozialer Bindungslosigkeit des Schriftstellers. Die traditionellen Funktionen des Dichters für und in der Gesellschaft liefen den sozialen Wandlungen der sich entwickelnden Industriegesellschaft entgegen. Dem Dichter blieben im Prinzip nur zwei Wege übrig: Er suchte entweder die unbedingte Anpassung seiner Produktion an Geschmack und Bedürfnisse seines Lesepublikums oder er verteidigte die poetischen Freiheiten ohne Rücksicht auf die Erfordernisse der Gegenwart und der Wirklichkeit.[42] Während die erste Lösung zumeist in Gebrauchsliteratur, Tagesjournalismus oder trivialer Unterhaltungsliteratur aufging, steigerte die zweite Alternative die Ideologisierung des Dichterberufs noch weiter. Auf der Höhe der seit der Aufklärung erstrebten Autonomie des Dichterberufs und seines romantisch-universalen Anspruchs boten sich neue Anknüpfungspunkte. Neben dem antiken Orpheus trat mehr und mehr der fahrende Sänger des Mittelalters und einer sagenhaften Vorzeit mit seinem Vortrag vor dem erlesenen Publikum des Hofes in den Vordergrund. Gerade die Diskrepanz zwischen seiner Abhängigkeit von der fürstlichen Unterstützung, der tatsächlichen geringen sozialen Stellung und dem hohen poetischen Anspruch seines Dichtertums reizte zu erneuten Anverwandlungen. Goethe hatte mit seinem ›Torquato Tasso‹ *ein* Modell hierfür geboten, dem die glückliche Lösung verwehrt war. Der Dichter lebte in Abhängigkeit von der Willkür des fürstlichen Mäzens, besaß aber auch ein dauerhaftes Lebensrecht in der Sphäre herrschaftlicher Repräsentanz. In Abgrenzung vom gemeinen Volk und abgehoben von den Niederungen der prosaischen Alltagswelt standen Dichter und Fürst auf derselben Ebene, auch wenn die Gleichrangigkeit von poetischem Rang und sozialem Status in Wirklichkeit eine Illusion blieb.

Diese Entwicklung des bürgerlichen Schriftstellers zum „Dichterfürsten" des 19. Jahrhunderts ist beschrieben.[43] Ihr Anfang war in der klassisch-romantischen Erhöhung der Dichterfigur vorgezeichnet. Goethes Ballade ›Der Sänger‹ aus dem 11. Kapitel des 2. Buchs seines Romans ›Wilhelm Meisters Lehrjahre‹ lieferte in Bildinszenierung und Sentenzenform das Grundmuster für den Auftritt des Dichters vor dem König:

Ich singe, wie der Vogel singt,
Der in den Zweigen wohnet.
Das Lied, das aus der Kehle dringt,
Ist Lohn, der reichlich lohnet ...[44]

Die Formel vom Sänger, der wie der Vogel um des bloßen Liedes willen singt,[45] schien die materielle Freiheit und poetische Selbstzufriedenheit des Dichters in ein einprägsames Bild zu fassen. Dabei ist aber übersehen worden, daß diese Lesart der Ballade im Handlungsrahmen des Romans in schillernder Beleuchtung erscheint. Der alte Harfner, alles andere als materiell unabhängig und innerlich ausgeglichen, trägt das Lied vor Wilhelms Schauspielergesellschaft vor, die selbst in der Situation steht, sich an adeligen Höfen als Künstler anbieten zu müssen! Zudem dient gerade diese Ballade dem Harfner dazu, zu der versprochenen Belohnung zu kommen.[46] Es handelt sich also um eine Ballade, die im Text die materielle Entlohnung ablehnt, um tatsächlich „reichliche Belohnung"[47] zu erhalten. Sie wird von der Schauspielergesellschaft ganz richtig als raffinierter Schachzug des Dichters verstanden, seine Arbeit zu vermarkten:

Die Stärke seiner Talente zeigt sich in dem Nutzen, den er davon zieht. Uns, die wir vielleicht bald in Verlegenheit sein werden, wo wir eine Mahlzeit hernehmen, bewegt er, unsre Mahlzeit mit ihm zu teilen. Er weiß uns das Geld, das wir anwenden könnten, um uns in einige Verfassung zu setzen, durch ein Liedchen aus der Tasche zu locken.[48]

Innerhalb des Argumentationsganges der Ballade lehnt der Sänger die goldene Kette „zum Lohne für sein Spiel“ zwar ab, aber nicht, um auf Entlohnung ganz zu verzichten. Vielmehr ist die goldene Kette die falsche Gegenleistung für seine Kunst, weil sie nicht dem Dichter, sondern dem Helden gebührt („Die Kette gib den Rittern“), bloß „goldne Last“ ist[49] und als Kette den Sänger an den König fesseln würde. Der Sänger bewahrt also seine Unabhängigkeit nicht etwa durch Anspruchslosigkeit. Indem er die Kette zurückweist, wehrt er zugleich den Anspruch des Fürsten auf Verfügbarkeit des Künstlers ab, ja er lehnt letztlich die Gleichrangigkeit beider ab und fordert seine Überlegenheit ein.[50] Statt dessen drängt der Sänger auf eine Entlohnung, die seiner Kunst angemessen ist:

Doch darf ich bitten, bitt ich eins:
Laß einen Trunk des besten Weins
In reinem Glase bringen.[51]

Höhe und Reinheit des poetischen Anspruchs spiegeln sich sinnbildhaft im durchsichtigen Gefäß und in der Qualität des Weins, in dem das Dionysische der poetischen Inspiration, als berauschte Verzückung wie als spurenloser Genuß, aufscheint. Goethe hatte genau diese Stelle der Ballade in der 1. Fassung seines Romans ›Wilhelm Meisters theatralische Sendung‹ (und in der späteren Einzelveröffentlichung) noch nicht auf die Makellosigkeit der Dichtkunst zugespitzt, sondern sehr viel stärker die Alternative des umfassenden Bechers zur goldenen Kette betont:

Laß mir den besten Becher Weins
In purem Golde reichen.[52]

Schillers wiederholt zitierte Sentenz vom Sänger und König auf den Höhen der Menschheit greift ganz offensichtlich auf die Sänger-Ballade Goethes zurück. Damit sind nicht die bloßen topologischen Momente gemeint,[53] sondern auch das Handlungsgefüge innerhalb seines Dramas ›Die Jungfrau von Orleans‹, dem die berühmten Verse entstammen. Dort, im 1. Akt, 2. Szene, sollen „belobte Meister im Gesang / und weit berühmt“ auftreten, die der französische König ganz im Sinne der Goetheschen Ballade zu behandeln wünscht: „Man muß sie wohl bewirten / Und jedem eine goldne Kette reichen.“ Freilich verhindert der Geldmangel, daß die Sänger an den Hof und in die Verpflichtung des Fürsten gezogen werden, wie es sich der König gedacht hat: „Edle Sänger dürfen / Nicht ungeehrt von meinem Hofe ziehn.“[54] Schon durch diese Zusammenhänge relativiert sich die berühmte Sentenz aus dem Munde eines handlungsunfähigen Königs mehrfach, nicht erst durch den hohen Anspruch der Aussage:

Sie stellen herrschend sich den Herrschern gleich,
Aus leichten Wünschen bauen sie sich Throne,
Und nicht im Raume liegt ihr harmlos Reich:
Drum soll der Sänger mit dem König gehen,
Sie beide wohnen auf der Menschheit Höhen![55]

Während es Klopstock auf die religiöse Erhöhung des Dichterberufs ankam, spielte Goethe die naturhafte Schöpferkraft des Dichtersängers aus, der seine Kunst- und Entscheidungsfreiheit auch gegenüber dem König bewahrte. Dagegen stellt Schiller den Sänger in den Zusammenhang einer zwar realpolitisch unkonkreten, jedoch monarchischen Herrschaftsordnung.[56] Schillers König will den Sänger zu sich heraufziehen, weil dieser ihm einerseits ähnlich, andererseits entgegengesetzt ist. Die Herrschaft des Dichters ist im Unterschied zu der des Königs kein Faktum (Nomen), sondern Anspruch (Verbalkonstruktion) und selbstbezügliche Leistung (Sänger bauen *sich* Throne). Besonders die Harmlosigkeit der poetischen Welt erlaubt dem König die spielerische Erhebung des Sängers zu sich („drum"). Sie macht ihm jederzeit gegenwärtig, wie fiktiv diese Gleichrangigkeit letztlich ist – die edlen Sänger werden aus Geldmangel eben keine goldenen Ketten erhalten, noch weniger haben sie tatsächlich Anteil an der politischen Macht.

All das ist freilich aus der Perspektive des Herrschers, nicht aus der des Dichters gesehen. Denn in seinem Selbstverständnis als Dichter verficht Schiller das Wunschbild des mit dem Herrscher ausgesöhnten Dichters und ihres gemeinsamen Strebens nach der Würde der Menschheit offensiv.[57] In seiner Ballade ›Der Graf von Habsburg‹[58] erhöht Schiller diese Konstellation utopisch, verbrämt sie legendär und beglaubigt sie geschichtlich. Die Ausgangssituation ähnelt dem Modell aus Goethes Sänger-Ballade, daß der Vortrag des Sängers die Krönung des höfischen Festes bildet. Wie bei Goethe folgt auch hier der Sänger der eigenen Entscheidung, was er vorträgt; das respektiert sogar der König.[59] Doch anders als dort verficht hier nicht der Sänger, sondern der König die magisch-unergründliche Herkunft der poetischen Inspiration:

Er steht in des größeren Herren Pflicht,
Er gehorcht der gebietenden Stunde.
Wie in den Lüften der Sturmwind saust,
Man weiß nicht, von wannen er kommt und braust,
Wie der Quell aus verborgenen Tiefen,
So des Sängers Lied aus dem Innern schallt
Und wecket der dunkeln Gefühle Gewalt,
die im Herzen wunderbar schliefen.[60]

Anders als bei Goethe singt diesmal der Dichter nicht aus natürlichem Antrieb – „ich singe, wie der Vogel singt" –, sondern aus religiöser Verpflichtung und in göttlichem Auftrag, wie er selbst und auch der König weiß. Während Goethes Ballade nur die Wirkungen dichterischen Singens auf die Zuhörer beschreibt, trägt Schillers Text diese selbst vor. Die aus christlicher caritas-Verpflichtung sprießende Aktion des weiland Grafen, die der Sänger wie eine Heiligenlegende dem jetzigen König vorträgt, deutet auf den innersten Kern dichterischen Sprechens überhaupt: der Sänger-Dichter, der immer schon „Priester“ war, ist vor allen Dingen Prophet. Seine damalige Prophezeiung wird jetzt, durch die jüngsten geschichtlichen Ereignisse beglaubigt, als richtig erkannt. Im Sänger äußert sich getreu dem antiken Dichterbild des *poeta vates* eine höhere Macht. Im Vollzug des dichterischen Vortrags[61] erleben König und Zuhörer die Wahrheit poetischen Sprechens: „Da ergreift ihn der Worte Bedeuten.“

Weitere Varianten dieser Verbindung von König und Dichter konnten in der Folgezeit durchgespielt werden, vor allem dann, wenn es darauf ankam, dem Grundmuster gesteigerte Effekte und blendende Wirkungen abzugewinnen.[62] In Ludwig Uhlands Ballade ›Des Sängers Fluch‹ von 1814 ist die Grundkonstellation mit zusätzlichen Konnotationen aufgeladen, dramatisch zugespitzt und mit trivialen Effekten aufgeputzt. Literarische Erinnerungen an Goethes ›König in Thule‹ oder den Harfner aus ›Wilhelm Meisters Lehrjahren‹ sind nicht zu übersehen; dazu kommen Verdoppelungen des Sängers in „ein edles Sängerpaar“[63] und die im Geist liberaler Kritik der Metternichschen Restauration negative Einfärbung der absoluten Königsherrschaft. Die bekannte Nahstellung von König und Sänger hat Uhland freilich ins Schaurige verzerrt. Den König, der den jüngeren der beiden Dichter ermordet, ereilt der Fluch des überlebenden Dichters. Mit dem Zerschlagen seiner Harfe[64] kündigt der Sänger dem König das auf, was nur der Dichter leisten kann, nämlich für Nachruhm zu sorgen und damit geschichtliches Weiterleben zu ermöglichen:

> Des Königs Namen meldet kein Lied, kein Heldenbuch;
> Versunken und vergessen! das ist des Sängers Fluch.[65]

Mit diesem Gewaltakt gewinnt der Sänger zwar seine Bewegungsfreiheit zurück. Das Zerschlagen der Harfe beendet aber auch *jede* Poesie, es beginnt die gesanglose Zeit der Gegenwart. Für sie ergibt sich eine fatale Lehre: Der Versuch des Dichters, seine Poesie in den Dienst (liberaler) Überzeugungsarbeit zu stellen, „Von Freiheit, Männerwürde, von Treu’ und Heiligkeit“ singen zu dürfen und den inhumanen (absolutistischen) Herrscher durch Poesie „zu rühren“, treibt zuerst einmal den Dichter, nicht den Herrscher in den Untergang. Dagegen hilft vorläufig nur die Vertröstung, den Königen ihren erstrebten Nachruhm unterschlagen zu können. In seiner Abhängigkeit vom König merkt der Sänger zu spät, daß es der Herrscher ist, der ihn zwingt, Dichtung und Dichterberuf zu zerstören: „du Fluch des Sängertums!“[66] Sich bei den Monarchen aufzuhalten, ist für die Dichter einen idealen Augenblick lang erstrebenswert. Dann reißen abgrundtiefe Gräben auf.

Auch Heinrich Heine hat dieses zuerst verlockende, dann höchst fragwürdige Zustammenstehen von König und Dichter aufgegriffen und zu einer eigenwilligen Lösung geführt, die über die epigonale Wiederholung des Schillerschen Thronteilungsmodells hinausgeht. In der Ballade ›Der Dichter Firdusi‹ aus seinem ›Romanzero‹ von 1851 betrügt der König den Dichter um die gerechte und vereinbarte Bezahlung einer Auftragsdichtung durch etwas, das einen Dichter besonders schmerzen muß: „den Doppelsinn der Rede".[67] Der übervorteilte Dichter reagiert mit seinem Rückzug aus der Nähe des Herrschers: „Seinen Wanderstab ergriff er / Jetzo und verließ die Hauptstadt". Die späte Reue des Königs „Wie geht es dem großen Poeten?" und der Versuch einer Wiedergutmachung „mit allen Schätzen"[68] kommen zu spät. Der Dichter hat sich dem Zugriff des Königs auf radikale Weise für alle Zeiten entzogen:

> Zur Stadt hinaus der Leichenzug,
> Der den toten Firdusi zu Grabe trug.[69]

Im Unterschied zu seinen frühen poetologischen Äußerungen[70] definiert Heine sein Selbstverständnis als Dichter gleich in dreifacher Hinsicht neu.

1. Der Dichterberuf verkörpert sich nicht mehr im lyrischen Sänger, sondern im orientalischen Großepiker, dessen poetischer Schaffensprozeß die Erklärungsmetaphern der romantischen Inspirationslehre abgestreift hat und sich ins Bild mühseliger Textilherstellung kleidet:

> Unterdessen saß der Dichter
> An dem Webstuhl des Gedankens,
> Tag und Nacht, und webte emsig
> Seines Liedes Riesenteppich ...[71]

Diese Entmythologisierung des romantischen Dichterberufs[72] deutet die literarische Tätigkeit als Handwerksarbeit. Der Erzähler tritt als Chronist auf,[73] der dem Publikum „Lieblingshelden seines Volkes" in kurzweiliger Rede vorführt („Keck umrankt von Märchenblumen"), ohne den Widerschein einer besonderen poetischen Begabung zu verbergen: „Und wie himmlisch angestrahlt /[...] Von dem göttlich reinen Urlicht".[74]

2. Die Romanze stellt das Verhältnis des Dichters zum Fürsten als ein ökonomisches dar. Der König ist zwar noch als „Gönner"[75] bezeichnet, jedoch bietet er keine verschämte Entlohnung in Form eines sinnbildlichen Wertgegenstandes an, sondern offeriert Geld in unmittelbarer Quantifizierbarkeit: „für jeden seiner Verse / Einen Thoman". Aus der bisher propagierten Ebenbürtigkeit von König und Dichter ist die Gleichwertigkeit einer Geschäftsbeziehung geworden, in der die Qualität der Ware mit einer angemessenen Bezahlung korreliert. Nicht im poetischen Anspruch des Dichters als Person, sondern in der Wertsetzung des eigenen Kunstwerks als eines taxierbaren Arbeitsprodukts begründet sich die Gleichrangigkeit zum Fürsten: „Doch im

Munde eines Fürsten, / Eines Schaches, ist ein Thoman / Gülden stets“[76]. Daher verbirgt der Dichter auch keineswegs sein Verlangen nach dem Geldgenuß:

> Der Poet riß auf die Säcke
> Hastig, um am lang entbehrten
> Goldesanblick sich zu laben ...[77]

Der moderne, kapitalistische Umgang des Dichters mit seinem verdienten Geld hat sich noch nicht ganz durchgesetzt. Noch wird das an sich wertlose Tauschmittel Geld als ästhetischer Selbstwert rezipiert („Goldesanblick“), noch widerspricht die traditionelle Geste der Übergabe der Bezahlung als „Ehrensold“ einem emotionsfreien Umgang mit dem Zahlungsmittel und verrät gerade dadurch die Unehrlichkeit einer solchen Dichterhuldigung:

> Jeder schleppte einen Geldsack,
> Den er zu des Dichters Füßen
> Kniend legte, als den hohen
> Ehrensold für seine Dichtung.[78]

Als der Dichter den Betrug bemerkt, daß er statt der erwarteten Goldstücke nur Silbermünzen erhalten hat, reagiert er nicht nur mit der Aufkündigung der Geschäftsbeziehung. Er verweigert sich künftig auch, die ökonomischen Spielregeln einzuhalten. Indem er das Silbergeld, das er doch eigentlich benötigte („lang entbehrt“!), wie einen „Botenlohn“ und als „Trinkgeld“ einfach verschenkt, negiert er die Funktion des Geldes als Tauschmittel. Für den Dichter zählt nicht mehr dessen materieller Wert als (kapitalistisches) Zahlungsmittel, sondern nur mehr der symbolische als Zeichen für das Versprechen des Königs. Damit entledigt er sich aber auch der Vertragsverpflichtung gegenüber dem Herrscher, setzt das Tauschprinzip auf Geldbasis außer Kraft und kauft sich aus jeder Beziehung zum König frei.

3. Als überraschendste Lösung hält Heine die extremste Strafe für den König bereit. Der Dichter reagiert nicht bloß mit dem Rückzug, was man immerhin noch als resignierende Aufkündigung des Herrscher-Dichter-Verhältnisses verstehen könnte,[79] der Dichter entzieht sich durch seinen Tod sogar den nachträglichen Wiedergutmachungsversuchen des Königs und trifft diesen härter, als dies Uhlands ›Des Sängers Fluch‹ tun konnte, der die Herrscher-Dichter-Beziehung wenigstens in der Negation noch aufrechterhielt. Heines Firdusi hat keine Drohung nötig, sein Tod spricht für sich. Mit ihm trennt sich der Dichter unwiderruflich und auf alle Zeiten aus seiner Fürstenbindung ab. Der Dichter gewinnt die ehemals zugunsten des Höhenstandpunkts aufgegebene Freiheit zurück und sichert sich eine uneinholbare Überlegenheit vor dem König. Heines orientalisierende Romanze funktioniert als Parabel für die Bewahrung der inneren Freiheit des Dichterberufs auch in den Zeiten, in denen alle Beziehungen nach den Mustern des Warenverkehrs ablaufen.

Was geschieht, wenn das Selbstverständnis des Dichters sich vom Zeitwandel abkoppelt und die Spielmarken verflossener Poesievorstellungen kritiklos konserviert, neu mischt und rhetorisch aufputzt, zeigt exemplarisch Emanuel Geibels Programmgedicht ›König Dichter‹[80]. Geibel knüpft thematisch an den seit Freiligraths Löwenpoesie modischen Exotismus an. Bei der Betrachtung des Geibelschen Gedichts geht es keineswegs um die Abqualifzierung als Epigonenlyrik oder Trivialliteratur,[81] was es zweifellos ist, sondern um das Aufzeigen von Bewältigungsmechanismen und Verteidigungsformeln der dichterischen Selbstdarstellung. Schon der Titel erhebt einen hehren Anspruch; der Dichter tritt als Typus auf, jede Realitätsbindung des lyrischen Ich liegt ihm fern. Nicht die persönliche Aussprache ist gefragt, sondern die Stilisierung ins Exemplarische, Monumentale, Repräsentative. Die für Dichtergedichte nachgewiesene Dichotomie, nach der das Publikum dem Flachland, der Dichter hingegen der lichten Höhe zugeordnet ist, findet sich hier in gesteigerten Zuschreibungen. Geibel konstruiert für seinen Dichterkönig eine extreme Höhenlage, die nicht nur durch die Differenz zur menschenleeren Tiefe, auf die er hinabblickt, definiert ist. Die Höhe ist geologisch, mythisch und politisch im Bild des Bergesthrons sowohl geheiligt als auch bewußt verunklärt („wolkigem"). Der Standpunkt, auf dem der Dichter angesiedelt ist, bestimmt seine universale Perspektive. Ein so umfassender Anspruch des Dichters schöpft, in Fortschreibung der literarischen Vorgabe des ›Faust‹-Prologs, den ganzen Erdkreis aus. Begriffe, die diese Totalität bezeichnen, verweisen darauf.[82] Die Besonderheiten dieses Dichterberufs liegen nicht nur in der Gestalt des Dichters als König begründet, sondern auch in dessen herrschaftlichem Gebaren. Die Herrschaftsgeste[83] imitiert im Sprachduktus wie in der Beschreibungsabfolge des Gedichts die biblische Schöpfungsgeschichte nicht ohne Gewalttätigkeit.[84] Dichtung entsteht aus der Befehlshaltung des Dichters über eine Untertanenschaft aus Objekten, die für ihn nur Ausstattungsgegenstände sind. Die Fülle der genannten Stücke, die Pretiosität „der rothen Rubinen Pracht" täuscht, die Mischung aus Versatzstücken heimatlich-patriotischer Vulgärromantik, die „deutschen Veilchen" und die orientalisierende Exotik um „Arabiens Palmen" und der „Lotosblume" gaukeln weltläufige Vielfalt vor. In Wirklichkeit handelt es sich um Dichtungsstaffagen, die wiederum literarischen Vorläufern entlehnt sind: Uhlands „Lindengrün" und Mörikes „Veilchen", die „Nachtigall" der Romantik oder Heines Bild vom Dichter als Teppichweber („prächtig weben in seinem Gesang"). Die Funktion aller dieser aufgerufenen Gegenstände bleibt hingegen in ihrer Benutzbarkeit undeutlich. Dichtung ist ausdrücklich „Schmuck", zwar bildnerisch exklusiv aufgeputzt, in pretiöser Gestalt („Schätze") und von universaler Herkunft aus „nah und fern", vom Erdinnern („schwarzen Schacht") bis zum „Himmelsbogen", jedoch zur Ausstaffierung gleichgültiger, ja gar nicht existenter Inhalte.[85] Die große Geste, der immense Aufwand deutet auf die dahinterstehende Leere: Das Gedicht *ist* sein Schmuck, es besteht aus nichts anderem!

Geibel arbeitet diese Auffassung konsequenter aus und geht weiter als die gängige Epigonen- und Triviallyrik der Poesiealben. Er kontrastiert seine Vorstellung vom Dichterberuf mit der Erlebnisdichtung der Goethezeit, indem er sich und seinen Anspruch gegen die anspruchslose Dilettantenpoesie abgrenzt. Statt dessen feiert er die Selbstdarstellung des Dichters zwar in „Liedern“, jedoch als rhetorische, nicht als Seelenausdruckskunst. Dementsprechend tilgt er alle Hinweise auf die poetische Inspiration. Über die Antriebsmechanismen des Dichters erfahren wir nichts; vielmehr wird uns der fertige Dichterfürst in vollem Glanz seines Selbstbewußtseins, seiner Befähigung und in Anerkennung durch seine Untertanen vor Augen gestellt: „Und alles fügt sich ihm sogleich, / Will ihn als König grüßen“. Durch seine Imitation der Schöpfungsgeste der Genesis stellt dieser Dichter sich so sehr in die Nähe Gottes, daß seine Fähigkeiten mehr als poetische sein müssen und von einer größeren Machtfülle zeugen. „König Dichter“ bedarf neben sich längst keines wirklichen Fürsten mehr!

Die Schlußpointe des Gedichts, auf die der im Wortsinn grenzenlose Aufwand hinausläuft, hebt dieses Bild machtvoller Verfügung über eine ästhetische Welt aus der poetischen Asservatenkammer noch in eine andere Dimension. Der Dichterfürst ist sich insgeheim bewußt, daß die Unterwerfung einer menschenleeren Objektwelt („alles“) mit der Herstellung eines Liedes sein (sinnloses) Ende gefunden hat, und reagiert überraschend:

> Er aber legt sein ganzes Reich
> Dem schönsten Kind zu Füßen.[86]

Das Ideal einer arkadischen, vorreflexiven Dichtung sammelt sich im ästhetischen Superlativ eines Wesens, dessen erotische Attraktivität zugunsten ihrer Unberührbarkeit ausgetrieben ist („dem schönsten Kind“). An ihm wiederholt nun der Dichterfürst spiegelbildlich die Unterwerfungsgeste, die bislang ihm gegolten hat. Indem er den nicht-materiellen Wert und die nicht-reale Wirkung der Poesie betont, erkennt der Dichter zum einen die tatsächliche Zweck-, Macht- und Wirkungslosigkeit seiner Dichtung an. Zugleich überhebt er sich den realen Fürsten, weil er allein es sich noch (im Zeitalter konstitutionell eingeschränkten und oppositionell angefochtenen Monarchentums) leisten kann, absolut zu herrschen, seine Herrschaft dem wahren Souverän zurückzugeben und dennoch jederzeit über sie zu verfügen! Einem so hohen Anspruch muß freilich der Einwand folgen, der große Aufwand dieser Art Schmuckpoesie lohne nicht für ein so unbedeutendes Liedlein. Und in der Tat gibt Geibel den Anspruch des Dichters, eine moralische Instanz, Priester und Prophet, Seher und Weltweiser zu sein, auf, behält aber dessen pompöse Gesten bei, ja baut sie sogar aus. Der Leerraum wird mit den Trümmern des ehemals hehren Dichterberufs so aufgefüllt, als enthalte der Schutt noch manch kostbaren Edelstein. Als Dichterideologie tritt dieses poetische Bewußtsein immer mehr in Widerspruch zu den wirklichen Problemen und Themen der ernsthaften Literatur des Jahrhunderts.

3. *Triviale Angestrengtheiten*

An drei Beispielen soll für die zweite Hälfte des 19. Jahrhunderts vorgeführt werden, in welcher Weise die poetologische Reflexion die Tatsache bewältigt, daß der Dichterberuf von der Höhe seines Anspruchs herabsinkt und immer mehr zur lächerlichen, anachronistischen oder angestrengten Attitüde verkommt. Im Unterschied zur Hohlform der epigonalen Lyrik enthält in allen drei Fällen die immanente Poetik genügend Substanz, um nicht nur die Fragwürdigkeit oder die Verstiegenheit, die Lächerlichkeit oder die Verlogenheit der poetischen Existenz abzubilden. Indem sie ihre Dichtergestalten in ironischer, parodistischer oder sarkastischer Brechung präsentieren, bedienen sich die Autoren solcher Figuren zur Distanzierung und als Kontrastmittel, nicht mehr als Darstellungsvehikel für ihr eigenes Selbstverständnis. In Parodie und Satire bleiben diese lächerlichen Dichtergestalten ohne Identifikationspotential. Aber noch durch sie oder in ihnen als der Schwundstufe des poetischen Anspruchs leuchten die Umrisse des wahren Dichtertums hervor. Gottfried Kellers 1860 fertiggestellte Erzählung ›Die mißbrauchten Liebesbriefe‹ aus dem zweiten Band seines Novellenzyklus ›Die Leute von Seldwyla‹ beginnt mit den „behaglichen und ordentlichen Umständen“[87] eines saturierten Bürgerlebens, das durch die leidenschaftliche Hingabe an die Literatur ein vorsätzliches Ende findet. Viggi Störteler gibt seine bürgerliche Existenz zugunsten einer Welt literaturzentrierter Geschäftigkeit auf und zerstört seine häusliche Idylle. Der Erzähler macht aus seiner Einschätzung der Aktivitäten Viggis von Anfang an kein Hehl; er nennt sie „Dummheiten“ (364) und präsentiert die Figur als personifizierte „Schriftstellersatire“[88] auf den zeitgenössischen Literaturbetrieb. Während die Realität nach der Mitte des 19. Jahrhunderts die Schriftsteller ihr Selbstverständnis immer neu an den Bedingungen des Literaturmarkts messen ließ[89], lebt der Protagonist in Kellers Erzählung ohne solche Bedrängnisse. Viggi Störteler geht nämlich seinen Schriftstellerberuf von hinten an. Seine Literaturbegeisterung entstammt „Leihbibliotheken und Lesezirkeln“ sowie der „Gartenlaube“ (364), also keinem persönlichen Erlebnis, sondern ist Niederschrift von schon Gelesenem und Geschriebenem, mithin Literatur aus zweiter Hand. Als „Essaiist“ versucht er sich unter dem Künstlernamen „Kurt von Walde“ als Novellist (265), er beginnt im Stil der Empfindsamkeit einen sentimentalen Briefwechsel mit seiner Frau (390). Wichtiger als das Verfassen von Texten ist ihm jedoch die Teilhabe an einem umtriebigen Literaturzirkus, an einem Leben als „Schriftsteller unter Schriftstellern“ (367) im Stil eines aufgewärmten Sturm und Drang. Diese an sich schon lächerliche Betriebsamkeit wird nochmals karikiert durch die Erzählung eines Kellners und ehemaligen Schriftstellers, der früher eine solche Schriftstellerlaufbahn durchlaufen hat und nun mit Abscheu darauf zurückblickt. Seine sarkastischen Kommentare[90] charakterisieren auch Störtelers Tätigkeit als poetische Hirngespinste ohne Substanz: „So kehrte er ganz aufgebläht von Aussichten und Entwürfen in seine Heimat zurück.“ (372)

Viggi Störteler dient aber nicht nur als Repräsentant zur Satire auf die längst überholte Literaturgeschäftigkeit. Er besitzt auch eine individuelle Lebensgeschichte, die ebenfalls vorgezeichneten Mustern folgt. Viggi strebt danach, in verkürzter Form alle tradierten und anachronistisch gewordenen Vorstellungen vom Dichterberuf nachzuahmen und noch einmal in seiner Person auszuleben. So versucht er, seine Frau Gritli als verwandte Poetenseele zu sich „heranzubilden“ (376) und „sie zu seiner Muse zu machen“ (373). Die Ideologismen eines trivial gewordenen Poesieverständnisses werden als solche nicht durchschaut, sondern rücksichtslos und bis zur Blasphemie eingesetzt: „und Du lässest mich im Stich, Du schläfst ein!“ (376) Die verlogene Ausschlachtung der Stereotype des Dichterberufs[91] gipfelt in einem der Ehefrau aufgezwungenen Briefwechsel, der nach den Prinzipien der sentimentalen Briefkultur längst vergangener Epochen ablaufen soll, in Wirklichkeit imitieren die Formulierungen nur Stilfiguren, die ihrerseits vortäuschen, sie seien der originäre Ausdruck wahrer Empfindung. Ihr Nachahmungscharakter verschleiert ihre Intentionsleere und vertauscht Realität und Poesieimitat. So werden in den Briefen die „Trivialitäten“ der Wirklichkeit verachtet und statt dessen die reinen „Harmonien“ der Leerformeln gepflegt (377) und die Briefe ohne Inhalt und Zweck um ihrer bloßen Existenz willen geschrieben.

Aber nicht nur bei seiner Teilhabe am Literaturzirkus und seiner dichterischen Initiationsgeschichte zäumt Viggi Störteler die Literatur von der falschen Seite auf. Auch seine poetischen Versuche vertauschen zumindest das Ziel-Mittel-Verhältnis bei der schriftstellerischen Produktion. In seinem Notizbuch sammelt er willkürlich Naturbeschreibungen,[92] um sie bei passender Gelegenheit als stimmungshafte Versatzstücke in einen noch zu findenden Handlungszusammenhang einzufügen. Für diese verfügbaren Beschreibungselemente ohne Eigenwert muß erst noch ein Verwendungszweck gesucht werden, der wiederum beliebig sein kann[93] und nur dem einen Ziel dient, literarische Originalität zu bezeugen.[94]

Zuletzt geht Störtelers Leben ganz in diesen Redeformen der von ihm propagierten Literatur auf. Durch den Brief der ihrerseits sentimentalpoetisch verseuchten Kätter Ambach gerät er in die erwünschte Gestimmtheit, denn der Tonfall des Briefes erfüllt seine Erwartungen so vollständig, daß das Korrektiv der Realität und des Augenscheins keine Wirkung mehr tut. Gegen die „Rücksichten der beschränkten Alltagswelt" „in dieser barbarischen Gegend" geht Viggi Störteler „edler Weiblichkeit" (398) gerade da auf den Leim, wo sie nicht vorhanden ist. Der Brief entführt den Verblendeten in die Welt, in der man „etwas Höheres kennt": „Auf diesem Höheren fuhr er nun mit vollen Segeln dahin, aufgeblasen durch den gewaltigen Odem seiner Frau." (407) Doch ohne ökonomische Basis, nämlich das Vermögen seiner ersten Frau, fällt die verlogene Poesie bald in sich zusammen:

> Viktor Störteler aber und seine Kätter waren samt jenen Liebesbriefen, welche sie aus Hunger und Not doch wieder hergestellt, auf sich bezogen und unter vielem Gezänke vermehrt hatten, längst vergessen und verschollen. (437)

Was Keller kritisiert, ist offensichtlich. Es geht um eine falsche Poetisierung der Wirklichkeit. Doch trifft diese Parodie des falschen Verklärungsprinzips und damit die Perversion einer zentralen Arbeitsweise seines eigenen Poetischen Realismus nur die eine Hälfte der Erzählung.[95] Die andere, verbunden durch die Leitfigur Gritli, demonstriert am Unterlehrer Wilhelm eine genau gegenläufige Entwicklung. In solcher Doppelung bei gleichzeitiger Gegendrehung führt Keller den Heilsweg vor, wie aus dem in romantischen Poesie- und Liebesvorstellungen befangenen Jüngling ein gereifter Mann wird. Wilhelm, im Umgang mit Frauen noch „wie ein halbjähriges Kind" (381) und schon von seinem Namen her ein Nachkomme Wilhelm Meisters, durchläuft eine Bildungsgeschichte im Schnelldurchgang. Die Voraussetzungen dafür sind günstig. Denn schon als unwissender Schreiber unterschobener Liebesbriefe hat sich Wilhelm als nicht unbegabter Schriftsteller erwiesen. Sowohl die rhetorische Fertigkeit als auch die Echtheit der Empfindung zeigen Wirkung und unterscheiden sich wohltuend von den Produkten Störtelers:

> und stellte in weniger als einer Stunde eine Antwort her, welche an Schwung und Zärtlichkeit Viggis Kunstwerk weit hinter sich ließ. Als Gritli dies abschrieb, fühlte sie sich tief bewegt und es fielen ihr sogar einige Tränen auf das Papier, denn dergleichen hatte ihr noch niemand gesagt. (385)

Statt Viggi erhält Wilhelm in Gritli eine „schöne Seele" (377), freilich in einem handfesteren Sinn als in Goethes ›Wilhelm Meister‹. Gritli fungiert als die Vermittlerin des imaginären Briefwechsels und sie ist auch in struktureller Hinsicht als Verbindungsglied der beiden gegenläufigen Geschichten zu betrachten. Sie bildet im Wechselspiel der beiden gegenläufigen Geschichten den Ruhepol, auf den Wirklichkeit und wahre Poesie bezogen sind. In diesem Geist, daß sie „in gesegneter Anmut sich immer gleich blieb" (436f.), legt Gritli auch ihre Verteidigungsrede gegen ihren Mann an:

> Ihr Mann habe sie als ein einfaches Bürgermädchen geehelicht und sie ihn als einen Kaufmann und nicht als einen Gelehrten und Schöngeist. Nicht sie habe ihren Cha-

rakter geändert, sondern er, und bis dahin habe sie treulich und zufrieden mit ihm gelebt und er scheinbar mit ihr. (402)

Dieser veränderungsfeindliche Konservatismus, erst recht in der Gegenüberstellung zu Störtelers quirliger Betriebsamkeit am vermeintlichen Puls des literarischen Zeitgeists, spiegelt präzis Kellers eigene kulturkritische Position wider. In seiner Vorrede zum zweiten Band der ›Leute von Seldwyla‹ hatte Keller die soziale und politische „Veränderung" in Seldwyla als Anlaß für sein anscheinend anachronistisches, weil gegen den falschen Zeitwandel gerichtetes Erzählungsgeschäft ausgegeben:

hat sich mit dem wirklichen Seldwyla eine solche Veränderung zugetragen, daß sich sein sonst durch Jahrhunderte gleich gebliebener Charakter in weniger als zehn Jahren geändert hat und sich ganz in sein Gegenteil zu verwandeln droht. (283)

Wie Keller im Prozeß des Geschichtenerzählens die alte Zeit bewahren möchte, weil sich in ihr noch das wahre „Wesen" der Menschen und Dinge zeigt (285), im modernen Wandel jedoch bedrohliche Veränderungen sichtbar werden, so erkennt Gritli in den Veränderungen ihrer Ehe die „Verstellung" ihres Mannes (403). Mit der Beobachtung dieses er- und gezwungenen, „unnatürlichen" Verhaltens haben sich für Gritli die wahren Sachverhalte schon enthüllt, als unter der Oberfläche noch nichts zu sehen war: „weil das Geschehene ein unvermutetes Licht über den innern Zustand dieser Ehe aufgesteckt habe" (403). In ähnlichen Gedankengängen hatte der Erzähler die neue Literaturumtriebigkeit Störtelers den alten Formen des Umgangs mit Literatur gegenübergestellt.[96] Während jetzt die Jungen „dröhnend" von nichts als von „Honorar, Verleger, Clique, Coterie" (366) reden, führen die „würdigen alten Herren mit weißen Haaren" nebenbei „ein gemächliches Gespräch über allerlei Schreiberei":

und priesen den Reiz, welchen das Verfolgen der Kompositionsgeheimnisse und des Stiles gewähre, ohne daß die Freude an dem Vorgetragenen selbst beeinträchtigt werde. Sie stellten einläßliche Vergleichungen an und suchten den roten Faden, der durch all' dergleichen hindurchgehe ... (365 f.)

Auch Gritli zeichnet sich durch ein solch natürliches, sicheres Urteil in literarischen Dingen aus. Auf den lächerlichen Versuch ihres Mannes, sie zu seiner Muse heranbilden zu wollen, antwortet sie: „mich dünkt, ein rechter Dichter soll seine Kunst verstehen ohne eine solche Einbläserin!" (376) Vor dem Scheidungsgericht zeigt sie schließlich eine solche „Beredtsamkeit, welche ihren eiteln Mann sogleich in Erstaunen setzte und in die größte Beschämung" (402). Selbst als Schriftstellerin übertrifft Gritli ihren Mann bei weitem. Mit der eigenhändigen „Nachschrift" vom Schorenhans in einem ihrer falschen Liebesbriefe gelingt ihr „eine kleine närrische Geschichte" (386), die Störteler gar nicht als solche erkennt und sie unter die „albernen Witze" und „kleinlichen

Angelegenheiten“ verbucht (386). In Wahrheit läßt sich diese Geschichte geradezu als Grundmuster realistischen Erzählens lesen, weil in ihr die zentralen Prinzipien der Kellerschen Erzählkunst angewendet sind: Ein alltägliches Ereignis wird durch sprachliche Gestaltung humoristisch und dramatisch zugespitzt, das (ja keinesfalls spaßige) Ereignis des hungernden Boten wird durch Verklärung und pointierten Witz poetisch erhöht. Nach denselben poetologischen Grundsätzen funktionieren auch die in Seldwyla kursierenden „Schwänke“ über Viggi und Kätter, die der Erzähler ganz ausdrücklich als Kunstprodukte bewertet und von den Schreibereien Viggis abgrenzt:

Es wurde stets ein Vorrat solcher Schwänke in Bereitschaft gehalten, vermehrt und verbessert und gedieh zuletzt zu einer Sammlung von selbständigem Werte. Es gab Seldwyler, Handwerker und Beamte, welche Tage, ja Wochen über der Erfindung und Ausfeilung eines neuen Geschichtchens zubringen konnten. Schien der Schwank gehörig durchdacht und abgerundet, so wurde er erst in einem Kneipchen probiert, ob die Pointe die rechte Wirkung täte, und je nach Befund, oft unter Zuziehung von Sachverständigen, nochmals verbessert, nach allen Regeln eines künstlerischen Verfahrens. Wiederholungen, Längen und Übertreibungen waren strenge verpönt oder nur statthaft, wenn eine besondere Absicht zu Grunde lag. (406f.)

Die richtige Poesie kommt also im anspruchslosen Terminus der „Geschichte“ oder der „Erzählung“ daher, steht der mündlichen Rede nahe, braucht die Grundlage realer Lebenserfahrung, die künstlerische „Ausfeilung“ und die humoristische Pointe, hinterläßt erprobte Wirkung auf die Rezipienten und enthält trotz ihrer zierlichen ästhetischen Form „eine besondere Absicht“. Dadurch grenzt sie sich von der verlogenen Schriftlichkeit Störtelers ab, die ohne innere Substanz vor allem durch die äußere Form, ja erst durch die graphische Gestalt als Literatur definiert ist. So konnte Viggi konsequenterweise auf den Gedanken kommen, die Briefe mit den Spuren der vergossenen Tränen „faksimiliert“ zu veröffentlichen, als könnte die falsche Substanz durch die Aura des Einmaligen ersetzt werden. Gritli hingegen arbeitet gegenläufig. Dort, wo ihr briefantwortender Wilhelm nicht „mit der schwarzen Dinte zu sprechen“ verlangt, sondern „das rote Blut möchte reden lassen“, greift sie in die Textherstellung ein: „Solche Stellen, welche sie nach ihrer Meinung besonders angingen, merzte sie sorgfältig aus in der Abschrift“ (389). Selbst Störteler muß, als er den Vertauschungsbetrug seiner Frau entdeckt, erkennen, daß die Literatur mittlerweile von der Wirklichkeit Besitz genommen hat und er, der Autor eines verlogenen Briefwechsels, „nun selbst der Gegenstand einer förmlichen Geschichte geworden sei, und das wollte er nicht“ (393). In den pathostriefenden Metaphern seiner Literatursprache[97] formuliert er, daß seine Frau zwar als Schreiberin unempfundener Briefe versagt hat,[98] als Erzählerin mit dem Material, das ihr die Wirklichkeit liefert, aber souverän hantiert:

Sie nimmt die treuen, ehrlichen Ergüsse, die Briefe des Gatten, verrenkt das Geschlecht und verdreht die Namen und traktiert damit, prunkend mit gestohlenen Federn, den betörten Genossen ihrer Sünde! So entlockt sie ihm ähnliche Ergüsse, die in sündiger Glut brennen, schwelgt darin, ihre Armut zehrt wie ein Vampyr am fremden Reichtum; doch nicht genug! Sie dreht dem Geschlechte abermals das Genick um, verwechselt abermals die Namen und betrügt mit tückischer Seele den arglosen Gemahl mit den neuen erschlichenen Liebesbriefen, das hohle und doch so verschmitzte Haupt abermals mit fremden Federn schmückend! So äffen sich zwei unbekannte Männer, der echte Gatte und der verführte Buhle, in der Luft fechtend, mit ihrem niedergeschriebenen Herzblut; Einer übertrifft den Andern und wird wiederum überboten an Kraft und Leidenschaft; Jeder wähnt sich an ein holdes Weib zu richten, während die unwissende, aber lüsterne Teufelin unsichtbar in der Mitte sitzt und ihr höllisches Spiel treibt! O ich begreife es ganz, aber ich fasse es nicht!– Wer jetzt als ein Fremder, Unbeteiligter diese schöne Geschichte betrachten könnte, wahrhaftig, ich glaube, er könnte sagen, er habe einen guten Stoff gefunden. (392 f.)

Der Vorwurf vampirhaften Aussaugens literarischer Vorgaben zugunsten einer Manipulation der Wirklichkeit geht an der tatsächlichen Raffinesse von Gritlis Geschichtenerzählen vorbei. Er dreht nur Störtelers eigenes Geschäft um, während Gritli in Wahrheit aus dem „niedergeschriebenen Herzblut", aus Literatur also, wieder eine „schöne Geschichte" mit einem „guten Stoff" in und für die Wirklichkeit machen kann.

Auch Wilhelm macht rückgängig, was Störteler mit der Wirklichkeit angestellt hat: die Benutzung der Natur als Stofflieferant für Landschaftsbeschreibungen. Wilhelms Rückzug in die Idylle des Weinbergs zeigt eine Natur, die schon alle Merkmale einer ästhetischen Organisation in sich trägt: „und als der Sommer da war, sah das Ganze aus fast so bunt und zierlich wie ein Albumblatt" (413). Nicht das Ausschlachten, sondern die „Anwendung", nicht das Sezieren des Natursehens, sondern die mitlebende Beobachtung machen die Natur für Wilhelm zu einem Bildungsmittel und einem Kunstwerk zugleich. Anstelle der Briefsammlung Störtelers entsteht hier eine viel umfassendere und kunstreich komponierte „Sammlung":

Denn der Wald war jetzt seine Schulstube und sein Studiersaal, wenn auch nicht in großer Gelehrsamkeit, so doch in beschaulicher Anwendung des wenigen, was er wußte. Er belauschte das Treiben der Vögel und der anderen Tiere, und nie kehrte er zurück, ohne Gaben der Natur in seinem Reisigbündel wohlverwahrt heimzutragen, sei es eine schöne Moosart, ein kunstreiches, verlassenes Vogelnest, ein wunderlicher Stein, oder eine auffallende Mißbildung an Bäumen und Sträuchern. Aus einem verfallenen Steinbruche klopfte er manches Stück mit uralten Resten heraus von Kräutern und Tieren. Auch legte er eine vollständige Sammlung an von den Rinden aller Waldbäume in den verschiedenen Lebensaltern, indem er schöne viereckige Stücke davon, mit Moosen und Flechten bewachsen, herausschnitt oder sinnig zusammensetzte, die Nadelhölzer sogar mit den glänzenden Harztropfen, so daß jedes Stück ein artiges Bild abgab. (413)

Entsprechend reagiert die keinesfalls „platte und prosaische Natur" Gritlis (422). Sie erkennt die dergestalt ausgestattete Hütte Wilhelms als lebendiges Gesamtkunstwerk:

Sie beschaute sich eifrig Wilhelms sonderliche Behausung, welche inwendig noch märchenhafter aussah als von außen. Die Wände waren mit bemooster Baumrinde, mit Ammonshörnern, Vogelnestern, glänzenden Quarzen ganz bekleidet, die Decke mit wunderbar gewachsenen Baumästen und Wurzeln, und allerhand Waldfrüchte, Tannzapfen, blaue und rote Beerenbüschel hingen dazwischen. Die Fenster waren herrlich gefroren; jedes der runden Gläser zeigte ein anderes Bild, eine Landschaft, eine Blume, eine schlanke Baumgruppe, einen Stern oder ein silbernes Damastgwebe; es waren wohl hundert solcher Scheiben, und keine glich der andern, gleich dem Werk eines gotischen Baumeisters, der einen Kreuzgang baut und für die hundert Spitzbogen immer neues Maßwerk erfindet. (421 f.)

In ihrer Beschreibungsperspektive sind die Prinzipien von Kellers Poetischem Realismus versteckt.[99] Wer solchermaßen im Kunstwerk lebt, kann wie Wilhelm selbst zum Mittelpunkt von Geschichten werden, die eigentlich prosaische Ableitungen von Literatur sind: Die umwohnenden Bauern „schreiben dem Sonderling besondere Einsichten und Kräfte zu" (418 f.) und kommen, „um geheime Briefe von ihm schreiben zu lassen" (419). Dagegen bleibt der Verführungsversuch von Gritlis Freundin, der im Zeichen des Schreibens abläuft,[100] gerade deshalb ohne Wirkung: „denn Eure Feders sind nicht zum Schreiben und ich habe sie weggeworfen!" (426) Denn die richtigen Geschichten, so zeigt die Erzählung, schreibt das Leben zwanglos selbst. Zwar konstruiert die Freundin Gritlis eine erfundene Geschichte für einen letzten Verführungsversuch. Aber es wird ein „Lustspiel für eigene Rechnung" (428), eine Gattung also, die nicht zählt. Hingegen entspinnt sich aus Wilhelms keltischem Grabfund eine eigene Geschichte: „und er erzählte ihr die Geschichte von dem Grabe" (434). Bis zuletzt empfindet Wilhelm die Bedrohung, immer wieder neu ein mißbrauchtes Objekt literarischer Benutzung zu sein: „und mit jedem Schritte stieg schwärzer der betrübte Verdacht in ihm auf, daß er abermals der Gegenstand einer Posse geworden sei" (436). Doch der Verdacht ist unzutreffend. Geschichten, so der Erzähler, wachsen auf zufälligem Grund, aber aus der Lebenspraxis, und sie fallen auch Wilhelm einfach zu. Der Eigendynamik sich entwickelnder Poesie entspricht das Bild vom Dichter als wetterfühligem Seismographen jener „Veränderung" in Seldwyla, die vielleicht zu bedauern, vor allen Dingen aber zu registrieren ist:

Im Grunde war es eine von den unfertigen und abgebrochenen Geschichten, welche wie ein abgeschossenes Bein mit der Veränderung der Jahreszeiten und des Wetters sich immer bemerklich machen. (417)

Diesem wirklichkeitsverpflichteten Selbstverständnis steht Kellers satirischer Abgesang auf das Dichterpaar Viggi und Kätter gegenüber, die schon zu Lebzeiten anachronistisches Relikt der Vulgärromantik geworden und „längst vergessen und verschollen" sind (437). Der wahre Dichterberuf bleibt davon unberührt. Echte Poesie versteckt sich in der Wirklichkeit mit ihren „närrischen Geschichten" (386) und „kleinlichen Angelegenheiten" (387), die die dichterische Einbildungskraft durchaus zu poetisieren vermag. So enthält noch die Satire auf den Mißbrauch des Poetischen ihr positives Gegenstück, hinter der Perversion der Literatur lugt der Glanz des wahren Dichterberufs hervor.

Einen Schritt weiter geht Wilhelm Busch mit seiner 1882 entstandenen und 1883 veröffentlichten Bildergeschichte ›Balduin Bählamm, der verhinderte Dichter‹. Schon der Titel gibt kund, daß es im Gegensatz zu Keller nicht mehr um den Mißbrauch dichterischer Selbstdarstellung geht; Dichtung findet gar nicht mehr statt. Der Möchtegern-Dichter Bählamm scheitert schon an den Vorbereitungen, seine Muse zum Reden zu bringen: die Hindernisse einer der Ästhetik Widerstand bietenden Umwelt, nicht mehr das Dichten selbst sind das Problem! Dieser Bewußtseinsstand steht freilich nicht dem Titelhelden zu; nur der distanzierte Erzähler registriert die Beeinträchtigungen des Dichterberufs. Er tut dies allerdings in exemplarischer Weise. Bählamm vertritt einen bestimmten Dichtertyp. Er ist bestallter Bürger, ein „guter Mensch", von Beruf „Schreiber",[101] „Er hat ein Amt, er ist vermählt" und „bereits auch viermal Vater", dichtender Dilettant und, da „der Muße froh" (172), Freizeitpoet.[102] Der Dichterberuf ist Attitüde auf Zeit, keine jugendliche Entwicklungs- oder Durchgangsphase, keine lebenslange Berufstätigkeit oder dauernde Verpflichtung auf die Prinzipien der Literatur. Vor allem sein unbändiger Wille treibt Bählamm an, problemlose, sangbare Lyrik zur Beschönigung des Alltags zu produzieren:

Und dennoch zwingt ihn tiefes Sehnen,
Sein Glück noch weiter auszudehnen.
Er möchte dichten, möchte singen,
Er möchte was zuwege bringen
Zur Freude sich und jedermannes;
Er fühlt, er muß und also kann es. (172)

Dagegen stehen die Behinderungen durch Mitmenschen und Familie, so daß Bählamm zur Stadtflucht und aufs Land getrieben wird, „Wo Biederkeit noch nicht veraltet, / Wo Ruhe herrscht und Friede waltet!" (183). Doch auf dem scheinbar so poesiefördernden Lande warten noch prosaischere Belästigungen, hindern den sommerfrischelnden Verseschmied am Dichten und beschädigen ihn an Körper und Seele. Erst im häuslichen Bett „erscheint ein lokkend süßer Traum" (236), die Karikatur einer Dichterapotheose:

Hernieder durch das Dachgebälke,
Auf rosenrotem Duftgewölke,

Schwebt eine reizend wundersame
In weiß gehüllte Flügeldame,
Die winkt und lächelt wie zum Zeichen,
Als sollt' er ihr die Hände reichen;
Und selbstverständlich wunderbar
Erwächst auch ihm ein Flügelpaar;
Und selig will er sich erheben,
Um mit der Dame fortzuschweben. (236f.)

Das Erwachen führt den Traum unsanft auf den Boden der Alltagswelt, in die kleinbürgerliche Ordnung und auf seinen Ausgangspunkt zurück: „Um neune wandelt Bählamm so / Wie ehedem auf sein Büro" (240).

Der Erzähler und Zeichner, der seinen Helden zwar karikiert, ihm aber auch mit Sympathie und Mitleid gegenübersteht,[103] hatte im 1. Kapitel noch ohne Bezug auf seine Exempelfigur eine programmatische Darstellung des Dichterberufs gegeben. Dichtung erscheint danach als Surrogat eines Lebens voller „Verdrießlichkeiten" und als selbstbezügliche Produktion von Ersatzschönheit: „Wie wohl ist dem, der dann und wann / Sich etwas Schönes dichten kann!" (167).[104] Durch diese Beschönigung hebt sich der Dichter von der übrigen Welt ab:

Nicht so der Dichter. Kaum mißfällt
Ihm diese altgebackne Welt,
So knetet er aus weicher Kleie
Für sich privatim eine neue

Und zieht als freier Musensohn
In die Poetendimension,
Die fünfte, da die vierte jetzt
Von Geistern ohnehin besetzt.

Hier ist es luftig, duftig, schön,
Hier hat er nichts mehr auszustehn,
Hier aus dem mütterlichen Busen
Der ewig wohlgenährten Musen

Rinnt ihm der Stoff beständig neu
In seine saubre Molkerei. (168)

Die bekannten Stereoptype der Dichterideologie sind zu Platitüden gebündelt.[105] Aus der wolkigen Freiheitszone über den alltäglichen Niederungen steigt die Kunstherstellung auf die Ebene der Banalität herab, jedoch so, daß beide Bereiche ineinander übergehen. Der breit ausgeführte Vergleich des Dichtungsprozesses mit der Buttererzeugung[106] materialisiert die Poesie zur „Sorge, wie man Nahrung findet" (167), in dem die Musen buchstäblich ausgemolken werden. So wie der Dichter mit seiner Poesie ein Elementarbedürfnis befriedigt, genauso ist er bestrebt, mit seinen Erzeugnissen „auch andern damit wohlzutun" (169), „im Wochenblättchen abgedruckt" und „vom treuen Kolporteur" „durch die ganze Stadt verbreitet" zu werden (170). Entsprechend lebensprall wie die Literaturherstellung verläuft auch die Rezeption. Sein „reizendes Gedicht", zur Beglückung, Erbauung, Benutzung und schließlichem Verbrauch der Leserschaft ausgehändigt, enthält den ganzen Dichter, der derselben Benutzungsgeschichte wie sein Produkt unterliegt:

> Erst in den Kopf, dann in das Herz,
> Dann kreuz und quer und niederwärts
> Fließt's und durchweicht das ganze Wesen
> Von allen denen, die es lesen.
>
> Nun lebt in Leib und Seel der Leute,
> Umschlossen vom Bezirk der Häute
> Und andern warmen Kleidungsstücken,
> Der Dichter fort, um zu beglücken,
>
> Bis daß er schließlich abgenützt,
> Verklungen oder ausgeschwitzt. (170)

Der hehre Anspruch der Dichtung wirkt deshalb lachhaft, weil er alle Trivialisierungen des Dichterberufs bis in die unsinnigsten Konsequenzen auswalzt und die Formulierungen der Dichterideologie wortwörtlich nimmt.

Fast zeitgleich mit Buschs ›Balduin Bählamm‹ hat Friedrich Nietzsche einen auf den ersten Blick völlig gegensätzlichen Weg bei der Auseinandersetzung mit dem herkömmlichen Dichterberuf eingeschlagen. Doch unter der Oberfläche des Unvereinbaren zeigen sich gemeinsame Argumentationslinien. Im ›Ecce Homo‹ beansprucht Nietzsche für sich eine Form poetischer Inspiration, in der alle seit der Antike bekannten Merkmale sogar gesteigert auftauchen. Besonders die irrationalen Faktoren, die den Dichter zum „Medium übermächtiger Gewalten" machen[107] und ihm jede Bewußtseinsentscheidung absprechen, sind betont. Doch Nietzsches aggressive Geste ist eine Verteidigungsposition, ein hoffender Rückgriff auf die „Dichter starker Zeitalter", die für die Gegenwart des späten 19. Jahrhunderts kaum mehr geglaubt werden können.[108] Was so offensichtlich nichts miteinander zu tun hat, zeigt doch eine untergründige Verwandtschaft beim Erspüren von Defiziten. Die Antworten fallen jedoch höchst unterschiedlich aus. Nietzsche forciert die Gültigkeit der traditionellen Inspirationsmechanismen gegen ihre Anzweifelungen, indem er sie historisiert und zugleich personalisiert. Der Dichter Bählamm dichtet ganz einfach, weil er es will. Buschs Interesse gilt den Widerständen in der Prosa des Alltags, die den Prozeß des Dichtens verhindern. Er karikiert zwar den Dichter Bählamm und stellt dessen hohen Anspruch in Frage, nicht jedoch den Beruf des Dichters als solchen. Nietzsche zieht den gesamten Dichterberuf in Zweifel. In der ersten seiner ›Dionysos-Dithyramben‹ – schon der Gattungstitel zielt auf die Wunschhöhe – zerbricht das lyrische Ich an der nicht mehr zu erfüllenden Wahrheitsverpflichtung des Dichters, der „wissentlich, willentlich lügen muß"[109]. Eine noch extremere Demontage des dichterischen Ich kommt schon im Titel des Gedichts ›Nur Narr! Nur Dichter!‹ zum Ausdruck, sie führt unmittelbar in die Moderne.[110] Buschs Dichter Bählamm leidet ebenfalls unter einem Defizit-Bewußtsein, allerdings ist sein Dichter-Ich davon nicht tangiert, es funktioniert im Gegenteil auf herkömmliche Weise und wie geschmiert. Beide reagieren auf das Scheitern des traditionellen Schreibens mit einem merkwürdig verbogenen Blick auf die faßbaren Gegenständlichkeiten. Während Nietzsche bei seiner Inspirationsschilderung die „Unfreiwilligkeit des Bildes" betont, man habe „keinen Begriff mehr, was Bild, was Gleichnis ist", alles biete „sich als der nächste, der richtigste, der einfachste Ausdruck" an; es scheine, „als ob die Dinge selber herauskämen",[111] er also einer zwanghaften Bilderproduktion unterliegt, wird Buschs Dichter durch die Dinge selbst überwältigt. Damit ist nicht die Tatsache gemeint, daß es sich beim ›Bählamm‹ um eine gezeichnete Bildergeschichte handelt. Vielmehr sind es die Gegenstände der Wirklichkeit, die den Dichter Bählamm am Dichten hindern, seien es nun Mückenstiche oder Zahnschmerzen, „engherzig" durch Moos kriechende Ohrwürmer oder einfach Telegraphenstangen:

> Vorüber schnell und schneller tanzen,
> Durch Draht verknüpft zu einem ganzen,
> Die schwesterlich verwandten, langen,
> Zahlreichen Telegraphenstangen.
> Der Wald, die Wiesen, das Gefilde
> Als unstet wirbelnde Gebilde,
> Sind lästig den verwirrten Sinnen.
> Gern richtet sich der Blick nach innen. (186)

Busch, nicht sein Dichter Bählamm, erscheint hier sogar moderner als Nietzsche, weil er die Verselbständigung der Dinge und ihre Eigendynamik *gegen* die Intentionen des Dichters erkennt. Die sprichwörtlich gewordene „Tücke des Objekts", von Friedrich Theodor Vischer in seinem Roman ›Auch einer‹ 1878 bis zur Kulturtheorie vorangetrieben, liefert die epochengeschichtliche Einordnung einer solchen Erfahrung des Umbruchs und der psychiatrisch deutbaren Fehlleistungen.[112] Während Nietzsches Dichter noch an uneinlösbaren Ansprüchen, letztlich also an sich selber scheitert, erliegt Bählamm einer sich verselbständigenden Objektwelt. Nietzsches Inspiration funktioniert noch, freilich angestrengt im Sinne der Tradition. Die Apotheose des Dichters Bählamm hingegen verhindert das Gewicht der Welt:

> Doch ach! Wie schaudert er zusammen!
> Denn wie mit tausend Kilogrammen
> Hängt es sich plötzlich an die Glieder,

Hemmt das entfaltete Gefieder
Und hindert, daß er weiterfliege. (238 f.)

In Theodor Fontanes Roman ›Frau Jenny Treibel‹ von 1892 kommt der Beruf des Dichters nur noch in rudimentärer Verkürzung auf seine äußerste Schwundstufe vor.[113] Die zweite Hälfte des Titels, „Wo sich Herz zum Herzen find't", die Fontane gegen die Einsprüche seiner Familie und des Verlegers beibehalten hatte,[114] schreibt einer Verszeile eines kleinen Gedichts Aussagekraft für den gesamten Roman zu. Doch ihr Dichter Wilibald Schmidt, neben der Titelheldin die zentrale Figur des Romans, hat mit seiner Reimerei aus Studententagen anscheinend wenig mehr im Sinn. Der Roman thematisiert denn auch eine immanente Poetik nur versteckt; es dominiert die Kritik um den Komplex des Besitz- und Bildungsbürgertums vor dem Hintergrund sozialgeschichtlicher Veränderungen im Berlin des ausgehenden Jahrhunderts.[115] Dennoch hat das Lied verborgene leitmotivische Funktion, an der sogar eine Neuakzentuierung bei der Deutung des interpretatorisch umstrittenen Romanendes festgemacht werden kann. Jenny Treibel kommt während des gesamten Romans auf das Lied zurück; sie reklamiert es als Jugenderinnerung für sich, hat es im wörtlichen Sinn für sich vereinnahmt und ihrem besitzbürgerlichen Lebensstil repräsentativ anverwandelt: „das kleine Buch, das ursprünglich einen blauen Deckel hatte (jetzt aber hab ich es in grünen Maroquin binden lassen)"[116]. Entscheidender als ihre Besitznahme des Lyrischen ist jedoch ihre Behauptung, durch „das Poetische" eine eigenständige Bildungsgeschichte absolviert zu haben (8). In einer Mischung aus verlogener Rührung, sentimentaler Religiosität und erinnerungsseliger Verdrängung der wahren Tatbestände erhebt sie „das Poetische" auf einen Standpunkt weit über den „prosaischen Menschen" und überhöht ihren unerhörten sozialen Aufstieg schicksalhaft:

Aber, Gott sei Dank, ich habe mich an Gedichten herangebildet, und wenn man viele davon auswendig weiß, so weiß man doch manches. Und daß es so ist, das verdanke ich nächst Gott, der es in meine Seele pflanzte, deinem Vater. Der hat das Blümlein großgezogen, das sonst drüben in dem Ladengeschäft unter all den prosaischen Menschen – und du glaubst gar nicht, wie prosaische Menschen es gibt – verkümmert wäre ... (8)

Die Redeweise der Gedichtlektüre („Blümlein") wird übernommen zur Bestimmung eines Seelenzustandes, der sich als leeres Reproduzieren („auswendig") eines an sich unbrauchbaren Genusses verrät („so weiß man doch manches"), sie bemäntelt eine Verstellungsideologie, die dazu dient, ganz handfeste materielle Interessen zu überdecken. Wilibald Schmidt bezeichnet die Kommerzienrätin mit ihrem Spielen ums „Sentimentale" und „Ideale" deshalb als „Musterstück von einer Bourgeoise" (13). Sehr viel härter urteilt Fontane selbst, wenn er die Lügenmechanismen Jennys festmacht an der

Schlußzeile eines sentimentalen Liebblingsliedes, das die 50jährige Kommerzienrätin im engeren Zirkel beständig singt und sich dadurch Anspruch auf das „Höhere“ erwirbt, während ihr in Wahrheit nur das Kommerzienrätliche, will sagen das Geld, das „Höhere“ bedeutet. Zweck der Geschichte: das Hohle, Phrasenhafte, Lügnerische, Hochmütige, Hartherzige des Bourgeoisstandpunkts zu zeigen, der von Schiller spricht und Gerson meint.[117]

Welche Rolle die Poesie in diesen Gesellschaftskreisen spielt, zeigt eine Salonplauderei über die Lyrik Georg Herweghs. Ausgerechnet eine Karikatur, der Leutnant Vogelsang, führt den Dichter Herwegh als „den großen Hauptsünder“ für „jene verlogene Zeit“ (28) – gemeint ist der Vormärz – ins Gespräch ein. An seiner Geringschätzung für Herweghs politische Lyrik läßt der alte Reaktionär keinen Zweifel.[118] Da bekennt sich Jenny Treibel mutig zu Herwegh als ihrem „Lieblingsdichter“. Sie entblößt sich an „einer sehr empfindlichen Stelle“ ihres Seelenhaushalts, denn sie tut kund, daß sie Herweghs Gedichte nicht etwa als vollendete Poesie so entzückten, sondern weil sie als Erziehungsmittel der Eltern ganz unmittelbar im Interesse der sozialen Konditionierung eingesetzt worden waren.[119] „Das Niedere“, gegen das Jenny Herwegh in Dienst nimmt, meint eindeutig Soziales; Dichtung soll sozialstabilisierende und klassensichernde Funktion haben. Für Jenny ist es trotzdem kein Widerspruch, Herwegh als unpolitischen Dichter zu rezipieren, „da das Politische nur ein Tropfen fremden Blutes in seinen Adern war. Indessen groß ist er, wo er nur Dichter war“ (29). Dichtung scheint, von ihren Inhalten entkleidet, als leere Stimmungshaftigkeit gelesen werden zu können. Der echte Dichter hat, gemäß der Dichterideologie des Jahrhunderts, über der ordinären Tagespolitik zu schweben. Zum Beweis dessen zitiert die Kommerzienrätin zwei Verse aus Herweghs ›Strophen aus der Fremde‹, die diese pathetische und zugleich sentimentale Leerheit der Empfindung ohne Wirklichkeitsbezug illustrieren sollen. Vogelsang, der im Versfluß der Reimverbindung von „letzten Gluten“ zu „verbluten“ das Zitat im Sinn einer prosaisch-militärischen Wirklichkeitssicht ergänzt, beurteilt Herweghs Verse am tatsächlichen Verhalten des Dichters; dergestalt wörtlich genommen, verpufft der hohe Anspruch sowohl der Verse als auch des Verfassers: „Aber wer sich, als es galt, durchaus nicht verbluten wollte, das war der Herr Dichter selbst“ (29). Vogelsangs Urteil, an der offensichtlichen Diskrepanz von Lebenspraxis und dichterischer Formulierung festgemacht, liest aus den „hohlen, leeren Worten“ und der „Reimsucherei“ ein plattes Dichterbild heraus, hinter dem sogar die populäre Verhunzung der hegelianischen Literaturtheorie sichtbar wird; Literatur verficht „überwundene Standpunkte“, aber: „Der Prosa gehört die Welt“ (29).

Ein Blick auf das genannte Gedicht Herweghs zeigt indes, daß beide (bewußt?) unvollständig zitiert haben. Beide benutzen die Verse als Argumentationsmunition für ihre jeweils eigene Poesievorstellung und schneiden aus dem

Gedicht heraus, was nicht dazu paßt. So hat Jenny Treibel den in doppeltem Sinn verräterischen Vers „Mich in den Schoß des Ewigen verbluten“ unterschlagen,[120] der sich ja nicht nur im platten Sinne Vogelsangs auf die kriegerischen Aktivitäten der 1848/49-Revolution beziehen läßt, sondern durchaus als gewagte erotische Metapher zu lesen ist, deren Anstößigkeit Jenny aus ihrem Bewußtsein verdrängt hat. Der dritte Vers der Strophe Herweghs, den weder Jenny noch Vogelsang erinnern (wollen), macht offenbar, daß Herweghs Gedicht keineswegs nur leere Abendrot-Stimmung produziert: „O leichter, sanfter, ungefühlter Tod!“ Indem Jenny die Todesthematik des Gedichts (willentlich?) negiert und eine „poetische Welt“ feiert, die sich in leeren Formeln („vor allem gelten mir auch die Formen“) und im Ideal des sangbaren Liedes („Am reinsten aber hab ich das Ideal im Liede“) ausdrückt (29), reduziert sie die Poesie auf eine unverbindliche Gefühlsduselei.

Das den zweiten Romanteil liefernde, zweimal vorgetragene und zweimal abgedruckte Lieblingslied Jenny Treibels dient zweifellos auch zur Illustrierung solcher Literaturvorstellungen. Dennoch weist es darüber hinaus. Schon der erste Eindruck des Vortrags ist ein „inniger“; der Engländer Nelson, dessen sicheres Urteil dem Leser bald auffällt, zeigt sich nicht nur aus Höflichkeit davon beeindruckt (“wonderfully good”). Seine Formulierung läßt freilich offen, ob er eher im Gedicht oder im Vortrag die deutsche Wesensart adäquat ausgedrückt findet: “Oh, these Germans, they know everything” (51). Diese Einschätzung entspricht ziemlich genau dem Urteil des Dichters Schmidt am Ende des Romans: „Es ist etwas damit, es ist was drin“ (212). Beide artikulieren in ihrer Undeutlichkeit das nicht genau Faßbare der Poesiewirkung.

Über den Grad der Trivialität des Lieds mag man streiten,[121] auch darüber, ob es sich wie beim fiktiven Verfasser Schmidt um eine aufbewahrte poetische Reminiszenz Fontanes oder um ein speziell für den Roman verfaßtes sentimentales Produkt handelt.[122] Viel wichtiger ist indes die Beobachtung, daß das Lied in vier Brechungen und Lesarten erscheint. Die Mechanismen dieser mehrfachen Umschreibung des Gedichts, ohne dessen Text zu verändern, enthalten die Sinnstruktur des Romans.

1. Zuerst hat das Lied die Funktion, das Jugendverhältnis zwischen Jenny und Wilibald als unmittelbaren Ausdruck ihrer Liebe zu dokumentieren. Es ist, wenigstens nach der ursprünglichen Intention des Verfassers, reine Erlebnislyrik im Stil spätromantischer Betroffenheitspoesie. Schmidt hat es, wie er sich erinnert, im Hochgefühl seiner Liebe zu Jenny gedichtet,[123] der er es auch an ihr literarisches Vorverständnis angepaßt und auf ihren Geschmack zugeschnitten hat:

> da war sie schon genauso wie heut und deklamierte den „Taucher“ und den „Gang nach dem Eisenhammer“ und auch allerlei kleine Lieder, und wenn es recht was Rührendes war, so war ihr Auge schon damals in Tränen, und als ich eines Tages mein berühmtes Gedicht gedichtet hatte, du weißt schon, das Unglücksding ... (86)

Nimmt man Jennys Hinweis auf ihren Lieblingsdichter Herwegh ernst,[124] so zeigt sich, daß das von ihr zitierte Herwegh-Gedicht für den Dichter Schmidt unterschwellig die Stimmungs- und Strukturvorlage gebildet hat! Herweghs zweites Gedicht seiner ›Strophen aus der Fremde‹ arbeitet nach demselben Reihungsprinzip loser poetischer Bilder wie Schmidts Lied. Der Erlebnislyriker Schmidt hat nur dessen elegische Stimmung – es handelt sich ja um ein monologisches Todesgedicht – im Sinne seiner eigenen Liebesbeziehung durch eine positive Bildlichkeit ersetzt. Ging es Herwegh um den Verscheidenswunsch eines Einsamen („hingehn ohne Spur") und das befürchtete wahre Ende: „Das arme Menschenherz muß stückweis brechen"[125], so verkehrt dies Schmidt, ohne den Bildbereich zu verlassen: „Wo sich Herz zum Herzen find't" (51). Sein lyrisches Ich verlangt ausdrücklich, identisch mit dem Autor zu sein, die Versatzstücke romantischer Lyrik vergolden eine ideal gemeinte Liebesbeziehung. So entsteht die (trivialisierte) Wiederholung reiner Erlebnislyrik im Sinn Goethes, bei der das einmalige Ereignis in poetischer Form aufbewahrt und im Gedicht immer neu erweckt werden kann. Diese Lesart des Liedes findet ihre um eine Generation verschobene Entsprechung in der Verlobungszene zwischen Schmidts Tochter Corinna und Jennys Sohn Leopold. Dort ist es eine Strophe aus Lenaus Gedicht ›Mondlicht‹, die mit ähnlichen Stichworten („Herz", „Abendwind") dieselbe Funktion übernimmt (143).

2. Eine zweite Lesart erhält das Gedicht durch Jenny Treibels „wohlbekannten" (51) Vortrag. Jenny stellt bewußt und vorsätzlich die Aussage des Gedichts und die Intention des Verfassers Schmidt auf den Kopf, ohne in den Text einzugreifen. Indem sie sich selbst an die Stelle des lyrischen Ichs setzt, wird die Thematik des Gedichts, den materiellen Dingen („Gold")[126] zugunsten eines schlichten Glücks entsagen zu wollen, vollständig verkehrt. Das Gedicht wird aus seinem (ursprünglich immer mitzulesenden) Erlebniszusammenhang herausgerissen, in eine falsche Ich-Beziehung hineingestellt und mit den inhaltsleeren oder verlogenen „Sentimentalitäten" (87) des Vortrags aufgeladen.[127] Aus der lyrischen Ich-Aussprache Schmidts ist eine beliebige Formelsammlung geworden. Hatte Schmidt beim Verfassen des Gedichts ausdrücklich auf *seiner* Urheberschaft bestanden[128] und damit verlangt, sein biographisches Ich als konstituierenden Teil des Gedichts zu verstehen, so hatte Jenny diesen Erlebnisanlaß der Poesie trotz ihrer Kenntnis der Lage heftig bestritten und schon damals den Autor von seinem Produkt zu trennen versucht.[129] Diese Methode, den Klang- und Formkörper eines Gedichts von unerwünschten Inhalten zu reinigen, hatte sie in ihrem Umgang mit den Gedichten Herweghs erprobt. Wer nun das Lied, von Jenny im großbürgerlichen Salon vorgetragen, hört, kann die vom Verfasser ursprünglich intendierte Aussage des Gedichts nicht mehr erkennen.

3. Eine dritte Lesart des Gedichts entsteht aus der gegenwärtigen Perspek-

tive Schmidts. Er sieht sein damaliges Gedicht im Rückblick mit ironischer Reserve und in gleichsam literarkritischer Distanz.[130] Schmidt kann mittlerweile von seiner Situation als ehemaliger Dichter abstrahieren und zwischen seinem lyrischen Ich von damals und der realbiographischen Verliebtheit unterscheiden.[131] Aus der emotionalen Verstrickung seiner Jugend hat er sich gelöst und sieht seine Gefühlsseligkeit von damals nun als literarische Mache an: „beiläufig eine himmlische Trivialität und ganz wie geschaffen für Jenny Treibel" (87).[132] Er nimmt zwar die Enteignung seines Produktes[133] durch Jenny hin, gibt seinem Gedicht aber insgeheim nachträglich einen neuen Sinn. Indem er sich für sich selbst wieder als lyrisches Ich einsetzt, kann er seine heutigen beschränkten Lebensverhältnisse als im Gedicht vorausgeahnt ansehen und sie als freie Entscheidung gegen das Besitzbürgertum Jennys ausspielen („Was soll Gold"); indem er die ursprüngliche Liebesthematik auf seinen Lebensweg überträgt („nur das ist Leben"), deutet er den letzten Vers, „drin sich, wie du weißt, ‚die Herzen finden'", auf die heutige Verbindung der beiden Familien um und entdeckt jetzt sogar die Hoffnung auf eine Verbindung von Besitz und Bildung: „in dem Liede lebt unsre Freundschaft fort bis diesen Tag, als sei nichts vorgefallen. Und am Ende, warum auch nicht?" (87) So sichert der Erlebnisdichter Schmidt sein Gedicht gegen die falsche Vereinnahmung durch Jenny, so rettet er seinen ehemaligen Dichterberuf durch die Gegenwart der prosaischen Verhältnisse.

4. Eine letzte Lesart des Lieds zeigt sich schließlich am Ende des Romans. Dort ist es Adolar Krola, der das Lied auf Bitten des Verfassers vorträgt. Die Aufforderung Schmidts, daß Krola „das Herzenslied" Jennys „in gewissem Sinne profanieren" solle, zielt darauf ab, im „Schaustellen eines Heiligsten" (211) die verstiegenen Sentimentalitäten zurückzunehmen und das Lied der falschen Indienstnahme zu entreißen. Denn indem der Sänger Krola, nun auf Geheiß des Dichters, in die Rolle des lyrischen Ichs schlüpft, erhält das Lied einen neuen, doppelten gebrochenen Sinn. Einerseits wird die falsche Sakralisierung durch Jenny zugunsten einfacher Herzlichkeit rückgängig gemacht, andererseits wird die Ich-Du-Struktur des Gedichts auf die brüderliche Freundschaft zwischen Schmidt und Krola übertragen.

Die dadurch scheinbar bedeutungslos gewordenen übrigen Konnotationen des Gedichts erhalten jetzt weiterreichende Sinnbezüge. Denn aus der Perspektive des Gedichts läßt sich die schwer zu entziffernde Schlußszene nicht bloß als Relativierung aller Positionen des Romans lesen, noch dazu aus dem Munde des stark alkoholisierten Schmidt und dessen universaler Negierung „alles ist Unsinn" (212).[134] Deutet die im Hintergrund der Romangespräche aufscheinende Figur Heinrich Schliemanns eine denkbare Synthese von Besitz und Bildung an,[135] so stellt die Figur Krolas auf einer anderen Ebene einen spiegelbildlich dazu angelegten Versuch dar. In Krola kommen zwar nicht Besitz und Bildung, jedoch Besitz und Kunst zusammen. Als „Tenor und Millionär" sitzt der Hausfreund Krola in doppeltem Sinn „zwischen zwei Stühlen" (29), obwohl der Erzähler voll des Lobes für ihn ist[136] und Krola als „liebenswürdiger Mann" (24) in allen Gesellschaftskreisen zu gefallen weiß. Seine Stellung als „Sänger und Bruder" Schmidts (211) ist Signal. Denn Krolas Rolle bei den Kunstdarbietungen in den Salons war schon immer derjenigen ähnlich, die Wilibald Schmidt für sich selbst im Kreis der „Sieben Waisen" reklamiert hatte, „den denkbar höchsten Standpunkt, den der Selbstironie" (61). Der Erzähler hatte Krola als ehemaligen Künstler charakterisiert, der die Prinzipien seiner Kunst nicht verraten, sondern sogar noch gesteigert hat, *gerade weil* dergleichen in den Kreisen des Besitzbürgertums nicht vorkommt:

> Aus seinem ganzen Wesen sprach eine Mischung aus Wohlwollen und Ironie. Die Tage seiner eignen Berühmtheit lagen weit zurück, aber je weiter sie zurücklagen, desto höher waren seine Kunstansprüche geworden, so daß es ihm, bei dem totalen Unerfülltbleiben derselben, vollkommen gleichgültig erschien, *was* zum Vortrage kam und *wer* das Wagnis wagte. Von Genuß konnte keine Rede für ihn sein, nur von Amüsement, und weil er einen angeborenen Sinn für das Heitere hatte, durfte man sagen, sein Vergnügen stand jedesmal dann auf der Höhe, wenn seine Freundin Jenny Treibel, wie sie das liebte, durch Vortrag einiger Lieder den Schluß der musikalischen Soiree machte. (49)

In dieser „Mischung aus Wohlwollen und Ironie", die dem Wissen um die Unerfüllbarkeit der Kunstansprüche erwachsen ist, nimmt Krola beim Liedvortrag gar keine Inhalte mehr wahr, sondern nur noch die Aufführungssituation. „Amüsement" und „Vergnügen" in der Gesellschaft sind an die Stelle des Genusses von Kunst getreten. Die Kunst, die nicht mehr stattfindet, bleibt dadurch bewahrt und vor jener „Profanierung" (211) geschützt, die Schmidt spaßeshalber genehmigt hatte. Erst unter solchen Voraussetzungen und aus dem Munde Krolas kann Schmidt sein eigenes Lied wieder so schätzen, daß er sogar von den von ihm selbst geschaffenen Sentimentalitäten übermannt wird: „Schmidt weinte vor sich hin."[137] Die dadurch ausgelöste Selbstdeutung seines Dichtens, noch dazu unter Alkoholeinfluß, entwürdigt Wilibald Schmidt keinesfalls und trübt sein Bewußtsein nur für den Augenblick: „Aber mit einem Male war er wieder da." (212) Denn selbst im Vollrausch besitzt Schmidt genug Dichterstolz und Poetenbewußtsein, wahrhaft „echte Lyrik" geschaffen zu haben:

> Es ist was damit, es ist was drin; ich weiß nicht genau was, aber das ist es eben – es ist ein wirkliches Lied. Alle echte Lyrik hat was Geheimnisvolles. Ich hätte doch am Ende dabei bleiben sollen ... (212)

Dem widerspricht sein Verdammungsurteil am Ende des Romans, „Geld", „Wissenschaft" und „alles ist Unsinn" keinesfalls: In seiner Aufzählung kommt die Poesie eben *nicht* vor! Die vielgesuchte Versöhnung von Besitz und Bildung mag sich am Ende des Romans als gebrochen und fragwürdig herausstellen, sei es in der bildungssüchtigen Philologenexistenz Schmidts, im verlogenen Bildungsgetue Jennys oder in der vagen Hoffnung auf eine Wissenschaftskarriere beim Ehepaar Wedderkopp. Die Künstler, der arme Ex-Dichter Schmidt und der reiche Ex-Sänger Krola, triumphieren in der Besitzbürgergesellschaft durch das Mysterium des Sentimentalen, über das sie verfügen und ohne das niemand auskommt. Denn noch im trivialsten Gedicht steckt jenes Geheimnis des Poetischen, das selbst der Dichter nicht zu durchschauen vermag, und es bewahrt eine lebenslange Gestimmtheit, die den dichtenden Bildungsbürger vom poesiekonsumierenden Bourgeois unterscheidet und ihm einen weiteren Horizont öffnet:

Das Poetische – vorausgesetzt, daß man etwas anderes darunter versteht als meine Freundin Jenny Treibel –, das Poetische hat immer recht; es wächst weit über das Historische hinaus ... (76)

VI. Legitimationskrisen des Dichterberufs: Leiden an der Zeit

Die Trivialisierungen und Schwundformen des Dichterberufs, wie sie am Ausgang des 19. Jahrhunderts bis über die Grenze der Karikatur hinaus reichten, blieben nicht ohne Antwort. Die naturalistische Bewegung verfügte seit Arno Holz' programmatischem Satz „Die Kunst hat die Tendenz, wieder die Natur zu sein" und mit seiner noch kürzeren Formel „Kunst = Natur – x" über ein eingängiges Schlagwort. Sie hatte den Dichter, der in jenem tendenziell gegen Null gehenden „x" enthalten war, aus dem poetischen Produktionsprozeß auszutreiben versucht.[1] Die Gegenbewegung ließ nicht lange auf sich warten. In der konservativen Kulturkritik Nietzsches erstand der Dichter als Genie und Schöpfer, als Übermensch oder als Führer neu, wenn auch die provokante Geste der Gewalttätigkeit nach Verdrängung und Verteidigung schmeckte. Aber selbst so radikale Infragestellungen prallten an den Forderungen der sozialen Wirklichkeit des neuen Jahrhunderts, was denn Wesen und Aufgabe des Dichters sei, einfach ab. In einer unüberschaubar gewordenen Welt machte vieles angst. Die rapide fortschreitenden Veränderungen der Lebensbedingungen wurden als ethische Nivellierung durch schleichende Demokratisierung und als Säkularisierung alles dessen erlebt, das bislang unbezweifelt gegolten hatte. Gab es wie 100 Jahre zuvor, in der Epoche der Revolutionen, neue umwälzende Tendenzen des Zeitalters? Jedenfalls wurde dem optimistischen Glauben an naturwissenschaftliche Erklärungsmodelle aufgekündigt. Statt dessen stellten die Rückzugspositionen ihren offensiven Geist zur Schau. Die Ideologie eines inneren Adels sicherte das Weiterbestehen der angegriffenen (auch sozialen) Unterschiede, die Bildungsideale höherer Schichten spielten einen biologistischen und zugleich pseudoreligiösen Begriff des Lebens gegen eine angeblich verwerfliche Verstandeskultur aus. Man erhob den Künstler zur Vorbildfigur und in den Rang eines geistigen Heldentums. Julius Langbehns 1890 erstmals erschienenes Buch ›Rembrandt als Erzieher‹ mag dafür als symptomatisch gelten;[2] es leitet fraglos, aber nicht ganz bruchlos in die Vorgeschichte des Dritten Reichs. Aber auch ernsthaftere und durchdachtere Konzepte pflegten die Ideologie des Heldenkults und der elitären Geste.

Auf der anderen Seite hatte Nietzsches „Umwertung aller Werte" auch zu einer radikalen Umformierung der traditionellen Merkmale des Dichterberufs geführt. Der von den französischen Symbolisten geprägte und von Verlaine in Umlauf gebrachte Begriff des *poète maudit* zeugte vom endgültigen Zusammenbruch aller über die Krisen geretteten Merkmale des Selbstverständnisses. Weder der Glaube an die göttliche Offenbarung, der den *poeta vates* legitimierte, noch der Bildungskanon des *poeta doctus*, der zum Bildungsballast geworden war, erst recht nicht der Anspruch auf eine vorbildliche Lebensbewältigung, der dem Bild des Dichters als eines Führers zugrunde lag, widerstanden den Erfahrungen der Gegenwart, nach denen die Dichter in abgrundtiefer Isolation steckten, ihre mangelnde Vitalität erlitten oder der überwältigenden Banalität des Faktischen zu erliegen drohten.[3] Die Dichter empfanden ihre Ausgesetztheit in solcher Schärfe, daß die Begriffe, mit denen die traditionelle Dichtereinsamkeit beschrieben wurde, nicht mehr ausreichten. Sie verstanden sich als Gezeichnete, nicht mehr als Ausgezeichnete, als Verfluchte, nicht mehr als Begnadete, als Behinderte und Gefährdete.[4] Dem Bewußtsein, dem gewöhnlichen Leben nicht überhoben, sondern ihm nicht gewachsen oder entfremdet zu sein, ließen sich erst dann – etwa in Thomas Manns Künstergestalten – neue Möglichkeiten abgewinnen, wenn die Schriftsteller bereit waren, ihre Minderposition als konstitutiv zu akzeptieren. Vorerst pflegten die Dichter die elegische Décadence oder versuchten nach dem Vorbild Baudelaires, Rimbauds oder Verlaines, ihren Lebenshunger exzessiv auszukosten. Aber alle hatten die Notwendigkeit erkannt, das eigene Schaffen in ihren Werken permanent zu reflektieren und andauernd zu legitimieren. Von nun an schien es nicht mehr möglich, so zu dichten, als lebe der Dichter ohne Verwicklung in seine Zeit; jede immanente Poetik, die beanspruchte, auf der Höhe ihrer Zeit zu stehen, hatte ihre Naivität verloren.

1. Der alte Dichter und das „Neue Reich“: Georges ›der dichter in zeiten der wirren‹

In der Höhe des rhetorischen Pathos und im hehren Anspruch des Dichterberufs scheint Stefan Georges ›der dichter in zeiten der wirren‹ nicht weit von der Vormärzrhetorik Herweghs oder Geibels imperialem Dichterkönig entfernt. Doch George unterscheidet sich von beiden durch sein modernes künstlerisches Krisenbewußtsein und seine Verteidigung des Dichterberufs gegen die Banalität.[5] Georges Programmgedicht entstammt zwar seiner Sammlung ›Das neue Reich‹ von 1928 und wurde zuerst 1921 in den ›Blättern für die Kunst‹ veröffentlicht, es lebt aber offenkundig aus dem Geist der Vorkriegszeit[6] und trägt alle Zeichen der Umbrüche der Jahrhundertwende. Das Gedicht knüpft mit seinen Eingangsversen programmatisch an die Traditionen der Poetologie an („heisst“). Die Aufgabe des Dichters, die Verschönerung des Alltags, wird im Präsens als dem Modus zeitloser Gültigkeit postuliert:

Der Dichter heisst im stillern gang der zeit
Beflügelt kind das holde träume tönt
Und schönheit bringt ins tätige getrieb.[7]

Doch sofort wird dieses Dichterbild als ein solches der Vergangenheit durchschaut. Der Gegenwart kommt eine solche Naivität nicht mehr zu („doch") – die Strukturentsprechung zu Hölderlins ›Dichterberuf‹ auch in den konditionalen Einschränkungen ist offensichtlich.[8] Denn jetzt, da „aus übeln sich das wetter braut / Das schicksal pocht mit lauten hammerschlägen", erwarten den Dichter andere Aufgaben. Seine Äußerung „tönt" nicht mehr wie bislang, sondern klingt „wie rauh metall". Noch entscheidender als der von der Zeit erzwungene Wechsel im Tonfall ist die Erfahrung vom Mißverstehen dichterischer Rede. Der Dichter wird im doppelten Sinn des Wortes „verhört". Als „einzig seher", als Prophet und „mahner" warnt er „umsonst". Die „tollgewordne menge" ignoriert ihn, die politische Herrschaft „sperrt ihn ins verlies". Doch Georges Dichter kann sich nicht wie Geibels ›König Dichter‹ schmollend oder hochmütig auf die Bergeshöhe zurückziehen. Er bleibt weiterhin Teil des Weltzerfalls, den er in biblischen Bildern aufzeichnet. Der Dichter leidet unter der Mißachtung, auf die er mit veränderter Redeweise reagiert: „er seufzt und schweigt". Denn er empfindet in verdichteter Form das Leid seines Volks voraus und übernimmt die Stellvertreterrolle: „Er fernab fühlt allein / Das ganze elend und die ganze schmach" (416). Auffällig ist nicht nur die Analogie zur Kreuznahme Christi, sondern auch die Repräsentanz für den Druck der Zeitereignisse. Obwohl er mitten drin steht, erfährt er sich in Einsamkeit und innerlicher Isolation. Die dadurch hervorgerufene gesteigerte Intensität der Wahrnehmung wird Hofmannsthal als mitleidende Teilhabe am Menschlichen zum Bild des Dichters, der unter der Stiege seines eigenen Hauses wohnt, verschärfen.

Die zweite Strophe wendet die Zeitkritik in Forderungen an den Dichter um, in „dieser trübsal" Poesie als Tröstung anzubieten (417). Dies wird von der Urteilsinstanz des Texts im Namen des Dichters abgelehnt; statt dessen sind die Verfallserscheinungen der Jetztzeit aufgelistet. Soziale Verhaltensweisen gelten als Triebhaftigkeit („allgemeiner trieb") oder Konsumzwang („mehrung" des „lieben tandes"), der politische Meinungsstreit („jede zunft die andre / Beschimpfend") als Geistlosigkeit. Das archaische Gesellschaftsmodell, das schon die 1. Strophe angesagt hatte („Bürger und krieger", „Fürsten und priester"), wird in den Metaphern einer vorindustriellen Welt („zunft", „Der ganze stamm") und in Kategorien biblischen Sprechens fortgeführt. War dem Dichter aufgetragen worden, als zweiter Mose sich die Poesie als des „himmels stimme" zu besorgen („Geh noch einmal zum berg zu deinen geistern"), so folgen die Bilder für die soziale Verwirrung ebenfalls einem biblischen Modell. George benutzt zur Kulturschelte nicht etwa den Tanz um das Goldene Kalb, wie es offensichtlich wäre, sondern die Opferung vor falschen „götzen". Ihm geht es also nicht um Kapitalismuskritik oder die Bloßlegung ökonomischer Zwänge, sondern um den Unterwürfigkeitsgestus, als könne man sich vor der Bedrohung dadurch retten, daß man sie ignoriert. In mehrfacher Bilderstaffel wird diese Denkfigur als naive und selbsttäuscherische Verdrängung charakterisiert: als Versuch, „frischen aufbau mit den alten sünden" anzugehen; im Bild des Sich-Kleinmachens „wie würmer", um nicht vom Blitz getroffen zu werden; im Opfern vor den Unterdrückern als „götzen", obwohl ihr Verhalten durchschaut ist („so oft sie lügen immer weiter räuchern"); als Verzicht auf offene Gegenwehr, als könne man „sich mit list aus dem verhängnis ziehn"[9]. Alle diese Versuche sind nicht nur erfolglos, sie gelten auch als Signatur dafür, daß der tiefste Punkt noch gar nicht erreicht ist: „Noch härtre pflugschar muss die scholle furchen". Ein Ende ist erst abzusehen, „wenn alles / Was eine sprache spricht die hand sich reicht um sich zu wappnen": Im Zeichen gemeinsamer Sprachkompetenz erwächst eine solidarische, bedingungslose und militärische Aktivität. Georges kämpferisch-universaler Lösungsvorschlag entspricht der Einkleidung der Zeitwirren in die archaischen Bilder kollektiver Aggression durch „Assurs horden", der Verschleppung „in knechtschaft" und die Erstürmung einer belagerten Stadt (416). Er enthüllt das eigentümliche Gesellschaftsmodell Georges. Machtausübung kann er nur als militärisch-körperliche Gewalt, Gesellschaft nicht als Beziehungsgeflecht, sondern nur als Dichotomie von „lenker" (417) und Volk begreifen; politische und gesellschaftliche Konsensbildung vollzieht sich für ihn als egoistische Interessendurchsetzung, anstatt sich widerspruchslos einer Autorität („seines daseins oberstes gesetz") zu unterwerfen. Dieses Gesellschaftsmodell ist archaisch fundiert und statisch ausgerichtet auf das, „was ihm den bestand verbürgt" (417), es nimmt soziale Veränderungen nur in bedrohlicher Kriegs- oder Wettermetaphorik zur Kenntnis.

Die Aufgabe des Dichters scheint dabei klar umrissen:

> Der Sänger aber sorgt in trauer-läuften
> Dass nicht das mark verfault · der keim erstickt.
> Er schürt die heilige glut die über-springt
> Und sich die leiber formt · er holt aus büchern
> Der ahnen die verheissung die nicht trügt ... (418)

Der Dichter der ersten Strophe ist mittlerweile zum „Sänger" avanciert, was einen Gattungswechsel innerhalb seiner Produktion bezeichnet, vor allem aber die Höhe seines poetischen Anspruchs markiert. Er hat ›in zeiten der wirren‹ drei Aufgaben, deren Reihenfolge wohl hierarchisch zu verstehen ist. Zum ersten hat er den Kern des Menschlichen vor Verfall zu bewahren. Diese im Wortsinn konservative Aufgabe zeigt sich vorzugsweise im Umgang mit der literarischen Tradition. Überlieferung ist nicht etwa bloß Quelle, Inspiration oder Vergleichsmittel, sondern quasi-religiöse „verheissung die nicht trügt". Zum zweiten versteht sich der Dichter als Bewahrer des heiligen

Feuers und dadurch als ein anderer Prometheus. Dessen Schöpferkraft lebt nicht mehr im Dichter, sondern mittlerweile im Feuer selbst. Zuletzt tritt der Dichter „im schlimmsten jammer" als Visionär auf: „so sichtet schon sein aug / Die lichtere Zukunft" (418). Das von ihm erspähte „jung geschlecht" steht wie er selber in widersprüchlicher Beziehung zur Gegenwart. Einerseits hat es sich aus den kapitalistischen Zwängen heraus- („Unangetastet von dem geilen markt") und von den Oberflächenreizen des pompösen Zeitgeists („giftigem flitter") freihalten können, andererseits ist es gerade durch die Zeiteinwirkungen „Gestählt im banne der verruchten jahre". Auch seine Eigenschaften und Verhaltensweisen sind keineswegs eindeutig. Das neue Weltbild, das hier ausgegeben wird, ist die Wiederbelebung eines alten („wieder"). Es steht im Zeichen festgefügter Wertordnungen („Mit echten maassen") und einer Ästhetik, die Denkmalcharakter besitzt („schön und ernst", „Froh seiner einzigkeit", „stolz"), die sich am goldenen Mittelweg klassischen Maßes orientiert („gleich entfernt") und biblische Geradlinigkeit erstrebt („von sich spie was mürb und feig und lau"). Aus diesen Voraussetzungen entwickelt sich eine verschachtelte Genese der zukünftigen Errettung. Der „sänger" „sichtet" das „jung geschlecht" im Vorgriff auf ihre mögliche Entstehung („Ihm wuchs schon heran"); aus deren Traumvisionen wiederum („aus geweihtem träumen") erwächst schließlich der Retter („Den einzigen der hilft den Mann"). Dieser „sprengt die ketten", „geisselt die verlaufnen heim" und „führt", so der Schlußtriumph des Gedichts,

> Ins ewige recht wo grosses wiederum gross ist
> Herr wiederum herr · zucht wiederum zucht · er heftet
> Das wahre sinnbild auf das völkische banner
> Er führt durch sturm und grausige signale
> Des frührots seiner treuen schar zum werk
> Des wachen tags und pflanzt das Neue Reich. (418)

Man hat mit dem Blick auf diese Schlußverse Stefan George und sein Neues Reich in die unmittelbare Vorläuferschaft des Nationalsozialismus gerückt, dessen Drittes Reich er vorhergesehen und herbeigesehnt habe. Der hohe Ton, der militärische Gestus und manche der Worthülsen bieten sich der Indienstnahme durch den Nationalsozialismus geradezu an. Indes hat sich George nicht nur persönlich dem Nazismus entzogen. Auch seine Vision des Neuen Reichs enthält bei aller Ähnlichkeit der Sprache[10] Differenzierungen, die jenseits einer poetischen Legitimierung des Faschismus liegen. Georges neue Ordnung steht in mehrfacher Brechung da, als Geburt aus „geweihtem träumen" eines neuen Geschlechts, das nur in der Vision des Dichters existiert. Der rettende „Mann" ist somit der visionäre Enkel des Dichters, aber das nicht nur: er ist die Ausgeburt einer über zwei Generationen verlaufenden Imagination! Die „Ordnung", die er als „Neues Reich" aufrichtet, ist einerseits eine Utopie, andererseits gar keine neue, sondern gemäß den Wertvorstellungen des Dichters und seines geschauten jungen Geschlechts ausdrücklich eine alte („wiederum“). Zuletzt deutet der Begriff des Neuen Reichs, wie George ihn als Titel der gesamten Gedichtsammlung übernimmt, auf eine poetische, keine politische Programmatik hin. Selbst das „völkische banner“ erweist sich unter dieser Perspektive nicht als rassisch definiertes Sammlungszeichen, sondern als Solidaritätswimpel jener den Zeitwirren widerstanden habenden „treuen schar“, die durch die gemeinsame Verfügung über die wahre Sprache definiert ist: „wenn alles / Was eine sprache spricht die hand sich reicht“ (417).

Friedrich Gundolf hat in einem 1921 erschienenen Buch mit dem sinnreichen Titel ›Dichter und Helden‹ seinen Aufsatz ›Stefan George in unsrer Zeit‹ von 1913 aufgenommen und dort Georges Auffassung vom Dichterberuf aus der Sicht des Kreises kongenial paraphrasiert:

> Er sucht sich seinen Beruf nicht aus, er bekommt ihn eingeboren, und so auch seine Pflicht gegenüber der Zeit. In dumpferen, frommeren Zeiten mochte der Dichter der Verbreiter, der Vermittler, ja selbst ohne Schaden der Verkäufer des heiligen Lebensfeuers sein, als fahrender Sänger, Unterhalter, Gaukler, Aufklärer. In unsrer überwachen, begehrlichen, dreist züngelnden, spähenden, schwatzenden, und in der Tiefe wärmelos unbeherzten Welt ist der Dichter der Hüter des heiligen Feuers oder er ist nichts.. er ist Wahrer des geheimnisvoll warmen Lebens oder er ist ein dekorativer Schwätzer. Unbestechliche Treue und unnahbare Lauterkeit, Hauptpflichten jedes Wärters, sind auch die seinen. Er muß warten können, und darf nicht gemein machen was nur Kraft und Wert behält, wenn es ungemein bleibt, und was nur in Stufen und Graden langsam wirkend allmählich vielen und endlich allen zukomme.[11]

Gundolfs poetologischer Text enthält zwar selbst wieder einen Anspruch poetischer Verkündigung und Zeitkritik des Dichterischen. In seinem Drang zur Heroisierung des Dichterberufs vereinfacht er jedoch. Georges Gedicht argumentiert gebrochener. Das genuin Poetische, das im Gedicht hinter der Zeitkritik und der Vision des Neuen Reichs nur hervorscheint, spielt in Wahrheit die entscheidende Rolle. So ist der holde Traum des weiland Dichters „im stillern gang der zeit“ (416) keineswegs untergegangen. Der Begriff lebt als originäre Vokabel des Dichterischen unter der Oberfläche der Zeitwirren fort und tritt dort wieder ans Licht, wo alles Poetische ausgetrieben scheint. Im Sänger „in trauer-läuften“ (418), der ein „jung geschlecht“ imaginiert, das wiederum den endlichen Retter und „Mann“ gebiert, ersteht das Urmodell des Dichters „aus geweihtem träumen“ neu. Aber noch mehr. Selbst jener Führer trägt in sich die Reflexe des Poetischen. Indem er „das wahre sinnbild auf das völkische banner“ heftet, stattet er dieses – man beachte hier die Doppeldeutigkeit von ‘bannen’ – mit den Sinnzeichen des Dichterberufs aus. Erst durch die Benennung als „sinnbild“ gibt er seiner Mission einen (poetischen) Sinn, und zwar durch Sprache. Indem er dieses Banner des Neuen Reichs „pflanzt“, legt er den „keim“ aus, den der „Sänger“ vor dem Ersticken bewahrt hatte: das

„Neue Reich", sosehr es ein „werk / Des wachen tags" ist, ist auch ein solches der Poesie. Der Dichter selber hat sich freilich überflüssig gemacht; er kommt darin nicht mehr vor.

Diese „Einheit von Tätertum und Traum"[12] setzt Georges Gedicht neben andere extreme Vorstellungen vom Dichterberuf, grenzt es aber auch davon ab. Goethes ›Prometheus‹ hatte das Dichterische als Teil einer universalen Schöpfungsenergie definiert und der gottgleichen Willenskraft Prometheus' eingeschrieben. Georges Dichter bewahrt nur mehr das Feuer vor dem Verlöschen; die schöpferische Energie steckt im Feuer selbst, das „sich die leiber formt" (418). Hatte sich Prometheus von den Göttern ab- und den Menschen zugewandt, so spielt bei George des „himmels stimme" (417) nur mehr als Zeichen des Unbeachtetseins eine Rolle. Zudem arbeitet Georges Dichter aus der Negation; gerade aus der Mißachtung gewinnt er die Kraft zur Imagination einer froheren Zukunft. Insofern bleibt der Dichter den „zeiten der wirren" verhaftet: noch seine Visionen sind nichts als die Umkehrung der betrauerten Mißstände.

Mit Hölderlin, auf dessen Ode ›Dichterberuf‹ er eindeutig Bezug nimmt, verbindet George die Einbeziehung des Zeitwandels in die Poetik des Gedichts. Während Hölderlin jedoch den Bewußtseinswandel, der durch den Zeitwandel bedingt ist, zum Thema macht, benützt George das Bild der Zeitwirren dazu, eine Zukunftvision des Dichterberufs zu imaginieren: auf Hölderlins vage Zukunftshoffnung folgt Georges „lichtere zukunft" (418), der ausgefaltete Traum eines Neuen Reiches.

2. Der Dichter unter der Stiege: Hofmannsthals ›Der Dichter und diese Zeit‹

Hugo von Hofmannsthals Vortrag ›Der Dichter und diese Zeit‹ stammt aus dem Jahre 1906 und gehörte deshalb nach formaler Chronologie vor Georges Programmgedicht. Beide reflektieren die Problematik des modernen Dichters in exemplarisch gemeinter Stilhöhe weit über den ökonomischen Bedingungen der Schriftstellerexistenz,[13] jedoch im Ausgesetztsein der Zeitereignisse; beide kommen aber zu ganz gegensätzlichen Lösungen. Dabei ist Hofmannsthals Position die modernere. Während George gegen die „zeiten der wirren" angeht und sich in eine rückwärtsgewandte Zukunftsvision rettet, öffnet sich Hofmannsthal der Zeit bis an die Grenzen der Erträglichkeit. In seinen positiven Setzungen scheint George widersprüchlich. Einerseits ist es gut, durch die Zeit „gehärtet" zu sein, andererseits wäre man lieber „unangetastet". Hofmannsthal geht in der Erfahrung des Leidens an der Zeit auf, er akzeptiert es als konstitutiv für seinen Dichterberuf.[14]

Für Hofmannsthals berühmten ›Chandos-Brief‹ von 1902 ist gezeigt, daß dieser entgegen den Beteuerungen seines Autors, keine dichterische Arbeit zu sein, sehr wohl als poetische Leistung zu werten ist.[15] Sowohl der ›Chandos-Brief‹ als auch der Vortrag ›Der Dichter und diese Zeit‹ sind als Rollenreden entworfen und ordnen sich Gattungsbezeichnungen Hofmannsthals wie „Brief“, „Rede“ oder „Gespräch“ zu, die bei beibehaltenem dichterischen Anspruch die Grenzen zwischen poetologischer Abhandlung und dichterischer Aussage verwischen, ja ausdrücklich auf sie verzichten.[16] Wie im ›Chandos-Brief‹, der als fiktiver Brief eines Schriftstellers präsentiert wird, ignoriert und negiert Hofmannsthal in der Rede ›Der Dichter und diese Zeit‹ bewußt die gängigen Unterschiede sowohl zwischen Poetiktheorie und Dichtung[17] als auch zwischen Dichter- und Schriftstellerberuf; die Aufspaltung des literarisch Schaffenden „zwischen dem Dichter und dem bloßen Schriftsteller“ sei „unbedeutend“ und „unhaltbar“ (56).[18] Daher meint Hofmannsthals Dichterbegriff auch nicht die biographisch fixierbare Person eines Autors, sondern das „Dichterische“ schlechthin. In dieser Gleichsetzung „der Dichter, oder die dichterische Kraft“ (56) bleibt genügend Platz für qualifizierende Differenzierungen,[19] die den wahren Dichter vom bloßen „Zeilenschreiber“ (63) unterscheiden.

Wie bei George werden Spielmarken der Dichterideologie gesetzt. Von „Führerschaft“ ist die Rede (59), der elitäre Gestus wird gepflegt[20] und die „stumme Magie“ der Dichtersprache beschworen (63); unter ausdrücklicher Nennung von Stefan George wird von einem „religiösen Erlebnis“ gesprochen (79) und die Geburt des Dichterischen aus der „Vision“ betont (80). Aber anders als George und dessen eindeutige Kennzeichnung der Gegenwart als Übergangsstadium lebt Hofmannsthals Dichtungsverständnis nicht in Abgrenzung gegen den Zeitgeist, sondern in der Auslotung des Spielraums, den die gegenwärtige Zeit dem Dichter läßt. Als „Bürger dieser Zeit“ (55) analysiert Hofmannsthal „das Wesen dieser Zeit“ (57) in historischer Perspektive auf seine literarischen Vorbilder. Er überläßt sich nicht wie George der Vorstellung, einem in der Geschichte nie dagewesenen Verfall des Poetischen ausgeliefert zu sein, sondern ertastet behutsam die Eigenwertigkeit der Jetztzeit, aus der die Eigenart der Epoche spricht:

> Es ist dies das Geheimnis, es ist eines von den Geheimnissen, aus denen sich die Form unserer Zeit zusammensetzt: daß in ihr alles zugleich da ist und nicht da ist. (57)

Dieses Annehmen des Zeitgeists als „Geheimnis“ meint indes keine kritiklose Indifferenz, es begreift sich als Zeitverständnis mit historischem Bewußtsein, das durch die Aufklärung hindurchgegangen ist. Im Begriff des „Geheimnisses“ als des Ureigensten des Dichterischen berührt sich Hofmannsthals Rede mit dem fast zeitgleichen Vortrag Sigmund Freuds ›Der Dichter und das Phantasieren‹ von 1907.[21] Im Unterschied zu Hofmannsthal hängt Freud einem weniger fortgeschrittenen Dichtungsverständnis an, wenn er die Poesie in Parallelstellung zu seiner Traumtheorie als Wunscherfüllungsphantasie bezeichnet und letztlich einen am Erlebnis orientierten Literaturbegriff postuliert.[22] Hofmannsthals Reflexion ist empfindlicher und, wenigstens in diesem Punkt, moderner als diejenige Freuds.[23] Dem naiven Dichtungsverständnis, als sei das optimistische Autonomiedenken der Genieepoche wiederzubeleben, erteilt Hofmannsthal eine Absage. Das „Lieblingswort" „Genie" (58) und die Dichtungsideologie einer verabsolutierten und verkürzt popularisierten Romantik erscheint ihm an der Schwelle des 20. Jahrhunderts „undefinierbar dünn, würdelos, kraftlos"; schon der Begriff gilt ihm als „unsicheres Wort", ja gar als ein „prostituiertes Wort" (59), das von der Benutzung ausgeschlossen bleiben muß. Im Gegensatz zu Freud, der sich bei der Frage nach dem Wesen des poetischen Schöpfungsakts auf ein unerklärliches „Geheimnis" zurückzieht,[24] versucht Hofmannsthal den Zeitbegriff einzukreisen. Die Bilderwelt seiner Sprache gibt deutlicher Aufschluß. Sie ist eine poetische, insofern sie eher der metaphorischen Umschreibung, wechselnden Bildfügungen, Vergleichen und Zitaten von Denkfiguren vertraut als analytischer Begrifflichkeit. Sie ist eine historisch selbstreflexive, insofern sie geschichtliche Entwicklungen nicht negiert, sondern sich an ihnen entlangtastet. So versteht Hofmannsthal seine Zeit als verwirrende, nicht erklärbare, jedoch spürbare Bewegung, als „Atmosphäre" von „Myriaden sich kreuzender Schwingungen", in denen das „Gedankending 'Dichter'" „oszillierend" steht, als „Gewebe aus den Erinnerungsbildern der subtilsten Erlebnisse", „keinen geklärten Begriff, keine abgezogene Formel" (55). Hier scheint sich das romantische Dichterselbstverständnis der Sprache der modernsten Naturwissenschaft zu bedienen, wie es im Bild des Dichters als eines „Seismographen, den jedes Beben, und wäre es auf Tausenden von Meilen, in Vibrationen versetzt" (72), festgeschrieben ist. Hofmannsthals Zeitvorstellung, nach der „alles zugleich da ist und nichts da ist", erfaßt die Erfahrungen der Moderne eher in Bildprägungen physikalischer Raum- und Bewegungslehre als in den Begriffen der traditionellen Poetologie. Sie definiert die Ausgesetztheit des Einzelnen und damit auch des Dichters als Abgrenzung zum individualistischen Geniebegriff; ihr geht es nicht um die Nach-Außen-Wendung eines sich absolut setzenden Ichs, sondern um einen gegenläufigen Prozeß des In-sich-Hineinziehens von Welterfahrung, daß „alles ins Innere genommen ist" (57). Der Dichter hat längst die Euphorie der Emanzipation des Dichterberufs hinter sich gelassen und ist desillusioniert; er sucht jetzt seinen Standort ganz in sich selbst:

> Keine eleusinischen Weihen und keine sieben Sakramente helfen uns empor: in uns selber müssen wir uns in höheren Stand erheben. (57)

Die Formulierung vom „höheren Stand" scheint dabei verräterisch, zeigt sie doch einmal, daß Hofmannsthal den erstrebten Standort des Dichterfürsten noch keineswegs aufgegeben hat, und zweitens, daß die „Vibrationen" den Seismographen Dichter zwar erschüttern, aber nicht seine Grundfesten zerstören, so daß sein sicherer „Stand" gefährdet wäre. Denn für Hofmannsthal ist es „das Wesen unserer Epoche", „Vieldeutigkeit und Unbestimmtheit" darzustellen (60), so daß ihre festen Ordnungen ins Schwimmen kommen: „Ein leiser chronischer Schwindel vibriert in ihr" (60). Die Vibrationsbewegung, die der Dichter als Seismograph registriert, berührt also diesen nicht bloß, sie überträgt sich auch auf den Leser und macht ihn zum unmittelbaren Spiegelbild dichterischer Empfindlichkeit. Auch der Leser reagiert „ruheloser, zielloser, unvernünftiger"; seine fieberhafte Geschäftigkeit bei der Sinnsuche wird zum Kennzeichen der gesamten Epoche. Darin erkennen sich Dichter und Leser wieder:

> Gerade durch sein Fieberhaftes, durch seine Wahllosigkeit, durch das rastlose Wieder-aus-der-Hand-Legen der Bücher, durch das Wühlende, Suchende scheint mir das Lesen in unserer Epoche eine Lebenshandlung, eine des Beachtens werte Haltung, eine Geste. (61)

Die Sinnsuche nach den verlorenen Werten, wenn es „keine Übersicht, keine Kraft der Zusammenfassung" mehr gibt (62), findet Ersatz in der Poesie. Den Dichtern der Gegenwart ist es aufgegeben, Sinn, Zusammenhang und Weltdeutung durch die in ihrem Inneren verborgene Kraft zu liefern:

> jedes neue Ding dem Ganzen, das sie in sich tragen, einzuordnen, vermöge ihrer unbezähmbaren Leidenschaft, alles was da ist in ein Verhältnis zu bringen. (70)

Dichterische Sinngebung ist für Hofmannsthal in dreifacher Weise definiert. Im Unterschied zur wissenschaftlichen Erkenntnis arbeitet die poetische durch „die verknüpfenden Gefühle, die Weltgefühle, die Gedankengefühle" (65). Zum zweiten ist es die Sprache, durch die dem Dichter besondere Fähigkeiten zuwachsen:

> Vermöge der Sprache ist es, daß der Dichter aus dem Verborgenen eine Welt regiert, deren einzelne Glieder ihn verleugnen mögen, seine Existenz mögen vergessen haben. (63)

Drittens arbeitet der Dichter im Bewußtsein, der Weltdeutung immer nur „einen Schein von Form" zu geben (64).

Die Tätigkeit des Dichters veranschaulicht Hofmannsthal in mehrfach neu angesetzten und zum Teil geborgten Bildern, die alle das Geheimnis dichterischer Empfindlichkeit begreiflich machen sollen, indem sie von der Bedrohtheit der Dichterexistenz zeugen. So lebt der Dichter „wie der Taucher in der Tiefe des Meeres", „und das unaufhörlich unter einem Druck unmeßbarer Atmosphären" (72). Zugleich produziert er „wie die Spinne, aus dem eigenen Leib den Faden hervorspinnend, der über den Abgrund des Daseins sie trägt" (75). Beide Vergleiche enthalten in ihrer Bildanlehnung an die klassische Ästhetik entscheidende Korrekturen zu dieser. Schillers Taucher in dessen klassischer Ballade erlebt das Grauen der Tiefe als maritimes Inferno „bei den Ungeheuern der traurigen Öde" gerade dadurch, daß er die Fülle der Erscheinungsformen mit seinen Sinnen erfassen und ihre Unbeschreibbarkeit artikulieren kann. Goethes Tasso hatte im Bild des Seidenwurms das poetische Produzieren als ästhetisches Wollen und als Selbstaufgabe des Künstlers definiert. In beiden Fällen nimmt Hofmannsthal die Möglichkeit zur individuellen Aktivität zurück. Beide Bilder malen die Existenz des Dichters als desjenigen, der einem mit den Sinnen nicht mehr faßbaren Druck standzuhalten hat.

Am bekanntesten ist freilich ein anderes Bild Hofmannsthals geworden, das vom Dichter, der „im Haus der Zeit, unter der Stiege" wohnt, „wo alle an ihm vorüber müssen und keiner ihn achtet" (66). Die Bildstruktur ist freilich identisch. Mehrere Bildebenen fließen ineinander und weiten so die metaphorische Umschreibung des dichterischen Produktionsprozesses aus. Der Dichter, gleich „dem fürstlichen Pilger aus der alten Legende", bewahrt selbst hier noch erkennbar die Reste des Mythos vom Dichterfürsten. In Umbildung von Homers Odysseus lebt er „bei den Hunden; fremd und doch daheim" (66). Im Unterschied zur antiken Vorlage bleibt er für alle Zeiten „unerkannt", ja es kommt ihm gar nicht auf die Wiedereinsetzung als Hausherr an, obwohl doch das „Haus der Zeit" sein Haus ist. Sein Tun, nichts „als nur zu lungern und zu liegen", sein „Leidend-Genießen" als „Zuseher" und „Bruder aller Dinge" (67) verschafft ihm die Verfügung über eine Welterfahrung, die nur in dieser säkularisierten Passion zu erlangen ist: „dies alles zu besitzen wie niemals ein Hausherr sein Haus besitzt" (66). Die Dinge und Erscheinungsformen der Welt werden im Wortsinn besessen.[25] Besitz ist kein ökonomisch-juristischer Terminus, sondern das körperliche Ergreifen der Dingwelt. Diese fungiert als „offene Wunde an seiner Seele" und stellt jene Empfindlichkeit des Dichters sicher, die willenlos mit-leidet, ohne teilzunehmen: „Es ist, als hätten seine Augen keine Lider" (67). Dieses „einzige Gesetz, unter dem er steht: keinem Ding den Eintritt in seine Seele zu wehren" (68), ist die eigentliche Voraussetzung für den Beruf des Dichters, „Bezüge" zu schaffen (68). Indem er sowohl die „Menschen und Dinge und Gedanken und Träume" der Gegenwart „verknüpft" (67) als auch diese „in einer unbeschreiblichen Weise durchwoben mit Vergangenheit" erscheinen läßt (68), gelingt ihm, was eigentlich nicht gelingen kann: „Er ist für einen bezaubernden Augenblick der Überwinder der Zeit" (80). „Indem er symbolhaft zu erleben vermag die geheimnisvollste Ausgeburt der Zeit" (81), erfüllt sich im Dichter dieser Zeit sein Ideal:

> da er sich bewußt ist, die Zeit in sich zu tragen, einer zu sein wie alle, einer für alle, ein Mensch, ein einzelner und ein Symbol zugleich ... (80)

Hofmannsthals Utopie des Dichters als eines Symbols der eigenen Zeit, der durch wahre Dichtung die Zeit überwindet, bündelt die Zeiterfahrung,[26] bleibt indes in mehrfacher Hinsicht problematisch. Das „Harmonisieren der Welt, die er in sich trägt" (72) als Aufgabe des Dichters gerät in gefährliche Nähe zur Trivialliteratur, wenn der Dichter aus dem Auge verliert, daß sein Werk immer nur ein „seismographisches Gebilde" (81) sein kann. Was geschieht nämlich, wenn die Forderungen der Zeit zu übermächtig werden[27] und der Dichter „dieser im höchsten Sinne poetischen Zeit" (77) nicht mehr gerecht werden kann?

Wie leb ich und trage das und mache nicht ein Ende mit mir? Denn es gibt keine erträgliche Antwort. (76)

Die Bedrohung durch das Unerträgliche bis zum Ein-Ende-Machen ist vorhergesehen. Das Erdulden des eigentlich Unerträglichen drängt aber die Frage in den Hintergrund, wie dann die selbstgestellte Aufgabe des Dichters noch erfüllt werden kann. Es erscheint daher symptomatisch, daß Hofmannsthal die Fortsetzung dieser Argumentationskette nur im Erstdruck der Rede veröffentlicht, nicht jedoch vorgetragen hat. Dort nämlich exemplifiziert sich der dichterische Schaffensprozeß als Nach- und Wiederempfindung von Kindheitserfahrungen, die schon als Literatur vorliegen: „Dies dumpf Ausgesonnene des Kindes sollte ich auf einmal wiederfinden, ausgedrückt in einem Buch" (71). Der Dichter erscheint hier als einer, „der unaufhörlich dem eigenen ewigen unverkörperten Tun ein Gleichnis sucht" (71), mithin ein Déjà-vu-Erlebnis in literarischer Form fixiert. Dichten erschöpft sich in poetischer Empfindlichkeit unter dem Druck überwältigender Bildungstraditionen, was zwangsläufig in Epigonentum einmünden oder wie bei Hofmannsthal im Nach-, Um- und Weiterdichten literaturgeschichtlicher Vorgaben anstelle eigener Erfindungen enden muß. Schon mit seinem ›Chandos-Brief‹ hatte Hofmannsthal nicht nur der legendären Sprachkrise der Jahrhundertwende programmatischen Ausdruck verliehen; Hofmannsthal hatte dort auch das Versagen der schriftstellerischen Produktion thematisiert, so daß nur unausführbare „Pläne" und ein verzweifeltes „ich wollte" übrigblieben.[28] Mit dem Begriff der Chiffre als Teil dieser eigenen Ich-Problematik benennt Hofmannsthal einen für die Moderne gangbaren Weg, schlägt ihn selber aber nicht ein. Statt dessen läßt er seinen Chandos das Sprachversagen mit einem Schreibverzicht beantworten.

Als Hofmannsthal 1927 in seiner Rede ›Das Schrifttum als geistiger Raum der Nation‹ diese Diskussion des Dichterberufs wieder aufgriff, hatten sich solche Befürchtungen bewahrheitet. Schon der Titel, noch mehr der Aufruf zur „konservativen Revolution" zeigen,[29] daß die nach der Jahrhundertwende fortschrittliche Position jetzt hinter dem Zeitwandel zurückgeblieben und anachronistisch geworden war. Die ehemals mit Skepsis betrachteten Stereotype des Dichterberufs werden nicht mehr auf ihre Zeittauglichkeit befragt, sondern zu Kampfbegriffen verschärft. Der Dichter mit dem „Anspruch auf Lehrerschaft und Führerschaft" (32) ist wieder „Deuter" und „Seher" (35), er geht in der „titanischen Grundhaltung" des wahrhaft Deutschen auf (38). Die Verstörung Hofmannsthals durch die reale Zerstörung der alten Ordnung ist offenkundig. Die für die Jahrhundertwende diagnostizierte Auflösung der überkommenen Werte entpuppt sich jetzt als kulturpessimistische Attitüde, die Sprachkrise als ein raffiniert erlesenes Gedankenspiel. Das seismographische Zeitgespür ist Metaphern gewichen, die nur noch das Unverständnis gegenüber den politischen und gesellschaftlichen Entwicklungen kodieren. Jetzt bewertet Hofmannsthal die Gegenwart als eine Zeit der „Geistesbedrängnis", der „Zerklüftungen, Parteiungen, zeitweisen Verdunkelungen und Verfitzungen" (37). Aber auch sein eigener Anspruch, „wahrhaft Dichter" zu sein, ist zurückgefallen.[30] Seine eigenen poetischen Versuche hüllt Hofmannsthal in scheinbare Formenvielfalt ein. Doch die postulierte Traditionsbindung ist längst zur Formenspielerei verkommen, die die inhaltliche Leere verdeckt:

Er wird sich gelegentlich auch der literarischen Formen bedienen: des Dramas, des Romans, der Parabel, aber wo er sich ihrer bedient, wird es nur geschehen, um sie zu transzendieren. Sein Drama wird ihm zum Mythos des eigenen Ich aufschwellen, sein Roman wird kosmische Geheimnisse umschließen, wird Märchen, Historie, Theogonie und Bekenntnis zugleich sein wollen. Je großartiger, fragmentarischer er sich gibt, um so großartiger wird er verlangen, als ein Ganzes, als das einzige Ganze dieser zerrissenen Welt genommen zu werden ... (33)

Sich bedienen, transzendieren, aufschwellen, umschließen – bündiger könnte Einkleidungspoesie mit dem Willen zum Tiefsinn nicht formuliert werden. Aber auch vom ursprünglich seismographischen Dichterberuf ist wenig übriggeblieben. Der Dichter definiert sich nicht durch sein Werk, sondern durch eine Haltung:

vielleicht ist er mehr Prophet als Dichter, vielleicht ist er ein erotischer Träumer – er ist eine gefährliche hybride Natur, Liebender und Hassender und Lehrer und Verführer zugleich. Wenn er es zuzeiten nicht verschmäht, Dichter zu sein, so geschieht es nicht um des Werkes willen. Das Werk würde ihn in die Ordnung hineinbeziehen, um ihn aber in seiner empedokleischen Nacktheit schlägt unrealisierte Dichtung ihren Mantel, sein Hauptwerk ist ein nie geschriebenes ... (32 f.)

Die Selbstsucht des Dichters ohne Werk steht am Ende des Wegs von der Überreizung der Kunstansprüche zur Aufgabe der Poesie selbst.[31] 1906, in seiner Rede ›Der Dichter und diese Zeit‹, hatte Hofmannsthal das aus Hebbels Tagebüchern entlehnte Bekleidungsbild noch in ganz anderem Sinn gebraucht. Dort leisteten die Dichter für die „Blöße" ihrer Leser, was der Dichter jetzt für sich ganz allein beansprucht: „Dichten heißt die Welt wie einen Mantel um sich schlagen und sich wärmen" (65).

3. Das Ende der Allwissenheit: Döblins Zueignung zu ›Die drei Sprünge des Wang-lun‹

Die Erschütterungen durch die Zeiterfahrungen dringen bei Alfred Döblin nicht nur in die Person des Dichters ein, der versucht, die Zeit in seiner Dichtung aufzuheben. Sie konstituieren das Werk selbst. So gerät nicht der Dichter, sondern der Text zum Seismographen der Zeit. Der Dichter diskutiert seine Befindlichkeit gar nicht mehr poetologisch, sondern thematisiert sie im Text. Alfred Döblins ›Zueignung‹ zu seinem Roman ›Die drei Sprünge des Wang-lun‹, 1912/13 entstanden und 1916 auf 1915 rückdatiert erschienen, steht genau an dieser Nahtstelle der erzählerischen Moderne. Was diese neue Form des Erzählens auszeichnet, mag der Vergleich mit einer thematisch sehr ähnlichen Passage aus Rainer Maria Rilkes Ich-Roman ›Die Aufzeichnungen des Malte Laurids Brigge‹ von 1910 zeigen. Rilkes Titelfigur und Ich-Erzähler nimmt bei dem Versuch, „bei offenem Fenster zu schlafen“, die Geräuschkulisse einer großstädtischen, technisierten Umwelt wahr:

> Elektrische Bahnen rasen läutend durch meine Stube. Automobile gehen über mich hin. Eine Tür fällt zu. Irgendwo klirrt eine Scheibe herunter, ich höre ihre großen Scherben lachen, die kleinen Splitter kichern.[32]

Rilkes Beobachter registriert die Wirklichkeit gleichsam impressionistisch, d.h. in Assoziationen akustischer Eindrücke an der Oberfläche ihre Wirkung. Der Erzähler verdichtet die Sprachbilder zwar in synästhetischer Zusammenziehung entsprechend dem fast traumhaften Erleben, als führen elektrische Bahnen „läutend durch meine Stube“. Doch verläuft die Wahrnehmung ichzentriert und psycho-analytisch auf die Identifikationsfigur hin deutbar. Zweifellos sieht Rilke modern, jedoch auf einer Wahrnehmungsstufe, die Döblins Beschreibung beinahe derselben Dinge schon hinter sich gelassen hat:

> Die Straßen haben sonderbare Stimmen in den letzten Jahren bekommen. Ein Rost ist unter die Steine gespannt; an jeder Stange baumeln meterdicke Glasscherben, grollende Eisenplatten, echokäuende Mannesmannröhren. Ein Brummern, Durcheinanderpoltern aus Holz, Mammutschlünden, gepreßter Luft, Geröll. Ein elektrisches Flöten schienenentlang. Motorkeuchende Wagen segeln auf die Seite gelegt über den Asphalt; meine Türen schüttern.[33]

Döblin konstruiert neue Sprachqualitäten, die nicht mehr in sinnliche Eindrücke übersetzbar sind. Die Mechanik der Abläufe steht statt dessen im Vordergrund; Gegenstände, Geräusche und Bewegungsabfolgen sind nicht mehr auf die Person eines Erzähler-Ichs bezogen, vielmehr erscheint dieser als untergeordnetes Teil einer in sich „sonderbaren“ Weltstruktur. Im ›Malte‹ ist die auf die Sinne auftreffende Geräuschkulisse letztlich austauschbar, denn ihre Wirkung ist auch durch das Gegenteil erreichbar: „Das sind die Geräusche. Aber es giebt hier etwas, was furchtbarer ist: die Stille.“ Zudem empfindet

Rilkes Erzähler die Geräusche als bloße Störfaktoren einer im Grunde ungestörten Weltordnung: „Dann schlafe ich plötzlich ein."[34] Döblin erhebt die verstörende Wahrnehmung zum Ausgangspunkt eines neuen Bewußtseins: „Daß ich nicht vergesse –" beginnt die ›Zueignung‹ scheinbar übergangslos. Die Störungen können nicht abgeworfen werden; sie bleiben im erzählenden Ich als dauerhafte Empfindlichkeit bestehen, prägen seine weitere Wahrnehmung und sorgen für die Infragestellung der alten Orientierungssicherheit: „Ich tadle das verwirrende Vibrieren nicht. Nur finde ich mich nicht zurecht." Hofmannsthals „Vibrationen" scheinen anzitiert, doch sie kehren hier in bezeichnender Veränderung wieder. War dort die Zeit als vibrationsauslösende Kraft auf das ruhigstehende poetische Ich aufgeprallt und hatte dieses zum Seismographen der Erschütterungen gemacht, so überträgt sich hier das Vibrieren nicht auf den Dichter als Deutungsinstanz; dieser steht dem ganzen Prozeß eher verständnislos gegenüber: „Ich weiß nicht, wessen Stimmen das sind, wessen Seele solch tausendtönniges Gewölbe von Resonanz braucht." Stand bei Hofmannsthal der *Dichter* im Mittelpunkt der erschütterten Welt, so hat sich bei Döblin die „Resonanz" des Weltgebäudes die seismographische Funktion einverleibt, die das Schreiben zwar heftig, aber nicht mehr oszillographisch abbildbar beeinflußt: „Ein Schlag gegen meinen knöchernen Federhalter". Eher Brüche als Schwingungen, harte Schnitte anstelle fließender Übergänge bestimmen die poetische Wahrnehmung.

Dieser Eindruck des Sprunghaften und Elliptischen setzt sich in dem Roman, dem die ›Zueignung‹ vorsteht, selbst fort. Döblins ›Die drei Sprünge des Wang-lun‹ thematisiert hinter der verfremdenden Stoffmaske politischer Aufstände im China des 18. Jahrhunderts eine Weltsicht, bei der der sprunghafte Wechsel zwischen den Extremen zum Grundprinzip menschlichen Handelns erhoben wird. Das Verhalten des Titelhelden, durch die chinesische Thematik des Wu-Wei, des Nicht-Handelns bestimmt, entspricht der Erzählposition des widerstandslosen Aufnehmens aus dem erzählmechanischen Bewußtsein, daß jede Aktion eine Reaktion auslöst. Dieser Spannung zwischen Extremen unterstehen auch die ›Zueignung‹ und ihr Erzähler. Einerseits akzeptiert er die moderne Kommunikationstechnik, ihre „Aeroplane" und das „Blitzen von Worten über hundert Meilen" als Signatur der Gegenwartswelt, die es gilt, in Sprache zu fassen; andererseits artikuliert er den „Fortschritt" als Verwirrung der Kontinuität der „zweitausend Jahre" Weltgeschichte. Im Gegensatz zum italienischen Futurismus, von dem er zweifellos thematisch und sprachlich beeinflußt ist,[35] zeichnet sich Döblin durch massive Technikkritik aus. In diesem Geist trägt die ›Zueignung‹ auch die immanente Spannung zwischen der industrialisierten Welt des Abendlands und den fernöstlichen Verhaltensmustern aus.

Die Standortbestimmung des schreibenden Individuums („Nur finde ich mich nicht zurecht") weitet die Technikkritik unter utilitaristischer Perspektive („Wem dient es?") in eine noch grundsätzlichere und allgemeinere Fortschritts- und Kulturkritik aus. Döblins Geschichts- und Weltbild entpuppt sich bei aller Bewußtheit und Gegenwartsbindung als ein strukturkonservatives. Man mag dies biographisch mit einer lebenslangen Identitätskrise Döblins erklären.[36] Daß die Menschen unter der Oberfläche ihrer sich wandelnden „Grimassen" unverändert sind und vom Erzähler als solche durchschaut werden („Die Menschen auf dem Trottoir kenne ich doch"), daß „im Leben dieser Erde" „zweitausend Jahre" wie ein Jahr sind, daß „gewinnen" und „erobern" mangels erkennbarer Zielsetzungen (Wir „wissen nicht warum") sinnlos sind, hat mit dem taoistischen und buddhistischen Gedankengut des Romans und seiner Vorlage, des 1911 erschienenen Buches ›Wahres Buch vom quellenden Urgrund‹ des Liä Dsi zu tun, dem die Widmung gilt. Doch dies nicht nur. Hinter der Maske des Chinesischen steckt ein hochgradig sensibles, sehr europäisches Erzählbewußtsein. Döblin hat diese inhaltliche Quellenverpflichtung seines Romans ausdrücklich als unangemessene Reduktion bezeichnet: „was ging mich, der nicht einmal Europa kennt, China an, von Laotse abgesehen?"[37] Der Erzähler gesteht bei seinem ersten Auftreten ein, daß er keine Verfügungssicherheit über Stoff, Struktur und Erzählgestus mehr besitzt; er hat die traditionelle Allwissenheit und fabelnde Souveränität, die den herkömmlichen Epiker auszeichnete, verloren. Ich-Aussagen sind in dem kurzen Stück Prosa der ›Zueignung‹ durchweg als grammatische oder sinngemäße Negationen gegeben. Freilich ist der Erzähler nicht ausgelöscht, wie seine Selbstmahnung „daß ich nicht vergesse" kundgibt. Sie ist der Angelpunkt einer neuen epischen Aufgabe. Denn der hier formulierte Widerstand gegen das Vergessen ist doppelsinnig. Einerseits geht es für den Erzähler darum, die Erinnerung der Vergangenheit zu bewahren, weil nur so ihre Wertigkeit gegen die rasende Zeit der Gegenwart, den „Fortschritt", gesichert werden kann. Andererseits bedeutet das Nicht-vergessen-Wollen eine Verpflichtung des Erzählers, sich durch die auf ihn einstürzenden Sinneswahrnehmungen nicht von seinen poetischen Intentionen ablenken zu lassen.

Trotz der Aufgabe seines olympischen Standpunkts ist dem Erzähler auch der unbedingte Wille erhalten geblieben, gegen text- und bewußtseinsstörende Widerstände anzuschreiben: „Ich will das Fenster schließen." Der Erzähler ist also nicht verlorengegangen, er ist ein anderer geworden. Eher kann man davon sprechen, daß sich der Erzählvorgang verselbständigend von der Autorrolle ablöse, so daß das Geschehen sich gleichsam objektiviere, wie Döblin es 1913 in seinem ›Berliner Programm‹ formuliert hat:

> Die Hegemonie des Autors ist zu brechen; nicht weit genug kann der Fanatismus der Selbstverleugnung getrieben werden. Oder der Fanatismus der Entäußerung: ich bin nicht ich, sondern die Straße, die Laterne, dies und dies Ereignis weiter nichts. Dies ist es, was ich den steinernen Stil nenne.[38]

Man hat diesen Vorgang parallel zum Depersonalisations-Begriff der Entfremdungstheorie als „Depersonation" bezeichnet und auf die anti-freudianische Stoßrichtung dieses Konzepts hingewiesen.[39] Auch seine Kenntnis der Menschen will der Erzähler bewahrt haben: „Die Menschen auf dem Trottoir kenne ich doch." Ihm kommt „die starke Lebenskraft von Himmel und Erde" zu Hilfe; sie bestärkt ein neues selbstreflexives Erzählerbewußtsein, das nichts mit der oft postulierten Willenlosigkeit zu tun hat. Mit der Kennzeichnung seines Romans als einem „ohnmächtigen Buch" bekundet der Erzähler nur die Bescheidenheit seiner literarischen Fiktion gegenüber dem gehuldigten Vorbild Liä Dsi und weist auf die Essenz des Romans voraus, daß Machtlosigkeit und Schwachheit nach der Lehre des Wu-Wei die wahren Triebkräfte des Weltgeschehens sind. Insofern erhebt Döblins Roman durchaus den Anspruch, schon in der ›Zueignung‹ den letzten Satz Wangluns: „Stille sein, nicht widerstreben, kann ich es denn?" mit einer Antwort zu versehen. Ihm entspricht das „Ich will" des Erzählers! Dem Verzicht auf Widerstand auf der Ebene des Romans entspricht die Widerstandslosigkeit des Erzählers in der ›Zueignung‹ gegenüber der Geräuschkulisse und den Sinneseindrücken. Doch während Wang-lun schließlich durch die Sprünge zwischen Nichts-Tun und Aktion und wieder zurück auf seinen Ausgangspunkt zurückgeworfen wird, verharrt der Erzähler mit seiner letzten Willensaktion, der Widmung an Liä Dsi als einem „Opfern", hinter seinem Fenster. War in E. T. A. Hoffmanns ›Des Vetters Eckfenster‹ das Fenster Öffnung zur Welt und Rahmen für die Weltbetrachtung gewesen und hatte die Verbindung zwischen reduzierter Dichterexistenz und prallem Weltgeschehen gesichert, so fungiert das Fenster bei Döblin als Membran zur Abschottung des Erzählers vor einer zu starken Verstörung durch die Umwelt. Der Erzähler, der das Fenster schließen will, sichert durch den Besitztitel auf das Fenster („mein Fenster") vorläufig sein poetisches Reservat. Doch obwohl es längst geschlossen worden ist, bleibt das Fenster durchlässig, sowohl für das „Licht" als auch für das „verwirrende Vibrieren"; es enthebt den Erzähler in eine gefilterte und ihn sichernde Weltperspektive. Außerdem setzt es ihn – aus der Sicht des Lesers und der Welt – hinter Glas, eingeschlossen und ausgestellt zugleich.

VII. Neues Selbstbewußtsein und fragwürdige Antworten

1. Falsches Selbstbewußtsein: Bechers ›Der Dichter meidet strahlende Akkorde ...‹

1916, im gleichen Jahr wie Döblins Roman ›Wang-lun‹, erscheint Johannes R. Bechers Gedichtsammlung ›An Europa‹. Wie mit jenem der Auftritt des modernen Erzählbewußtseins anzusetzen ist, so beginnt mit Becher eine radikal neue Sprache der Lyrik, die über das von seinen expressionistischen Zeitgenossen Akzeptierte weit hinausgeht. Seine Einleitung zu ›An Europa‹, die dann doch nicht in die Sammlung aufgenommen wird, sondern schon 1915 in Franz Pfempferts ›Aktion‹ erscheint, verfaßt Becher zugleich als poetologisches Manifest wie als Prosahymnus in schockierendem Sprachduktus. Becher versteht ›An Europa‹ als grundsätzlichen Schritt über seinen Gedichtband von 1914, ›Verfall und Triumph‹, hinaus. Das neue Buch, so Becher, „begnügt sich nicht mehr damit", Aufrüttlung oder Tröstung für eine individualistische, genießerische Rezeption zu sein:

nur weniger Eingeweihter sturmfester, immer sprungbereiter Kamerad zu sein; vor einem Parkett exzentrisch Erlesenster auf kleiner Bühne gedreht, mit dünnem Beifall zufrieden, Intime-, Schauer- und Revolteszenen weiter zu produzieren, erster literarischer Einordnung gemäß; bestenfalls einen oder anderen im Tran der Müdigkeit gefaßt in den Schwall tumultuösen Feuerwerks entreißend, aus dessen Blend-Schein der Illusionierte bald zurückkehrt, er baudelaire-trüb wieder ölige Finsternis zerstampft.[1]

Die neue Lyrik darf nicht mehr, was Becher den skandalumwitterten Produkten einer mittlerweile für die Moderne salonfähigen Avantgarde vorwirft, folgenlos konsumiert werden können. Jetzt soll ein „zäher fanatischer Wille zur Politik" die „repräsentative Kraft" entwickeln, ein „Menschheits-Monument vereinter europäischer Völker mitzuerrichten". Unter dem Titel ›Eingang‹ wird die Sammlung statt durch das ausgegliederte Vorwort nun mit einem programmatischen Dichtergedicht eingeleitet, das die Forderungen des Manifests in die neue Sprache umsetzt. Ein weiteres Gedicht ›An die Dichter‹ folgt. Als politische Utopie tritt die Poesie in eine veränderte Funktion der Dichtung ein: „Es kann heutzutage nur mehr eine Art geben zu schreiben: Politik" (227). Diese eindeutige Zuweisung der Literatur zum bloßen Instrument politischer Propaganda bleibt jedoch über weite Strecken aufgesetztes Postulat. Denn Vorwort wie Programmgedicht deuten das Politische im Kleid einer Kritik des traditionellen Dichtens. Noch schärfer als über die Avantgarde-Lyrik der Moderne fällt das Urteil über die Kunstgewerblichkeit und Wirklichkeitsferne der deutschen Lyrik der Vergangenheit aus:

Ein schlecht gemachtes Propaganda-Stück des Vereins zur Bekämpfung der Geschlechtskrankheiten zum Beispiel erscheint uns heute immerhin (... schroff ...) bei weitem gewichtiger als das ziselierteste gleitendste Rilke-Gebild. Gewisse Liebesdichter vollends – nicht der flammendste Zug zwanzigsten Jahrhunderts entrüttelte sie – treiben für uns dumm Süßliches flötend auf schwanke Sofa-Barke gelötet im Abgrund. (228)

Doch Bechers Gedicht hält sich nicht lange bei der Abrechnung mit alten Zöpfen auf; ihm geht es um die „Weite tatsächlicher Wirkung" (227) eines poetischen Aktivismus des Dichters:

Der Dichter meidet strahlende Akkorde.
Er stösst durch Tuben, peitscht die Trommel schrill.
Er reißt das Volk auf mit gehackten Sätzen. (61)

Der Einsatz im Tonfall zwischen Geibel und George gerät schnell in die überreizte Bildlichkeit der Sprache Herweghs. Extreme Äußerungsformen des Dichters sollen auf heftige Wirkungen zielen. Ein verbaler Aktivismus dominiert. Die politischen Zielvorstellungen, die vermittels dieser Art lyrischen Sprechens befördert werden sollen, bleiben abstrakte Leerformeln, hinter denen die Ideale einer sozialistischen Revolution hervorlugen. In der weggelassenen Einleitung schien Becher im Widerspruch zu den Chauvinismen des ausgebrochenen Weltkriegs einem emphatischen Internationalismus, einer jakobinischen Europa-Idee zu huldigen, worauf schon der Titel der Sammlung hindeutete:

Völker! Freunde! Ihr Angehörigen aller, aller Staaten! Provinzen des Geistes stellt euch! Erwidert! Haltet Versammlungen ab! Diskutiert! Von neuer Marseillaise elektrisch bengalisch flankiert –: entsteigst du neues Buch „An Europa" betitelt, dem Tagesgestirn kunstvoll nachgebildet, aufgeprägt euren Stirnen, auf die Brust als Amulett tätowiert: die internationale Kokarde. (228)

Doch das Gedicht geht von der Vision einer „Neuen Welt", einer „Insel glückseliger Menschheit" aus, die durch die Überwindung der alten definiert ist: „die alte, die mystische, die Welt der Qual austilgend" (61). Am Ende steht der „neue, der heilige Staat", an dessen Totalitätsanspruch nicht zu zweifeln ist[2] und dessen Gründung nicht ohne Gewalttätigkeit abläuft: „dem Blut der Völker, von ihrem Blut, eingeimpft". Überhaupt erscheint die Attitüde des Gewaltsamen ein vorherrschendes Merkmal der Vorstellungen Bechers zum Dichterberuf zu sein. Auch in den ebenfalls programmatisch gemeinten beiden Gedichten ›An die Dichter‹ von 1916 und 1919 geht der Aktivismus-Aufruf nicht ohne martialische Blut-, Brandstiftungs- und Bombenbildlichkeit ab.[3]

Die ekstatisch vorgetragenen Verse enthalten keine ganz eindeutige Bestimmung dieser neuen Weltordnung. Das „Paradies“, auf das alles zuläuft und in dem die Rudimente marxistischer Theoriebruchstücke zum Vorschein kommen, wird nicht etwa geschaffen oder entsteht, sondern „setzt ein“. Genauso unpräzise ist die Aufgabe des Dichters beschrieben. Entgegen dem ersten Eindruck hingeschleuderter Verse in „gehackten Sätzen“ enthüllt Bechers Gedicht seine Aussage erst im Nachvollzug einer Argumentationsstruktur. Erst im Verlauf dieses Entfaltungsprozesses gibt es die Problematik des Dichter-Ichs frei. Die berühmte dreiversige Kurzstrophe mit der Befindlichkeitsaussage des Dichters als Repräsentant seiner Gattung, die das Gedicht eröffnet, geht in die Selbstaussprache eines lyrischen Ichs über, das man als Abbruch, als Neueinsatz oder als Rollenrede des Dichters lesen kann, je nachdem, ob man das Ich als identisch mit dem „Dichter“ oder als dessen Entgegensetzung betrachtet. Dieses Ich bildet nicht nur vom Umfang her das eigentliche Zentrum des Gedichts. Der leitmotivisch in Vers 4, 15 und im Schlußvers eingewebte Dreischritt „Ich lerne. Ich bereite vor. Ich übe mich“ nimmt die Stufung zur „Trinität des Werks: Erlebnis, Formulierung, Tat“ in einen Entwicklungsprozeß des Dichter-Ichs hinein. Zugleich vollzieht das Gedicht eine Gedankenbewegung vom „Er“ über das „Ich“ zum „uns“ und zum „euch“. Wie der poetische Prozeß als permanente Veränderung gegeben ist, so ist auch das Dichter-Ich bei Becher in dauernder Entwicklung. Im Unterschied zu Georges ›dichter in zeiten der wirren‹ ist Bechers Dichter ein Tastender und mit sich Experimentierender; er arbeitet „leidenschaftlich“ an der Umgestaltung seines eigenen Ichs nach den Vorgaben der „Neuen Welt“ und gegen die unpräzisen Vorprägungen seiner Person: „Gegen mein noch unplastisches Gesicht“. Der Prozeß poetischer Produktion funktioniert als Eingravierung der politischen Utopie (nicht der Wirklichkeit!) in ein entstehendes Dichterbewußtsein nach den Prinzipien der Widerspiegelung: die Einzeichnung geschieht „möglichst korrekt“ in einem Dreischritt. Der Begriff „Erlebnis“ scheint das literaturgeschichtliche Kennwort der individuellen Gefühlsaussprache des Lyrikers aufzugreifen; er benennt die erste Stufe der Einzeichnung, bei der die Wirklichkeit nicht platt widergespiegelt werden soll, sondern die nach poetischen und individuellen Prinzipien die Eindrücke organisiert: „Eine besonnte, eine äußerst gegliederte, eine *geschliffene* Landschaft schwebt mir vor.“ Im Begriff der „Formulierung“ als zweitem Schritt steckt wiederum ein Rekurs auf die Folie der literaturgeschichtlichen Tradition. Angespielt wird auf die Kunsttechnik der Fuge wie auf Goethes Novellendefinition als einer „unerhörten Begebenheit“; zugleich ist die neuartige wie schockierende Umsetzung in Sprache gemeint: „... bald werden sich die Sturzwellen meiner Sätze zu einer unerhörten Figur verfügen.“ Dieser neuen Äußerungsform gesellen sich neue Textgattungen hinzu oder werden erfunden: „Reden“, „Manifeste“, der „Experimentalroman“, „Gesänge von Tribünen", Predigten. Der dritte Schritt, den der Begriff der „Tat" benennt, steht schon außerhalb des Gedichts, wenn man nicht die Verbreitung der „Schlagwetter-Atmosphäre" des letzten Verses als erste Wirkung davon verstehen will. Dichter und Dichtung weisen über sich hinaus in die Wirklichkeit der politischen Aktion.

Diese Vorstellung vom Dichter, wie sie Becher so programmatisch herausschleudert, ordnet sich gerade durch die Provokation der poetologischen Tradition in diese ein.[4] Herweghs republikanisches Pathos des Vormärzaufbruchs oder Geibels Hybris des Dichterfürsten stehen ebenso Pate wie Georges ›dichter in zeiten der wirren‹, mit dessen „Neuem Reich" Bechers „Neue Welt" zumindest die Sakralisierung politischer Visionen und die Rücksichtslosigkeit ihrer Durchsetzung gemeinsam hat. Im Unterschied zu diesen Positionen tritt bei Becher kein fertiger Dichter auf, sondern ein werdender und lernender. Becher beantwortet die Legitimationskrise des Dichterberufs zwar durch sein Eintauchen ins politische Kollektiv, sei es nun ein verschwommenes „uns", sei es das „Volk", „Europa" oder gar die „Menschheit". Doch er geht nicht restlos darin auf. Eine solche Rolle des Dichters als eines bloßen literarischen Propagators wäre zu simpel. Im Unterschied zu Döblins Versuch, den Erzähler in die Textvorgänge eintauchen zu lassen, bleibt Bechers enormes poetisches Selbstbewußtsein permanent sichtbar. Selbst wenn er das Aufgehen des Dichters in eine höhere Idee postuliert und dafür scheinbar bereit ist, die Eigenheiten poetischen Sprechens zu opfern, denkt Becher gar nicht daran, sein Dichter-Ich vom Kollektiv spurlos aufsaugen zu lassen, selbst dann nicht, wenn der Dichter sich vorbehaltlos in den Dienst einer Partei stellt:

> Wir sammeln uns! [...] ... brausend saugt sie die entrollte, die entrollte Fahne! Ausschreiten wir!!!)
> Aber ich werde wiederkommen (... ich bin es! ich bin es! ...) die Augen klar, die Muskeln Stahl, die Brust ein Panzer [...] Ich werde sechsfacher Träger euerer Nobelpreise sein [...] (228 f.)

Der Dichter, der hier „ich" sagt, ist mehr als seine individuelle Existenz, auch wenn sich so gut wie alle Formulierungen des Programmgedichts in Bechers Briefen aus dieser Zeit wiederfinden.[5] Seine exzessive Überhebung stellt das Ich an das Ende einer poetisch begründeten Willensanstrengung, deren universalem Anspruch sich alles zu unterwerfen hat, auch das eigene Leben. Schon der früheste Becher hatte die in solchem Gestus angelegte Gewalttätigkeit gegen sich selbst gerichtet und bis an die mögliche Grenze seiner eigenen Auslöschung vorangetrieben, indem er seinen Selbstmord als gelebte Literatur inszenierte.[6] Kann man Bechers spätere Abwendung vom experimentellen Sprechen und seine Spaltung zwischen steril gewordenem, sich klassisch gebärdendem Dichtertum und der dubiosen Tätigkeit als Parteifunktionär nicht nur als persönliche Tragik, sondern auch als Metamorphose eines Dichters lesen?[7] Aufgegeben ist jedenfalls der überkommene Anspruch auf Autonomie der Dichtung und des Dichters, hinzugekommen ist jedoch die Verlockung, ein neues Selbstbewußtsein durch die Einfügung des Dichters in eine umfassendere Ordnung, „Die Neue Welt", zu gewinnen. Hier zeigt sich Becher dann nicht mehr wie Herwegh durch Parteinahme als poetischer Mitkämpfer und Waffenlieferant,[8] sondern als „Herold" (228) an der Spitze der Bewegung, ja er will diese erst selbst als „Verkünder des intellektuellen, des enorm sublimierten Geschlechts" (229) erschaffen.

2. *Gespräch über Bäume: Brechts ›Schlechte Zeit für Lyrik‹*

Die Bewahrung der Poesie als eines eigenwertigen Erkenntnisinstruments, ohne deshalb auf eine dezidierte politische Position zu verzichten, bildet sicherlich den gravierendsten Unterschied zwischen der Lyrik Bechers und derjenigen Brechts. Mehr noch als in seinen Stücken hat Brecht in seinen Gedichten raffinierteste ästhetische Wirkungen mit programmatischen oder provozierenden politischen Aussagen verknüpft.[9] Sein Gedicht ›Schlechte Zeit für Lyrik‹ von 1939 erhebt das Dichterbewußtsein zur Leitinstanz bei der Bewertung der politischen Lage und setzt es im Widerspruch zu noch ungenannten Vorwürfen an den Anfang: „Ich weiß doch".[10] Dann verschwindet das lyrische Ich wieder, solange es darum geht, dem Leser scheinbar gültige ästhetische Grundsätze vorzuführen. In der Redeform konventioneller Erwartungen des „man" und mit der Zustimmung der „Vorübergehenden" werden Glückszustand und Schönheitsbegriff in eine fraglos endgültige Beziehung gesetzt – es „ist" einfach so. Schönheit ist Ausdruck eines inneren Harmoniezustands; umgekehrt läßt sich dieser vollständig und sicher an der äußeren Erscheinung festmachen. Dieses so problemlos funktionierende System platter Widerspiegelung ist, wie man natürlich weiß, längst als Wunschtraum einer sowohl religiösen als auch ästhetischen Weltdeutung durch Augenschein entlarvt. Schon das 18. Jahrhundert hatte seine Zweifel; speziell Lichtenberg sparte nicht mit Kritik an der Physiognomik Johann Kaspar Lavaters, die behauptete, man könne das äußere Erscheinungsbild dem inneren Wesen einer Person eindeutig und völlig zweifelsfrei zuordnen. Diesen platten Illusionismus, der in der vom Menschenantlitz abgezogenen Form noch im trivialen Widerspiegelungsrealismus enthalten ist, spitzt Brechts zweite Strophe sogar zu, indem sie dieses Denkmodell mit dem umgekehrten Vorzeichen versieht: „Der verkrüppelte Baum im Hof / Zeigt auf den schlechten Boden". Hier vollzieht sich aber auch der Bruch, weil zur Bezüglichkeit von unästhetischer Erscheinung und ihrer Ursache noch eine weitere Dimension hinzukommt: „Die Vorübergehenden schimpfen ihn einen Krüppel". Obwohl der Baum gemäß dieser Ursache-Wirkung-Relation für seine Verkrüppelung nichts kann, wird er – geschützt durch die Autorität der Textinstanz – „mit Recht" beschimpft! Es genügt also nicht, bloß die Frage nach Verantwortung oder Schuld zu stellen und auf eindeutige Kausalität zu vertrauen. Ungelöst bleibt die Problematik, wie dem drohenden Verlust der Schönheit begegnet werden kann.

Die dritte Strophe bricht diese abstrakte Denkoperation ab und widmet sich, in den Sprachbildern von Brechts Svendborger Exilidylle, der Nutzanwendung für das eigene Schreiben, freilich als eine negative: „Sehe ich nicht". Was die Augen dieses Ichs zwar sehen, sein poetisches Bewußtsein sich aber weigert wahrzunehmen, ist die Strandidylle des dänischen Sommers: „Die grünen Boote und die lustigen Segel des Sundes". Der optische Eindruck, der im Durchgang durch das dichterische Bewußtsein zu Sprache wird, ist nämlich ein falscher, wenn man dem Gedankenexperiment der ersten beiden Strophen folgt, weil er aus dem äußerlichen Anschein auf die dahinterstehende ökonomische, soziale und politische Friedlichkeit rückschließen läßt. Denn gerade die idyllischen Bildsignale verdecken eine grausame Wirklichkeit. Erst in den zu Beispielen formulierten Naturimpressionen Brechts stimmen Bild und verursachende Bedingung überein: das rissige Fischernetz und die gekrümmt gehende Vierzigjährige verweisen ganz konkret auf die ökonomische Ausbeutung und die soziale Verelendung, aus denen sie resultieren.

Doch die Irritation durch die weiter bestehende Idylle bleibt erhalten: die „grünen Boote und lustigen Segel" existieren trotz der tatsächlichen, keineswegs idyllischen Lebensverhältnisse der Fischer und obwohl sie eigentlich nicht ins Bild wahrhaftiger Wirklichkeitsabbildung passen; auch „Die Brüste der Mädchen / Sind warm wie ehedem". Die dialektische Lösung, die dem Gedicht schon längst innewohnt, kündigt sich in der zweiversigen vierten Strophe an:

In meinem Lied ein Reim
Käme mir fast vor wie Übermut.

Als Verkörperung und klangliche Zusammenbindung von Sinnharmonien, als das der Reim landläufig gilt, scheint er dem lyrischen Ich nicht mehr brauchbar. Dennoch werden die ästhetischen Ansprüche keineswegs aufgegeben. Das Eigentumsrecht an seinem Gedicht, ausdrücklich sogar ein „Lied", gibt der Dichter nicht etwa preis; auch der Reim wird bei näherem Hinsehen nicht einfach strikt abgelehnt, sondern in einen mehrfach gebrochenen Vorbehalt hineingenommen.[11]

Daß die einfache Formel: schöne Zeit = schöne Gedichte, schlechte Zeit = schlechte Gedichte als Ausdruck eines naiv plumpen Widerspiegelungsdenkens für Brechts Ästhetik nicht gelten soll, formuliert die letzte Strophe in zugespitzter Form. Dort wird zwar auf den Reim, nicht aber auf raffinierte klangästhetische Bezüge ohne Reimverwendung verzichtet.[12] Der Dichter bringt die Befindlichkeit seines Ichs in die poetologische Diskussion ein, weil die Darstellung des Widerstreits *beider* Extrempositionen die dialektische Lösung ist:

„In mir streiten sich [...]". Obwohl er den politischen Impetus als den dominanten ausgibt („Aber nur das zweite / Drängt mich zum Schreibtisch"), schleicht sich neben den „Reden des Anstreichers" auch der Topos der dichterischen Inspiration, die „Begeisterung über den blühenden Apfelbaum", ins Gedicht ein – und dies sogar mit Vorrang! Das soll freilich nicht bedeuten, daß den Dichter gegen seinen Willen die traditionellen Poesieantriebe überwältigen oder ihm gleichsam unter der Hand die Feder führen. Vielmehr ist die Doppelperspektive ausdrücklich gewollt. So wie der verkrüppelte Baum an seinem Zustand eigentlich schuldlos ist und doch „mit Recht" als „Krüppel" beschimpft wird; so wie die „grünen Boote und lustigen Segel" trotz der desolaten politischen Lage vorhanden und die „Brüste der Mädchen" „warm wie ehedem" sind: genauso enthält der dichterische Antrieb, gespeist aus dem „Entsetzen" über Hitler-Deutschland, zugleich auch die „Begeisterung über den blühenden Apfelbaum".

Bäume, die in Brechts poetischem Inventar und seinem dialektischen Denken eine zentrale Rolle spielen, sind fast immer in dieser doppelten bzw. gebrochenen Funktion eingesetzt. Sie stehen nicht nur wie in Brechts Gedicht von 1919 ›Vom Klettern in Bäumen‹ aus seiner ›Hauspostille‹ als Sinnbild unmittelbarer Natur und menschenüberdauernder Zeitlosigkeit[13] oder wie in dem bekannten Gedicht ›Der Rauch‹ aus den späten ›Buckower Elegien‹ als extreme Verkürzungen für Landschaft.[14] In dem Gedicht ›Schlechte Zeit für die Jugend‹, das ›Schlechte Zeit für Lyrik‹ unmittelbar folgt, benennt dasselbe Argumentationsmuster einen Gegensatz von literarisch legitimierter Wirklichkeit und unbeschwertem Leben:

> Statt im Gehölz zu spielen mit Gleichaltrigen
> Sitzt mein junger Sohn über die Bücher gebückt ...[15]

Diese oder ähnliche Denkfiguren durchziehen das Bild des Baumes auch in anderen Gedichten Brechts. Das wohl um 1937 entstandene Gedicht ›Über die Unfruchtbarkeit‹ demonstriert an einem Obstbaum dieselbe Ursache-Wirkung-Relation, bricht aber früher ab und bleibt beim Mitleid mit der Kreatur stehen:

> Der Obstbaum, der kein Obst bringt
> Wird unfruchtbar gescholten. Wer
> Untersucht den Boden?
>
> Der Ast, der zusammenbricht
> Wird faul gescholten, aber
> Hat nicht Schnee auf ihm gelegen?[16]

Brechts bekanntes Gedicht ›Der Pflaumenbaum‹ aus den ›Svendborger Gedichten‹ umschreibt im Kinderliedton das Bild bewahrter Identität[17]:

> Den Pflaumenbaum glaubt man ihm kaum
> Weil er nie eine Pflaume hat

Doch er ist ein Pflaumenbaum
Man kennt es an dem Blatt.[18]

Die Erkenntnis des Betrachters läuft nicht auf dem geraden Weg, sondern über einen Umweg, der trotzdem zum Ziel führt. Doch mit den Zeiten ändern auch die Bäume ihre Zeigefunktion. Das Gedicht ›Finnische Landschaft‹ beschwört die Naturidylle in Ausrufen als bloßen Baumbestand („Schönbaumige Landschaft"), fragt aber zugleich nach dem Nutzen für den Menschen: „Ist dies das Holz, ohn das kein Holzbein wäre?"[19] Im amerikanischen Exil schließlich ist es gerade der Baum, der im immergrünen Pflanzenparadies Verlust und Entfremdung um so heftiger erfahrbar macht, wie es in ›Kalifornischer Herbst‹ heißt:

In meinem Garten
Gibt es nur immergrüne Pflanzen. Will ich Herbst sehn
Fahr ich zu meines Freundes Landhaus in den Hügeln. Dort
Kann ich für fünf Minuten stehn und einen Baum sehn
Beraubt des Laubs, und Laub, beraubt des Stamms.[20]

Brecht dichterisches Selbstverständnis begreift die Poesie zwar als zeitabhängig, läßt sie jedoch in dieser Zeitbezüglichkeit nicht restlos aufgehen. Die Zeit für Lyrik mag schlecht sein, wie der Titel sagt, aber nicht mehr als das: Lyrik bleibt auch in solchen Zeiten möglich. Das Gedicht ›Schlechte Zeit für Lyrik‹ zeigt gerade, daß dennoch Dichtung entstehen kann, Dichtung, die nicht nur die selektive Wahrnehmung eines dichterischen Ichs in Worte faßt, so daß die Ursachen politischer und sozialer Mißstände entlarvt werden, sondern ein Gebilde, das die Spannung zwischen poetischer Autonomie und politischem Schreibantrieb austrägt. Der hohe Anspruch des Gedichts als „Lyrik" und sogar als „Lied" richtet sich damit auch gegen die einfache Lösung nach dem Muster eines verkürzenden Sozialrealismus: der verkrüppelte Baum wird „mit Recht" denunziert. Dichtung hat auch in schlechten Zeiten „schön" zu sein, anders schön freilich als in der guten Zeit. Die neue Ästhetik des Dichters ist eine solche des Widerstreits, die keine bloße Versöhnung der Gegensätze will. Sie ist eine Form (der Reimlosigkeit), ohne auf Rhythmik und Klangwirkung („Lied") zu verzichten; und sie ist eine Poesie des geschärften Sprachbewußtseins: die „Stimme" des Dichters sichert poetische Rede gegen ihr Gegenteil, „die Reden des Anstreichers".

Eine so provokante Lösung zwischen den Extremen, wie Brecht sie anbietet, fordert Widerspruch geradezu heraus. Noch 1974 hat Jürgen Becker in seine Sammlung ›Das Ende der Landschaftsmalerei‹ ein Gedicht mit dem Titel ›Gute Zeiten, nicht nur für Lyrik‹ aufgenommen, das ausdrücklich als „Antwort an Brechts Gedicht ›Schlechte Zeit für Lyrik‹" konzipiert ist. Dieses und andere Gedichte Brechts werden in Zitaten und Anspielungen aufgegriffen, ihrer Lösung aber wird widersprochen. Becker betrachtet gerade „die alten, die neuen finsteren Zeiten" als die adäquate Grundlage für die Lyrik der Gegenwart:

> Sei ehrlich, du verdankst deine Szene
> dem Kampf der Klassen, und ohne
> den Bösewicht hättest du keinen Helden.[21]

Brechts dialektischer Spannungsbogen wird aufgegeben zugunsten einer Zusammenschau, die den „Streit" der Extreme aufhebt und vereindeutigt; Glück kann auch durch „das richtige Wort", „Begeisterung" und „Entsetzen" auch durch das Beschreiben erreicht werden:

> Glücklich macht es auch mich, das richtige Wort
> zum Selbstmörder-Abend;
> lustlos kommt kein Satz
> über die Giftwolke über dem Haus.
> Gute Zeiten, nicht nur für Lyrik.
> Was in mir, in uns
> sich streitet:
> die *Begeisterung* und das *Entsetzen*,
> ist ja kein Streit,
> denn wir können es ja beschreiben,
> mit Begeisterung, das Entsetzen.[22]

Dann führt das Gedicht den Gedanken weiter, was denn geschähe, wenn dem wahllos alles bedichtenden Dichter einmal der Konfliktstoff ausgeht:

> Kann einmal ein Paradies sein, was dann,
> was drängt dich zum Schreibtisch?[23]

Der Schlußvers, zugleich moderner und sprachskeptischer, aber auch platter als bei Brecht, ersetzt die Spannung von „Begeisterung" und „Entsetzen" durch eine zweite von Dichten und Schweigen. In ihr findet das Gedicht zu seinem Ende: „wir hatten nichts weiter zu sagen".[24]

Paul Celan hat in seiner 1971 erschienenen Sammlung ›Schneepart‹ die konfliktträchtige Spannung Brechts zwischen „Begeisterung" und „Entsetzen" auf sehr eigenwillige Art radikalisiert:

> EIN BLATT, baumlos
> für Bertolt Brecht:
>
> Was sind das für Zeiten,
> wo ein Gespräch
> beinah ein Verbrechen ist,
> weil es soviel Gesagtes
> mit einschließt?[25]

Celan antwortet damit auf eine ganze Staffel Brechtscher Baumgedichte; ganz direkt reagiert er auf Brechts spätes Gedicht ›Schicke mir ein Blatt‹:

Schicke mir ein Blatt, doch von einem Strauche
Der nicht näher als eine halbe Stunde
Von deinem Haus wächst, dann
Mußt du gehen und wirst stark, und ich
Bedanke mich für das hübsche Blatt.[26]

Viele Anspielungen Celans, etwa auf die Doppelbedeutung von „Blatt", sind hier zu übergehen.[27] Im direkten Zitat schließt Celan an Brechts Gedicht ›An die Nachgeborenen‹ und dessen bekannte Verse an:

Was sind das für Zeiten, wo
Ein Gespräch über Bäume fast ein Verbrechen ist
Weil es ein Schweigen über so viele Untaten einschließt![28]

Seinen poetologischen Angelpunkt bezieht Celans Gedicht jedoch aus ›Schlechte Zeit für Lyrik‹. Brechts Position wird dabei von Celan keineswegs ins Gegenteil verkehrt,[29] sondern in eine andere Richtung weitergetrieben und verschärft. Celans Interesse gilt dem bei Brecht genannten Schweigen als Gegensatz zum „Gespräch". Celan tilgt nicht nur Brechts Baumvergleich; der Baum ist gemäß Auftrag (Brecht: „Schicke mir ein Blatt, doch von einem Strauche") programmatisch und argumentationslogisch aus Celans Gedicht verschwunden („baumlos"). Brechts „Gespräch über Bäume", so zeigt die zweite Strophe von ›Schlechte Zeit für Lyrik‹, redet über Nicht-Sichtbares, jedoch Wirksames (der schlechte Boden). Celans „Gespräch" ohne Bäume redet über „soviel Gesagtes", das zu Nicht-Sichtbarem geworden ist. Sichtbar ist das Besprochene nur im Rekurs auf Brechts Gedicht: „so viele Untaten". Celans Denkstruktur-Kontrafaktur widerspricht also Brechts Position keinesfalls, sondern gibt ihr einen anderen Sinn, der in Brechts Gedicht ›Schlechte Zeit für Lyrik‹ enthalten, aber nicht ausgesprochen ist. So versteht sich Celans Gedicht aus dem Bewußtsein des gemeinsamen Dichterberufs „in finsteren Zeiten" zugleich als Hommage „für Bertolt Brecht", ohne die poetologische Dissonanz zu verstecken.

3. *Leiden und Repräsentanz: Thomas Manns Dichtergestalten*

Die feste Willensanstrengung, nicht bloß die Poesie, sondern auch die Existenz und Würde des Schriftstellers zu bewahren, zieht sich als zentrales Thema durch das erzählerische Werk Thomas Manns. ›Tonio Kröger‹, Manns „literarisches Lieblingskind"[30] und Identifikationslektüre von Germanistengenerationen, sollte ja ursprünglich noch programmatischer „Litteratur" heißen. Und in der Tat liefert die Erzählung eine geraffte Genese des Dichterberufs nach den verkürzten Stationen einer Künstlerlaufbahn vor dem Horizont eingängiger Gegensatzpaare wie Nord und Süd, Bürger und Künstler,

Leben und Erkenntnis. Die offensichtliche Versöhnung von Kunst und Leben, die die Erzählung anstrebt,[31] ist jedoch in etliche Besonderheiten eingefangen. Dies wirft die Frage auf, ob die angebotene Lösung dieser Intention entspricht. Der Wechsel von erzählenden Passagen und solchen der Reflexion entspricht einem Wechsel im Rang der Interpretationsrelevanz und der identifikatorischen Nähe des Erzählers. Im dritten Kapitel, das den schriftstellerischen Werdegang Tonio Krögers auf wenige Seiten zusammenrafft, gerät der sich auktorial gebärdende Erzähler mit seinen Bewertungen in das Fahrwasser eines falschen, keineswegs ironisch gebrochenen Pathos,[32] ja er fällt sogar in einen Sprachduktus, dessen Exaltiertheit eher lächerlich wirkt:

> Er ergab sich ganz der Macht, die ihm als die erhabenste auf Erden erschien, zu deren Dienst er sich berufen fühlte, und die ihm Hoheit und Ehren versprach, die Macht des Geistes und des Wortes ... (219)

Dies entspricht kaum der Absicht, die Ernsthaftigkeit der Situation zu demonstrieren, sondern eher dem Tonfall des karikierten Dichters Spinell im ›Tristan‹. Tonio Kröger erhält durch diese Charakterisierungen der erzählerischen Autorität kräftige Züge eines Dekadenzliteraten mit dandyhaftem Gehabe und dem Lebenswandel eines Bohemiens, „haltlos zwischen krassen Extremen" (220); dem entspricht sein Kunstverständnis: „wählerisch, erlesen, kostbar, fein, reizbar gegen das Banale und aufs höchste empfindlich in Fragen des Takts und des Geschmacks" (220). Der Erzähler erklärt diese Entwicklung Tonio Krögers mit dem bekannten Nord-Süd-Schema der ›Buddenbrooks‹ aus dem Verfall des bürgerlichen Elements im „Erbteil des Vaters" (219) und der exotischen, aber „ein wenig liederlichen" Existenz der Mutter (219), hinter der auch das Vorbild der Selbststilisierung Goethes durchschimmert.[33]

Diese Verbindung, die der „exotisch angehauchte Bürgername zu einer Formel" verdichtet und versimpelt (220), suggeriert einen Ausgleich der Extreme. Doch Tonio Kröger hat eine solche Lösung längst hinter sich gelassen. Im Kunstgespräch mit der russischen Malerin, aus dem der (falsch) wertende Erzähler getilgt ist, demonstriert Tonio Kröger, daß für ihn so einfache Gegensätze nicht mehr gelten. Diese und ähnliche eingängige Paarbildungen wie „Fixativ und Frühlingsarom" oder „Kunst" und „Natur" weist er als kurzschlüssig und „nicht erschöpfend" zurück (222). Denn ihm geht es um einen Widerspruch *innerhalb* der Künstlerexistenz, der von solchen Begriffsgegensätzen kaum ansatzweise erfaßt werden kann. Der Fall Adalberts, des „Novellisten", der sich vor den Ablenkungen des Frühlings in die „entrückte und erhabene Sphäre des Literarischen" rettet (222), illustriert Krögers Problem: „Und ich weiß nicht, ob ich Adalbert beneiden oder geringschätzen soll, dafür, daß er nichts davon weiß ..." (223). Dem Novellisten Adalbert, der doch zweifellos ein Künstler ist, mangelt das Bewußtsein von dem, was über die bloße

Kunstfertigkeit des Literaten hinausgeht. Das andere Beispiel liefert der „gute Dilettant" (226), verkörpert im reimenden Leutnant, der dem Dichter ins Handwerk „gepfuscht" hat, „ohne mit seinem Leben dafür zu zahlen" (230). Tonio Krögers Seiltanz zwischen beiden Extremen bezieht den „Erkenntnisekel" gegenüber dem durchschauten, ausgesprochenen und dadurch erledigten Leben (34) ebenso ein wie die Verzweiflung darüber, daß das Leben eben nicht „erledigt" ist. Gerade dieser unauflösbare Widerspruch hält ihn davon ab, bloß „Nihilist" zu sein (228).

Die zentralen Begriffe aus Tonio Krögers „Geständnis": „Ich liebe das Leben" (228) tauchen in seinem Schlußbrief fast wörtlich wieder auf. Im Unterschied zu dort sind sie hier im mündlichen Vortrag ausdrücklich als Nicht-Literatur gekennzeichnet.[34] Wenn die Malerin Tonio Kröger unter der Perspektive seiner Herkunft soziologisch korrekt als „Bürger auf Irrwegen" und er sich selbst als „erledigt" bezeichnet, so gilt diese „Lösung" nur für seine Person (231), nicht für sein Selbstverständnis als Dichter.

Tonio Krögers Rückkehr zu seinem „Ausgangspunkt" (232) ähnelt nicht zufällig dem Doppelwegschema des mittelalterlichen Artusromans. Wie dort der Held noch einmal ausfahren und in einem zweiten, verbesserten Durchgang die schon einmal berührten Lebensstationen zu überwinden, zu steigern und zu überhöhen hat, so wiederholt auch Tonio Kröger variierend die prägenden Etappen seiner Jugendgeschichte. Der zweite Kursus erweitert seine Perspektive, er bereitet auch die Lösung vor, die den Gegensatz von Kunst und Leben, unter dem er leidet, nicht nur postuliert. Damals scheiterten die „selbstgeschriebenen Verse" (207) an den gesellschaftlich-kindlichen Erwartungen, Schillers ›Don Carlos‹ an den „Pferdebüchern" Hans Hansens (209) und die poetische Gestimmtheit von Storms ›Immensee‹ am Tanzstundenleiden um die blonde Inge. Das Selbstmitleid, verfeinert in die Trotzhaltung des dadurch ausgezeichneten Künstlers, behielt die Oberhand. Jetzt erscheint der Zusammenprall von Dichtung und Lebensrealität in ganz anderer Beleuchtung, im fragwürdigen Zwielicht der Relativierung, die Literatur und Leben gleichermaßen trifft. Die „Volksbibliothek" im Elternhaus, in der, wie Tonio Kröger meint, „weder das Volk noch die Literatur etwas zu suchen" haben, läßt die Literaturverwahrung in „dürftiger" Erscheinung auftreten (236); das Verhör im Hotel offenbart die Dubiosität des Dichterberufs, wenn der Schriftsteller „nichts vorweisen" kann (239), sich andererseits aber durch die „Wirkung" seiner Texte (240) die Anerkennung selbst der Banausen sichert; im Mund des durch Seefahrt und -krankheit zerknirschten Kaufmanns verkommt die künstlerische Erkenntnis zum sentimentalen „erkennen und versdehen", der Dichtungsanspruch erscheint in Gestalt „ehrlich empfundener Kaufmannsverse" (242).

Der zweite Durchgang als Wiederholung des substantiell Gleichen in stark modifizierter Form belegt aber auch, daß Tonio Kröger dem rettungslosen

Dichterleiden seiner Jugend mittlerweile selbstrettende Verhaltensstrategien entgegenzusetzen weiß. Anfangs sind solche Formen der Repräsentation dichterischer Existenz noch äußert brüchig. Der Rückzug aus der Volksbibliothek ist, obwohl Tonio Kröger „einen Überblick gewonnen" hat, „ein zweifelhafter Abgang" (237); die Abfahrt vom Hotel wirkt trotz standesgemäßer Kutsche „lächerlich" (240); der Abschied vom Kaufmannsdichter verläuft zumindest für diesen, der da „so poetische und blamable Dinge geäußert" hat (244), peinlich. Die Teilnahme an den mißglückten Tanzstunden seiner Jugend wiederholt Tonio Kröger als Beobachter einer „Reunion"[35], bei der die Inkarnationen von Hans Hansen und Ingeborg Holm in gesteigerter Doppelung auftauchen. Auch die zweimalige Bezeichnung als „hübsche Abwechslung" (247, 248), hinter der Tonio Kröger seine Erregung verbirgt, verweist auf den gewandelten Umgang mit seiner Erschütterung. Damals wie jetzt fängt er sie im literarischen Spiegel Theodor Storms auf. Einst hatte die verklärende Entsagung von ›Immensee‹ getröstet und seine erzählerische Begabung zur Nachahmung angestachelt, „selbst dergleichen zu machen" (217). Jetzt erlaubt das Verszitat „Ich möchte schlafen, aber du mußt tanzen" aus Storms ›Hyazinthen‹, „vertraut und verwandt", eine literarisch aktivere Nutzung des Selbstauffangens so, daß sie zugleich die Grundlage des neuen Kunstverständnisses legt. Die mitgelieferte Deutung Tonio Krögers bedient sich genau dieses „Widersinnes":

– und dennoch tanzen, behend und geistesgegenwärtig den schweren, schweren und gefährlichen Messertanz der Kunst vollführen zu müssen, ohne je ganz des demütigenden Widersinnes zu vergessen, der darin lag, tanzen zu müssen, indes man liebte ... (253)

Diese Figur des „Ja, wie damals war es" (254) bleibt verheimlichte Episode, gleichsam ein Rückfall in die nur leidende Empfindsamkeit seiner Jugend. Nach draußen geht dafür der programmatische Brief an die russische Malerin. Ihre Begriffsprägung, er sei „ein Bürger auf Irrwegen", „ein verirrter Bürger" (251), greift Tonio Kröger zwar auf, er übernimmt sie jedoch nicht. Er nennt sich einen „Bürger, der sich in die Kunst verirrte" (255). Die kleine Abwandlung ist aussagekräftig genug: die Verirrung ist schon Vergangenheit, die Zielvorgabe der Kunst kommt hinzu. Tonio Kröger ist kein Bürger mehr und ist es dennoch, so sehr, daß er schließlich „schlechtes" und „bürgerliches Gewissen" gleichsetzt und zur Ursache seiner „Bürgerliebe" erheben kann, die allein „imstande ist, aus einem Literaten einen Dichter zu machen" (255). Die Konsequenz einer solchen Programmatik ist das Versprechen für die Zukunft, noch „Besseres" zu schaffen. Die Prognose auf den zukünftigen dichterischen Gestaltungsprozeß, den Tonio Kröger gleich mitliefert, ist allerdings enttäuschend und nicht auf der Höhe der bisherigen programmatischen Reflexion:

Während ich schreibe, rauscht das Meer zu mir herauf, und ich schließe die Augen. Ich schaue in eine ungeborene und schemenhafte Welt hinein, die geordnet und gebildet sein will, ich sehe in ein Gewimmel von Schatten menschlicher Gestalten, die mir winken, daß ich sie banne und erlöse … (256)

Tonio Krögers Vision seines Dichterberufs, mit dem programmatischen Anspruch der Moderne aufgetreten, bleibt mehr als konventionell: der Dichter als Seher, Schöpfer und Bildner des Ungeformten – Goethes „schwankende Gestalten" aus der ›Zueignung‹ zum ›Faust‹ und ihre epigonalen Imitationen des 19. Jahrhunderts lassen grüßen.[36] Man hat mit Recht Zweifel an der Ernsthaftkeit einer solchen Lösung geäußert.[37]

Realitätscharakter und Stellenwert dieser Lösung lassen sich am besten im Vergleich zu der zusammen mit ›Tonio Kröger‹ 1903 veröffentlichten, aber schon vor ihr abgeschlossenen Erzählung ›Tristan‹ beurteilen. ›Tristan‹ erweist sich aus dieser Perspektive als die Rücknahme der Tonio-Kröger-Utopie noch vor ihrer Ausfaltung. Der Dichterberuf kommt nur mehr in negativer Beleuchtung und als Parodie vor. Detlev Spinell tritt als ein Vertreter der Décadence auf, dessen äußere Erscheinung im Umfeld bürgerlichen Sanatoriumslebens als „wunderlich" auffallen muß (168).[38] Seine modische Kleidung verrät den Dandy, sein bartloses Gesicht, „weich, verwischt und knabenhaft", die mangelhafte Männlichkeit. Auch wenn der Erzähler den Spitznamen der Sanatoriumsgesellschaft als „hämisch und wenig zutreffend" bewertet, so ist doch die Bezeichnung „der verweste Säugling" in beiden Teilen sprechend (168): einerseits enthält er schon die Vorausdeutung auf den gesunden Sohn Klöterjahns, andererseits bekundet das Beiwort, daß Spinell einen inneren Standort jenseits des Todes hat. Die Erwähnung von Spinells eher sinnlicher Physiognomie, seiner „kariösen Zähne" und der „Füße von seltenem Umfang" sind nicht nur Elemente gesteigerter Satire des Erzählers oder Merkmale des Dekadenzliteratentums, sondern zugleich Hinweis auf den Widerspruch zwischen Spinells ästhetischen Postulaten und der Wirklichkeit. Durch seinen „ästhetischen Zustand" (169) parodiert er seinen affektierten Schönheitskult selbst.

Erst recht in seiner Eigenschaft als Schriftsteller gibt sich Spinell der Lächerlichkeit preis. Der Einschätzung durch den Leiter der Anstalt, der „keine großen Stücke auf den Schriftsteller hielt" (170), schließen sich Gäste und Belegschaft an. Als wäre er ihr Sprachrohr, kommentiert der Erzähler Schriftstellertum und öffentliche Wirkung Spinells, indem er sich über das Mißverhältnis von Arbeitsaufwand und Ergebnis lustig macht:

Übrigens mußte es wundernehmen, daß er noch nicht mehr Bücher verfaßt hatte als dieses eine, denn augenscheinlich schrieb er mit Leidenschaft. Er verbrachte den größten Teil des Tages schreibend auf seinem Zimmer und ließ außerordentlich viele Briefe zur Post befördern, fast täglich einen oder zwei, – wobei es nur als befremdend und belustigend auffiel, daß er seinerseits höchst selten welche empfing … (169)

Aber nicht nur mangelnde Effektivität bei hohem Anspruch zeichnet den Dichter aus. Auch das Buch selbst ist mehr bibliophile Kostbarkeit als Lesestoff; die Satire auf die Buchkunst der Epoche und speziell auf die esoterische Veröffentlichungspraxis Stefan Georges und seines Kreises sind unschwer herauszuhören:

Es war ein Roman von mäßigem Umfange, mit einer vollkommen verwirrenden Umschlagzeichnung versehen und gedruckt auf einer Art Kaffeesiebpapier mit Buchstaben, von denen ein jeder aussah wie eine gotische Kathedrale. (169)

Der Form entspricht der Inhalt. Die Moderne der Jahrhundertwende zwischen Jugendstil, Décadence und Formeneklektizismus scheint durch den Erzähler stellvertretend für die naiven Beobachter auf den Begriff gebracht. Deren Gleichsetzung von „raffiniert“ mit „unverständlich“, die ausufernde Detailmalerei von „mondänen Salons“ und kostbaren Interieurs charakterisiert einen blutleeren Schönheitskult genügend. Handlung kommt in dergleichen Literatur nicht vor.

Noch mehr als diese ironietriefende Beschreibung von Literatur als Innendekoration karikieren die Gespräche Spinells mit Gabriele Klöterjahn das künstlerische Ethos Spinells. Der Schriftsteller, der das Sanatorium „des Stils wegen“ besucht (171), um sich in dessen Empire-Möbelwelt „sittlich“ gegen die Gefahr der „Laszivität“ zu wappnen, protzt vor der erstaunten Bürgerin mit hohlen Phrasen seiner angeblich gefährdeten Dichterexistenz: „Ich und meinesgleichen“ (172). Seine „hygienische Strenge der Lebensführung“, die er als heldischen Widerstand gegen das Leben ausgibt, verrät sich selbst als Attitüde, weil ihre Begründung gleichgültig, unfaßbar und letztlich austauschbar bleibt: „Heuchelei oder Selbstüberwindung, gnädige Frau! Welches Wort man nun vorzieht.“ (173) Hinter der unpräzisen Begrifflichkeit verbirgt sich ein unsicheres und unreflektiertes Selbstverständnis Spinells. Während Tonio Kröger seine Kunstvorstellung programmatisch gegen die Lebenswirklichkeit absetzt, ist Spinell eine solche Reflexionshöhe gar nicht zugänglich. Er weigert sich einfach, die Realität als solche überhaupt wahrzunehmen. Spinells Schönheitsgehabe, Frauen nur vage und „mit einem halben Blicke“ flüchtig anzusehen (173), um einen ästhetischen „Eindruck“ anstelle einer „fehlerhaften Tatsächlichkeit“ davonzutragen, steht dafür. Indem Spinell es ablehnt, „plump und wirklichkeitsgierig“ zu betrachten und statt dessen eine „veredelte Wirklichkeit“ durch seine „Einbildung korrigieren“ möchte (174), entzieht er seine beschönigende Wahrnehmungsform jeder Rechtfertigung. Nicht nur nach dem platten Wirklichkeitsverständnis Klöterjahns hat Spinell „Angst vor der Wirklichkeit“ (194). Auch der Erzähler, auktorialer Kommentator und Sprachrohr der Sanatoriumswelt zugleich, unterstellt Spinells Verhalten und seinem „exaltierten Lächeln“ (174) ein verschobenes Realitätsbild.[39] So überrascht es auch nicht, daß Spinell selbst durch

Fakten nicht von seinem Vorgehen abgebracht werden kann. Er schreibt Gabrieles Herkunft nach einer an den ›Buddenbrooks‹ abgelesenen Dekadenzgeschichte um,[40] die er selbst dann nicht aufgibt, als er erfährt, daß sein Entwurf mit der Realität nicht übereinstimmt.[41]

Die den Ausbruch der Krankheit beschleunigende Musikszene enthüllt schließlich die wahren Ursachen für das ästhetische Gebaren Spinells. Der Dichter entlockt der anfälligen Bürgerin Kunstäußerungen, die alle Zeichen der Freiheit von Zwang und von Krankheit zum Tode tragen. Diese natürliche Affinität des Künstlerischen zu Krankheit und Tod weist voraus auf den ›Zauberberg‹ und den ›Doktor Faustus‹. Insofern fungiert Spinell als mephistophelische Gestalt, die Gabrieles bürgerliches Eheleben endgültig zerstört, es zugunsten einer verklärten Vergangenheit rückgängig zu machen versucht[42] und an seine Stelle eine pathetische, erotisch aufgeladene „Vereinigung im ewigen Jenseits der Dinge" (185) setzt. Diese Art der Provokation von Kunstäußerungen bei anderen ist bei Spinell Ersatz für die eigene künstlerische Impotenz. Nur das Nacherleben der Kunst anderer ist Spinell noch möglich. Dem Künstler dient die Kunst als Erkenntnisinstrument, selbst produzieren kann er nicht mehr:

> „Ja, so ist es. – Wie kommt es nur, daß Sie, der Sie es so gut verstehen, es nicht auch spielen können?"
> Seltsamerweise vermochte er dieser harmlosen Frage nicht standzuhalten. Er errötete, rang die Hände und versank gleichsam in seinem Stuhle.
> „Das trifft selten zusammen", sagte er endlich gequält. „Nein, spielen kann ich nicht." (185)

Wie Tonio Krögers Schreiben an die russische Malerin gibt sich auch Spinells Brief an Anton Klöterjahn als Grundsatzprogramm seines Dichterberufs aus. Beide erschöpfen die Möglichkeiten des ihnen zur Verfügung stehenden poetologischen Bewußtseins. Im Unterschied zu Tonio Kröger kommt Spinell jedoch über die Proklamation eines aufgeblähten moralischen Anspruchs nicht hinaus, auch wenn er dafür alle Mittel seiner überzogenen Rhetorik einsetzt. Die schriftstellerische Leistung, als die Spinell seinen Brief zweifellos auffaßt, wird nicht erst durch die handfeste mündliche Antwort Klöterjahns als lächerlich abgetan. Schon die Inszenierung des Schreibakts als ernsthafte Arbeit, vom Erzähler durch Anführungszeichen angezweifelt, zieht ihr Pathos aus dem stilisierten Inventar des Zimmers: „die steifen Beine der Meubles" und der vorgezogene gelbe Vorhang schaffen die nötige Atmosphäre, „um sich innerlicher zu machen" (189). Die Abfassung des Briefs folgt den formalen Vorgaben von Spinells einzigem Roman. Hier wie dort dominiert der Anspruch, schon den Schreibakt mit Bedeutsamkeit aufzuladen und dem Brief einen Kunstcharakter zu verleihen, der ihm nicht zukommt. Der Erzähler begreift das einfach als kalligraphische Übung:

Ein großer, starker Bogen lag vor ihm, in dessen linkem oberen Winkel unter einer verzwickt gezeichneten Landschaft der Name Detlev Spinell in völlig neuartigen Lettern zu lesen war und den er mit einer kleinen, sorgfältig gemalten und überaus reinlichen Handschrift bedeckte. (189)

Die Thematisierung des Schreibvorgangs, mit der der Brief beginnt, entlarvt den weiteren Inhalt als rhetorische Lüge. Spinells Behauptung, daß „die Worte mit einer solchen Heftigkeit zuströmen", obwohl es doch in Wahrheit „jämmerlich langsam" vorangeht (189), verdreht die Unfähigkeit des Schriftstellers zur sprachlichen Kommunikation in die große Geste einer aufgesetzten literarischen Reflexion, aber sie kann die Inhaltsleere dieser Schreibübung nicht verbergen. Der Erzähler steigert dies sogar noch durch den Hinweis auf den falschen „Eindruck der Glätte und Lebhaftigkeit" (189), den der zögerliche Produktionsfluß dann im fertigen Zustand hervorruft. Literatur erscheint daher in mehrfach fragwürdiger Gestalt. Sie glänzt in pretiösem Gewand und zielt auf rhetorische Wirksamkeit, hat aber nicht mehr zu bieten als die Bespiegelung ihrer eigenen Impotenz.

Die „Geschichte", die Spinell in diesem Brief „ohne Kommentar, ohne Anklage und Urteil" wertungsfrei zu erzählen vorgibt, erhebt den Anspruch, Wirklichkeit in Sprache bannen zu können, „die wahre Geschichte Gabriele Eckhofs" zu sein (190). Tatsächlich hat Spinell die wirkliche Begebenheit der Erlebniswelt seines Adressaten entwendet und sich selbst so anverwandelt, daß er sie in sein Dekadenzmodell Gabrieles umschreiben und ihr dadurch „Bedeutung" verleihen kann:

Sie waren es, der sie erlebte; und dennoch bin ich es, dessen Wort sie Ihnen erst in Wahrheit zur Bedeutung eines Erlebnisses erheben wird. (190)

Erst durch die dichterische Gestaltung entsteht „Wahrheit" und echtes „Erlebnis"! In dieser Mischung aus raffiniert eingesetzter Rhetorik und rücksichtlosen Hineindrängens in fremde Lebensgeschichten stilisiert Spinell das Ereignis sogar als „unantastbares und unverletzliches Heiligtum", das zu „entweihen" strafbar sei (190). War Tonio Kröger noch der Utopie angehangen, Kunst und Leben in der Dichtung versöhnen zu können, so ist diese Illusion im ›Tristan‹ zerfallen. Literatur tritt jetzt als rhetorisches Pamphlet auf, das dennoch vor dem erfolgreichen Leben kapitulieren muß. Dem Schriftsteller Spinell bleibt nur mehr sein Versuch, in der Umschreibung der Geschichte Gabrieles diese selbst umzupolen,[43] also seine Kunst als „Racheakt" (192) der Lebensschwachen gegen das Leben einzusetzen. Dem bis zur Lächerlichkeit getriebenen Versagen Spinells als Künstler[44] entspricht im Schlußtableau die ebenfalls kaum ernst zu nehmende Apotheose des gesunden, sieghaften und sich immer neu reproduzierenden Lebens.

Noch schärfer als in ›Tristan‹ hat Thomas Mann die Lächerlichkeit des exaltierten Dichtertums nur noch einmal karikiert. In der 1904 erschienenen kurzen Erzählung ›Beim Propheten‹, die auf autobiographischen Erlebnissen in der Schwabinger Dachstubenwelt beruht, durchstoßen die dort vorgetragenen Begriffe dichterischen Selbstverständnisses die Grenzen des Erträglichen. Die in einer Karfreitagslesung vorgetragenen „Proklamationen" des Dichters Daniel steigern exzessive Visionen im Stil Nietzsches und Georges so weit ins Militante, daß sie gar nicht mehr als wörtliche Rede wiedergegeben werden können. Selbst die ironisierende Abdämpfung des erzählenden Beobachters kann derlei Unsägliches kaum abschwächen:

> Das einsame Ich sang, raste und kommandierte. Es verlor sich in irre Bilder, ging in einem Wirbel von Unlogik unter und tauchte plötzlich an gänzlich unerwarteter Stelle gräßlich wieder empor. Lästerungen und Hosianna – Weihrauch und Qualm von Blut vermischten sich. In donnernden Schlachten ward die Welt erobert und erlöst … (280)

Kontrastiert wird die Entblößung eines so verquasten Weltbilds durch die Figur des „Novellisten" und die Sympathie, die der Erzähler für sie aufbringt:

> Nur der Novellist, ein Herr mit steifem Hut und gepflegtem Schnurrbart, kannte niemanden. Er kam aus einer andern Sphäre, war nur zufällig hierher geraten. Er hatte ein gewisses Verhältnis zum Leben, und ein Buch von ihm wurde in bürgerlichen Kreisen gelesen. (275)

Während Spinell in seiner lächerlichen Tragik alleingelassen ist und mit seiner Niederlage gegen das Leben auch die Niederlage seiner Literatur verantwortet, wird hier eine neue Form von Literatur sichtbar, die sich im Zeichen bürgerlichen Erzählens gegen die Verstiegenheiten des Versrauschs in „ein gewisses Verhältnis zum Leben" setzt. Nicht nur die Stil- und Gattungsunterschiede der Textformen oder das Selbstverständnis der beiden Schriftsteller – hie „Prophet", dort „Novellist" – sind signifikant. Die „Vision einer Schinkensemmel" (280), die den Novellisten während der Lesung überkommt, rückt unversehens und sympathieheischend neben die „anschauliche Art" Anton Klöterjahns, die alltägliche Wirklichkeit durch Sprache zu poetisieren und „'Bottersemmeln' zu sagen, so daß jedermann Appetit bekommen mußte" (166). Durch die immer weiter radikalisierte Karikatur der Irrwege des Dichterberufs hat sich das wahre Selbstverständnis des Schriftstellers fast unmerklich dem anderen Pol angenähert! Das „gewisse Verhältnis zum Leben", Leitmotiv des „Novellisten" (275, 279, 281) und Schlußsatz der Erzählung, kündigen Thomas Manns Abkehr von seiner heimlichen Sympathie mit den Verstiegenheiten dichterischer Existenz an.

In seinem Roman ›Königliche Hoheit‹ von 1909 knüpft Thomas Mann deshalb erneut an die in ›Tonio Kröger‹ versuchte Versöhnung von Kunst und Leben an. Dort war auch im Kunstgespräch mit der russischen Malerin der Gedankenkeim des späteren, dann autobiographisch initiierten Romans angelegt, als Tonio Kröger die „Separation und Unzugehörigkeit" des Künstlers mit einem Fürsten verglichen hatte, „der in Zivil durch eine Volksmenge schreitet" (225). Schillers innere Gleichgerichtetheit von Sänger und König scheint darin auf. Auch die biographischen Grundlagen der Romanhandlung[45] und Thomas Manns Versuch, sich selbst im Leben eine „Verfassung zu geben"[46], verweisen auf die Wandlungen des dichterischen Selbstverständnisses. Nach den Extremführungen der frühen Erzählungen geht es jetzt darum, den Dichterberuf auf eine lebbare Grundlage zu stellen, ohne die Erfahrung der Abgesondertheit ganz aufzukündigen. Thomas Mann greift das bekannte Gleichsetzungsmodell von Dichter und Fürst zwar auf, schneidet es aber verändert zurecht. Die zentrale Gedankenfigur für diese Neuformierung des Dichterberufs sind Anspruch und Verpflichtung zur repräsentativen Lebensführung, die Dichter und Fürst verbindet. Erste Spuren dieses Strebens nach Repräsentanz lassen sich schon in früheren Texten orten, etwa in Spinells Selbststilisierung seiner Schreibakte und seiner Person. ›Königliche Hoheit‹ thematisiert jedenfalls diesen Anspruch zentral. Der Roman ist autobiographisches Märchen und Fürstenallegorie, aber auch ein verkappter „Künstlerroman".[47]

Indem ›Königliche Hoheit‹ den Ausgleich zwischen Lebenstüchtigkeit und Leiden am Leben in die Repräsentantenrolle eines Fürsten verlegt, bleibt der eigentliche Dichterberuf am Rande des Interesses. Der Auftritt des Dichters Axel Martini ist aber insofern prägend für den Werdegang des jungen Fürsten, als sich Prinz Klaus Heinrich in dessen permanent gefährdeter und zugleich repräsentativer Stellung wiedererkennen kann. Die Schattenseiten der beiden gemeinsamen, wenn auch in ihrer sozialen Relevanz unterschiedlichen Auserwähltheit wird durch die doppelte Spiegelung mit verschärfenden Brechungen[48] sogar noch verstärkt. Im Kapitel mit der Überschrift „Der hohe Beruf" empfängt der Prinz Axel Martini, den Sieger eines „poetischen Turniers"[49]:

> Das Gedicht, das er vorgelegt hatte, ein begeistertes Loblied auf die Lebenslust oder vielmehr ein überaus stürmischer Ausbruch der Lebenslust selbst, ein hinreißender Hymnus auf des Lebens Schönheit und Fruchtbarkeit ... (133)

Das Bild, welches sich Klaus Heinrich von diesem „Dichter der Lebenslust" (133) macht, entspricht nun ganz und gar nicht der Wirklichkeit. Trotz der altertümlichen Szenerie einer in die Gegenwart verlegten Dichterkrönung und der in der Residenz gepflegten literarischen Gattungen[50] ist Axel Martini ein in jeder Hinsicht gefährdeter Dichter der Moderne. Die Widersprüche zwischen der äußeren Erscheinung des Dichters und seinen Postulaten, zwischen seiner diätetischen Lebensführung und seinem Ruf nach „Lebenslust", zwischen seinen Gedichtaussagen und der tatsächlichen poetischen Produktionsweise erhellen sich in Form eines Erziehungsgesprächs, an dessen Ende die

Einsicht des Prinzen steht: „Man macht sich aus der Ferne wohl unrichtige Vorstellungen von dem Leben eines Dichters." (138) Obwohl das Zusammentreffen mit dem Dichter bei Klaus Heinrich mehr als „geteilte Empfindungen" (138) hinterläßt,[51] erkennt der Prinz gewisse Ähnlichkeiten zu seiner eigenen Lebensführung. Der gleiche Untergrund von „Entsagung"[52] trotz der gelegentlichen und bald bereuten „begehrlichen Ausflüge in die Festsäle des Lebens" (136) versichert die beiden Gezeichneten, daß Repräsentation bei Dichter wie Fürst nur um den Preis der Vereinsamung und Absonderung zu haben ist. Das Verhältnis von realem Erlebnis und dichterischem Ich des ›Tonio Kröger‹ wird sogar in derselben Sprachfigur und mit denselben Begriffen von gleichzeitiger Verachtung und Bewunderung des Lebens aufgenommen,[53] jedoch ganz anders gelöst: Verpflichtung und Willen zur Repräsentation überwinden die Tendenz zum wehleidigen Selbstmitleid. Hatte Tonio Kröger diese Spannung auszuhalten und für seinen Dichterberuf nutzbar zu machen versucht, so weckt das Geständnis Axel Martinis beim Prinzen durchaus „geteilte Empfindungen" (138). Der erfahrene Dichter hat sich längst von der Vorstellung, er könne das Leben tatsächlich er-leben, zurückgezogen und sich einer Lebensführung der „Hygiene" verschrieben (137), die sein „Hundeleben" (318) erträglicher macht und ihn sowohl mit Detlev Spinells Kokettieren mit der „hygienischen Strenge" eines kalten Bades[54] als auch mit Gustav Aschenbachs morgendlicher, selbstkasteiender Dichtungsvorbereitung „mit Stürzen kalten Wassers über Brust und Rücken"[55] verbindet. Die Gefährdungen scheinen für den Prinzen wie für den Dichter therapeutisch lösbar, nämlich als bloße Anfechtungen durch zwanghafte Lebensführung zu unterdrücken. Ihre Stilisierung zum Dichterleiden findet nicht mehr statt.

Einen Dichter als scheinbar vollkommenen, von Anfechtungen unbehelligten Repräsentanten hat Thomas Mann in der kleinen Erzählung ›Das Eisenbahnunglück‹ von 1911 dargestellt. Wie das Vorleseparadestück ›Das Wunderkind‹ wird ›Das Eisenbahnunglück‹ unterschätzt; es gilt immer noch als virtuose Fingerübung erzählerischer Souveränität Manns,[56] als Erzählgenese buchstäblich aus dem Nichts: „Etwas erzählen? Aber ich weiß nichts. Gut, also ich werde etwas erzählen." (317) In Wahrheit stellt die Anekdote ein Meisterstück poetologischer und politisch seismographischer Prosa dar. Die „Kunst- und Virtuosenfahrt", die der Schriftsteller als Ich-Erzähler unternimmt, geschieht ausdrücklich im Zeichen dichterischer Repräsentation mit Bezugnahme auf die politische Gegenwart:

> Man repräsentiert, man tritt auf, man zeigt sich der jauchzenden Menge; man ist nicht umsonst ein Untertan Wilhelms II. (317)

Der Schaffner als Verkörperung dieses wilhelminischen Obrigkeitsstaats scheint konfliktlose Verhältnisse zu verheißen:

Das ist der Staat, unser Vater, die Autorität und die Sicherheit. Man verkehrt nicht gern mit ihm, er ist streng, er ist wohl gar rauh, aber Verlaß, Verlaß ist auf ihn, und dein Koffer ist aufgehoben wie in Abrahams Schoß. (318)

Diese Staatsharmonie, der sich auch der repräsentierende Schriftsteller eingliedert, wird jedoch bald gestört durch den „Herrn in Gamaschen, der sicher von edelster Abkunft ist" (318). Der Vertreter der feudalen Herrschaftskaste behandelt den Staat als Verfügungsmasse und übertritt straflos die gesetzte Ordnung. Aber nicht nur dies läßt den Erzähler „erschüttert" zurück (319). Die Erschütterung, in der diejenige des sich bald darauf ereignenden Eisenbahnunfalls vorauszuahnen ist, zeigt den Erzähler als empfindlichen Registrator des unter der Oberfläche der Konfliktlosigkeit vorhandenen Bedrohungspotentials, als Seismographen des virulenten Zeitgeists. Die Eisenbahnreise ist längst keine harmlose „Kunst- und Virtuosenfahrt" mehr; von „Abenteuer", vom Mangel an „Abgebrühtheit" und von der tiefen „Erregung" ist die Rede, von „neuen Dingen", die für die Zukunft zu erwarten sind (317). Was der Erzähler als Beteiligter und als poetischer Beobachter mit so starken Worten vorausfühlt, erweist sich als sowohl poetologische wie politische Weitsicht. Demgegenüber steht die selbstsichere, durch kein „Reisefieber" und durch keine „Gewalten" bewegte Figur des Herrn: „er selbst gehört zu diesen Gewalten" (318). Doch schon ein geringer „Stoß" wirft diese Gewalt, synonym für Staatsmacht und Gewalttätigkeit in einem, aus der Bahn (320), entkleidet sie jeder Würde und jeder Macht. „In die Ecke gedrängt" und ohne „Versuch, sich aufzulehnen gegen den Kommunismus" (324), geht der ehemalige Herrenmensch in der Volksmasse unter.

Ganz anders der Erzähler. Das Erlebnis der Zugentgleisung gibt ihm die Souveränität über die Sprache zurück, die ihm kurz zuvor abhanden gekommen war. Hatte er vormals die Sprachverhunzungen des Herrenreiters als „Reiter- und Kavaliersausdruck" (319) bewundernd zur Kenntnis genommen, so wird er jetzt abgestoßen durch dessen „entstellte Stimme" (320). Er selbst gewinnt die Verfügung über die Situation mittels seiner Sprachgewalt, so daß es so aussieht, als sei er es gewesen, der die Ereignisse durch seine beschwörenden Worte beeinflußt:

Ich dachte etwas sehr Einfaches, aber ich dachte es konzentriert und ausschließlich. Ich dachte: 'Das geht nicht gut, das geht nicht gut, das geht keinesfalls gut.' Wörtlich so. Außerdem dachte ich: 'Halt! Halt! Halt!' Denn ich wußte, daß, wenn der Zug erst stünde, sehr viel gewonnen sein würde. Und siehe, auf dieses mein stilles und inbrünstiges Kommando stand der Zug. (320)

Wenigstens im Selbstgespräch gelingt es dem Schriftsteller, so zu tun, als könne er Naturgesetze und Lebenswirklichkeit steuern.

Während der Schaffner, „der Staat, unser Vater, die Autorität und die Sicherheit" (318), das Unglück beschädigt überlebt hat, er „hinkt", ist „über das

Dach entkommen" und berichtet davon wie ein „Zeitungsbericht", kümmert sich der Schriftsteller um sein Manuskript: „Mein Bienenstock, mein Kunstgespinst, mein kluger Fuchsbau, mein Stolz und Mühsal, das Beste von mir" (322). Der Dichterberuf, an den eigenen Charakterisierungen des Werks ist es abzulesen, wird als Fleißarbeit und Gelehrtenleistung betrachtet. Die Spuren poetischer Inspiration, Reste von dichterischer Begabung und künstlerischer Auserwähltheit, wie sie in den Selbstgesprächen des Erzählers aufscheinen, tauchen nur noch ganz rudimentär auf, wenn vom „erlittenen Hamsterschatz" die Rede ist (323). Aus dem Werk sind sie getilgt. Dem Repräsentationsschriftsteller gilt sein Werk als eine Summe jahrelanger „Studien", dessen Verlust durch wiederholte Anstrengung rekonstruierbar ist. Nur im Tiervergleich schimmert noch Vorrationales durch:

> Ja, mit tierischer Geduld, mit der Zähigkeit eines tiefstehenden Lebewesens, dem man das wunderliche und komplizierte Werk seines kleinen Scharfsinnes und Fleißes zerstört hat, würde ich nach einem Augenblick der Verwirrung und Ratlosigkeit das Ganze wieder von vorn beginnen, und vielleicht würde es diesmal ein wenig leichter gehen ... (323)

Das Grollen politischer Veränderungen im Hintergrund einer Selbstdefinition des Schriftstellers schlägt auch den Bogen vom ›Eisenbahnunglück‹ zur im gleichen Jahr geschriebenen Erzählung ›Der Tod in Venedig‹. Ist jener zugfahrende Repräsentationsschriftsteller des Kaiserreichs auch kein Aschenbach,[57] weil seine Gefährdung eine bloß äußerliche ist, so reist er doch im „Fieber" (317) auf ein „Abenteuer" und „eine große Sache" (317) zu. Beide Figuren sind jedenfalls anerkannte und selbstbewußte Staatsschriftsteller des Wilhelminismus. Gustav von Aschenbach erscheint noch deutlicher als der Eisenbahnreisende als ein repräsentativer Dichter, dessen poetische Intentionen mit den Interessen des monarchischen Obrigkeitsstaats deckungsgleich sind. Die Stilisierung seiner Texte „ins Mustergültig-Feststehende, Geschliffen-Herkömmliche, Erhaltende, Formelle, selbst Formelhafte"[58] enthält neben der Selbsterhöhung zum Klassiker auch die Kennzeichen des Staatstragend-Konservativen. Das bestätigt die Übernahme einiger Seiten in die „vorgeschriebenen" Lesebücher durch die „Unterrichtsbehörde". Die Verleihung des persönlichen Adels gilt augenscheinlich „dem Dichter des 'Friedrich'", also als Belohnung für die monarchische Thematik und die vermutlich thronestützende Behandlung des Stoffes. Daß Aschenbachs „ganzes Wesen auf Ruhm gestellt war", zeigt der „beinahe noch Gymnasiast" durch sein Streben, „von seinem Schreibtische aus zu repräsentieren, seinen Ruhm zu verwalten" (343). Darin wird die Ruhmsucht des Dichters öffentlich. Dieses Ziel ist schon im Alter von nicht einmal 30 Jahren erreicht. Vor diesem Hintergrund erweist sich Aschenbachs „Talent" gar nicht als ein im eigentlichen Sinne literarisches, sondern als eine Begabung zur öffentlichen Wirksamkeit.[59] So erscheint Aschenbach wie eine Erfüllung der Utopie Tonio Krögers, mehr zu sein als ein Dichter für wenige, und wie das genaue Gegenstück zu Spinell, der sein einziger Leser bleibt.

Die aus dieser Aufgabe erwachsene leistungsethische Motivierung des eigenen Schaffens mit der Verpflichtung zum „Durchhalten" (343) enthüllt ihre Grundlosigkeit. Aschenbach bürdet sich eine Dauerlast auf, die er durch die Vergewaltigung seiner Lebensführung mittels Diät, Stundenplan und rigoroser Abschottung zu tragen versucht. Letztlich ist Aschenbach schon auf dem Höhepunkt seiner öffentlichen Anerkennung gescheitert. Permanent empfundene Ermüdung und Erschöpfung als natürliche Folge von Verdrängung und Unterdrückung verlangen die Aufrechterhaltung eines Ethos um seiner selbst willen. Die sinnentleerte Anstrengung, das Durchhalten um jeden Preis weist hinter der Fassade eines heroischen Lebens in der Stellvertretung einer ganzen Epoche (345) auf mangelnde Produktivität. Aschenbach ist, gerade weil er dagegen ankämpft, ein unschöpferischer Décadent.[60] Seine Kunstherstellung feiert Aschenbach als ein Produkt aus notwendiger Askese und einer quasisakralen Inszenierung im Geschmack des Salons. Zumindest in seiner hygienischen Selbstzucht ist Aschenbach ein gesteigerter Spinell. Das Kunstwerk enthält kein Leben, aber genügend unterdrückte Triebenergie („inbrünstig"), und es wird gleichsam aufgebahrt:

begann er seinen Tag beizeiten mit Stürzen kalten Wassers über Brust und Rücken und brachte dann, ein paar hohe Wachskerzen in silbernen Leuchtern zu Häupten des Manuskripts, die Kräfte, die er im Schlaf gesammelt, in zwei oder drei inbrünstig gewissenhaften Morgenstunden der Kunst zum Opfer dar. (344)

Die Metaphorik, Aschenbach habe kleinste Bausteine „zur Größe emporgeschichtet", verrät in der benötigten „Willensdauer und Zähigkeit" (344) die letztlich uninspirierte, eher durch Sitzfleisch als durch Einfall fortgetragene Poesie. Zugleich wird diese Arbeit, obwohl sie nichts weiter ist als eine rhetorische Kunstfertigkeit,[61] in Begriffen tiefschichtiger Bedrohung erfahren; der Riß zwischen dem Selbstverständnis des Schriftstellers und seiner tatsächlichen Arbeit geht durch den Schriftsteller hindurch:

Überreizt von der schwierigen und gefährlichen, eben jetzt eine höchste Behutsamkeit, Umsicht, Eindringlichkeit und Genauigkeit des Willens erfordernden Arbeit der Vormittagsstunden, hatte der Schriftsteller dem Fortschwingen des produzierenden Triebwerkes in seinem Innern, jenem „motus animi continuus", worin nach Cicero das Wesen der Beredsamkeit besteht, auch nach der Mittagsmahlzeit nicht Einhalt zu tun vermocht ... (338)

Der solchermaßen Charakterisierte wird mit einem Werk-Katalog eingeführt, in dem Thomas Manns eigene, abgebrochene Projekte mitschwingen,[62] bei dem weniger die Inhalte als die Wirkung auf die Leser gewürdigt werden (342). Selbst dem referierenden Erzähler kommt es vor allem auf „breite und tiefe Wirkung" an (344). Die Selbststilisierung des Dichters in seinem Leben und seinem Werk trifft auf ein Publikum, das sich darin wiederfindet und selbstbestätigt. Insofern ist der Schriftsteller nicht mehr Seismograph, sondern Lautsprecher seiner Epoche:

Gustav Aschenbach war der Dichter all derer, die am Rande der Erschöpfung arbeiten, der Überbürdeten, schon Aufgeriebenen, sich noch Aufrechthaltenden, all dieser Moralisten der Leistung, die, schmächtig von Wuchs und spröde von Mitteln, durch Willensverzückung und kluge Verwaltung sich wenigstens eine Zeitlang die Wirkungen [!] der Größe abgewinnen. Ihrer sind viele, sie sind die Helden des Zeitalters. Und sie alle erkannten sich wieder in seinem Werk, sie fanden sich bestätigt, besungen darin, sie wußten ihm Dank, sie verkündeten seinen Namen. (345)

Aschenbachs Gier nach „Massenzutrauen" (347) ist das notwendige Pendant zu seinem Klassizitätsstreben. Zuletzt gehen in den edel gefurchten Zügen des Dichtergesichts Autorperson, Textaussage und Lesererwartung jene Synthese ein, deren Suggestionskraft sogar der Erzähler erliegt: „Auch persönlich genommen ist ja die Kunst ein erhöhtes Leben." (348) Der Kommentar des Erzählers erörtert Aschenbachs „ganze Entwicklung" als einen zielgerichteten, durch „Mißgriffe" in der Jugend verzögerten „Aufstieg zur Würde" (345). Der Begriff der „Würde" ist für diese Argumentation nicht nur deshalb zentral, weil er gehäuft vorkommt. Der Begriff enthält auch, zurück bis zu Schillers philosophischer Abhandlung ›Über Anmut und Würde‹, die Geschichte des Prozesses der Gefährdung, des Verlusts und der „Wiedergeburt" einer „neuen Würde" (346) durch forcierte Erkenntnisanstrengungen. Gerade jene Begriffe, die das „Wunder der wiedergeborenen Unbefangenheit" (346) umreißen, setzt der Erzähler in Anführungszeichen, um sie als zentrale Zitate aus Aschenbachs Werken zu fingieren: gerade hier sitzt das Interesse „des Autors ausdrücklich und nicht ohne geheimnisvolle Betonung" (346)! Denn diese erkämpfte Würde als Schutzmantel und in Abwehr gegen den „moralischen Zweifelsinn" der Erkenntnis (346) wird sich am Ende von Aschenbachs halluzinatorischer Dichter-Erkenntnis als ihr äußerlich herausstellen.[63] Der gegen alle Bedrängnisse aufrechterhaltene Schein dieser Würde manifestiert sich als Repräsentanz.

Der Ausbruch der unterdrückten Tiefen wird von Aschenbach anfangs leichtlich beschönigt – es sei „Reiselust, nichts weiter" (340) – und mit dem Reiseziel Venedig scheinbar auf einen „Allerweltsferienplatze" und „nicht gar weit, nicht gerade bis zu den Tigern" (342) verschoben. Mit der Verzauberung durch den Knaben Tadzio geht in Aschenbach aber auch noch eine andere Verwandlung einher. Der sterile Klassizist fühlt sich plötzlich von einer neuen Art poetischer Inspiration angewandelt. Ähnlichkeiten zu seinem bislang nur durch den Durchhaltewillen geprägten Arbeitsethos sind zwar da: „Er war früh auf, wie sonst wohl bei pochendem Arbeitsdrange" (371). Doch jetzt führen die Beobachtung des Knaben als „das Schöne selbst" (373) und die ins

Gewand popularisierter antiker Philosophie[64] gekleidete Reflexion der „Schönheit" als „einzige Form des Geistigen" (374) den Dichter Aschenbach auf eine neue Erfahrung literarischen Produzierens zu: „Er wünschte plötzlich, zu schreiben." (374) Dieser Wunsch nach dichterischem Schaffen, der in völligem Gegensatz zur bisherigen abgerungenen Produktion steht, verknüpft erstmals und in symbiotischer Weise Aschenbachs rhetorische Routine mit einem tiefem Gefühl. Tonio Krögers utopische Verbindung von schriftstellerischem Können und bürgerlich-menschlichen Empfindungen erscheint in gesteigerter Version durch die spontane Vermischung von Gefühlsleben und Dichtungsarbeit. Aschenbach richtet jetzt seinen Leistungswillen, den er bislang für den Schreibvorgang einsetzen mußte, auf das Auskosten des erotischen Rausches; er zieht die Energie vom Produktionsprozeß auf das Lustobjekt ab. Das „Muster" für solchen „Stil" ist nicht mehr die sterile klassizistische Rhetorik, sondern wird gleichsam selbst klassisch, indem es den „Linien" eines tatsächlich vorhandenen „Körpers" folgt, als handle es sich hierbei um eine Inspiration durch die Wirklichkeit:

> Und zwar ging sein Verlangen dahin, in Tadzios Gegenwart zu arbeiten, beim Schreiben den Wuchs des Knaben zum Muster zu nehmen, seinen Stil den Linien dieses Körpers folgen zu lassen, der ihm göttlich schien, und seine Schönheit ins Geistige zu tragen, wie der Adler einst den troischen Hirten zum Äther trug. Nie hatte er die Lust des Wortes süßer empfunden, nie so gewußt, daß Eros im Worte sei, wie während der gefährlich köstlichen Stunden, in denen er, an seinem rohen Tische unter dem Schattentuch, im Angesicht des Idols und die Musik seiner Stimme im Ohr, nach Tadzios Schönheit seine kleine Abhandlung, – jene anderthalb Seiten erlesener Prosa formte, deren Lauterkeit, Adel und schwingende Gefühlsspannung binnen kurzem die Bewunderung vieler erregen sollte. (375)

Die Stelle ist zentral, weil sie ein ganz neues Dichten Aschenbachs zeigt:

1. Die leeren Wortmontagen werden von der „Lust des Wortes", einer Gefühlsaufladung des Sprachmaterials, einer Erotik des Wortes abgelöst.
2. Obwohl es sich eher um eine essayistische „Abhandlung" als um poetische Literatur handelt, enthält dieser Text tatsächlich das, was Aschenbach für seine bisherigen Arbeiten postuliert hatte: das Ethos dichterischen Engagements („Lauterkeit"); echten, inneren „Adel", keinen „amtlich" (338) verliehenen; eine wirklich „schwingende Gefühlsspannung" anstelle des maschinenartigen „Fortschwingen[s] des produzierenden Triebwerkes" in epigonaler Fortsetzung ciceronianischer Rhetorik (338).
3. Das diesmal echte Kunstwerk entsteht also nicht aus sich selbst und wird nicht durch Willenskraft abgerungen, sondern muß, Bild für eine komplexere Vereinigung als bloße Addition, nach einem Zeugungsvorgang entstehen: „Seltsam zeugender Verkehr des Geistes mit einem Körper!" (375)
4. Schließlich lebt das „schöne Werk" in sich selbst und kann als solches in absoluter Vereinzelung „die Bewunderung" der Rezipienten erregen, ohne

seine zwielichtigen „Ursprünge“ und „Entstehungsbindungen“ (375) zu verraten. Diese sind nur durch und über die Person des Dichters zu rekonstruieren. Mit seinem Tod wird alles erlöschen, was die Makellosigkeit des Kunstwerks tangieren könnte.

Die Utopie des ›Tonio Kröger‹ scheint im ›Tod in Venedig‹ eingelöst, freilich in bezeichnender Umkehrung. Nicht die Person des Dichters, das vollendete Kunstwerk übersteht den Zusammenbruch der errichteten Hilfskonstruktionen. Im Unterschied zu Tonio Krögers „Erkenntnisekel“ (227) führt Aschenbachs „Erkenntnis“ (396) zu der Einsicht,[65] daß seine persönliche Existenz hinter seinem Ruhm und der unangetasteten Wirkung seines Werks zurückbleiben müssen:

> Er saß dort, der Meister, der würdig gewordene Künstler, der Autor des „Elenden“, der in so vorbildlich reiner Form dem Zigeunertum gekündigt und das Verworfene verworfen hatte, der Hochgestiegene, der, Überwinder seines Wissens und aller Ironie entwachsen, in die Verbindlichkeiten des Massenzutrauens sich gewöhnt hatte, er, dessen Ruhm amtlich, dessen Name geadelt war und an dessen Stil die Knaben sich zu bilden angehalten wurden ... (396 f.)

In dieser „Traumlogik“ (397) Aschenbachs ist alles auf den Kopf gestellt: die Kündigung ist rückgängig gemacht, die Ereignisse haben ironischerweise die geplante Ironie eingeholt. Gleiches gilt für die eigene Wirkungsgeschichte; nicht er, sein Name trägt den Adel; sein an einem Knaben gebildeter Stil soll jetzt Knaben bilden. Die Würde (397 mehrfach), die der Angelpunkt seiner bisherigen Existenz war, ist abgefallen. Aschenbachs letztes Selbstgespräch über das „mit Notwendigkeit in die Irre“-Gehen des Künstlers (397) knüpft an eine identische Figur in ›Tonio Kröger‹ an (218). Noch einmal versteht Aschenbach seinen eigenen Zustand als Spezifikum des modernen Dichterberufs („wir Dichter“). Seine Verzweiflung hält sich in Grenzen, weil er hoffen kann, über den Untergang der eigenen Person könne die Bewahrung seines Liebesobjekts hinwegtrösten. Doch auch diese Illusion trügt, das Bild ist sprechend:

> Ein photographischer Apparat, scheinbar herrenlos, stand auf seinem dreibeinigen Stativ am Rande der See, und ein schwarzes Tuch, darüber gebreitet, flatterte klatschend im kälteren Winde. (398)

Die photographische Wirklichkeit, dreibeinig und „scheinbar herrenlos“, tritt an die Stelle der marmornen Schönheit des lebendigen Eros und entfaltet schon die Fahne des Todes. „Entsetzt“ muß Aschenbach zuletzt die Entthronung seiner Kunstfigur durch die „grausame Roheit“ in einem Ringkampf mitansehen, „der rasch mit dem Fall des schwächeren Schönen endete“ (398). Von Tadzios Schönheit bleiben nur mehr Posen übrig,[66] ansonsten ist er „eine höchst abgesonderte und verbindungslose Erscheinung“ (399). So wird dem Dichter am Ende seines Lebens sogar noch die Demolierung seines Objekts, Vorlage und Inspirationsquelle in einem, vorgeführt.

Aschenbachs Ansehen als Dichter und der literaturgeschichtliche Rang seiner Werke bleiben von seinem würdelosen Tod unberührt.[67] Die Erschütterungen im Zeichen des Dionysos zerstören zwar die innerliche Position des Dichters, tasten aber seine soziale Stellung nicht an. Es besteht kein Zweifel, daß Thomas Mann mit Aschenbachs Dichterexistenz eine umfassendere Kritik als diejenige an einem einzelnen Poetenschicksal im Auge hatte. Anfang und Ende des ›Tods in Venedig‹ heben den Fall des Dichters auf eine exemplarische Ebene von Epochenrepräsentanz. Vor der Kulisse eines gewitterschwülen Himmels brauen sich am Horizont der politischen Krisen Europas im Vorfeld des Ersten Weltkriegs Bedrohungen zusammen, die in Aschenbachs überreizter Wahrnehmung ihren Ausdruck finden. Beim Tod Aschenbachs mag die „erschütterte Welt“ (399) erstmals wie ein Seismograph empfinden, daß noch größere Erschütterungen ins Haus stehen. Der Tod des Dichters von obrigkeitsstaatlicher Repräsentanz kündigt das Ende der bürgerlichen Epoche an.

VIII. Dichter-Reflexionen

1. *„Erkenntnisse des Dichters": Musils Dichter und Brochs ›Der Tod des Vergil‹*

Die Widersprüche zwischen gesellschaftlichen Normen, der Moral und dem Interesse des Dichters an Extremsituationen haben auch Robert Musil denkerisch wie literarisch beschäftigt. Hier berührt er sich am stärksten mit Thomas Manns ›Tod in Venedig‹, hier unterscheidet er sich durch einen ganz anderen Zugang. Ein kurzes Fragment Musils, ›Die Moral des Dichters‹ aus derselben Zeit 1910/11, formuliert Thomas Manns Entgegensetzung von Kunst und Leben als Widerspruch zwischen der „Exaktheit der Wissenschaft" und einem nach anderen Prinzipien funktionierenden Lebensverständnis, das „zu praktischer Orientirtheit führt"[1]. Die „Quantifizirbarkeit der Moral", so der zweite Titel des Fragments, wird zur zentralen Richtschnur für den Schreibenden; die Rolle des Dichters wird darin nicht erörtert. Erst in der ›Skizze der Erkenntnis des Dichters‹ von 1918 wird vom Dichter „als einer besonderen Gattung Mensch" in Abgrenzung zum bloßen Schriftsteller gesprochen; nicht der „Literat", nicht der „Journalist", nicht jeder Schreibende ist gemeint: zum Dichterberuf „gehören viele dazu, welche die Tätigkeit scheuen", also nichts produzieren. Denn der Dichter ist für Musil durch eine „bestimmte Erkenntnishaltung und Erkenntniserfahrung" definiert, die ihn vom „rationalen Menschen auf ratioidem Gebiet" grundsätzlich unterscheidet. Während dieser sich durch „Unterwürfigkeit" gegenüber den „Tatsachen" (1026) auszeichnet, betont der Dichter sein „nicht-ratioides Gebiet", die „Herrschaft der Ausnahmen über die Regel" (1028). Denn der moderne Dichter lebt in Kenntnis der modernen Wissenschaftsdiskussion, daß jeder „Begriff des Festen" längst relativiert worden ist:

> Zu unterst schwankt auch hier der Boden, die tiefsten Grundlagen der Mathematik sind logisch ungesichert, die Gesetze der Physik gelten nur angenähert, und die Gestirne bewegen sich in einem Koordinatensystem, das nirgends einen Ort hat. (1027)

Diesem Verlust eines festen Ordnungssystems folgt auch die „herrschende Ethik", die früher eine „statische" war (1027) und sich jetzt so verändert hat, „daß sie einem Sieb gleicht, bei dessen Anwendung die Löcher nicht weniger wichtig sind als das feste Geflecht" (1028). Die denkbaren Konsequenzen für den Schriftsteller – Schreibverzicht, Isolierung der „Idee“ und ihre Wendung ins „Gegenteil“, der Verlust aller Maßstäbe – knüpfen ganz unmittelbar an die bekannte Position Hugo von Hofmannsthals an, auf dessen Grundsatzrede von 1906, ›Der Dichter und seine Zeit‹, sich Musil bezieht. Die kleine Differenz bei der Titelgebung ist aussagekräftig genug. Während Hofmannsthal noch von einer Gleichrangigkeit von Dichter und Zeit ausgeht, ja diese gleichsam als dem Dichter gehörig betrachtet, ordnet Musils Rede ›Der Dichter in dieser Zeit‹ schon im Titel die Dichter der Zeit unter. Musil hebt den Gegensatz zu Hofmannsthal ausdrücklich hervor: „daß die Struktur der *Welt* und *nicht die seiner Anlagen dem Dichter seine Aufgabe zuweist, daß er eine Sendung hat!*“[2] Hofmannsthals „bürgerliche Betrachtung des Dichters als eines Ausnahmemenschen“ (1029) lehnt Musil ab, ohne freilich darauf zu verzichten, dem Dichter eine besondere Empfindlichkeit (1026) zuzugestehen. Den traditionellen Zuschreibungen des Dichters[3] wird als „falsches metaphysisches Pathos“ und als „Konzessionen an das ‘Statische’“ abgeschworen, statt dessen die Stellung des Dichters in der Zeit neu vermessen: „Und es bleibt bloß die Frage, ob der Dichter ein Kind seiner Zeit sein soll oder ein Erzeuger der Zeiten“ (1030).

Noch einmal bildet Hofmannsthals berühmte Rede Musils Widerpart. In den 1921/22 entstandenen Skizzen einer 1934 zu haltenden Rede, ›Der Dichter und diese Zeit‹, hatte Musil noch Hofmannsthals Titelformulierung als Alternative benutzt.[4] Doch jetzt, eine Generation nach Hofmannsthals Zustandsbeschreibung der Moderne, ist diese selbst obsolet und zum Topos zeitkritischen Geraunes geworden:

Ich habe eine Aufschrift gewählt, die heute über Dutzenden von Aufsätzen zu finden ist; sie alle enthalten Klagen darüber, daß unsere Zeit dem Dichter nicht gibt, was ihm zukommt. Zuweilen erhebt sich auch einer meiner Kollegen höchsteigen und weissagt (einer ungläubigen Zeit) aus den Eingeweiden die Einsamkeit des Dichters. Es empfiehlt sich demgegenüber öfter als es geschieht nach deren Gründen zu fragen, weniger nach der Mißlichkeit solcher Zeitläufte. (1349)

Der Dichterberuf wird jetzt von Musil als in die ökonomischen Bedingungen des Schreibens, des Literaturvertriebs und -konsums eingespannt gesehen, so daß „der äußere Beruf des Schriftstellers neben dem inneren des Dichters“ (1349) zweigeteilt erscheint.[5] Der Blick in die Geschichte, bei dem die „Nachdichtung von Hofmannsthal“ genannt wird, diagnostiziert den Zerfall der „humanistischen Persönlichkeit“ und des „Idealismus“, dem die „Unmoral der Kunst“ (1350) entgegengesetzt wird: „Moral ist das Abstraktum des Handelns, Kunst ein Morallaboratorium“ (1351).

In seiner Rede ›Der Dichter in dieser Zeit‹ am 16. Dezember 1934 verblüfft Musil wie schon 1927 Hofmannsthal seine Zuhörer durch die Zurschaustellung seiner Orientierungslosigkeit. Den Hintergrund bildet die nationalsozialistische Machtergreifung in Deutschland als der vorläufige Endpunkt nur mehr einzuordnender Veränderungen. Die „gewalttätige Zeit" seit 1914, in der alle Anwesenden seit zwei Jahrzehnten „ganz besonders tief darinstecken" (1244), liefert das Deutungsraster für nebulöse Befindlichkeiten: vom „lähmenden Gefühl einer Katastrophe", vom „Riß" in der europäischen Kultur, von kollektivistischen Interessen (1245), von unserer „Unselbständigkeit und Abhängigkeit in einer Masse" (1246), vom „Umfallen des Geistes" und vom „Mangel an Zivilcourage" ist nun die Rede. Diese Orientierungslosigkeit bei unverändertem Entwicklungstempo ohne Zielvorgabe[6] gilt auch für den Dichter. Musil nimmt seine früheren Bestimmungen über den Dichterberuf zurück[7] und verstrickt sich in Relativierungen ohne Sinn:

> Dabei weiß kein Mensch, wer wirklich ein Dichter ist, wenn man diesen Begriff so hochschraubt, wie es einer solchen Bedeutung entspricht, und was ein Dichter ist. (1244)

Politische und gesellschaftliche Analysen zur Fixierung des eigenen Standorts sind offensichtlich nicht mehr eine Sache, der der Dichter gewachsen ist. Vielmehr inkarniert er im Jonglieren mit den Begriffshülsen, die Kampfbegriffe zugleich sind,[8] den Zeitgeist, der eben nur „in einer gar nicht aufzulösenden Paradoxie" ausgedrückt werden kann (1250). Einsichten in das Wesen des Dichterberufs sucht man in diesem Wust zur Schau gestellter geistiger Orientierungslosigkeit vergebens. Eher werden die mittlerweile schon altbackenen Kennzeichen der Moderne aufgerufen, etwa daß der Roman das „behagliche Erzählergewissen" verabschiedet habe und „schon seit geraumer Zeit Einzelschicksale nicht mehr so wichtig" nehme (1246). Der Dichter, der sich nicht mehr in der Gegenwart eingebunden, sondern in sie „verwickelt" weiß, will sich in die Geschichte und damit in die Zeitlosigkeit retten:

> Es sind aber für den Dichter die Begriffe seiner Überlieferung, mit deren Hilfe er sein persönliches Selbst mühsam gefestigt hat. Er braucht ihnen gar nicht beizupflichten, er kann bestebt sein, sie zu verändern, so bleibt er ihnen doch allen verhaftet, weit mehr, als man dem Boden verhaftet ist, auf dem man wandelt. Der Dichter ist nicht nur der Ausdruck einer augenblicklichen Geistesverfassung, mag sie selbst eine neue Zeit einleiten. Seine Überlieferung ist nicht Jahrzehnte, sondern Jahrtausende alt. (1250)

Die daraus hervorlugende Gefahr, Literatur nur mehr als eine Art poetische Archäologie zu betreiben, zumal da „gerade unsere Zeitspanne historisch sehr rezeptiv ist", sieht Musil vor allem mit Blick auf Hofmannsthals Produktion sehr wohl, ohne dies negativ zu bewerten: „man kann wohl Hofmannsthal in eine solche Reihe einordnen" (1251). Von den früheren Versuchen, die Eigenart des Dichterischen zu definieren, bleibt nicht mehr viel übrig; nun fungiert der „Dilettant" als Gegenbild zum Dichter, weil er durch die Abwesenheit von Allfähigkeit denunziert werden kann:

Es kann vorkommen, daß ein Dichter plötzlich einmal mit der größten Liebe das darstellt, was er als Privatperson haßt. Man könnte geradezu sagen, daß sein Geist zu allem fähig sei, aber auch fähig sei alles aus der gewöhnlichen Bedeutung zu lösen, während sich der Dilettant durch ein beständiges Gefühl auszeichnet und darum auch leicht von Zeiten der Eingeistigkeit in die Höhe getragen wird. (1254)

Das Geraune vom Geheimnis des Dichterischen folgt mit nur geringfügig veränderter Terminologie der Position des späten Hofmannsthal; es fällt hinter frühere Einsichten in das Wesen des Dichterberufs zurück. Dem Dichter ist nur noch aufgegeben, das „bedrohliche Bild“ und die bevorstehende „Änderung des Zeitwillens“ (1255) zu erfühlen. Erklären kann er es nicht mehr.

Mit seinem unvollendet gebliebenen Monumentalroman ›Der Mann ohne Eigenschaften‹ stößt Musil auf dem Weg immanenter Poetik zu Abbildungen vor, die die Einsichten seiner theoretischen Reflexionen erheblich übersteigen. Überhaupt kann man den ›Mann ohne Eigenschaften‹ geradezu als einen „Literaturroman“ lesen.[9] Ulrich, der Protagonist des Romans, der den Diskurs und die essayistische Form der Äußerung liebt, verzichtet ausdrücklich darauf, ein Buch zu schreiben. Arnheim hingegen, die neben Ulrich für den Roman bedeutsamste männliche Gestalt, tritt in zwei Kapiteln als „Großschriftsteller“ auf:

Der Großschriftsteller ist der Nachfolger des Geistesfürsten und entspricht in der geistigen Welt dem Ersatz des Fürsten durch die reichen Leute, der sich in der politischen Welt vollzogen hat. So wie der Geistesfürst zur Zeit der Fürsten, gehört der Großschriftsteller zur Zeit des Großkampftages und des Großkaufhauses.[10]

Dem Großschriftsteller sind die letzten Reste des traditionellen Dichterbewußtseins verlorengegangen. In einem Kulturbetrieb, in dem sich dichterische „Begabung“ nach Prozenten messen läßt,[11] muß sich der Schriftsteller den Spielregeln des Marktes so sehr unterordnen, daß er ihren Mechanismen „entspricht“ und zu dieser Zeit „gehört“. Die „gewisse Anlage“, die Arnheim nachgesagt wird, meint denn auch keine poetische Begabung mehr, sondern seine Fähigkeit zur „vollkommenen Verkörperung dieser Verhältnisse“ (430). „Erfolg“ und „Größe“ sind die Fetische, mit der Literatur ein „Geschäft“ zu machen. Doch dient Arnheims Auftritt als Schriftsteller höheren Zwecken als bloß der ästhetischen Bemäntelung ökonomischer Interessen.[12] Vielmehr verkörpert Arnheim den Zeitgeist; seine „neue Sprache“ ist die „Sprache von Angebot und Nachfrage, Deckung und Eskompte“, in der er die Widersprüche zwischen Warenwelt und Kulturlegitimation überbrückt, „daß man im geistigen Leben zwar kaufmännisch handelt, aber aus alter Überlieferung idealistisch spricht“ (432). Denn für Arnheim sind Wirklichkeit und Poesiewelt tatsächlich noch identisch.[13] Was dem Beobachter Ulrich und dem Erzähler Schwierigkeiten bereitet, nämlich diesen aufgebrochenen Widerspruch auszuhalten, geht an Arnheims Bewußtsein vorbei. Das zeigt sich etwa daran, mit welch ungebrochenem Selbstverständnis Arnheim die Identifikation mit Napoleon und Goethe sucht, wobei letzterer als „der weltfähige Dichter-Meister" (433) gilt. Beide Vorbildfiguren fungieren für ihn nicht als historisch gewordene Gestalten, sondern als Metaphern eines depravierten Geniebegriffs,[14] durch den Arnheim sich „mitbeschrieben" sieht (434).

Dem Schriftsteller Arnheim, der zugleich die Satire auf den Dichterberuf wie ihre zugespitzte Realerscheinung in der Gegenwart problemlos verkörpert, steht im Roman der wirkliche Schriftsteller gegenüber, dem es um dichterische Erkenntnis geht.[15] Doch dieser tritt gar nicht als Figur auf, er erscheint nur mehr in gleichsam fiktiver Negation, in den Irrealis einer Gedankenspielerei gekleidet, noch dazu aus der Perspektive Arnheims als dessen genaues Gegenteil:

> Er müßte herzliche Einladungen ablehnen, Menschen zurückstoßen, Lob nicht wie ein Belobter, sondern wie ein Richter bewerten, natürliche Gegebenheiten zerreißen, große Wirkungsmöglichkeiten als verdächtig behandeln, nur weil sie groß sind, und hätte als Gegengabe nichts zu bieten als schwer ausdrückbare, schwer zu bewertende Vorgänge in seinem Kopf und die Leistung eines Schriftstellers, worauf ein Zeitalter, das schon Großschriftsteller besitzt, wirklich nicht viel Wert zu legen braucht! Würde ein solcher Mann nicht außerhalb der Gemeinschaft stehen und sich mit allen Folgen, die das hat, der Wirklichkeit entziehen müssen?! (432)

Statt dessen hat Musil mit der Figur des Expressionisten Friedel Feuermaul, in der bekanntlich Franz Werfel karikiert wird,[16] einen Dichter eingeführt, der ganz unmittelbar den Zeitereignissen entspringt und sie, noch zugespitzter als Arnheim es tut, in sich trägt: „Der Herd des Weltkriegs ist auch der Geburtsort des Dichters Feuermaul" (1436). Zunächst wird Feuermaul als „Genie" (1000) und als „großer Dichter" (1001) vorgestellt, dessen Buch über „Friede, Freundschaft, Güte und so" freilich niemand gelesen hat; denn die gesellschaftliche Anerkennung Feuermauls ist außerhalb der Literaturzirkel noch ungesichert.[17] Als Künstler stellt er nur einen „Störungsversuch" (1000) bei der ordnungsgemäßen Abwicklung der Parallelaktion dar. Persönlich ist Feuermaul ruhmsüchtig, von gesellschaftlich-erotischen Privatinteressen gesteuert[18] und in seinem Auftreten wenig anziehend:

> Feuermaul sprach lebhaft, hielt seine Zigarre mit zwei Fingern und sog zwischen den Sätzen mit der Gier eines Kalbes an ihr, das seine Schnauze gegen den mütterlichen Euter stößt. (1004)

Doch der Erzähler widmet dem Dichter eine längere Erörterung über „Ursprünge und Ursachen" (1436), an deren Ende Feuermaul zeitparadigmatisch auftauchen, seinen „zwar entscheidenden, aber bloß kleinen Beitrag" für die Parallelaktion der Romanhandlung abliefern und dann „dauernd wieder aus ihr verschwinden" sollte (1438). Als Individualität zählt Feuermaul – wie auch die anderen Figuren des Romans – nicht und ist austauschbar.[19] Dennoch verdichtet Feuermaul in seiner Person die Zeitatmosphäre in doppelter Weise. Zum einen charakterisiert der Erzähler Feuermaul als Verkörperung des *Zeitgeists*, der immer „zeitgemäße Einfälle am rechten Platz“ äußert, wenn er z. B. den Regierungsrat Meseritscher als den eigentlichen „Homer unserer Zeit“ bezeichnet (1014). Meseritschers Fähigkeit, die er so lobt, „eine blendende Gesellschaftsschilderung bloß dadurch zu geben, daß man aufzählt“ (1014), ist ja eigentlich eine höchst fragwürdige Kunst. Indem der Regierungsrat in Nachahmung archaischer Poesie alles nur benennt und asyndetisch reiht, verzichtet er bewußt darauf, logische Beziehungen zwischen den Aussagen herzustellen. Der Erzählers bewertet diese Art archaisch-mündlicher, aber eben strukturloser Rede ganz anders: „Wenn Friedel Feuermaul also Meseritscher als Dichter ansprach, hätte er ihn ebensogut [...] auch als einen Idioten ansprechen können“ (1015). Durch den Mund Feuermauls gerät der Begriff des Dichters zum Synonym für „Imbezillität“ (1015)! Zum zweiten artikuliert Feuermaul den *Ortsgeist* von B., dem „Ursprungsherd des Weltkriegs“. Dies gelingt ihm mittels seiner Dichtung, in der er die realen Verhältnisse in B. einfach ins Gegenteil umfärbt:

Diese Erscheinungen bestanden darin, daß sich in B. die Menschen ganz und gar nicht vertrugen, andererseits darin, daß der in ihrer Mitte geborene Dichter Fm. als den Grundsatz seines Schaffens die Behauptung wählte, der Mensch sei gut und man müsse sich bloß unmittelbar an die ihm einwohnende Güte wenden. Beides bedeutet das gleiche ... (1439)

Das poetische Schaffensprinzip Feuermauls läßt sich nämlich, wenigstens deutet dies Ulrich so, aus dem merkwürdigen Selbstverständnis dieses Dichters als lügenhafte Sublimierung der eigenen Biographie lesen. So erklären sich Ulrich und der Erzähler des Romans, daß Feuermaul, weil er in B. „hinter dem Theater“ geboren ist, dort den Ursprung seines Dichtertums nicht nur topographisch hat: „Von daher hat er wahrscheinlich seinen Ehrgeiz ein Dichter zu sein“ (1443). Was auf den ersten Blick wie bloßer Spott über Feuermaul aussieht, erhält tieferen Sinn im Fortdenken desselben umgekehrten Prinzips von Ursache und Wirkung. Dann nämlich erscheint das höchst allgemeine Humanitätsgefasel und das hohle Menschheitspathos des Dichters Feuermaul gerade dadurch in höchst zweifelhaftem Licht, als Feuermaul aus einer Familie stammt, die ihr Vermögen genau dem Gegenteil dessen verdankt, was der Dichter so großsprecherisch im Munde führt:

Ich habe erhoben, daß sein Vater große Pulverlieferungen für das KM [=Kriegsministerium] hat: damit ist ja der Menschengüte seines Sohns im vornhinein ein Zügel angelegt. (1443)

Noch in solchen Entwurfsbruchstücken ist die Irritation Musils spürbar, welcher Art der Zeitgeist ist, dem die Dichter Anspruch und Standort verdanken. Dichtung steht nicht mehr im Widerspruch zur Wirklichkeit, sie verkörpert diese vielmehr rückstandslos. Was jedoch an ihren Äußerungsformen sichtbar wird, erscheint im Zwielicht, nicht nur das expressionistische Menschheitspathos, sondern *jede* Form von Dichtung. Der Aufschrei des Lyrikers zieht die Poesie aus der Verdrehung seiner Biographie, der Großschriftsteller fungiert als gesinnungsloser Schwamm des Zeitgeists. Alle Literatur ist Ausdruck der Zeit, der Dichterberuf aber eigentlich Lüge.

Mit den insgesamt fünf Fassungen seines 1945 im Exil erschienenen Romans ›Der Tod des Vergil‹ tritt Hermann Broch in mehrfacher Hinsicht neben Musils Monumentalroman. Beide Schriftsteller erleiden die Entstehungsgeschichte ihres *opus magnum* als Auseinandersetzung mit und in ihrer Zeitgeschichte, beide gelten als Ausprägungen des modernen Typus des *poeta doctus*,[20] beide hatten über die Mathematik zur Literatur gefunden, beide stammen aus dem seit der Jahrhundertwende ästhetisch sensiblen österreichischen Kulturraum. Beiden dient der Roman als Erkenntnismittel für den gegenwärtigen Standort des eigenen Dichterberufs. Noch stärker als Musil schwebt Hermann Broch eine immanente Poetik vor, in der poetologische Reflexion und Romanhandlung ununterscheidbar werden. ›Der Tod des Vergil‹ ist dabei nur an der Oberfläche als historischer Roman zu lesen.[21] Noch stärker als in Ludwig Tiecks ›Der Tod des Dichters‹ von 1833, auf den der Romantitel vielleicht zurückgreift, oder Bruno Franks ›Cervantes‹ von 1934 dient der historische Stoff vom Sterben eines großen Nationaldichters zum Vorwand, Wesen und Gefährdung des Dichters in überzeitlich gültiger Dimension zu begreifen. Vergil, dem Helden Brochs, genügt es nicht, Poesie hervorzubringen und als berühmter Dichter anerkannt zu sein. Innere Anfechtungen und Selbstzweifel zermürben den Dichter bei der selbstgestellten Sinnfrage. Gegen alle von außen herangetragene Kritik an der Wirkungs- und Bedeutungslosigkeit der Kunst gibt es längst bewährte Abwehrstrategien, aus denen die Existenzberechtigung des Dichters legitimiert werden kann. Hier zweifelt der Dichter selbst, weil ihm die Erkenntnis erwächst, daß er mit seiner Poesie nichts als Ästhetik produziert, deren Wirksamkeit, gemessen an ihren eigenen Ansprüchen, höchst fragwürdig ist.[22] Mit dem Anspruch aber, nicht nur *für* seine Texte, sondern auch *durch* seine Texte Verantwortung in der Welt der Realitäten zu übernehmen, stellt sich Brochs ›Vergil‹ in eine Linie mit Canettis hoffender und Kafkas pessimistischer Sicht der Folgenlosigkeit des Dichters.

Die äußere Handlung des Romans ist dürr. Offensichtlich nicht nur erzähltechnisch an Joyces ›Ulysses‹ orientiert, umschreibt der Roman als erlebte Rede und in Gesprächen die 18 Stunden der Rückkehr Vergils nach Italien. Im Gegensatz zu Joyces Mythenepos ist Broch aber nicht an einem polyperspektivischen Wirklichkeitspanorama interessiert, sondern an einem Erkenntnisprozeß aus und in der Perspektive des sterbenden Dichters. Vergils Selbstverständnis als Dichter ist durch alle Desillusionierungen hindurchgegangen;

Vergil ist ein moderner Dichter im nur locker umhüllenden Gewand der historischen Stoffverbrämung.[23] Der „Dichter der Äneis" wird als doppelt Gezeichneter eingeführt: „das Zeichen des Todes stand auf seine Stirne geschrieben"[24], ebenfalls das Zeichen der „Erkenntnis" (15). Seinen Dichterberuf erfährt Vergil nicht als Begabung, sondern als Hadesfahrt und Bedrohung, als Erkenntniszwang und Wiedergeburt in „einsamster Einsamkeit":

> er war heraufgehoben worden ins Unabänderliche, und selber Gestalt werdend, wurde er zurückgestürzt und aufwärtsgestürzt in die Sphäre der Verse, in das Zwischenreich des irdischen Erkennens, in das Zwischenreich der Mütter, der Weisheit und der Dichtung, in den Traum, der jenseits des Traumes ist und an die Wiedergeburt rührt, Ziel unserer Flucht, die Dichtung. (63)

Die Ansiedlung des Dichters in einem „Zwischenreich" weist diesem einen Erkenntnisort zwischen Mühlsteinen zu, die ihn aufreiben werden. Seine Selbstbeobachtung und Selbstbehorchung führt den Todkranken zu der Einsicht, daß dieses poetische Zwischenreich im Angesicht des Todes eine neue Qualität erhält, zu einem „Beruf" wird, „der Dichtung heißt":

> dieser seltsamsten aller menschlichen Tätigkeiten, der einzigen, die der Todeserkenntnis dient. Nur wer im Zwischenreich des Abschieds lebt – oh, es lag hinter ihm, und es gab keine Rückkehr –, [...] nur der ahnt den Tod, nur der ist dem Tode verhaftet, und dem Tode dienend, gleicht er einem Priester, der Kraft seines Amtes, seines über dem persönlichen Beruf stehenden Priesteramtes, vermittelnd zwischen dem Oben und Unten, dem Dienst am Tode verpflichtet und damit ebenfalls in ein Zwischenreich des Abschiedes verwiesen ist; ja priesterlich hatte ihm stets die Aufgabe des Sängers gedünkt, vielleicht ob der seltsamen Todesweihe, die der entzückten Inbrunst jeglichen Kunstwerkes innewohnt ... (77)

Die traditionellen Dichtertypen des Priesters und des Sängers[25] werden zwar aufgerufen, erweisen sich aber als Erkenntniskategorien untauglich. Indem der Dichter dem Priester nur „gleicht", erscheint auch die ihm zugewiesene Vermittlerrolle zwischen dem „Oben" und dem „Unten" illusionär, Amt und Beruf treten plötzlich auseinander, die Rolle des „Sängers" wird seltsam unscharf. Sie ist „priesterlich", jedoch nicht mehr Beruf oder Amt, sondern bloß „Aufgabe", zumal eine schon überwundene, hinter sich gelassene Vorstellung („gedünkt").

Gesteigert wird diese Bedrohung Vergils noch dadurch, daß seine Arbeit an der ›Äneis‹ nicht nur stockt, sondern zu scheitern droht, weil die Selbstzweifel des Dichters in den Arbeitsprozeß einfließen: „auch die ›Äneis‹ wird unabgeschlossen bleiben müssen, unfortsetzbar, unabgeschlossen wie dieses ganze Leben!" (89) So wirft die Erfahrung der „Gleichzeitigkeit des Lebens und der Dichtung" (78) den Dichter auf die selbstprüfende Frage nach dem Sinn seiner Existenz zurück, was seine „Menschheitsverpflichtung" (126) sei:

die verlogenen Hilfeleistungs-Hoffnungen, mit denen er seitdem sein Dichtertum ausgestattet hatte, wider besseres Wissen hoffend es werde die Macht der Schönheit, es werde des Liedes Zauberkraft den Abgrund der Sprachstummheit zu guter Letzt überbrücken und ihn, den Dichter, zum Erkenntnisbringer der wiederhergestellten Menschengemeinschaft erhöhen, enthoben der Pöbelhaftigkeit und ebenhiedurch auch die Pöbelhaftigkeit aufhebend, Orpheus erkoren zum Führer der Menschen. (128)

Eine „solch sträfliche Überschätzung des Dichtertums" (128) liegt nicht zum wenigsten darin begründet, daß die vom realen Nationalsozialismus mißbrauchten Begriffe im Text des fiktiven antiken Dichters aufleuchten, um dort enthunzt zu werden, indem er sie wieder zur Beschreibung des Poetischen verwendet. So muß der Orpheus-Mythos von der Allgewalt der dichterischen Rede, mit der Funktion des Dichters als geistigem Führer verknüpft, als gescheitert erklärt[26] und umgedeutet werden. Indem der Mythos in Abhängigkeit zum Zeitverlauf gerät, verliert er seine Gültigkeit; die Fähigkeit der Poesie, zu bezaubern, wirkt nur auf kurze Zeit:

Indes, selbst wenn dem so war, nicht länger als der Gesang währet die Hilfe, währet das lauschende Innehalten, und es darf das Lied beileibe nicht zu lange erklingen ... (129)

Als ein „unsäglich flüchtiges Sinnbild" (129) aber kann Dichtung nur ein untaugliches Erkenntnisinstrument sein. Da sie „keine einzelnen Inhalte, sondern immer nur deren Zusammenhänge" darstellt und dadurch die „Gegensätze" vereint, transportiert Dichtung auch, was sie nicht will: „Milde und Grausamkeit vereinigt im Gleichgewicht der Schönheitssprache" (130). So scheitert mit Orpheus auch Vergils Anspruch, als Dichter immer noch „Führer" und „Heilsbringer" sein zu können:

Und nicht anders mußte es um Orpheus und sein Gedicht bestellt gewesen sein, da er ein Künstler, da er ein Dichter gewesen war, ein Bezauberer der Lauschenden, Sänger wie Hörer gleicherweise dämmerungsumfangen, er wie sie dämonisch der Schönheit verhaftet, dämonisch trotz seiner göttlichen Gabe, ein Rauschbringer, doch nicht ein Heilsbringer der Menschen – und das durfte er niemals werden: der heilsbringende Führer nämlich hat die Sprache der Schönheit abgestreift, er ist unter ihre kalte Oberfläche, unter die Oberfläche der Dichtung gelangt, er ist zu den schlichten Worten vorgedrungen, [...] der Sprache der Erweckung. (130)

Als Heils- und Rauschbringer, der mehr als nur der Sprache die Schönheit abstreift, hat sich mittlerweile ein anderer Führer betätigt.

Im Angesicht solchen Versagens gegenüber der Realität wird Orpheus für Vergil zur Symbolfigur, als „einer, der des Künstlers Ohnmacht zur Bewältigung menschlicher Pflicht erkannt hat"; er sieht in ihm einen „Verzweifelten, da er den Ruf jenseits der Grenze hört und ihn bloß im Gedicht festhalten, nicht aber ihn befolgen darf" (130). Die ursprüngliche Heilserwartung ist längst zum Fluch geworden, bloß Dichter, „zum bloßen Aufschreiben und bloßen Sagen" verdammt zu sein (131). Deshalb rückt die Gestalt des Orpheus im Raum des Mythos in die Nähe von Tantalos, Sisyphos und Prometheus. Noch stärker als Orpheus ist Prometheus „dem irdischen Bereich“ verpflichtet, aus dem er seine „Erneuerungskraft“, das „Prometheische“ empfängt (101).[27]

Indem Vergil das Scheitern seines Versuchs erkennen muß, sich in mythologischen Parallelfiguren zu spiegeln, holt er den Dichter von der Höhe seiner Führungsansprüche auf den Boden der Reflexion zurück. Hier, wo Dichtung im Unterschied zu denkerischer Erkenntnis „immer nur sinnbildhafte Erkenntnis bleibt“ (133), besteht die Gefahr, sich der Arbeit an diesem Sinnbild „als Selbstzweck“ (134) zu widmen und dadurch den moralischen Anspruch des Dichterberufs aufzugeben, ohne den man „die Dichtung aber zum Literatentum herabwürdigt“ (134). Die „Gefahr der Unkunst und des Literatentums“ ist Vergil nicht ganz fremd, denn sie ist die Kehrseite des alten Dichteranspruchs, freilich eine „unkeusche Schönheitserzeugung ohne Wirklichkeitsschöpfung“, kein wahres Erschaffen, sondern nur „die Verschönerung von längst Vorgedachtem, längst Vorerkanntem, längst Vorgeformtem“ (135). Die Verfolgung eines solchen „Unheilsweges“ führt zum „Absturz in die Pöbelhaftigkeit“ (135). Im verfehlten Anspruch des Dichters auf die titanische Höhe ist der Pöbel, die „Masse“, „das dumpf brütende Massentier“ (21) das Gegenbild, an dem sich der Wille des Dichters zu Erkenntnis und Führerschaft abarbeitet. Man muß Brochs Anspielung auf jenen anderen „Führer“ und seine verführbare „Masse“ mithören, um darin mehr zu entdecken als den Widerwillen gegen das Vulgäre (104 ff.) oder den Abscheu eines gebildeten, zur sozialen Oberschicht gehörenden Schöngeists.

Neben den Selbstgesprächen in der Vorerwartung des Todes grenzt sich Vergil von den Vorstellungen seiner literarischen Freunde Plotius und Lucius ab. Beide arbeiten schon zu Lebzeiten Vergils an der Legendenbildung zugunsten einer zukünftigen harmonisierenden Literaturgeschichte und entwerfen das Bild vom ruhmesgewissen Klassiker im Dienst der allumfassenden Staatsidee: „daß die Größe Roms und die Größe deiner Dichtung nicht mehr voneinander zu trennen sind“ (226). Die Einwände Vergils verhallen wirkungslos. Indessen bildet der Auftritt der beiden Dichterfreunde nur das Vorspiel für die programmatische Auseinandersetzung des Dichters mit Augustus. Die „geheiligte Person des Augustus“ (284) erscheint zu einem vorgeblichen Krankenbesuch bei dem berühmtem Dichter; in Wahrheit geht es um den Versuch des weltbeherrschenden Kaisers, dem Sterbenden seine ›Äneis‹, sein „Werk“, die zu begründende poetische Legendenbildung des Römertums zu entreißen, bevor dieser es vernichten kann. Vergil macht sich über den Charakter des Besuchs keine Illusionen: „es war keine Täuschung, er war gekommen, um ihm das Gedicht wegzunehmen“ (287). Beide Seiten fechten einen rhetorischen Ringkampf um poetologische Fragen aus. Der Diskurs ist uneigentlich und vorbehaltlich, denn das Ende dieses Scheingefechts steht mit dem Sieg der realen Macht im voraus fest: „wir hätten unsere lange Auseinandersetzung uns ersparen können“ (374). Augustus wird sich, als Verkörperung Roms wie als Stoffmittelpunkt der Dichtung,[28] das Epos an- und dem Dichter enteignen, auch wenn er dies zu beschönigen versucht: „Aufbewahrt wird es dir, Vergil, nicht davongetragen“ (375). Dennoch unterliegt bei diesem Sieg der Staatsmacht über den machtlosen Dichter die immanente Poetik des Romans nicht. Im Widerstand gegen die höchste weltliche Instanz klärt sich für Vergil seine eigene Position endgültig. Seine ursprüngliche Auffassung, wegen der Wirkungslosigkeit der Kunst müsse sein unvollendetes Werk mit ihm untergehen, wandelt sich in einen erweiterten Begriff von der Eigenständigkeit und Eigenwertigkeit des Kunstwerks (123), ohne die Grundeinstellung zu seinem Dichterberuf anzutasten: „Mein Sinn ist unverändert, Octavian, das Gedicht gehört dir ...“ (372).

Der topische Gegensatz von Held und Dichter wird hier erneut aufgegriffen, jedoch in bezeichnender Verschiebung behandelt. Es wird ein Grundsatzkonflikt aufbrechen,[29] in dessen Folge sich die scheinbar gefestigten Vorstellungen Vergils vom Dichterberuf verändern werden, weil es nicht mehr darum geht, Held und Dichter gegeneinander auszuspielen oder sich die jeweiligen Defizite vorzurechnen. Vielmehr prallen mit Vergil und Augustus keineswegs verkürzte Prinzipien von Dichtung und politischer Realität aufeinander. Die Konstellation von Goethes ›Tasso‹ ist ebenso wie das Ideologiemodell des Dichterfürsten angesagt, aber in ihren Konsequenzen fortgesponnen. Augustus tritt zwar als selbstbewußter und ruhmesgewisser Kaiser im Zeichen der Verfügung über „Wirklichkeit“ auf.[30] Doch diese Fassade der Staatsideologie trügt. Vergil entdeckt an der stilisierten Jugendlichkeit des Kaisers[31] schon die „Zeichen herannahenden Alters“ (288) und eine erdrückende „Wirklichkeitsschwere“ (285). Augustus entpuppt sich denn auch bald als empfindlicher Künstler am Kunstwerk des Staates:

> Ich sehe keinen Unterschied; auch das Kunstwerk hat dem Nutzen der Allgemeinheit und damit dem Staate zu dienen, und der Staat ist selber Kunstwerk in der Hand desjenigen, der ihn zu bauen hat. (292f.)

Zwei Künstler unterschiedlichster Art treffen also aufeinander! Vergil verwahrt sich gegen den vermeintlichen Mißbrauch des Kunstwerkbegriffs für politische Zwecke. „Etwas unklug“ betont er daher die Unterschiede zwischen wirklicher Kunst und dieser metaphorischen Aneignung des Kunstbegriffs für die Politik:

> Mag der Staat auch als Kunstwerk gelten, so ist es eines, das in Bewegung bleibt und immer weitere Vervollkommnung gestattet, während die Dichtung, ist sie einmal abgeschlossen, etwas in sich Ruhendes ist, so daß also der Schaffende seine Hand nicht von der Arbeit lassen darf, ehe sie nicht Vollkommenheit erreicht hat; er muß abändern, er muß das Unzulängliche ausmerzen, so ist es ihm befohlen, und er muß es tun, selbst auf

die Gefahr hin, daß das ganze Werk darob zugrunde geht. Es gibt nur einen einzigen Maßstab, und der ist das Ziel des Werkes; nur am Ziel des Werkes kann ermessen werden, was bleiben darf und was vernichtungswürdig ist, wahrlich, auf dieses Ziel allein kommt es an, nicht auf das getane Werk ... (293)

Vergils Versteifung auf die Zielvorgabe im Schaffensprozeß der poetischen Schöpfung im Unterschied zur Zweckgerichtetheit der Politik wird von Augustus mit dem Hinweis gekontert, die Autonomie des Werks löse es von seinem Produzenten ab und stelle es in die freie Benutzbarkeit:

Es ist nicht mehr dein Werk, es ist unser aller Werk, ja wir haben in diesem Sinne alle daran mitgearbeitet, und es ist nicht zuletzt das Werk des römischen Volkes und seiner Größe. (293 f.)

Den Versuch Vergils, eine schöpferische Eigenleistung des Dichters jenseits der bloßen Verarbeitung des Stoffes zu postulieren,[32] beantwortet Augustus mit der Behauptung, Kunst sei der Ausfluß eines Volksgeistes und nicht die individuelle Leistung des bearbeitenden Dichters: „römischer Geist ist dein Gedicht, nicht Künstelei, und darauf kommt es an“ (295). Für den Staatskünstler Augustus ist es selbstverständlich, daß jedes Werk einem solchen Ablösungs- und Veräußerungsprozeß unterliegt. Für den Wortkünstler Vergil hingegen besteht gerade darin die Differenz zwischen Dichtkunst und Staatskunst, daß die Poesie an die dichterische Persönlichkeit gebunden bleibt und über die Lebensgrenze des Dichters hinaus nicht mehr verändert werden kann. Für den Staatskünstler ist die überindividuelle Fortsetzbarkeit ganz natürlich:

Dein Werk wird sich ewig weiter vervollkommnen; es wird von deinen Nachfolgern dereinst nach deinem Willen fortgesetzt werden, doch für mich gibt es keinen Fortsetzer. (296)

Augustus kann nicht nachgeben, denn sein Ziel ist es eigentlich, die Rangfolge von Dichtung und Staatskunst zugunsten der letzteren neu zu begründen. Dies versucht er argumentatorisch, indem er Vergil von seinem Werk entäußern[33] und sich selbst neben den Dichter stellen möchte: „Rom erwartet uns“ (310). Staatskunst und Wortkunst werden von ihm zuerst gleichrangig behandelt, doch dann erhält die echte Kunst „eine dienende Rolle im Staate“ zugewiesen:

Hat die Welt nicht für zwei vollgültige Sinnbilder nebeneinander Platz? hat sie dies nicht? Und mag sogar, wie ich gerne zugeben will, der römische Staat das vollgültigere Sinnbild sein, hättest du dann nicht erst recht die unabdingbare Pflicht dich mit deinem Werk in dieses umfassendere Sinnbild dienend einzufügen? (313)

Vergil zückt seine schärfste Waffe, daß echte Dichtung ein Erkenntnisinstrument zur „Erkenntnis des Todes“ (301) und damit im Unterschied zur Staatskunst „an keine Zeit gebunden“ sei (315). Die latent vorhandene und von

Vergil längst registrierte „Müdigkeit" des Kaisers (303) scheint das insgeheime Eingeständnis zu enthalten, daß Kunst über eine Dimension jenseits der Zeit verfügt[34] und damit in Bereiche vordringt, die der politischen Aktivität verschlossen bleiben. Denn der Kaiser empfindet sehr wohl die Bedrohung, die postulierte „Ewigkeitsform" seines römischen Staatsideals könne dem Druck der Zeit nicht standhalten: „du tust als ob wir an einem Ende stünden" (315). „Der leere Raum zwischen den Zeiten" ängstigt den Augustus; seine Staatsidee entpuppt sich als gigantischer Willensakt gegen den erspürten Zeitverfall: „Oh, der Abgrund der ungeformten Zeit, er darf nicht sichtbar werden" (315). Daß er im Unterschied zum Dichter die Zeit eben nicht formen und beherrschen kann, leitet den Augustus zu einem kämpferisch konservativen Politikbegriff, daß nicht sein darf, was nicht sein soll: „Nichts hat sich verändert" (317). Diesem Denken folgt auch sein Kunstverständnis. Gegen die Behauptung Vergils vom seismographischen Wandel der Poesie, „daß die Kunst heute keine Aufgabe mehr zu erfüllen" habe (317), verteidigt Augustus das Althergebrachte in Kunst und Wirklichkeit: „... und die Welt hat sich nicht verändert, und war damals Dichtung, so kann sie auch heute bestehen" (317). Während Dichtung durch ihr unabhängiges Verhältnis zur Zeit sich der unbegrenzten Erkenntnis öffnet und ins Utopische tendiert, regrediert die Staatskunst zur Verfestigung des Althergebrachten und zur Verhinderung von Veränderung.

Bei der Frage nach dem Wirklichkeitscharakter von literarischer und politischer Gestaltung scheint die Position des Kaisers auf den ersten Blick die stärkere zu sein, da nämlich Dichtung im Unterschied zum ästhetischen Staat des Augustus immer nur „Sinnbild" sein kann (307). Aber auch der Staat als Kunstwerk läßt sich als „Gleichnis-Staat" verstehen (333). Daher geißelt der Kaiser den „Stolz" des Dichters, sein Kunstwerk nicht im größeren Ganzen des Staates aufgehen lassen zu wollen, während der Dichter meint, gerade damit dem Eigenrecht seiner Dichtung zu dienen, wenn er höchste Ansprüche auch an seine eigene Person stellt: „hingegen für die Kunst, da bin ich überheblich" (313). So zielt Augustus mit seinem Lob, Vergils Epos bilde die Realität nicht bloß ab, sondern sei sie,[35] nicht auf die Charakterisierung der Wirklichkeit von Dichtung. In Wahrheit geht es ihm um die Erhebung seiner eigenen politischen Leistungen über die künstliche Wirklichkeit der Dichtung: „die Wirklichkeit meines Werkes hat mehr zu sein als ein bloßes Gleichnis" (338). Während er die Gleichnishaftigkeit der römischen Staatsidee ablehnt, postuliert er zugleich ihre Idealität: „Staat und Geist sind ein und dasselbe" (344). In seiner Selbstvergöttlichung stilisiert Augustus sein „Bild in den Tempeln" zum „Sinnbild" einer zeitlosen Ordnung und damit sich selbst zum Kunstwerk (350)!

Gerade darum ist der Zornausbruch des Kaisers so heftig, weil Vergil sich nicht auf die Huldigung an ihn und Rom beschränkt, sondern in seiner Dichtung einen anderen „Heilbringer“ imaginiert, der die kommende „Zeitenwende“ ankündigt und zeit- und „todesbesiegend“ (358) über den Kaiser hinausweist. Den Vers, der im Epos als Huldigung zu lesen ist, versteht Augustus als unerlaubte Grenzziehung durch die Poesie: „Sterblicher Mensch bist du, Augustus, wenn auch der erste unter den Lebenden“ (359). Die Unterstellung des Kaisers, der Dichter strebe in seiner Vision eines Heilbringers diese Position selber an,[36] und seine unüberlegten Beschimpfungen des Dichters verraten, daß der Kaiser das Reservat des Dichters gegen die staatliche Vereinnahmung erkannt hat. Genau hier verbindet sich der höhere Wahrheitsanspruch des Dichters an sein Werk mit der darin angelegten Möglichkeit, daß selbst das staatshuldigende Heldenepos politischen Widerstand enthalten kann:

> ja, du hassest mich, weil du selber voller Königsgedanken steckst, aber zu schwach warst, auch nur den leisesten Versuch zu ihrer Ausführung zu unternehmen, du hassest mich, weil du gar keine andere Wahl gehabt hast, als deine Königsgedanken in deinem Gedicht unterzubringen, damit du wenigstens hier dich mächtiger zeigen kannst als deine Könige; [...] erst hast du mit falscher Bescheidenheit heuchlerisch dein eigenes Werk verunglimpft, damit du um so leichter auch das meine herabwürdigen kannst ... (365)

Erst in dieser erneuten Gleichsetzung von Staatskunst und Wortkunst, durch die sich der Herrscher vor der Macht der Poesie fürchtet, besinnt sich Vergil auf die Würde seines Dichterberufs. Er verteidigt nun den anfangs selbst geleugneten Wert seines Werks[37] und verficht den absoluten Wahrheitsanspruch seiner Kunst wie „ein eigensinniger Bauer“ (370). An der kleinen Gesprächsepisode, in der die beiden Kontrahenten gemeinsame Jugenderinnerungen über das Aussehen eines Pferdes austauschen, zeigt sich die unüberbrückbare Distanz zwischen Dichter und Kaiser und die schonungslose Härte der Wahrhaftigkeit Vergils.[38] Sie markiert das Ethos der unbedingten Erkenntnis, während der Kaiser unverbindlich höflich zurückweicht[39] und es dem Dichter überläßt, die Überlieferung der Wirklichkeit zu bestimmen: „da sollen die Fesseln doch noch lieber weiß gewesen sein“ (370).

Wer trägt den Sieg im Kampf dieser beiden Künstler und ihrer gegensätzlichen Kunstvorstellungen davon? Der Ausgang des Gefechts erscheint doppelbödig. Vergil macht seinen Entschluß, sein Epos zu verbrennen, rückgängig, behält jedoch mit seinem Testament das letzte Wort. Darin widmet er sein Werk dem Kaiser, übereignet es aber zugleich der Denkmalpflege durch die Philologen (407). Noch über seinen Tod hinaus verfügt er die Verpflichtung der Nachwelt auf „genaueste Sorge“ für die „Gültigkeit“ seines Textes (410) und die Integrität seines Epos als unveränderliches poetisches Unikat.[40] So wird das Kunstwerk nicht nur den Dichter überleben; der Dichter bestimmt, im Selbstbewußtsein seiner Leistung und der Erkenntnisgültigkeit seiner Poesie, Form und Gehalt seines Nachlebens.

Der Lorbeer, das Zeichen des Ruhms, wie ihn Tasso gegen die weltlichen

Ansprüche verteidigt hat, steht auch zwischen den Künstlern Vergil und Augustus. Im „Lorbeerduft“, der als „Erinnerung“ zur Ehrung erstarrt (298), verschärft sich die Auseinandersetzung zwischen Dichter und Kaiser. Dem müden Augustus, der sich mit „unheldischer Geste“ niedersetzt und ein Lorbeerblatt zerreibt (302), entgleitet sein Anspruch auf Ruhm. Sein wütendes Abreißen des Lorbeers (365) markiert den Höhepunkt des Streits, die schließliche Aussöhnung findet im Geist jugendlicher Verbundenheit mit dem Kaiser statt, „unter der Lorbeerulme stehend, die Hand im Lorbeergelaube“ (369). Bei der Übergabe des Gedichts erhält der Dichter vom Kaiser, „lorbeerumflossen, lorbeerumrauscht, lorbeerumschattet“, eine symbolische Dankesgabe, „einen kleinen, aus den Kränzen gezupften Lorbeerzweig“ (373); dieses „Lorbeerästchen“ legt Augustus in großer Geste zum Zeichen der Todgeweihtheit dem Dichter „auf die Bettdecke“ (375). Und noch nach der Übergabe des Werks sind Vergil „die unsichtbaren Ketten“ geblieben, die ihn als „die unsichtbaren Lorbeerbrücken“ mit dem Leben verbinden. Mit der Testamentsverfügung entsteht schließlich ein Tableau, das das Selbstverständnis des Dichters, die Versöhnung mit dem Kaiser und den ewigen Ruhm in eine emblematisch überhöhte Verbindung bringt:

> hier auf der Bettdecke, der Hand erreichbar, schimmerte es golden: der Lorbeerschößling! von Augustus, von den Göttern, vom Schicksal, von Jupiter selber hierher gelegt; golden schimmerten die Blätter. (409)

Nicht zum wenigsten verbindet diese bildwirksame Inszenierung des Schlusses jenseits der vielfältigen Motivik Hermann Brochs ›Tod des Vergil‹ mit Thomas Manns Erzählung ›Der Tod in Venedig‹.[41] Hier wie dort besiegelt der Tod des berühmten Dichters keinesfalls die Eigenwertigkeit der Kunst als Erkenntnisinstrument. Indem der Ruhm die Produktionshemmung überwindet, legitimiert er die leistungsethische Fundierung des Dichterberufs durch die Drangsale der Erkenntnis.

2. *„Können Dichter die Welt ändern?“: Zu Gottfried Benns Poetologie*

Sie können es nicht und sollten es deshalb gar nicht erst versuchen. So wenigstens bringt Gottfried Benn seine Auseinandersetzung mit der politisch engagierten Literatur auf den Begriff. Die (partei)politischen Radikalisierungen der Literatur in der späten Weimarer Republik und die Forderung nach schriftstellerischem Engagement für die Belange des Proletariats bildeten den Hintergrund einer für Benn blamabel verlaufenen Radiodiskussion mit dem Wortführer der proletarisch-revolutionären Aktionsliteratur, Johannes R. Becher. Benn machte daraus im nachhinein einen fiktiven ›Rundfunkdialog‹ zwischen „A“ und „B“, den er 1930 veröffentlichte und in dem er den Frager A als blasse Verkürzung der Position Bechers und als Stichwortlieferant für seine Selbstdarstellung auftreten ließ.[42] Insofern stellt der ›Rundfunkdialog‹ keine bloß programmatische Äußerung zur Poetologie dar, sondern darf als spezifische Form immanenter Poetik gewertet werden; er erhebt gerade in der wahrheitswidrig stilisierten Gesprächsführung den Anspruch, noch nachträglich wirkliche Abläufe literarisch manipulieren zu können. Der Dialog, der im Rahmen des Essay-Jahres 1930 nicht nur durch Benns Betroffenheit eine bedeutsame Rolle spielt, geht vom Gegensatz zwischen den Schriftstellern, „deren Arbeit auf empirische Einrichtungen der Zivilisation gerichtet ist“, und dem Dichter, „der prinzipiell eine andere Art von Erfahrung besitzt“, aus.[43] Eine ausschließlich auf Erkenntnis der Wirklichkeit gerichtete Literatur, etwa im Sinne Brochs, lehnt Benn kategorisch ab. Die Erkenntnis des Dichters kann für Benn nur eine Selbsterkenntnis, eine Klärung der eigenen Sonderstellung, der dichterischen Antriebe und der Produktionsmechanismen sein. Die Erfahrung der Ausgesetztheit des Dichters verbindet Benn auf den ersten Blick mit der kritischen Moderne der Jahrhundertwende. Doch im Unterschied zu dieser oder zu Thomas Manns Künstlergestalten hat Benns Dichterbild das Leiden abgeworfen und mit unerhörtem Selbstbewußtsein seine gesellschaftliche Sonderstellung angenommen. Die provokante Formulierung, dies sei ja wohl „eine vollkommen nihilistische Auffassung von der Dichtung“ (VII, 1671), ist nicht zum wenigsten durch Gattung und Tonfall der Polemik bestimmt, die Benns Argumentation in die Zuspitzung drängt; auch die essayistische Äußerungsform lockert die Zwangsjacke streng poetologischer Theoriebildung zugunsten experimentierender Begriffsprägungen auf. Die meisten der Denkfiguren entstammen Nietzsches Zivilisationskritik,[44] so daß Benn gegen seine eigentlichen Intentionen in eine Traditionslinie mit der „Konservativen Revolution“ Hofmannsthals und in die Nähe von Thomas Manns ›Betrachtungen eines Unpolitischen‹ gerät.[45] Die Autonomie des Dichters, „die Freiheit sich abzuschließen gegen eine Zeitgenossenschaft“ (1676), die Benn aus der Negation aller moralischen und ethischen Wertvorstellungen schlußfolgert, rettet den Dichter in eine scheinbare Wertneutralität: „weder gut noch böse, sondern rein phänomenal“ (1674). Doch diese Freiheit als Wertfreiheit trügt. Indem Benn eine Bindung der Literatur an die Geschichte nicht nur „im Sinne der Arbeiterbewegung“, sondern auch der anderer „Gegenbewegungen“ (1673) ablehnt, verficht er ein gefährliches Geschichtsverständnis, das kollektiv[46], fatalistisch[47] und nur mehr irrational faßbar[48] ist.

Benns Verlockungen durch den Nationalsozialismus, Mißverständnis, Verblendung oder Skrupellosigkeit, haben sicher hier eine ihre Wurzeln; sie machen natürlich jedes darauf aufbauende Selbstverständnis des Dichters höchst fragwürdig,[49] wenn der Dichter sich nach Benn einer Befindlichkeit verpflichtet, die „weit radikaler, weit erkenntnistiefer und seelisch folgenreicher“ (1675) als die Orientierung an der Tagespolitik ist. Der Dichter lebt und arbeitet in quasi-religiösen Zusammenhängen:

> der Dichter sieht zu in der vor keinem Tod zu verleugnenden Überzeugung, daß er allein die Substanz besitzt, das Grauen zu bannen und die Opfer zu versöhnen ... (1673)

Diesen Antrieb, von den Gegnern als gesinnungslose Formkunst, als l'art pour l'art und als „Artistik“ denunziert (1676), versteht er selbst als „Moral“ der „Wahrheit seines Stils und seiner Erkenntnis“ (1677). Benns Dichterbild, auch begrifflich zwischen Spengler und Heidegger angesiedelt, kostet den Geschmack am Abgründigen und den Schauder des Wilden ganz aus:

> Der Dichter, eingeboren durch Geschick in das Zweideutige des Seins, eingebrochen unter acherontischen Schauern in das Abgründige des Individuellen, indem er es gliedert und bildnerisch klärt, erhebt es über den brutalen Realismus der Natur, über das blinde und ungebändigte Begehren des Kausaltriebes, über die gemeine Befangenheit niederer Erkenntnisgrade und schafft eine Gliederung, der die Gesetzmäßigkeit eignet. Das scheint mir die Stellung und Aufgabe des Dichters gegenüber der Welt. (1677)

Der Tonfall starker Worte, nicht der Inhalt ist neu. Nach geringen Begriffswaschungen lassen sich die Stereotype in der Tradition des Dichterberufs unschwer erkennen: die quasi-göttliche Inspiration, die Formarbeit des Künstlers nach Gesetzen und ästhetischen Mustern in eigener Sinngebung, die Ablehnung der eindimensional verkürzten Vernetzung der Wirklichkeit, die Beschönigung des Alltags durch die Erhebung in höhere Sphären. Doch Benns Forderung für den Dichter, die „Maßstäbe allein aus sich selbst“ zu nehmen, „keine Zwecke“ zu verfolgen und „keiner Tendenz“ zu dienen, also einer „individuellen Monomanie“ nachzuhängen, meint mehr als die unkorrigierte Selbstdarstellung in „Monologen“. Der Dichter ist nicht frei im Sinne einer verantwortungslosen Subjektivität, sondern steht in „Autonomien“, deren Struktur ein Schiller-Zitat verdeutlicht: „regellos schweifende Freiheit am Bande der Notwendigkeit“ (1678).

In seinen Gedichten hat Benn diese poetologische Position nicht nur ausgefaltet, er hat dieses Dichterbild auch einem Wandel unterworfen. Die Etappen dieser Entwicklung lassen sich an drei poetologischen Gedichten veranschaulichen. Das frühe Gedicht ›Der junge Hebbel‹ von 1913 greift die alte Tradition der Künstlergedichte auf, mit deren Hilfe man sich hinter ein großes Vorbild verstecken, es sich anverwandeln oder für seine eigene Befindlichkeit umdeuten kann.[50] Die Abgrenzung des eigenen Künstler-Ichs gegen die anderen („Ihr“) geschieht im Zeichen eindeutig sozialer Gegensätze: „meine Hände schaffen ums Brot“ (I, 21). Doch die Darstellung des Künstlers als die eines sozialen Außenseiters berührt nur die Oberfläche. Die Ich-Definition läuft vielmehr über ein Amalgam aus mehreren thematisch-motivlichen, mythologisch-historisch vermittelten Identifikationsmodellen des Künstlertums: der

Künstler als Bildhauer, als Schöpfer („selbsterschaffenen Götterhimmeln und Menschenerden“), als einen Generationskonflikt Verarbeitender („Meine Jugend ist mir wie ein Schorf“), Dichtung als sozio-ökonomische Lebensbewältigung und als biologisch-traumatische Erfahrung des eigenen Märtyrertums („Schwertspitzen“ „nach meinem Herzen“). In der Selbstvergewisserung des eigenen Ichs an Prometheus, Ödipus, Lazarus, hl. Sebastian und Christus dominiert die Aura des Blutes. Die masochistische Wendung auf sich selbst tritt neben die Empfindung einer Bedrohung durch die Welt. Die Bildhauermetaphorik der ersten Strophe bleibt aufgesetzt, sie wird schnell umgewandelt in eine andere Form künstlerischer Produktion: „zerschmelzen“. Nicht Feilkunst, sondern Erguß, nicht Handwerk, sondern Eruptionskunst ist angesagt. Das Aggressionspotential einer feindlichen Welt wird aufgenommen und in die Kraft des wehrlosen Künstlers umgewandelt. Dichtung dient nicht wie in der Tradition der revolutionären Schriftsteller von Herwegh bis Becher als Waffe, sondern sie gewinnt ihre Anziehungskraft aus ihrer Wehrlosigkeit, die gerade dadurch entwaffnend wirkt.

Im Gedicht ›Du trägst‹ (II, 440), das vermutlich 1937 entstanden ist, geht Benn einen Schritt weiter. Im Unterschied zu ›Der junge Hebbel‹ werden hier keine Künstlerphantasien mehr artikuliert oder Entwicklungspostulate abgegeben.[51] Benn versucht statt dessen, das geheimnisvolle Wesen des Dichterberufs in die Figur eines Poesieproduzierenden einzuschmelzen, die nach biographischer Auflösung zu rufen scheint. Wie bei vielen Gedichten Benns ist das lyrische Ich in eine Du-Anrede überführt, so daß die unmittelbare Ich-Aussprache vermieden und zugleich als Spannungspol erhalten bleibt. Benn hat diese Struktur selbst programmatisch so begründet:

> Das Du im Gedicht ist durchaus zweideutig, keineswegs immer an eine Person gerichtet. Der lyrische Monolog teilt sich vielfach in einen 1) dichtenden und 2) einen sich selbst anredenden, andichtenden Faktor. Dieser zweite ist das objektivierte, das gesehne, das ansprechbare Ich, also der Partner. Dieser erlebt in sich selbst das dualistische Gefühl [abgebrochen, dann eine Zeile tiefer:] zwischen diesen Beiden spielt das Gedicht.[52]

Auffallen muß, daß die Bestimmungen des Dichterischen aus der Negation bzw. in der Verweigerung einer positiven Sinnaussage gegeben werden.[53] Dies entspricht Benns poetologischer Positionsbeschreibung im ›Rundfunkdialog‹, die sich ja ebenfalls aus der Abgrenzung definiert hatte. Die sozialkritische Zeichnung des Künstlers ist hier im Unterschied zum ›Hebbel‹ abgemildert und in Kulturwissen überführt („Züge der Heloten“); denn hier geht es eher um eine identitätsheischende Spiegelung in einem Zielpublikum als um eine sozioökonomische Parteinahme. Der Frage nach der materiellen Fundierung des Lebensunterhalts ist daher auch jede ökonomische Spitze genommen: bei den „Griffen“ kann es sich auch um Kunstgriffe handeln. Ansonsten lebt die Gedichtaussage nicht von der Verweigerung des Dichters, sondern von seiner Unfähigkeit, ein Tabu zu brechen, das fremdbestimmt ist. Die Fähigkeiten des Dichters sind durch den Zwang zur Sprachverweigerung bestimmt. In drei Strophen wird das Geheimnis des Dichters umkreist.

Daß der Dichter vom „Außensein" getrennt ist, weil er „das Gedicht im Keim bewahrt", stellt diesen in die Tradition des auserwählten Gralshüters, der für das normale Leben dank höherer Aufgabe verloren ist. Zugleich enthält der Begriff des Keims mehr als einen Hinweis auf die Anverwandlung der klassischen Metamorphose-Idee Goethes wie auf organologische Wachstumsvorstellungen. Dichten ist jedenfalls keine Mache eines rational arbeitenden Worthandwerkers, sondern das Hervorbringen eines im Dichter schon Angelegten.

Zugleich, das signalisiert die zweite Strophe, gelten für den Sprachgebrauch des Dichters die Kommunikationsregeln der Umgangssprache nicht. Gerade dem Dichter ist jede Form der normalsprachlichen Mitteilung verschlossen, hingegen nicht Selbsterkenntnis und -darstellung im Medium des (dichterischen) Wortes.

Wie die dritte Strophe zeigt, sind dem Dichter sowohl poetologische Aussagen über sein „Tun" als auch Kommentare über sein „Meinen" sowie der distanzierte Rückblick auf seine Leistungen („Ernten" und „Saat") nicht möglich. Wenigstens funktionieren die Regeln des alltagsssprachlichen Diskurses nicht wie gewöhnlich. Denn der Dichter verweigert nicht etwa die Antwort, sondern schon die Befragung; er verneint die Frage, obwohl es sich gar nicht um eine Entscheidungsfrage handelt. Ein zweifaches „nur" der beiden letzten Strophen schränkt die mögliche positive Antwort des Gedichts auf eine Ersatz- oder Defizitlösung ein. Diese ist, wenigstens in der Schlußstrophe, noch dazu mehrdeutig. Schon der Anschluß des letzten Verses durch „und" kann ja sowohl als 'statt dessen' wie auch als 'zugleich' gelesen werden. So erscheint denn auch die behauptete „geheime Tat" (II, 440) des Dichters doppelsinnig. Der Dichter, der darauf hindeutet, versagt vor der Aufforderung zur poetologischen Erklärung und rettet sich in die Gestik. Dieses Deuten meint natürlich auch das eigene (vorliegende) Gedicht als die Materialisierung all dessen, was interpretatorisch erfragt worden ist. Im System einer solchen immanenten Poetik hätte die dichterische Ausfaltung des Selbstverständnisses im Gedicht demnach auch Relevanzvorrang vor jeder poetologischen Aussage. „Tun" und „Tat" stehen in diesen Strophen nicht nur etymologisch, sondern auch unter dem Aspekt des dichterischen Produktionsprozesses in engster Verwandtschaft wie Gegnerschaft. Der poetische Prozeß, das „Tun", ist sowohl als Vorgang wie auch als poetologische Erklärung entzogen. Während aber gerade darauf das Interesse des außenstehenden Fragers konzentriert war, lief ungestört und ganz unbeachtet der Vorgang selbst ab (oder war wenigstens in Gang gekommen): die „Tat" ist in diesem Sinne doppeldeutig lesbar. Das Entstehungsdatum des Gedichts und seine Veröffentlichungsgeschichte lassen noch eine zusätzliche politische Lesart zu, die gegen die Erwartungen einer (bedrohlichen) Öffentlichkeit gerichtet ist, geheim zu bleiben hat und dennoch auf sich aufmerksam macht, daß sie (in der Schublade) existiert.

Das 1955 in der Sammlung ›Apreslude‹ veröffentlichte ›Gedicht‹ (I, 298) setzt Benns lyrische Poetologie um einen weiteren Schritt fort.[54] Das Gedicht übernimmt die Struktur der Ich-Aussprache in der Du-Anrede, führt jedoch als zusätzliche Instanz ein „Es“ ein. Wie der Titel schon besagt, liegt das Gewicht der Reflexion nicht mehr auf der Person des Dichters, sondern auf dem Inspirations-, Produktions- und Verselbständigungsprozeß des Kunstwerks, an dem der Dichter zwar entscheidenden Anteil hat, dessen ganze Dimension aber seiner Kontrolle entzogen ist. Der Und-Einsatz des Gedichts fingiert eine schon laufende Reflexion über den Dichterberuf, die im Gedicht fortgesetzt werden soll. Und in der Tat werden Benns Argumentationsmechanismen der früheren Gedichte aufgegriffen und herangezogen. Der in ›Der junge Hebbel‹ zentrale Vergleich des Dichters mit dem Bildhauer ist jetzt von einer gedämpften Bildlichkeit der Sprache abgelöst: der gewalttätige Steinmetz dort ist zu einem präzis fugenden Silberziseleur hier geworden! Der Grundstoff des Dichters weicht jetzt vor rohen Werkzeugen zurück; er unterliegt nunmehr der Rätselhaftigkeit dichterischer Imagination, die das Gedicht in den ersten drei Strophen betont, als der Greifbarkeit der Skulptur. In Benns bekannterem Gedicht ›Ein Wort‹ wird diese Analogie des Sprachmaterials mit Wahrnehmbarem, aber nicht Greifbarem[55] deutlicher ausgefaltet. Dort wird freilich die Wirkung der Sprache gezeigt, hier ihre Entstehung. Wie dort „im leeren Raum um Welt und Ich“ wird auch hier (in der dritten Strophe) die Begrenzung des Dichters thematisiert. Freilich zeigt der Dichter hier eine souveräne Routine im Umgang mit seinem „es“; sein Wissen („Du weißt“) macht ihm seine Grenzen bekannt, zugleich sorgt seine dichterische Erfahrung mit Sprache für die Gewöhnung an das Außergewöhnliche: „du bleibst gelassen“ (I, 298). Dennoch bleiben der Bann („gebannt“) und die Reserviertheit gegenüber einer letztlich nicht ganz ergründbaren Wirkung bestehen („Mißvertraun“). Die letzte Strophe, die die Permanenz der dichterischen Arbeit jetzt wieder im Bild des Bildhauers faßt, betont die Kunst als handwerkliche Arbeit am inspirativ zugekommenen Material. Dichten ist Strukturierungsaufgabe, ist Fugung, Verbindung des Disparaten (im Bild des Einfügens von Silber in Stein), „Potpourri“, „Kalkül“, Montage und bewußte Technik. Spätestens hier definiert Benn einen artistischeren, handwerklicheren und rationaleren Kunstbegriff als im blutrünstig aufbegehrenden von ›Der junge Hebbel‹ oder im raunenden von ›Du trägst‹. Das Kunstwerk wird jetzt, wenn es fertig ist, in Vollendung losgelassen; für eruptiven Fragmentarismus bleibt kein Raum. Aber auch hier ist die Sinndeutung, welche Qualität diese Art der Dichtung denn habe, nicht so eindeutig, wie es auf den ersten Blick aussieht. Dichtung, die als

„Sein" fungiert, also als Weltdeutung und Abbild der Welt gelesen werden will, benennt ja zugleich das „Sein" des Dichters, der sich durch dieses sein Werk ausspricht. Zuletzt stellt das Gedicht in seinem Ablauf selbst eine Verwandlung dar: das „es", die „Dränge", was eben aus dem „Nichts" „strömt", eine unfaßliche Bewegung, wird „Sein", wird Zustand, „ist".[56] So erweist sich das ›Gedicht‹, das verrät schon die Titelgebung, als ein metapoetisches, indem es seinen eigenen Produktionsprozeß beschreibt und zugleich sich selbst als Produkt poetologischer Reflexion einsetzt.

Überblickt man diesen lyrischen Dreischritt, so zeigt sich ein bezeichnender Wandel von Benns poetologischer Position innerhalb seiner Lyrik. Der Schritt vom „Ich" über das „Du" zum „Es" bezeichnet den Weg des sich selbst ausformenden Künstlers, der zuerst die Anlehnung an das bewunderte Vorbild sucht, sich seiner dichterischen Begabung bewußt wird und sich um eigene, provozierende Ausdrucksmöglichkeiten bemüht; zum ausgegrenzten Dichter, dessen Tun (auch aus politischen Gründen) „geheime Tat" bleiben muß; bis hin zum „gelassen" agierenden Dichter, der seine Arbeit als Werkstattarbeit und Leistung ansieht, die freilich von Kräften getrieben wird, denen gegenüber immerwährendes „Mißvertraun" angebracht ist; der Vertrauen in seine Arbeit und vor allem in sein Werk hat, das eigenständiges „Sein" ist, weil es Produktionsgeschichte, Weltdeutung und Inspiration in sich trägt.[57]

3. *„Hüter der Verwandlung": Canettis ›Der Beruf des Dichters‹*

Seiner Rede zur Verleihung des Münchner Ehrendoktorats 1976 gibt Elias Canetti den programmatischen Titel ›Der Beruf des Dichters‹. Wie schon Gottfried Benn trennt Canetti den Dichter von „denen, die nur schreiben".[58] Dem Dichter soll von Canetti seine besondere Stellung zurückgegeben werden, auch wenn der Begriff gegenwärtig „in hilfloser Ermattung" darniederliegt und sogar „zum Gespött" geworden ist (245). Die Voraussetzung für diese ungebrochen hohe Wertschätzung des Dichterberufs bildet jedoch die zuvor nachzuvollziehende grundsätzliche Relativierung, die Teil des Begriffs ist und an schon von Musil vorgetragene Überlegungen erinnert: „daß heute niemand ein Dichter ist, der nicht ernsthaft an seinem Recht, es zu sein, zweifelt." (246) Warum solche Zweifel am Dichterberuf berechtigt sind, begründet Canetti mit einem deprimierenden Rückblick auf die Begriffsgeschichte. Das historische Versagen der Dichter hat wegen oder trotz ihres hohen Anspruchs Wort und Sache „zerlöchert":

> Wenn das Wort Dichter für viele zerlöchert ist, so war es, weil sie eine Vorstellung von Schein und Unernst damit verbanden, etwas, das sich entzog, um sich's nicht zu schwer zu machen. Die Verbindung von hohen Allüren mit dem Ästhetischen, in allen Schattierungen, unmittelbar vor dem Eintritt in eine der düstersten Perioden der Menschheits-

geschichte, die sie nicht zu erkennen vermochten, als es schon über sie hereinbrach, war nicht dazu angetan, Respekt einzuflößen; ihr falsches Vertrauen, ihre Verkennung der Wirklichkeit, der sie durch Verachtung und sonst nichts beizukommen suchten, ihre Ableugnung jeglicher Verbindung damit, ihre innere Ferne von allem, was faktisch geschah, – denn an der Sprache, deren sie sich bedienten, war es nicht abzulesen ... (249)

„Verkennung“ statt Erkenntnis, Verachtung der und Versagen vor der Realität, eine Sprache, die ihre Bodenhaftung verloren hat – schlimmer ist die Bestandsaufnahme vom Versagen der Dichter gegenüber der Wirklichkeit nicht zu formulieren.[59]

In diesem Spannungsfeld von diskreditierter Vergangenheit des Dichterberufs, aus dem sich beständig Zweifel nähren, und der Bewahrung des hohen Anspruchs fordert Canetti vom heutigen Dichter, er müsse „sich nützlich machen“ (246). Ein „durch Zufall“ aufgefundener Beispielsatz führt vor, wie dieser Nutzen aussehen sollte. Es gilt, durch und mit Sprache Verantwortung für etwas zu übernehmen, was vernünftigerweise und erst recht nicht von einem Dichter zu verantworten ist. Gemeint ist die „Aufzeichnung eines anonymen Autors“ zum Ausbruch des Weltkriegs, die Canetti zitiert:

„Es ist aber alles vorüber. Wäre ich wirklich ein Dichter, ich müßte den Krieg verhindern können.“ (247)

Dieser „Unsinn“, diese „Anmaßung“ erhält „Sinn“ (247) erst durch die Person des Dichters. Indem dieser sich „ausliefert“ (248) und sich zur „Übernahme einer fiktiven Verantwortung“ bekennt (249), erhebt er für die Kraft seiner Worte den Anspruch, mit ihnen wiedergutzumachen, was sie gar nicht angerichtet haben. Auf die Auflösung dieses Widerspruchs ist noch zurückzukommen.

Scheinbar ohne genügende Verbindung beginnt Canetti den etwas längeren zweiten Teil seiner Rede mit der berühmten Definition, daß der Dichter „Hüter der Verwandlungen“ sein solle (250). Man hat versucht, diesen Begriff der Verwandlung zu spezifizieren.[60] Weniger hat man dabei beachtet, daß Canettis Bestimmungen des Dichterberufs ausdrücklich im Irrealis oder als Optativ für die Zukunft formuliert sind.[61] Canettis Verwandlungsdichter bleibt eine Vorstellung; vorerst sieht es so aus, als gebe es ihn noch gar nicht! Erst auf Grund dieser Einsicht läßt sich genauer bestimmen, was Canetti mit dem Begriff der „Verwandlung“ bezeichnet. Canetti meint doppeltes. Die erste Form der Verwandlung bedeutet, „sich das literarische Erbe der Menschheit“ anzueignen (250). Dies wird an drei Beispielen erläutert: Ovids ›Metamorphosen‹ sind nicht nur der Taufpate des Begriffs, sondern auch „eine beinahe systematische Verwandlung aller damals bekannten, mythischen, ‘höheren’ Verwandlungen“; die Figur des Odysseus steht für die „Verwandlungen eines Menschen“ (250); das ›Gilgamesch‹-Epos beschreibt schließlich die Verwandlungen der Welt und des „Naturmenschen“ als Gattungswesen (251).

Canettis Begriff der Verwandlung bedeutet auf dieser Ebene also dichterische Stoffe, Themen und Inhalte, gleichsam „mythische Erfahrungen", die durch das Aufgreifen des Dichters und seine Aktualisierung ihre „Auferstehung" erfahren (252).

Auf einer zweiten Ebene bezeichnet Canettis Verwandlungsbegriff, „die eigentliche Aufgabe des Dichters", etwas ganz anderes. Hier geht es um eine „Trotz"-Haltung des Dichters gegen „die verblendetste [!] der Welten", um seine „Lust auf Erfahrung anderer von innen her" und um „ein immer offenes Ohr" (253). Was als „geheimnisvoller, in seiner Natur noch kaum untersuchter Prozeß", hilfsweise als „Einfühlung" oder „Empathie", im Bild einer „immerwährenden Übung" und „zwingenden Erfahrung" umschrieben wird, kann nicht zweifelhaft sein. Es handelt sich um das erneuerte, nun neu zu erprobende Erkenntnismodell, wie es von Hofmannsthal formuliert wurde: das Bild vom Dichter unter der Stiege, der bei den Hunden wohnt. Ein ähnliches Bild hatte Canetti 1936 in seiner Rede zu Hermann Brochs 50. Geburtstag gebraucht, der Dichter sei „der Hund seiner Zeit"[62]. Jetzt knüpft er daran an und erweitert es. Wie der Hund dort durch sein zielloses Herumlaufen („willkürlich scheinbar, doch unermüdlich", „unersättlich") und seine „unheimliche Beharrlichkeit"[63] charakterisiert war, so verhält sich jetzt der Dichter zu seinen Verwandlungen. Gerade das „Zielbewußte" bei seinem Vorgehen wäre hinderlich; es würde den „unerklärlichen Hunger" zerstören und zum Abwerfen von „Ballast" verleiten, der den Dichter nicht etwa behindert, sondern „vielleicht sein Bestes ist, das er von sich wirft" (254). Beides zusammen erst macht den Dichter aus, der zwar „ein Chaos in sich trägt", dieses jedoch durch Verwandlung in Kunst umsetzen muß:

> Aber er darf dem Chaos nicht verfallen, er muß ihm, eben aus seiner Erfahrung von ihm heraus, widerstreiten und ihm das Ungestüm seiner Hoffnung entgegensetzen. (255)

Die Glaubwürdigkeit und der Wahrheitsanspruch der solchermaßen zustande kommenden dichterischen Fiktion beruht auf der „Gewalt der Figuren" (255) durch den dahinterstehenden Mythos:

> das Gefühl der Sicherheit und Unumstößlichkeit, nur so war es, nur so kann es gewesen sein. Was immer es ist, das man im Mythos erfährt, so unglaubwürdig es in einem anderen Zusammenhang erscheinen müßte, hier bleibt es frei von Zweifel, hier hat es eine einzige, unverzeichenbare Gestalt. (256)

„Dieses Reservoir von Zweifellosigkeit", aus dem sich auch die Wissenschaft – am Beispiel des Ödipus für die Psychoanalyse gezeigt – bedient (256), macht erst den Menschen zum Menschen und legitimiert, daß dieser „sich die Welt zu eigen gemacht" hat (257).

Canettis hier eingeführter Schlüsselbegriff „Erbarmen" meint, verbunden mit dem der „Verwandlung", die Festlegung der Literatur auf eine Wertbindung. Dichtung, auch wenn sie sich engagiert und verantwortungsbewußt gibt, „ist wertlos, wenn es als unbestimmtes und allgemeines Gefühl proklamiert" wird. Der konkreten Verantwortung entspricht die „konkrete Verwandlung", die Festlegung des Dichters und seiner Literatur auf das Leben: „Es kann nicht die Sache des Dichters sein, die Menschheit dem Tode auszuliefern." (257) Die Aufgabe des Dichters ist es, sich daran abzuarbeiten und dagegen Widerstand zu leisten:

> Selbst wenn es allen als vergebliches Unterfangen erschiene, er wird daran rütteln und nie, unter keinen Umständen, kapitulieren. Sein Stolz wird es sein, den Abgesandten des Nichts, die in der Literatur immer zahlreicher werden, zu widerstehen und sie mit anderen als ihren Mitteln zu bekämpfen. Er wird nach einem Gesetze leben, das sein eigenes ist, aber nicht für ihn selber zugeschnitten ... (258)

Das Pathos des Dichters, zu dem sich Canetti am Ende seiner Rede aufschwingt, erhält seine Berechtigung aus dem heroischen Kampf gegen das „Nichts", obwohl die Aussichten für den Dichter wenig erfolgversprechend sind.

An dieser Stelle ist zu zeigen, daß Canettis Rede kein bloßes poetologisches Programm vorträgt, sondern zugleich dessen Exemplifizierung in einer versteckten immanenten Poetik enthält. Erinnert sei an jene „Aufzeichnung eines anonymen Autors" eine Woche vor dem Ausbruch des Zweiten Weltkriegs, auf die Canetti angeblich „durch Zufall" gestoßen ist und dessen Namen er „schon darum nicht nennen kann, weil niemand ihn kennt". Diese Aufzeichnung war ja der argumentatorische Angelpunkt für das unerhörte Paradoxon bei der Reflexion des Dichterberufs gewesen, nicht eingreifen zu können, da „alles vorüber" ist (247). Schon der merkwürdig undeutliche Nachweis der Herkunft des Texts, erst recht die Tatsache, daß Canetti seine Vorstellung vom Dichterberuf ausgerechnet an einem von ihm wegen seiner paradoxen Struktur so geschätzten Aphorismus[64] festmacht, hätten die Vermutung aufkommen lassen müssen, daß dieser Satz mehr ist als die Probe aufs Exempel einer theoretischen Einlassung.[65] Tatsächlich erfüllt dieser Aphorismus alle Kriterien, die Canettis Rede für den wahren Dichter aufgestellt hat!

1. Der Verfasser des Aphorismus ist angeblich anonym – was gar nicht stimmt. Canetti verweigert nur seine Namensnennung. Es handelt sich also um eine gewollte Anonymität des Verfassers, den Canetti „nicht nennen kann, weil niemand ihn kennt." (247) Schon diese Begründung, ob sie stimmt oder nicht, bewahrheitet die zuvor aufgestellte Behauptung Canettis, „daß heute niemand ein Dichter ist, der nicht ernsthaft an seinem Recht, es zu sein, zweifelt" (246) und „daß es heute keine Dichter gibt", „wenn wir sehr streng gegen die Zeit und besonders gegen uns selber sind" (250). Der Dichter darf, ja er soll als Person anonym bleiben, ohne ganz zu verschwinden. Die Wirkung seines Textes wird davon nicht abgeschwächt, ganz im Gegenteil.

2. Der anonyme Autor erfüllt mit seiner paradoxen Formulierung gleich in mehrfacher Weise Canettis Begriff der Verwandlung. Einmal greift er das „literarische Erbe der Menschheit“, den Krieg als einen Mythos auf (250); mit seinem Verhinderungswillen imaginiert er die großen mythischen Figuren des Scheiterns ebenso wie die Warnerin Kassandra. Zugleich verwandelt er diese Urkonstellation durch eine Verschichtung der Zeit- und der Wirklichkeitsebene, wodurch ja erst die „Anmaßung“ seines Ausspruchs entsteht (247): er ist Prophet im nachhinein, da schon „alles vorüber“ ist, und möchte den Ablauf der chronologischen Zeit nicht bloß aufhalten, sondern rückgängig machen! Zugleich hat er den Mythos Krieg in der Verwandlung zur Realität des historischen Ereignisses benannt.

3. Verwandlungen durchläuft dieser Ich-Sager auch in seiner eigenen Rolle als Dichter. Der Anonymus fungiert als Prophet wie als verhinderter Märtyrer, als distanzierter Beobachter wie als irrational Mitleidender.

4. Der Aphorismus belegt seine Glaubwürdigkeit in doppelter Weise selbst. Zum einen steht er „in krassestem Widerspruch“ zur Vernunft und ist „wirklichkeitsferner“ als alles je Geschriebene (247). Gerade „dieser irrationale Anspruch auf eine Verantwortung“ „besticht“ (248) und zeigt die „Unumstößlichkeit“ und „Zweifellosigkeit“ mythischer Verwandlung: „nur so war es, nur so kann es gewesen sein“ (256). Zum andern wirkt der Satz, gerade wegen seiner extremen Äußerung als authentische Überlieferung, nicht als literarische Fiktion – selbst wenn er von Canetti erfunden sein sollte.

5. Der Satz lebt zudem aus der von Canetti geforderten Verpflichtung des Dichters auf Menschlichkeit. In seiner hoffnungslosen Benennung des unvermeidlichen Kriegsausbruchs zeigt er zugleich „Erbarmen“, nicht als „unbestimmtes und allgemeines Gefühl“, sondern als „konkrete Verwandlung“, „sich dem Tode entgegenzustellen“ (257), auch wenn dies „als vergebliches Unterfangen erschiene“ (258).

Der Dichterberuf jenes „anonymen Autors“, hinter dem sich Canetti versteckt, weil es bei strenger Betrachtung heute eigentlich keine Dichter mehr geben kann, ist also sein eigener. In dieser erneuten Verwandlung in einen Dichter des Irrealis und des Optativs[66] schlüpft Canetti in die Rolle des Aphorismusverfassers, der von sich behauptet hatte: „Wäre ich wirklich [!] ein Dichter!“ Krieg und Tod hat der Dichter nicht verhindern können, jedoch ihre trostlose Wirkung in seinen Texten aufgehoben; er selbst hat seine Würde bewahrt, seine Person aber bis zur Unkenntlichkeit verborgen.

IX. Die Identität des Dichters: Selbstdarstellung und Selbstverständnis der Schriftsteller der Gegenwart

1. *Selbstauslöschungen: Zur poetologischen Lyrik der Gegenwart*

Der Dichter als Akrobat: Peter Rühmkorfs ›Hochseil‹

Auf die Tendenz der Gegenwart, die Person des Dichters im Hintergrund verschwinden zu lassen, reagiert Peter Rühmkorf schon im Titel seines 1975 erschienenen Buches ›Walther von der Vogelweide, Klopstock und ich‹. Das darin ausgebreitete Dichtungsverständnis, sich brechend an den zwei literaturgeschichtlichen Vorbildern und Vorläufern, kreist um eine heute noch mögliche Darstellungsform der poetischen Selbstpreisgabe: „Wo das Ich sich thematisiert, grundsätzlich und programmatisch, kriegen wir es sofort mit einer Hybridform zu tun."[1] Später heißt es noch zugespitzter:

> Hier liegen ganz zweifellos Identifikationen vor. Man könnte auch von Selbstüberhöhungen sprechen: die Dichter schieben sich etwas höheres Allgemeines unter den Hintern und erscheinen gleich selbst um ein gewaltiges Stück gewachsen. (128)

Trotz solcher Ironie über die traditionellen Formen der poetischen Selbstdarstellung besteht Rühmkorf aber darauf, weiterhin durch diese „Riesenlarven" (131) des Ichs sowohl in „Übernahme" als auch durch „Abstandnahme" (132) zu sprechen. Rühmkorfs bekanntes Gedicht ›Hochseil‹, das im Kontext von ›Walther von der Vogelweide, Klopstock und ich‹ zu lesen ist, sucht die poetische Selbsterfahrung in einer Traditionseinbettung, die durch das zitatreiche Sprachspiel früherer Rühmkorf-Parodien gegangen ist:

HOCHSEIL

Wir turnen in höchsten Höhen herum,
selbstredend und selbstreimend,
von einem *Individuum*
aus nichts als Worten träumend.

Was uns bewegt – warum? wozu? –
den Teppich zu verlassen?
Ein nie erforschtes Who-is-who
im Sturzflug zu erfassen.

Wer von so hoch zu Boden blickt,
der sieht nur Verarmtes/Verirrtes.

Ich sage: wer Lyrik schreibt, ist verrückt,
wer sie für wahr nimmt, wird es.

Ich spiel mit meinem Astralleib Klavier,
vierfüßig – vierzigzehig –
Ganz unten am Boden gelten wir
für nicht mehr ganz zurechnungsfähig.

Die Loreley entblößt ihr Haar
am umgekippten Rheine ...
Ich schwebe graziös in Lebensgefahr
grad zwischen Freund Hein und Freund Heine. (178)

Offenkundig enthält schon das titelgebende Ausgangsbild vom Dichter als eines Hochseilakrobaten den Schlüssel zum Verständnis des Gedichts.[2] Noch einmal wird die bekannte Höhe-Tiefe-Dichotomie aus den popularisierten und trivial gewordenen Dichtergedichten des 19. Jahrhunderts thematisiert, jedoch nicht in der epigonalen Prunkform des Dichterfürsten, sondern im Bild eines äußerst labilen Gleichgewichts, das die Fragwürdigkeit der modernen Dichterexistenz darstellt. Als Zirkusartist und Gaukler steht Rühmkorfs Dichter-Ich in der Tradition Nietzsches, Kritik am absoluten Wahrheitsgehalt dichterischer Aussagen zu üben.[3] Darüber hinaus hat Rühmkorf die Hochseilmetaphorik des Dichterstandorts sowohl biographisch wie poetologisch ausgefächert. In einer Textgraphik zu ›Hochseil‹ porträtiert er sich selber als Seiltänzer, der mit Vokalen jongliert.[4] Selbst das Hochseil dient als gesteigerte Identifikationsmetapher des Dichters:

was mir vorschwebt [!], ist der hochgespannte Mensch, der trotzdem mit diesen Spannungen lebt, der aus ihnen lebt, was man dann allerdings fast nur im Medium darstellen kann ...[5]

So enthält die Position des in die Zirkuskuppel gehobenen Dichters neben gesteigerter artistischer Virtuosität auch die Bedrohung des Absturzes. Das Bild lebt aus der Dialektik von luftiger Erscheinungsform bei beibehaltener Macht der Schwerkraft: „Ich schwebe graziös in Lebensgefahr“ (178).

Man hat mit einem gewissen Recht die Schlußzeile des Gedichts als Bekenntnis zu einer angespannten Tradition gesehen und zur Kennzeichnung von Rühmkorfs Dichterverständnis erhoben, nicht nur „als Statthalter Heines in heutiger Zeit“ aufzutreten,[6] sondern sich auch als „roter Romantiker“ (134) auf die Empfindsamkeitspoesie zu berufen. Rühmkorfs ›Hochseil‹ verbindet noch ausgeprägter als Heine, dessen Strophen- und Versform des ›Wintermärchens‹ es übernimmt, dichterische Ich-Aussagen mit poetologischer Programmatik. „Ich“ und „Wir“ verweisen aufeinander; der Dichter betrachtet sich zwar als Teil der Dichtergemeinschaft, mit der er den Hochseil-Standort gemeinsam hat, reklamiert aber zugleich bestimmte Eigenschaften

für sich allein! Dem Dichterberuf werden dabei die Merkmale der traditionellen Dichterideologie, freilich in sprechenden Verbiegungen, zugeordnet:
– die Autonomie des Dichterischen, ironisch abgeschwächt in die wortspielerische Redensartlichkeit: „selbstredend und selbstreimend";
– der Höhenstandort („in höchsten Höhen"), jedoch nicht als Thronpositur, sondern als Turnaufenthalt;
– die Perspektive „von so hoch zu Boden", aus der der distanzierte Blick in soziale Sehweisen abrutscht: „Verarmtes/Verirrtes";
– die gegenläufige Sicht von „Ganz unten am Boden" nach oben, woraus Unverständnis erwächst und dem Dichter Unzurechnungsfähigkeit bescheinigt wird;
– der Anspruch des Dichters auf Weltschöpfung „aus nichts als Worten";
– schließlich „ein nie erforschtes", der dichterische Impetus „was uns bewegt", die alte Frage nach dem „warum?" und „wozu?" dichterischer Tätigkeit.

Die genaue Position des Ichs entwickelt sich erst in der dritten Strophe aus dem „wir". Dieses Ich ist im Unterschied zum „wir" in allen drei Selbstaussagen durch sprachspielerische Gegensätze ausgezeichnet, die jeweils das Ich mit der Außenperspektive konfrontieren.[7] Diese auch programmatische Trennung des Ichs vom Wir-Ich begründet Rühmkorf mit seiner Ablehnung eines lyrischen Ichs als „repräsentativer Rollenträger" im Sinne seines Vor- und Gegenbilds Gottfried Benn:

> ein Ich, das praktisch nur im Aggregatzustand des Gedichts existiert und mit dem dahinterstehenden Subjekt nicht viel zu tun haben soll. Dieses Ich also meine ich nicht. Dieses Sagen-wir-mal-Ich scheint mir eher eine zeitlich bedingte Kunstfigur aus Selbstverhüllung und Selbststilisierung: immer nur gefaßt zu fassen und von dem Produzenten wie mit der Pinzette vor sich hergetragen: ein Ich ohne Vergangenheit, Herkunft, sozialen Werdegang, private Eintrübungen, biografische Bedingtheiten: etwas gewissermaßen Unbedingtes! – Nein, das Ich, das wir hier ins Auge fassen wollen und für das ich ganz allgemein um Interesse bitte, ist zuallererst ein Gesellschaftsprodukt. Es bildet sich unter dem Druck und dem Zug von sehr bestimmten sozialen Prägekräften und tritt eigentlich auch nur umständehalber in Erscheinung. In bestimmten charakteristischen Spektren aber von Zeit zu Zeit als eine Art Typus. (123)

Versteht man nun dieses Ich in ›Hochseil‹ tatsächlich als gesellschaftlich bedingtes, so fällt die Doppelbödigkeit der Argumentation Rühmkorfs auf. Die platt biographische Deutung kann ausgeschaltet werden. Als Zentrum einer immanenten Poetik steht dieses Ich als Teil des dichterischen Wir, dem es sich einordnet, demgegenüber verficht es sein Eigenrecht; einerseits definiert es seine freischwebende Existenz unter „Lebensgefahr" zwischen „Freund Hein und Freund Heine", andererseits versucht es den Traum der ersten Strophe, ein „Individuum" „aus nichts als Worten" zu erschaffen, wahrzumachen. Es spielt selbst mit seinem „Astralleib", mit dem Gedicht und im Versmaß des

Gedichts („vierfüßig") zugleich. Alle aufgezählten Merkmale erweisen sich als hintersinnig, wie die vervielfachten Füße auf mangelnde Vernunft und auf die verweigerte Zuordnung von Vers und Versfüßen hindeuten. Der umgekippte Rhein benennt nicht nur das ökologische Desaster, sondern zugleich den auf den Kopf gestellten Loreley-Mythos, den vom Anblick der weiblichen Schönheit zum Umkippen gebrachten Kahn und damit die gesamte literarische Tradition. So beschreibt auch die lebensgefährliche und doch elegante Hochseilnummer mehr als nur die konkrete Artistenbedrohung. Im Begriff der Grazie, die der Lebensgefährdung zirzensisch immanent ist, schimmert hinter der parodistischen Zuspitzung von Schillers ästhetischer Position aus ›Über Anmut und Würde‹ wohl auch Kleists Abhandlung ›Über das Marionettentheater‹ hervor, die vom Verlust der Grazie handelt und für dessen Verfasser ja tatsächlich „Lebensgefahr" bedeutet hat. Was dort in den Betrachtungen eines Tänzers gründet, der Verlust der natürlichen Grazie durch Erkenntnis und Bewußtsein, erscheint hier in gesteigerter Verbindung, insofern die Grazie zur notwendigen Eigenschaft der Lebensgefährdung geworden ist. Konnte sich Kleist noch die Wiedergewinnung der Grazie durch gesteigerte Erkenntnis vorstellen, so stabilisiert Rühmkorfs Gedicht einen permanenten Schwebezustand: Absturz und „Sturzflug" zugleich.

Der Anspruch des Dichters, mit kritischem Bewußtsein das inspirierte Dichter-Ich als Knotenpunkt dessen, „was uns bewegt", zu bewahren und dennoch „graziös" schweben zu können, liest sich auf den Folien von Claudius und Heine, von Benns Ich-Verlust und Kleists ›Marionettentheater‹ gebrochener, nämlich als der Versuch der Poesie, die Erkenntnis gleichsam durch ein Unendliches hindurchgehen zu lassen. Diese Unendliche, ein „nie erforschtes Who-is-who" des Dichterberufs, enthält den abgründigen Zweifel am überlieferten dichterischen Selbstverständnis, ohne die darauf gegründete literarische Tradition zu verleugnen. Es zeigt sich, daß in der Gegenwart Poesie nur mehr dann möglich ist, wenn sie die poetologische Reflexion als immerwährende Aufgabe innerhalb des dichterischen Sprechens betreibt, mithin Poesie als dauernde immanente Poetik auffaßt.[8] Der Dichter gewinnt sich erst dadurch ganz neu, daß er sich permanent sprachspielerisch dieser „Lebensgefahr" aussetzt.

Der Tod des Dichters als Geburt des Gedichts: N. C. Kasers letztes Gedicht

Der Südtiroler Lyriker Norbert Conrad Kaser hat sich nicht nur poetologisch in identifikatorische Lebensgefahr begeben; er ist ihr mit 31 Jahren ganz real erlegen.[9] Sein letztes Gedicht ist wie fast alle seine Gedichte genau datiert, und zwar auf den 28. Juli 1978, also einen knappen Monat vor seinem absehbaren Tod, und trägt keinen Titel[10]:

ich krieg ein kind
ein kind krieg ich
mit rebenrotem kopf
mit biergelben fueßen
mit traminer goldnen haendchen
& glaesernem leib
wie klarer schnaps

zu allem lust
& auch zu nichts

ein kind krieg ich
es schreiet nie
lallet sanft
ewig sind
die windeln
von dem kind
feucht & naß

ich bin ein faß

Wenn man das Gedicht biographisch liest, und die Datierung als Teil des Textes fordert dazu heraus, dann erfahren wir in gewöhnungsbedürftiger Kleinschreibung und poetischer Umschreibung, was wir aus der Biographie wissen: Ein Trinker klagt, daß er wegen übermäßigen Alkoholkonsums durch die Bauchwassersucht im Gefolge einer fortgeschrittenen Leberzirrhose unförmig aufgeschwemmt wird. Fast alle Interpreten haben den Text als „poetische Abschiedsbotschaft“[11], als dichterische Trinkerphantasien oder als Prophetie eines Moribunden verstanden.

Aber kommt man damit dem Gedicht näher? Der unmittelbare Rückgriff von biographischem Vorwissen auf ein dahinter Gemeintes, als sei das Gedicht nichts weiter als eine verzweifelte Selbstaussage eines Sterbenden, verkürzt unzulässig. Vom Tod ist im Gedicht selbst gar nicht die Rede! Das Gedicht konstatiert vielmehr die Geburt eines Kindes als zugespitzte Ich-Aussage, die jeder realistischen Ausdeutung zuwiderläuft, weil Männer eben keine Kinder gebären. Dem Austragen der Leibesfrucht und dem Geburtsvorgang hat Kaser auch in anderen Gedichten einen zentralen Ort zugemessen. Auch hier böte sich eine biographisch orientierte Lektüre an, so daß sich solche Geburten als blasphemische Kontrafakturen der unbefleckten Empfängnis auffassen ließen, die in Kasers Katholizismus ihre Wurzeln haben. Denn wirklich gezeugte Kinder sind es ganz selten, die in Kasers Texten geboren werden. In einem Gedicht mit dem Untertitel „beschimpfung des gastgebers oder bunte oesterreich illustrierte“ vom Mai 1970 geht es um mögliche Kinder, die schon vor ihrer Geburt gezeichnet sind:

weißt du das land in dem
die besten maedchen
kronenzeitung lesen

ach
ihre eierstoecke sind
verpestet & voll moerderischer
blutgerinsel

sollten sie gebaeren
traegt das kind
von anfang an
das mal der
dummheit (I, 103)

Kaser benutzt das Sprachbild des Gebärens für das Ans-Licht-Bringen dessen, was im eigenen Inneren verborgen aufgewachsen ist. Das Gedicht ›groll‹ zeigt, auch mit Bezug auf Kasers letztes Gedicht, welcher Art das Kind ist, das hier geboren wird:

groll waechst mir im bauch
wie den weibern das kind
nur daß ich nicht lange
daran trage

und kommt es zu schmerzvoller geburt
kennt mein toben keine grenze (I, 355)

In Kasers letztem Gedicht ist die Geburt eines solchen Kindes angekündigt, Aussehen und Verhalten des Kindes werden im Vorgriff detailliert beschrieben. Das Kind wird in seiner äußeren Erscheinung vom Alkohol gezeichnet sein, aus der Sicht des gebärenden Ichs freilich und in differenzierten Annäherungen (Attribute, Gleichsetzungen, Metaphern, Vergleich). Schon dies und die Abstufungen der Farbintensität deuten darauf hin, daß genau kalkulierte Spracharbeit am Werk ist. Das Verhalten des potentiell geborenen Kindes ist akustischer, im weiteren Sinn sprachlicher Natur und läßt vermuten, daß die Rede von Sprache auch der eigenen Literatur gilt. Den Zusammenhang der Gebärmetaphorik mit der eigenen dichterischen Produktion hat Kaser mehrfach programmatisch formuliert, zuerst 1968 in dem Gedicht ›der deutschen dichtung gesagt‹, wo es heißt: „es ist leicht zu schreiben / wenn dein bauch voll ist" (I, 347), am bündigsten jedoch in der Gleichsetzung von Geburtsvorgang und poetischer Produktion in dem Gedicht ›wissenschaft des schreibens‹:

weißt du maridl
die ungeborenen
gedichte sind immer die besten
die die
man selber geboren und
verdaut hat
die (I, 198)

Das zu kriegende Kind als Sinnbild der Poesie, als Parodie der unbefleckten Empfängnis, als Christus-Analogie, Erlösung und Erfüllung verheißend? Die Windeln der Poesie verraten, auf welche Weise das Trinken in das poetische Kind hineinwirkt.[12]

Die Sinnbezüge und Klangbilder des Gedichts („ewig sind / die windeln / von dem kind"), bezeichnende Reimverbindungen („naß" – „faß") und Assonanzen („schnaps" – „nichts") deuten Kasers problemgeladene Körperlichkeit, die auch unserem Gedicht als verborgenes Flechtwerk unterliegt, als Medium poetischer Selbstaussprache, in dem er seinen Körper einerseits als einen „sack von leeren nuessen" bezeichnet (I, 57) und ihn zugleich zum Gegenstand christlicher Verklärung erhebt: „jeder menschliche koerper / hat mit ausgestreckten / armen / kreuzform" (I, 243). Hier wäre an den letzten Brief Kasers vom 16. Juli 1978 zu erinnern, der die Denkfigur des letzten Gedichts vorwegnimmt:

> meine leber wird immer groeßer mein geldbeutel immer duenner ich saufe zuviel aber endlich ist der sommer ausgebrochen den ich mit vollen zuegen genieße wie wein. die arbeit ist mir ziemlich zuwider wenn man alle ferien halten sieht. zum schreiben hab ich auch wenig lust & manchmal quaele ich mich wenn wieder eine glosse zu verfassen ist. [...] meine nichte hat zaehne & schreit wenn sie mich sieht. (III, 331)

Entsprechungen, Ähnlichkeiten, Bezugnahmen werden sichtbar und lassen die Mechanismen des Schreibens erahnen, ohne kurzschlüssige psycho-biographische Erklärungen zu erlauben. Einer solchen Methode hat Kaser selbst eine eindeutige Absage erteilt. Aus der Veroneser Klinik, in der er sich einer Alkoholtherapie unterzog, schreibt er:

> dr. pinzello – das psychotherapeutchen – stochert in meinem lebenslauf herum um die wunde zu finden der ich mein saufen verdanke. da friß! Du trottel siehst Du denn nicht daß alles an mir wunde ist oder gaudium oder alles „tanz". wenn Du mich fragen wuerdest warum ich denn schreibe so koennt ich Dir genau sowenig antwort geben.[13]

Kasers harsche Zurückweisung jeder groben psychoanalytischen Aufarbeitung seiner dichterischen Antriebskräfte muß auch für die Betrachtung seines letzten Gedichts gelten. Dieses Gedicht thematisiert nicht nur die Geburt der Lyrik aus dem Alkohol, sondern artikuliert ein vertracktes poetisches Bewußtsein, das zweifellos seine Entstehung einem Zusammenhang zwischen Trunksucht und literarischer Produktivität verdankt. Wenn dies die letzte Botschaft eines sterbenden Dichters ist, dann ist es auch eine Botschaft über Literatur, in der der Dichter im lebensüberdauernden Gedicht wiedergeboren und bewahrt ist. Dieses Ich agiert längst nicht mehr; es existiert nur noch und läßt mit sich geschehen. Seine Passivität verweist auf sein Leiden und seine Auslöschung, ohne sich in Wehleidigkeit aufzugeben.

Gedicht ohne Dichter: Kunerts ›Eine Poetik‹

In zahlreichen Gedichten hat Günter Kunert Aufgabe und Inhalt von Lyrik programmatisch definiert, fast immer hat er dabei das lyrische Ich ausgeschlossen. Poetologische Gedichte, schon im Titel als solche kenntlich, sind „ziemlich schwebende Gebilde“[14] oder „rätselhaft wie die Welt“[15]. Sie bedürfen keines Dichters, der sich aus ihnen bekennt. Im Gedicht ›So soll es sein‹ aus der Sammlung ›Im weiteren Fortgang‹ von 1974 greift Kunert auf die hergebrachte Differenz von Zweck und Nutzen der Ästhetik zurück, indem er dem Gedicht – „es“ – zwei Eigenschaften zuschreibt, für die kein Produzenten-Ich mehr nötig ist: „zwecklos und sinnvoll“. Er erweitert es um die politische Dimension: „zur Unterdrückung nicht brauchbar“[16]. Ein Dichter entfällt, die Forderung an das Gedicht, daß es so sein „soll“, ergibt sich als Eigendynamik des Objekts („soll es auftauchen aus dem Schlamm“). Auch in einem ›Gedicht‹ aus ›Unterwegs nach Utopia‹ von 1977, das die Gattungsbezeichnung zum Titel erhebt, scheint jeder Bezug auf einen Dichter zu fehlen. Bei genauem Hinsehen ist dieser jedoch im dargestellten Produktionsvorgang eingeschmolzen und in den reflexiven Verben („verweigert sich / das erste Wort“), im unpersönlichen „man“ oder in der Irrealis-Rede als Folge des „wie wenn“-Vergleichs verborgen. Der Dichter ist verborgen anwesend, wenn auch nicht sichtbar. So kann man die letzte Strophe als den Versuch lesen, mit dem Hinausdrängen des lyrischen Ichs aus dem Gedicht die Kraft des sich vordrängenden falschen Worts abzuschwächen:

Aber immer drängt sich
das falsche Wort vor und
das Innerste der Welt
bleibt dunkel
weiterhin.[17]

Ganz ähnlich argumentiert das 1980 zuerst erschienene Gedicht ›Eine Poetik‹, das sicherlich an zentraler Stelle von Kunerts Poetologie steht[18]:

EINE POETIK

Das wahre Gedicht
löscht sich selber aus
am Schluß
wie eine Kerze so plötzlich
aber was sie beleuchtet hat brennt
das abrupte Dunkel
der Netzhaut ein

Kahle Welten
Kahle Wände Tische und Stühle
ein Raum voller fremder Bekannter

unserer Zuneigung und Gleichgültigkeit
gewiß

Ohne Bewegung ohne Bedeutung
ohne Bestand.[19]

Nur noch verblichene Spuren im sich auslöschenden Gedicht scheinen auf einen Dichter hinzuweisen: der Vergleich des vierten Verses und das Sammelpronomen der zweiten Strophe gehen auf ihn als den Hersteller des Gedichts zurück. Davon abgesehen bedarf die Poetologie, die das Gedicht enthält, keiner Dichterfigur mehr. Doch bei genauerem Hinsehen lassen sich sehr wohl Steuersignale eines im Gedicht mitlebenden Dichters nachweisen. Schon der hohe Anspruch des Gedichts, daß es das „wahre" sei, erweist sich als das poetologische Urteil einer übergeordneten Instanz. Erst recht enthält der Kerzen-Vergleich einen deutlichen Rückgriff auf ein ins Optische reduziertes Subjekt. Denn nicht etwa das von der Kerze beleuchtete Objekt wird in die Netzhaut eingebrannt; dieses ist nur als Widerschein der Lichtquelle („was sie beleuchtet hat") genannt! Dieser Einbrennprozeß kann durch die zweideutige Satzkonstruktion doppelt gelesen werden: „das abrupte Dunkel" kann sowohl Nominativ wie Akkusativ sein! Im Mittelpunkt des Einbrennvorgangs bleibt die Kerze, die für das Gedicht steht, und mit beiden die Plötzlichkeit des Verlöschens und Einbrennens, die Umkehrung von Helligkeit in „Dunkel". Diese Welt der Dunkelheit versteht sich, in Umkehrung trivialen Bildverständnisses und entsprechend der Gewöhnung des Augenlichts bei starker Blendung, als zunehmende optische Wahrnehmungsfähigkeit. So stellt die zweite Strophe das Beschreibungsinventar bereit, das sich mit der deutlicher werdenden Wahrnehmung als Lebenswelt eines schöpferischen Subjekts kundgibt. Die Leere erweist sich bei langsam abnehmender Blendung als strukturiert („Wände"), als möbliert („Stühle und Tische") und sogar mit Leben überfüllt („voller"); wer soeben noch wie ein Fremder aussah, entpuppt sich als „Bekannter", dem Empfindungen entgegenzubringen sind; was gerade noch wie eine unsichere Leere erschien, ist jetzt wiedergewonnene Gewohnheit („Gleichgültigkeit") und alltägliche Sicherheit („gewiß") eines kollektiven Subjekts. Dieses verborgene lyrische Ich, eingebunden in ein Empfindungskollektiv, zeigt sich als Teil einer Stuktur, die es selbst verursacht hat: Das Gedicht ist durchgängig von einer zunehmenden Auflösung eindeutiger grammatikalischer Zuordnungen geprägt. War der erste Satz noch ein gewohnter Hauptsatz gewesen, so zeigt schon der zweite Teil der ersten Strophe eine syntaktische Verschränkung, die die fraglose Zuordnung von Subjekt und Objekt verhindert. Die zweite und dritte Strophe verzichten ganz auf durchschaubare Satzkonstruktionen; die zweite Strophe arbeitet mit durch Appositionen aufgebrochenen Reihungen, die beiden letzten Verszeilen kommen ohne jede syntaktische Sinnordnung aus: sind sie Aufzählung, Beiordnung, Klimax?

Was bedeutet dieser Befund? Kunerts Gedicht schafft, obwohl es dies leugnet, einen sprachlichen Weltentwurf als Folge der Wirkung des wahren Gedichts. Diese Welt ist im Unterschied zur Alltagswirklichkeit nicht mehr syntagmatisch strukturiert. Vielmehr sind es ausdrückliche Gegensätze und Widersprüche („Kahle Welten" – voller Raum; fremd – bekannt; „Zuneigung" – „Gleichgültigkeit") ohne eine andere Sinnverknüpfung als eben die des Widerspruchs. Sie sind als Kunstwelt und poetische Schöpfung das, was die letzte Strophe besagt: bewegungslos, bedeutungslos, unbeständig. Diese extrem pessimistische Weltsicht ist freilich so eindeutig nicht.[20] Das „Abtötungsverfahren" Kunerts, wie der Titel der Gedichtsammlung lautet, verwandelt Gedichte wie dieses keinesfalls nur zu „Endspielen in der Endzeit"[21], sondern spielt auch mit dem „Gegenteil" des Gesagten: „Das Gegenteil, nämlich die Herausstellung innerer Ambivalenz, hätte das wirkliche Gedicht ergeben."[22] So heitert sich die scheinbar düstere Apokalyptik von ›Eine Poetik‹ auf, wenn man sie im Zusammenhang des Gedichtvorgangs betrachtet. Die dort evozierte kahle Welt ist ja Abdruck des sich selbst auslöschenden Gedichts, Schattenwurf einer an sich schon fiktiven Wirklichkeit. Gerade weil das Gedicht von sich behauptet, es lösche „sich selber aus" und sei „ohne Bestand", bleibt es als Gedicht bestehen! Kunert hat eine solche oder ähnliche Lesart ausdrücklich abgelehnt,[23] er hat aber gerade mit dem Blick auf ›Eine Poetik‹ auf die Sinnsteuerung seiner Texte durch die Eigendynamik von Schlußpointen hingewiesen:

> Ich habe mich immer beeindrucken lassen von Texten mit Knalleffekt. [...] Und ein doch nicht ganz unerheblicher Teil meiner Gedichte, würde ich sagen, steht auf Pointen, manchmal peinlich auffällig.[24]

Der Dichter bleibt als Organisationskraft innerhalb des Textes existent, ohne als erkennbare Figur dem Leser vor die Augen zu treten. Kunert nennt dies das „Bewußtsein des Gedichts":

> Ich meine mit Bewußtsein des Gedichts den relativen autonomen Prozeß intuitiver Erkenntnis auf Grundlage subjektiver Empirie, der in einer bestimmten Form, eben dem Gedicht, reflektiert wird und so eine unverwechselbare Spezifik erhält.[25]

2. „... es ist alles da, und ich bin nichts": Handkes ›Nachmittag eines Schriftstellers‹

Mit einem Gedicht von 1983 scheint sich Peter Handke an Kunerts gleichnamiges poetologisches Gedicht anzuschließen:

EINE POETIK

Geht in der Sonne die Schöne vorbei,
winke ich sie herbei!

Vorhaben wird Vorsatz.
Vorsatz wird Satz.

„Geht in der Sonne die Schöne vorbei,
winke ich sie herbei!"[26]

Handkes irritierend simpel scheinendes, weil redundant formulierendes Gedicht thematisiert den literarischen Produktionsprozeß als einen Vorgang, bei dem erlebte Wirklichkeit wie unverändert in Poesie überführt wird. Nur Anführungszeichen signalisieren, daß die erste Strophe als dritte Strophe zu einem Text geworden ist. Aus diesem poetischen Umformungsprozeß ist jede Leistung eines dichterischen Subjekts getilgt, ja sogar der Vorgang funktioniert, passivisch formuliert, gleichsam von allein – freilich nicht ganz. Denn das dichterische Ich steckt schon im ersten Satz, der eine Wirklichkeitsbestimmung abgibt. Dort, nicht in einem anschließenden Schreibvorgang, ist der Dichter aktiv. Das lyrische Ich, indem es eine „Schöne", Verkörperung des Ästhetischen wie des Erotischen oder der Muse, zu sich heranwinkt, beeinflußt damit den Ablauf des Geschehens nachhaltig. Kunerts „Dunkel"-Welt mit ihrer melancholischen Beleuchtungsmetaphorik erscheint hier ins Gegenteil verkehrt und als schon ästhetisch vorgegebene Welt ins volle Sonnenlicht gerückt. Außerdem ist diese so belichtet gezeigte Welt sprachlich schon hochgradig poetisiert: Die Klangstruktur dieser ersten Strophe (Assonanzen, Paarreim!) schaltet logische (hier: konditionale) Abhängigkeiten aus; was sichtbar wird, ist schon poetisch strukturiert. Die Umstellung des (normalsprachlich korrekten) Satzes: „Wenn die Schöne ..., dann ..." unterstellt eine Zwangsläufigkeit infolge der Aktivität des lyrischen Ichs. Auf den Wink des Dichters orientiert sich diese an ihm: er winkt sie zu sich „herbei". Wirklichkeit und Poesie sind also, wie die erste und die dritte Strophe zeigen, bis auf das Textsignal der Anführungszeichen vollkommen identisch. Literatur gilt mithin in ihrer Substanz als wirklichkeitsgleich! Der Beruf des Dichters, so wäre deshalb zu formulieren, bestimmt sich nicht mehr durch die Umsetzung erfahrener Wirklichkeit in Text, sondern als ästhetische Vorstrukturierung dieser selbst. Was solche Wirklichkeitserfahrung dann zu Literatur macht, läuft mechanisch ohne Eingriffe eines gestaltenden Dichters ab, es „wird" – freilich nicht ohne eine Teleologisierung dieses Prozesses, wie Syntax und Rhythmik der zweiten Strophe belegen. Für den Dichter, dessen Ich in Text und Wirklichkeit gleichzeitig enthalten ist, bildet nicht mehr die Schaffung von Fiktionen die entscheidende Aufgabe, sondern das ästhetische Handeln in der Wirklichkeit. Dieses schlägt sich in den Texten als Ich unmittelbar nieder. Mit dem gleichen Recht ließe sich dieser Vorgang auch genau umgekehrt formulieren: Schon die registrierte Wirklichkeit ist, weil ja vom dichterischen Ich so geschaffen, bereits Fiktion und von der graphisch zur Textfiktion erhobenen nicht zu unterscheiden. Handke bezeichnet diesen Vorgang als „Abhören und Mitschreiben, als ein Übersetzen".[27]

Ganz ähnlich hatte Peter Handke seine poetologische Position in provokatorischen Texten schon früher formuliert, etwa 1967 in ›Ich bin ein Bewohner des Elfenbeinturms‹. Wie auch bei seiner (vielleicht eher durch Unkenntnis so legendär gewordenen) Beschimpfung der Gruppe 47 1966 in Princeton[28] bedient er sich der bewußt oppositionellen Form der Äußerung. Handkes Ausgangspunkt ist hier wie dort die Leugnung des Wirklichkeitscharakters der Wirklichkeit; ihr setzt er die „Wirklichkeit der Literatur" gegenüber, die erst „aufmerksam und kritisch für die wirkliche Wirklichkeit" mache.[29] Der Vorwurf gipfelt in der Behauptung, daß es in der Literatur nicht darum gehe, Wirklichkeit abzubilden, sondern die „Möglichkeit" der Wirklichkeit zu zeigen (103). Jene bezeichnet er als „trivialen Realismus" und als „Trivialkunst", die zur Zeit herrschten (104), diese gilt ihm als „Methode", die durch Gebrauch „verbraucht" werde und daher nicht mehr wiederholbar sei (105).[30] Das Erfinden von Geschichten, die klassische Fiktion, wird abgelehnt: „Ich habe keine Geschichte *er*funden, ich habe eine Geschichte *ge*funden" (111). In dieser aphoristischen Zuspitzung steckt Handkes Postulat, daß es in seiner Literatur um „die Mitteilung von Erfahrungen" über diese seine Wirklichkeit gehe (107). Sowohl die freie Fiktion[31] als auch die „einfache, aufzählbare, datierbare, pauschale Wirklichkeit" (108) sind nicht gemeint. Der Dichter, der scheinbar ganz subjektiv den Reflexen seiner Phantasie freien Raum läßt, verleiht dadurch erst der Wirklichkeit der Daten und Fakten Sprache.[32] Erst die „Genauigkeit der subjektiven Reflexe und Reflexionen auf diese Daten" (108) im Medium des Schriftstellers bestimmt dessen Platz im poetischen Prozeß.

In seiner Erzählung ›Nachmittag eines Schriftstellers‹ von 1987 konkretisiert Handke diesen Ansatz aus der Perspektive der Figur eines Schriftstellers. Durch die konsequente Anwendung seiner eigenen Überlegungen, die offene Gattung der „Erzählung", die Wahl eines impressionistisch-spielerischen Titels[33] und die Einführung eines distanzierenden, durch seine Namenlosigkeit auch Allgemeingültigkeit beanspruchenden Protagonisten sollte man sich aber davor hüten, den Text bloß autobiographisch zu lesen.[34] Schon der erste Satz der Erzählung wirkt wie die reflektorische Prosaausfaltung der zweiten Strophe seines Gedichts ›Eine Poetik‹:

> Seit er einmal, fast ein Jahr lang, mit der Vorstellung gelebt hatte, die Sprache verloren zu haben, war für den Schriftsteller ein jeder Satz, den er aufschrieb und bei dem er noch dazu den Ruck der möglichen Fortsetzung spürte, ein Ereignis geworden.[35]

Weniger verkürzt als dort wird hier der gesamte Argumentationszusammenhang mitgeliefert. Der Märchenton des 'Es war einmal', das erzählerische Präteritum in Verbindung mit der Vorzeitigkeit des Erlebnisses und der vorgestellte Sprachverlust[36] begründen ja auch den Doppelsinn von „Vorhaben" und „Vorsatz" in Handkes Gedicht. Diese Ausgangssituation definiert den

Dichterberuf als „Gleichnis“ der Schriftstellerexistenz. Autor, Erzähler und Titelfigur spielen zusammen und abwechselnd mit den bislang allgemeingültigen erzählerischen Textsteuerungen:

Gab das Problem seines Berufs ihm nicht das Gleichnis für das seiner Existenz und zeigte ihm, in sinnfälligen Beispielen, wie es um ihn bestellt war? Also nicht: „Ich als Schriftsteller“, vielmehr: „Der Schriftsteller als ich“? (5 f.)

So beginnt der erzählte Nachmittag des Autors als eine Kette von Wahrnehmungsweisen und Neuigkeitsempfindungen, die sich an den Faden eines Spazierganges in den tieferliegenden Ort anheften. Der Wohnort des Schriftstellers auf einer Anhöhe (6) über der Menschenansammlung zitiert die alte Höhenideologie des Dichterfürsten, ohne sie doch zu negieren: „Erst mit dem Abstieg und der Menschennähe kam jetzt die Fernsicht.“ (21) Die Fremderfahrung der eigenen Befindlichkeit verwandelt diesen traditionsbelasteten *Standort* des weiland Dichterfürsten in einen *Bewegungsdrang*, in dem noch der Reflex der lichten Bergeshöhe widerscheint: „Eigenartig, daß gerade jemand mit seinem Beruf sich seit jeher im Freien am meisten am Platz gefühlt hatte“ (8). Das Abwandern der Stadt „durch das Zentrum hinaus an die Peripherie“ fügt zur „Freude am Unterwegssein“ (19) die dauernde Wiederholung der Erfahrung, einerseits die Nähe von Menschen zu suchen,[37] andererseits immer Distanz zu ihnen zu verspüren: „ich werde doch nie dazugehören“ (73).[38] Die Rückkehr nach Hause ist kein Triumphzug, sondern der Rekurs auf den Anfang und die permanente Wiederholung derselben Mechanismen: „Im Zeichen der Erzählung habe ich angefangen. Weitertun“ (90).

Handkes Schriftsteller zieht an den Fäden der poetologischen Tradition des Dichterberufs. Damit ist nicht so sehr sein spielerischer Versuch gemeint, beim Anblick der Spatzen in die Rolle des Franz von Assisi zu schlüpfen, „der diesen Wesen einmal gepredigt hatte“, und „wirklich“ wahrzunehmen, was der Wirklichkeit übergestülpt worden ist: „so als warteten sie wieder auf das erste Wort“ (20). Auffällig ist sein Anknüpfen an die Selbstbestimmungen der Dichter der älteren antinaturalistischen Moderne. Parallelen zu Thomas Manns ›Tod in Venedig‹ sind offensichtlich. Schon die ritualisierten Vorbereitungen für den zum Ausklingen der dichterischen Arbeit nötigen Spaziergang und die Erkenntnis, „zu einem Familienleben“ „seit jeher unfähig“ zu sein (12), verbinden den Schriftsteller mit Gustav von Aschenbach ebenso wie die Erfahrung aufkommenden Alterns (18) oder das (hier freilich im verweigernden Sinn) Maßanlegen bei einem „klassischen Dichter“ (14). Zuletzt ist es die angespannte Ausrichtung des gesamten Lebensplans auf ein „Schreibziel“[39], auf das „Werk“ als kunsthandwerkliches Produkt, als „etwas, bei dem das Material fast nichts war, das Gefüge fast alles“ (27).

Diese Selbstdefinition, die jeweils auch eine Selbststilisierung ist, beginnt bei Handkes Schriftsteller mit dem Zurückweisen aller Texte, die nicht von ihm selbst fabriziert worden sind. Die Antwortbriefe aus einem Briefwechsel, den er sogar selbst begonnen hat,[40] werden zuerst immer weiter aus der Nähe entfernt, weil sie „ihn mehr und mehr bedrückt", dann sogar mit „Zorn" abgewiesen (10); schließlich wandern sie „ungelesen" in den Papierkorb. Ähnlich funktioniert die Zeitungslektüre,[41] wenn es sich nicht um Literatur oder Literaturkritik handelt (33 ff.). Literarischer Dilettantismus jeder Art, der nur autobiographische Selbstdarstellung, nicht Lebensprinzip ist, wird abgelehnt:

> Gemeinsam war ihnen allen wohl nur, daß ein jeder schon oft daran gedacht hatte, über sein Leben, „von Geburt an!", ein Buch zu schreiben, ein mindestens tausendseitiges. (64)

Der „Kollege", schon durch die Anführungszeichen, dann durch seine Biographie als „Lehrer", „Weltkriegssoldat" und „wieder Lehrer", der „nun im Ruhestand Gedichte schrieb", diskreditiert (32),[42] wird als Bedrohung empfunden, weil sich hier Dichtung nur als äußerliche Poetisierung von Sprache und Welt präsentiert, wenn „der Alte" gleich zur Begrüßung eins seiner Gedichte zitiert:

> mit erhobener Stimme, fast drohend, und fuhr danach in der gleichen Weise fort, auch sein Alltagsreden gliedernd und skandierend wie sein Poem. Gerade dadurch freilich war es seinem Gegenüber, wie schon seit je, unmöglich, etwas aufzunehmen. Er hörte allein die Worte, nicht ihren Sinn. (32)

Der Schriftsteller registriert nur einen hohen „Summton", während er auf dem optischen Kanal „die nackten Augen des Greises" mit einer anderen Botschaft wahrnimmt. Sprache und Sehen, Wirklichkeit und Bedeutung treten für den Schriftsteller bei dieser Art Poesie auseinander. Ähnlich ablehnend geht er mit der Kulturkritik der Zeitung um. Die Lektüre jener Texte, „im Kopf des Lesers nichts als ein Wespensirren hinterlassend" (34), entzündet seinen Widerstand und erweckt die Erinnerung an einen „Jugendtraum", in dem die Literatur Synonym für Freiheit von Herrschaft und „der einzige Ausweg aus den täglichen Gemeinheiten und Unterwerfungen" gewesen war (35). Auf der Gegenseite ist der sterbende Kollege anzusiedeln, der mehr ist als bloß Schriftsteller, nämlich „Freund" und „Ebenbild". An diesem Zerrspiegel literarischen Scheiterns „gelobte sich der Zeuge, es mit sich nicht so weit kommen zu lassen wie mit seinem Ebenbild da!" (36). Daran schärft der Schriftsteller sein eigenes „Gelöbnis", immer „aus eigener Kraft" und ohne Beachtung gedruckter Rückmeldungen zu arbeiten: „das wurde dann auch im Lauf der Jahre seine Genugtuung" (37).

Eine ernsthafte Gegenposition des Schriftstellers äußert nur der Übersetzer, der sich aus seiner eigenen früheren Autorschaft gelöst hat (79).[43] Sein mehrseitiger Monolog, an beschwerter Stelle am Ende des Buches und im Stil eines Bekenntnisses angeboten, verlangt aber danach, diese poetologischen Reflexionen kritisch zu betrachen. Denn auch dem Übersetzer ist jener

„Summton" des greisen Dichterkollegen eigen,[44] als er seine Geschichte von den „Anfängen des Schreibens" (79) bis zum Verzicht im „Schreibverbot" schildert: „Nichts Eigenes mehr!" (80) Im Übersetzer, der sich auf die Sicherheit vorgegebener Texte zurückgezogen hat und die „Schwelle" zur eigenschöpferischen Produktion nicht mehr „überschreiten" will (81), erkennt der Schriftsteller sein reduziertes Spiegelbild. Auch der Übersetzer trägt die poetologischen Vorstellungen des Schriftstellers im Kopf, Schreiben sei nichts anderes, als „einen vermeintlichen Urtext in mir zu entziffern" (80), der „kurzerhand zu übertragen sei aufs Papier" (79). Dieses „Abhören und Mitschreiben, als ein Übersetzen" war jedoch in eine Krise geraten, weil er der bislang gehuldigten traditionellen Poetologie verlustig gegangen war, er könne seine Einfälle als 'Bruchstücke einer großen Konfession' integrieren, um „so einen Zusammenhang zu erzwingen":

> Aber es erging mir mit meinem Traum wie mit allen meinen Träumen: indem ich ihn nicht bloß dann und wann spontan, als ein Bruchstück, sondern systematisch, Tag für Tag, aufzeichnen und zu einer Art Großem Traumbuch schließen wollte, wurde er immer weniger und bedeutete auch immer weniger; was bei Gelegenheit, splitterhaft, alles sagte, sagte als geplantes Ganzes gar nichts mehr. (80)

Dem zu Anfang der Erzählung mitgeteilten erlittenen Sprachverlust des Schriftstellers entspricht die „Stummheit" des Übersetzers: „Und nach einem Übergang der Stummheit wurde ich der, den du kennst: Bloß nichts Eigenes mehr!" (81) Die Verlockung, die der selbstgewählte Verzicht des Übersetzers auf den Schriftsteller ausübt, ist tiefgründig, weil sie auch dessen zentrales Problem auf den Begriff bringt. Wenn Literatur nichts anderes als das Aus-Schreiben eines in sich getragenen Urtextes darstellt, dann besteht in der Tat die Gefahr einer immer weiteren Abnutzung dieser Vorlage bei jedem weiteren Schreibvorgang. Dagegen hat der Übersetzer seine Strategie entwickelt; er hat dem unmöglich gewordenen Originalitätsanspruch abgeschworen, ohne auf die Kunst, auf Wahrhaftigkeit, Selbstausdruck und Selbstfindung zu verzichten:

> Übersetzer, der ich bin, und nichts sonst, ohne Hintergedanken, bin ich ganz, der ich bin; [...] Gleich geblieben sind die Wunder, die ich erlebe – nur eben nicht mehr in der Rolle des Einzigen. Immer noch genügt das eine richtige Wort, und aus meinem schleppenden Gang wird, bei all meinem Alter, ein Laufen. [...] So, indem ich deine Wunde möglichst schön zeige, verberge ich meine. (82)

Die literarische Übersetzung simuliert den dichterischen Produktionsprozeß und kann deshalb die Angst vor dem versagenden Einfall ausblenden. Doch die Krux des Dichterberufs ist nur scheinbar und um den Preis gelöst, daß der Schriftsteller seine Erzählerfunktion einfach zerlegt und die eine Hälfte auf die Person des Übersetzers überträgt. So kann dem Schriftsteller sein Manuskript in der Tasche des Übersetzers als „Säugling" in einem Behältnis vorkommen, „in dem man einst den neugeborenen Moses, in der Hoffnung, er könnte so vor den Häschern gerettet werden, den Nil übergeben hätte" (83).

In dieser Pseudolösung der Infragestellung des eigenen Schreibens vollzieht sich aber wenigstens eine Schärfung des eigenen Selbstverständnisses. Mit der zur Vulgärphilosophie verkommenen Sentenz Heraklits, daß niemand zweimal in denselben Fluß steige, bestimmt der Schriftsteller seine soziale wie poetische Existenz als Verzicht auf jegliche Positionsnahme:

und selbst das Schriftsteller-Dasein, so sehr es auch seinem Traum entsprach, sah er als Vorläufigkeit – alles Endgültige war ihm seit jeher unheimlich. (18)

In einer Gaststätte führt er sich und dem Leser seine Einbildungskraft vor, indem er mitten im Winter eine Sommerlandschaft mit solcher Überzeugung imaginiert, daß er selbst ihrer Wirklichkeitsillusion erliegt:

tat sich nun in dem Betrachter die Sommerlandschaft auf, wo sich die Geschichte abspielte, an der er gerade schrieb. [...] Umgekehrt hatte der Schriftsteller einmal, als er im Sommer so an einer Winter-Geschichte phantasierte, sich unwillkürlich ins tiefe Gras nach einem Schneeball gebückt, um ihn im Spiel nach der Katze zu werfen. (39 f.)

„Indem er so phantasierte", erfindet der Schriftsteller „angesichts solcher Gegenwart", „was ihr jetzt noch fehlte", nämlich noch einmal die Ausgangssituation des Handke-Gedichts ›Eine Poetik‹:

der Hinzutritt der Schönheit, in Gestalt einer Frau – nicht im besonderen zu ihm (denn seit seiner Zeit an der Sprachgrenze war ihm, als habe er dort fast auch seinen Körper verloren), sondern zu ihnen allen im Raum! (67)

Diese Erfindung, die zugleich Erinnerung an eine wahrhaftige Erscheinung ist, bleibt nicht ohne Folgen, da nun umgekehrt „ein jeder, für die Dauer des Auftritts der Schönheit, versucht, sich von seiner edelsten Seite zu zeigen" (68). Genau in dieser Situation, in der dem Schriftsteller zufällt, was man gemeinhin als Einfall bezeichnen würde, bricht jene Gefährdung auf, die den Mittelpunkt der Handkeschen Poetik darstellt:

Aber dann, plötzlich – dieses oft so leicht fertige Wort entsprach da einmal dem Geschehen –, verlor er den nur ihnen beiden hier bekannten geheimen Zusammenhang und hatte zugleich, ebenso plötzlich und unerklärlich, die Anknüpfung für den nächsten Schreibmorgen verloren, die er sich im Lauf des Nachmittags doch gesichert geglaubt hatte und ohne die es keine Fortsetzung der Arbeit gab. Jeder einzelne Satz, bis hin zum Schlußsatz, war ihm schon vorgeschwebt – es ginge nur noch darum, die richtige Reihenfolge für sie zu finden –, und plötzlich galten die Worte alle nichts mehr; ja im Rücklauf wurde auch das ganze bisher, seit dem Sommer, Geschaffene, das in den letzten Stunden ihm die Schultern gestärkt hatte, augenblicks für nichtig erklärt. (70)

Die Begriffe sind signifikant, denn sie greifen nicht nur traditionelle Formulierungen eines letztlich niemals ganz zu ergründenden dichterischen Inspirations- und Schaffensprozesses auf („unerklärlich“, das „Geschaffene“, „vorgeschwebt“). Auch Handkes eigene Poetologie ist getroffen: das Gedicht ›Eine Poetik‹ („Vorhaben“ – „Vorsatz“ – „Satz“), der Sprachverlust des Erzählanfangs und der Verlust von „Zusammenhang“, unter dem der Übersetzer als ein *Alter Ego* des Schriftstellers gelitten hatte (80). Diese Erfahrung liefert den Anlaß zu einer nochmaligen ausdrücklichen Reflexion des eigenen Dichterberufs: „Was war seine, des Schriftstellers, Sache?“ (71) Alle denkbaren Antworten „in seinem Jahrhundert“ (71), der Griff nach Mythen, Stoffen und Themen der Tradition, alle Gattungen vom „Epos“ zum Lied, vom „Preisgesang“ zur „Terzine“ werden, in rhetorische Fragen gekleidet, abgelehnt (72). Keine Form gesellschaftlich orientierten Schreibens, sei es als affirmativer „Preisgesang“, sei es als kritisches Horrorszenario des „heute auf morgen schon möglichen Weltuntergangs“ (72) kommt für den Schriftsteller in Frage. Seine „folgende Antwort“ ist Selbstrettung und Ausflucht, die gestellte Frage nach dem Sinn und Zweck des Schreibens nur noch ganz persönlich zu beantworten:

Schon indem ich, vor wievielen Jahren nun?, mich absonderte und beiseiteging, um zu schreiben, habe ich meine Niederlage als Gesellschaftsmensch einbekannt; habe ich mich ausgeschlossen von den andern auf Lebenszeit. Mag ich auch bis zum Ende hier unterm Volk sitzen, begrüßt, umarmt, eingeweiht in seine Geheimnisse – ich werde doch nie dazugehören. (73)

Indem der Dichter es ablehnt, mehr als Ordnungsinstanz seiner Texte zu sein, verabschiedet er sich auch von der Ebene der poetologischen Reflexion[45] und sucht Halt in der zu Literatur dienenden Wirklichkeit. Einer Figur in der Kneipe, vom Schriftsteller als „Gesetzgeber“ tituliert, übergibt er einfach die bislang dem Dichter vorbehaltene Autorität zur Weltgestaltung:

Öffnete er einmal den Mund zu einem kurzen Satz, war das, als habe das stetige Aufmerken seiner Stimme den Ton angegeben: Sie schwankte nie und wies dem Fraglichen lakonisch den Platz an. Dieser fast Wortlose war die Instanz im Raum; die Kraft, die von ihm ausging, eine Urteilskraft. Seine Art von Gerechtigkeit war jedoch kein Zustand, keine gegebene Vorschrift, sondern, bei jeder Sache neu, eine Tätigkeit, ein Gerecht*werden*, in einem wortlos mitfühlenden Rhythmus, der Recht sprach und die Parteien zum Ausklang ins Schweigen entließ. Dieser schweigende Lauscher mit den blitzenden Pupillen, die sich von jedem ein Bild machten, und den unentwegt kreisenden breiten Schultern, die das Geschehen im Raum zu skandieren schienen: War er nicht der ideale Erzähler? (75)

So endet Handkes sich aus den Texten zurückziehende Selbstsuche des Schriftstellers nur scheinbar genau dort, wo sie begonnen hat:

Im Zeichen der Erzählung habe ich angefangen! Weitertun. Sein lassen. Gelten lassen. Darstellen. Überliefern. Weiter den flüchtigsten der Stoffe bearbeiten, deinen Atem; dessen Handwerker sein. (90 f.)

Die Kette notwendigen Schreibens, das „Weitertun", die der Chronologie des Handelns entspricht, gleicht nicht von ungefähr der letzten Tageserinnerung des Schriftstellers: dem Hund, der „im Kreis ging" (91). Doch der Schriftsteller, der die eingangs gestellte Frage nach dem „Problem seines Berufs" (5) am Ende (90: „Was bin ich?") wiederholt, wiederholt sie variierend und verschärft: „Wer sagt mir, daß ich nicht nichts bin?" (90) Die Perspektive des erzählenden Schriftstellers als erlebte Rede erscheint jetzt als innerer Monolog, in dem zum ersten und letzten Mal ein Ich in der Erzählung auftaucht. Aber selbst diese Lösung ist ein Rückgriff auf längst Erkanntes und Gesagtes. Zum einen mündet diese Reflexion in den Schlußsatz der Erzählung vom „längst vergessenen" Schauer (91), der den „längst entwöhnten" Schauer (ein vielleicht nicht für jedermann erkennbares Zitat aus Goethes ›Faust‹) aufgreift. Zum anderen faßt das nachgestellte Motto aus Goethes ›Torquato Tasso‹ besser in Worte, als es Handkes Schriftsteller je könnte: „... es ist alles da, und ich bin nichts". So rettet ein gefährdetes Dichter-Ich seine Nichtigkeitsempfindung in das Anhängen an die immer schon vorhandene, nur noch zu beschreibende Wirklichkeit und gewinnt Glanz und Bedeutung.

3. Die Rekonstruktion des Dichters: Ransmayrs ›Die letzte Welt‹

Christoph Ransmayrs erfolgreicher und zum Signum der anspruchsvollen Postmoderne avancierter Roman ›Die letzte Welt‹ von 1988[46] setzt insofern einen vorläufigen Endpunkt in dieser Reihe der Selbstdarstellungen des Dichterberufs, als in ihm die meisten Traditionslinien zusammengeführt werden. Zugleich weist der Roman trotz seiner scheinbaren Gegenposition zu den bisher vorgestellten Texten zahlreiche Berührungspunkte unter der Oberfläche auf. Die angeschlagene Thematik der Apokalypse und der Endzeitlichkeit verbindet ihn mit Kunerts Gedichten; Canettis Begriff der Verwandlung, dem auch Handkes Schriftsteller mit dem Heraklit-Zitat und der Zurückweisung „alles Endgültige[n]" (18) Tribut zollt, wird geradezu zum Angelpunkt des Romans. Zuletzt verhält sich Ransmayrs Bereitschaft, die Apokalypse literarisch vorwegzunehmen, umgekehrt proportional zur Abneigung von Handkes Schriftsteller, „angesichts des nicht mehr bloß eingebildeten, sondern von heute auf morgen schon möglichen Weltuntergangs" (72) literarisch zu reagieren. Statt solcher Weigerung konstruiert Ransmayr um die historische Gestalt des römischen Dichters Ovid und dessen ›Metamorphosen‹ einen Lebensraum, der in mehrfachem Sinn „letzte Welt" sein soll. In ihr wird das Leitmotiv der ›Metamorphosen‹, „nulli sua forma manebat"[47], zur Leitlinie von Ransmayrs Roman: „Keinem bleibt seine Gestalt."[48]

Der Dichter Naso, die an den historischen Dichter Ovid angelehnte und zugleich von ihm abgezogene Zentralgestalt, taucht an der Schwarzmeerküste, seinem Verbannungsort, nicht auf. Er lebt nur in den Erinnerungen und Rückblicken des Protagonisten Cotta, der dem Dichter bis ans Ende der zivilisierten Welt nachgereist ist. Nur über den Umweg dieses Nachvollzuges läßt sich Nasos dichterisches Selbstverständnis rekonstruieren. Vom Dichter erfahren wir nichts, das nicht aus einer gebrochenen Perspektive oder aus den Reflexionen, Erzählungen und Spiegelungen anderer Figuren überliefert wäre. Der als Erzählerfigur vorgeschobene Cotta sieht den Dichter aus dem Blickwinkel seiner eigenen Interessen. Er unternimmt seine Reise nach Tomi weniger „aus Langeweile" denn mit der Absicht, „mit der unbezweifelbaren Wahrheit über Leben und Tod des Dichters aus der eisernen Stadt zurückzukehren" (147); es ist ihm „eine Unternehmung des Ehrgeizes" (223) mit dem letzten Ziel, die vernichteten oder verschollenen ›Metamorphosen‹ zu retten: „er, Cotta, würde sich dieses Werkes bemächtigen und es in die Hände Roms zurücklegen" (172). Vor Ort ist Cotta schließlich von der Idee besessen, alle Bruchstücke aus dem Leben und Werk des Dichters in den Zusammenhang einer nachvollziehbaren Dichterbiographie einzuordnen, sein Werk als geschlossenes Ganzes zu stilisieren und mit den gestörten Erwartungen des Publikums und des Staats wieder auszusöhnen. Erst sehr spät und im Laufe des Nachspürens nach dem Dichter erkennt Cotta, daß er bei seinem Stilisierungsversuch der Dichterbiographie nicht nur geographisch „in eine Zwischenwelt geraten war, in der die Gesetze der Logik keine Gültigkeit mehr zu haben schienen" (220).

In drei Figuren, von Ransmayr aus Gestalten der ›Metamorphosen‹ Ovids übernommen, zu handelnden Personen verkörpert und im Anhang des Ovidischen Repertoires auf die Vorlage zurückbezogen, erscheint die Perspektive auf den Dichter sogar noch gebrochener. Denn der nachfahrende Cotta sammelt seine Kenntnisse über den verschwundenen Dichter aus den Mitteilungen von Figuren zusammen, deren Wahrnehmungen erheblich eingeschränkt sind. Nasos Diener Pythagoras, der am ehesten die Gewähr authentischer Berichterstattung zu bieten scheint, erweist sich in dreifacher Hinsicht als wenig verläßlicher Auskunftgeber. Pythagoras ist nicht bloß psychisch gestört; seine bewußtlose Verehrung des Dichters hat ihn zu einer wahllosen Monumentalisierung jeder poetischen Äußerung geführt; er hat begonnen, „um *jedes* Wort Nasos ein Denkmal zu errichten":

> denn Pythagoras verstieg sich in seiner Verehrung des Dichters schließlich so weit, daß er alles zu bewahren versuchte, was Naso aussprach, jeden Satz, jeden Namen. (254)

Was auf den ersten Blick wie eine erwünschte ungefilterte Dokumentation der Dichterspuren aussieht, erweist sich bald als unbrauchbar, weil der Diener sich den Dichter bis zur völligen Identität einverleibt hat. Seine Monumentalisierung jeder Dichteräußerung hat sich zu einer Art Einschreibemanie ausgewachsen, die Pythagoras' Willen zum Selbstausdruck widerspiegelt, jedoch keinesfalls authentische Texte überliefert:

Pythagoras fand in den Antworten und Erzählungen Nasos nach und nach alle seine eigenen Gedanken und Empfindungen wieder und glaubte mit dieser Übereinstimmung endlich eine Harmonie entdeckt zu haben, die der Überlieferung wert war: Also schrieb er nicht länger in den Sand, sondern begann Inschriften zu hinterlassen, wohin er auch kam ... (253)

Die künstliche Trennung seiner eigenen Identität von derjenigen Nasos trägt alle Zeichen des Irrsinns.[49] Was Pythagoras, angeblich als Dichter-Ich, in den Denkmalstein eingehauen und damit zur Zeitüberdauerung festgeschrieben hat, ist eindeutig „seine Arbeit" (52). Die Verfolgung dieser Spur erweist sich also als Irrweg.

Dagegen überliefert die taubstumme Teppichweberin Arachne ein offeneres, dafür aber noch stärker verzerrtes Bild des Dichters. Als Taubstumme konnte sie nur Nasos Worte „von den Lippen" ablesen (188); diese webt sie, im gleichsam materiellen Sinn einer Textherstellung, als Bilder in ihre Teppiche ein. Doch was Cotta mit Hilfe ihrer „Fingerzeichen"[50] daran ablesen kann, sind Flugmetaphern und „Panoramen", an denen „nicht die Erde oder das Meer das Bedeutsame war, sondern der Himmel" (196). Dieses „Bild der leeren Weite" (197) erlaubt jede mythische Ausdeutung, nicht aber die Rekonstruktion des authentischen Dichterworts. Hatte Pythagoras den Dichter durch die wahllose Monumentalisierung seiner Texte bis zur Unkenntlichkeit versteinert, so überliefert Arachne die leere Form einer verwobenen Sinnstruktur ohne sprachliche Information.

Das Mädchen Echo, „die einzige Stimme" (193), die diese erneute Metamorphose des Dichterworts hätte verdolmetschen können, weil sie Arachnes Weberfäden lesen kann,[51] bleibt verschwunden. Aber auch Echos eigene Erzählungen vom Dichter Naso waren schon fragwürdig gewesen. Diese Erzählungen entsprechen dem Namen und der sozialen Rolle des Mädchens als weitergereichtes Gefäß zur Selbstbespiegelung für jedermann; sie bezeugen nur den Stil*willen* ihres Erfinders, über ihre Authentizität sagen sie nichts aus. Echos Erzählungen enthalten zwar den stofflichen Widerschein von Ovids ›Metamorphosen‹ (156), jedoch in einer weiteren Verwandlungsform: sie sind dem Ort angepaßt, an dem sie weiterleben. Wenn Echo Nasos Werk (155) „insgeheim" als „Buch der Steine" bezeichnet, so deutet sie alle seine Verwandlungsgeschichten im Geist der Stadt Tomi als Steingeschichten:

Steine! rief Echo über die Schulter zurück und stieg auf einem in die Klippen gehauenen Pfad höher, Steine, immer nur Steine. Der Verbannte habe seine Erzählungen stets mit einer Versteinerung geschlossen, [...] Naso habe erschreckend und wunderbar erzählt, habe ihr in seinen Geschichten das Geröll und noch den Schotter trockener Bachbette gedeutet und in jedem Sediment ein Zeitalter, in jedem Kiesel ein Leben gesehen. (157)

Selbst Echos letzte erzählte Geschichte, „die einzige Erinnerung an Nasos Geschichten", „die nicht mit einer Versteinerung endete, sondern mit der Verwandlung von Geröll in atmende Wesen, in Menschen" (161), ist nur das

Echo, der Widerklang des originalen Dichtertexts, eine weitere Verwandlung also. Vergleicht man nämlich diese apokalyptische Vision Nasos, wie sie durch den Mund Echos überliefert ist (162 ff.), mit der dokumentarischen Aufzeichnung des Apokalypsengleichnisses in Rom (61 ff.), so sind die Abweichungen sprechend. Den aus dem Weltuntergang entstehenden Ameisen-Untertanen dort entsprechen die Steinmenschen hier. Nasos Parabeln sind nach Inhalt und Form verwandelt, seine Intention ist an die örtlichen Gegebenheiten der Erzählsituation angepaßt. Hatte der Dichter in Rom sein Gleichnis gegen die soziale Unterdrückung gerichtet, so geht es hier gegen die mineralische. Eine belegbare Authentizität ist so nicht zu gewinnen. Deshalb muß auch Cottas Ansinnen, „aus Echos Gedächtnis oder den Erinnerungen anderer Gäste an Nasos Feuern" diese Erzählungen in einem „Buch der Steine" zu sammeln und so „den Untergang der Welt" festzuhalten (172), scheitern. Nasos Geschichten thematisieren nicht nur permanente Verwandlungen, sie unterliegen diesen selber.[52]

Cotta schwant eine solche Einsicht erst am Ende seiner gescheiterten Stoffsammlung. Was zu Beginn seiner Ausfahrt sicher schien,[53] entzieht sich jetzt der Faßbarkeit in die aufdämmernde Ahnung, daß die Verwandlungen selber Verwandlungen unterliegen:

> Hatte Naso jedem seiner Zuhörer ein anderes Fenster in das Reich seiner Vorstellungen geöffnet, jedem nur die Geschichten erzählt, die er hören wollte oder zu hören imstande war? Echo hatte ein Buch der Steine bezeugt, Arachne ein Buch der Vögel. (198)

Der Dichter ist, „indem er *jede* Geschichte bis an ihr Ende erzählte", Teil seiner Verwandlungen geworden; er ist nicht mehr auffindbar, denn er ist „selbst eingetreten in das menschenleere Bild" (287). Was Cotta in der vermeintlichen Suche nach dem Dichter noch sucht und findet, ist nichts mehr als „sein eigener Name" bzw. dessen Echo (288).

Aber nicht erst am Schwarzen Meer unterliegt der Dichter den Verwandlungen durch die Deutungen, die ihn und sein Werk verstellen. Ransmayrs Naso vollendet schon in Rom, was der Dichter in Brochs ›Der Tod des Vergil‹ nur ins Auge gefaßt, dann aber doch unterlassen hatte: er verbrennt das Manuskript seines letzten und größten Werkes. Im Unterschied zu Brochs Vergil, der dem unvollendeten Werk keine Dauer über den Tod des Dichters hinaus zugestehen und deshalb die schriftliche Fixierung rückgängig machen wollte, handelt Naso aus dem umgekehrten Antrieb: „Naso war unversehrt. Seine Arbeit Asche" (19). Der Dichter selbst setzt seine ›Metamorphosen‹ einer radikalen und letzten Verwandlung aus und erfüllt an und mit ihnen, was er in ihnen zeigen wollte. Zugleich bewahrt er von sich ein Bild, das abgelöst von der Beglaubigung durch seine Texte bestehen kann. So war das Bild des römischen Dichters längst vor seiner Verbannung ein solches seiner Betrachter geworden. In Cottas Erinnerung, beglaubigt durch intime Kenntnis des römischen Literaturbetriebs und durch seine Nähe zum Dichter, erscheint Naso schon vor Beginn der Metamorphose des Dichterberufs als „berühmter Dichter" (45). In sechs Stufen verwandelt sich der römische Dichter Naso zum Dichterdenkmal in Tomi, das eine Rekonstruktion des wahren Dichters der ›Metamorphosen‹ nicht mehr zuläßt.

1. Nasos dichterischer Ruhm basiert auf seinen „erotischen Gedichten" und ihrer gesellig-gesellschaftlichen Benutzbarkeit (44). Sein Name, im Zusammenhang mit „Skandalen" bekannt, beschränkt sich auf „das kleine, elegante Publikum der Poesie" und den Raum, „wo der Buchstabe etwas galt" (45). Poet und Poesie sind in ihrer gesellschaftlichen Funktion deckungsgleich.

2. Nasos literarische Berühmtheit wandelt sich mit seinem Anspruch, auch die illiteraten „ungeheuren Menschenmassen" der römischen Unterhaltungsindustrie erreichen zu wollen. Seine „Sucht nach diesem Jubel" (45) bringt ihn in Konkurrenz zum politischen Machtmonopol:

> Daß er schließlich selbst vor die Massen wollte, war wohl auch eine der Bedingungen seines Unglücks. Denn was in den Stadien tobte und sich brüllend gefügig hielt, beanspruchte ein einziger für sich allein: Augustus, Imperator und Held der Welt. (46)

Andererseits macht diese Entwicklung den bloß literarisch bekannten Dichter nun „populär" (58) und rückt ihn über die „Klatschspalten" „bis in jene Volksnähe, die seinen Namen nun ebenso groß und klobig wie den Namen irgendeines siegreichen Athleten oder Filmschauspielers in die Schlagzeilen zwang" (55). Diese Popularität und damit auch die Möglichkeit öffentlicher Wirksamkeit wird um den Preis erkauft, nicht mehr bloß literarisch zu provozieren, sondern öffentliche „Empörung" (56) auszulösen; der literarische Skandal wächst sich zu einem politischen aus. Literatur zeitigt, wenn sie politisch wird, bedrohliche Folgen für Macht und Staat: „Was war das für eine Dichtung, die eine solche Gewalt zu provozieren vermochte?" (57) Mit dem Wechsel der Bühne, auf der die „nicht bloß feine, sondern die Gesellschaft der Macht" regiert, tritt der Dichter in andere Benutzungszusammenhänge. Als Luxusobjekt der Schickeria, als „Hofnarr oder verruchter Aufputz der Anwesenheitsliste" (58) gerät die poetische Provokation seiner Dichtung außer Kontrolle. Der Auftrag für die große öffentliche Rede bestätigt die mit zunehmendem Ruhm zuerst schleichende, dann durch die Popularität sprunghafte Entfremdung des Dichters von seinen Texten. Waren vormals seine Liebesgedichte noch poesieadäquat verwendet worden, indem man daraus „Decknamen" entlehnte (44) oder aus seinen erotischen Gedichten für eigene Liebesbriefe „Abschriften" anfertigte (45), so driften jetzt die Intentionen des Dichters, sein „Gesamtentwurf" und die Erwartungen eines unterhaltungssüchtigen Publikums immer weiter auseinander. Der Dichter hat keine Einflußmöglichkeit auf den öffentlichen Meinungsstreit, er ist dessen Spielball geworden. Naso reagiert darauf nicht wie eine publicity-erfahrene Figur des öffentlichen Lebens, sondern als Dichter. Seine öffentlichen Lesungen verweigern „den Gesamtentwurf dieser Arbeit" (52) und bieten nur Fragmente und „aus dem Zusammenhang gelöste" Episoden (53); sie geben damit Raum für „Vermutungen, Proteste und alle Zeichen einer neugierigen bis ehrfürchtigen Erwartung" (52); der Vortragende macht es den Zuhörern bewußt schwer und verweigert sich jeder Rückbindung an den Erwartungshorizont seines Publikums:

> Wenn er vorlas, saß er zumeist tief gebückt über seinen mit einer winzigen Schrift bekritzelten Blättern und trug ohne Gesten und Pathos und so leise vor, daß die Zuhörer zu höchster Aufmerksamkeit gezwungen waren. [...] und verließ das Podium, ohne jemals Fragen zu beantworten oder sie auch nur anzuhören. (52)

Naso signalisiert, daß er nicht gewillt ist, seine Dichtung der üblichen öffentlichen Benutzung auszuliefern. Er verweigert sich der Sprache als bloßem Kommunikationsmittel und „verstummt", wo er nicht auf der Ebene poetischer Sprache reden kann:

> Es war, als hätte er nach und nach *alles*, was er zu sagen und zu schreiben imstande war, in das Reich seiner Dichtung verlegt. (53)

Gerade dadurch provoziert er die wildesten Spekulationen über ein erst noch zu schreibendes Werk. Dieses unterliegt schon vor seiner Fertigstellung einer Verwandlung in der Erwartung seiner zukünftigen Leser:

> schrieb Naso nun an einem Roman oder war es eine Sammlung kleiner Prosa, eine poetische Geschichte der Natur oder ein Album der Mythen, Verwandlungssagen und Träume? Naso schwieg und ließ alle Vermutungen zu, widersprach keiner, förderte aber auch keine und nährte so die allmählich wachsende Verwirrung um sein Werk ... (55)

„Nur ein einziges Mal", als die Wirkung seiner Dichtung (für ihn ungewollte) Folgen zeitigt, wendet sich der Dichter an die Öffentlichkeit und gibt eine Erklärung in eigener Sache ab. Dieser Versuch der Selbstinterpretation oder besser: der Zurückweisung von Fehlinterpretationen[54] scheitert. Nasos Versteifung auf die Eigengesetzlichkeit der poetischen Welt[55] wird von der Öffentlichkeit nicht akzeptiert und „als die übliche Vorsicht abgetan" (58). Indem der Dichter seine Popularität akzeptiert, akzeptiert er auch die Benutzung und Ausdeutung seines Werks gegen seinen erklärten Willen: „widersprach der Dichter der weiteren Entwicklung nicht mehr" (58). Eins ist die Voraussetzung des anderen.

3. Mit seiner öffentlichen Rede von der Entstehung eines Untertanenvolks, die Parabelerzählung und politische Provokation zugleich ist, verfehlt der Dichter absichtlich die Erwartungen der Massen und des autoritären Staats. Sowohl der Verzicht auf den politischen Kniefall als auch „die Ungeheuerlich-

keit seiner Worte" (60) reizen Staatsmacht und Öffentlichkeit gleichsam aus Versehen. Sowohl Nasos Vortragsweise[56] als auch der Inhalt seiner Rede, „Verwandlung und Wiedergeburt" (64), sind aus seinen Lesungen bekannt. Sein Verzicht auf die politische Unterwerfungsgeste aus Vergeßlichkeit und der Vortrag einer apokalyptischen Vision anstelle der erwarteten Herrscherhuldigung tun kund, daß Naso sich der dichterischen Wahrhaftigkeit zur Erkenntnis ohne Rücksicht auf ihre Folgen verpflichtet fühlt. Die große Geste des öffentlichen Auftritts wirkt deshalb so verheerend, weil der Dichter die angesprochenen Massen nicht erreicht und der Imperator die Rede verschlafen hat. Die Gegenüberstellung von Herrscher und Dichter, die den Mittelpunkt von Brochs ›Der Tod des Vergil‹ ausgemacht hatte, verlockt Ransmayr nicht mehr. Augustus erscheint als Machthaber im Sinnbild des „Nashorns im Schlammbad", als illiterat und jenseits poetischer Interessen (70).[57] Die klassische Dichterideologie von der Gemeinsamkeit der Dichter mit den Fürsten ist längst so unglaubwürdig geworden, daß selbst ihre Kontrastierung interesselos wird. Nicht der Herrscher, sondern ein nach eigenen Gesetzen arbeitender, „ebenso vielgliedriger wie nahezu unsichtbarer Mechanismus" (67) der Bürokratie verhängt „langsam, leidenschaftlos" und effektiv die Sanktionen. „Das Gedächtnis des Apparates" erzeugt aus sich heraus die notwendigen Begründungen, mit deren Hilfe die poetischen Äußerungen des Dichters zur „Bloßstellung und Beleidigung Roms" (68) und zur „Schrift eines Staatsfeindes" (69) umgedeutet werden können. Der Automatismus der bürokratischen Maschinerie gerät zum Selbstläufer und mißdeutet die beiläufige Geste des Herrschers so, als bestätigte sich die Sicht des Dichters, daß alle Verwandlungen (falsche) Interpretationen des dahinter Gemeinten sind:

> So wie das Bild des Dichters und der Inhalt seiner Werke den Weg nach oben gefunden und sich dabei verformt und verwandelt hatten, so nahm nun das Zeichen des Imperators, die tief eingegrabene Erinnerung an eine flüchtige Bewegung Seiner Hand, den Weg durch die Überlieferung zurück nach unten und unterlag dabei den gleichen Gesetzen der Verzerrung. (72)

„Der Dichter trat nicht mehr auf" (73), Naso existiert seit seiner Verbannung als öffentliche Person nicht mehr.

4. Schon hier, während noch ein auktorialer Erzähler als Beglaubigungsinstanz der Erinnerung zur Verfügung steht, geht die Figur des Dichters in der Perspektive derjenigen auf, die ihn für ihre Zwecke benutzen wollen. Der Umgang mit Person und Werk des verbannten Naso funktioniert als Interpretation und Rekonstruktion. Die „verbotene Opposition" benutzt, nachdem die öffentlichen Bibliotheken von seinen Schriften gesäubert sind (126), manche seiner Gedichte „in den Flugschriften des Widerstandes" (127). Naso wird nicht nur „von nahezu allen Flügeln der Opposition beansprucht" (127), er wird auch zum „Dichter der Freiheit" und zum „Mythos unter Mythen" stili-

siert (128). Der Dichter gilt für Feinde wie Anhänger schon zu Lebzeiten und ohne sein Zutun als „Mahnmal" (129). So ist die Setzung eines Denkmals auf Staatskosten, da seine „Verklärung nicht mehr aufzuhalten war" und um ihn der Opposition zu entziehen (140), die natürliche Konsequenz. Die offiziöse Rekonstruktion des Dichters hat diesen aus der Erinnerung verdrängt.

5. Im „Skulpturengarten" am Schwarzen Meer entdeckt Cotta ein ganz anderes Dichterdenkmal (48). Nasos Werk, als Manuskript verbrannt, hat diese Fixierungsstufe der papierenen Aufzeichnung übersprungen; aus dem mündlichen Vortrag und seiner Erinnerung ist ein steinernes Literaturdenkmal geworden. Dieser poetische Anspruch, durch sein Werk „unzerstörbar" zu sein (51), richtet sich zuerst gegen die politische Herrschaft in Rom. Nasos Verwandlungen waren dort ja schon wegen ihres Titels als „Anmaßung" gegen Rom angesehen worden, „wo jedes Bauwerk ein Denkmal der Herrschaft war, das auf den Bestand, auf die Dauer und Unwandelbarkeit der Macht verwies" (44). Mit seinem Postulat – in Anlehnung an Ovids Abschluß seiner ›Metamorphosen‹[58] – setzt Naso sein Werk zur Verewigung seines Dichterberufs ein.[59] Zugleich verbildlicht es die immanente Paradoxie, „Verwandlungen" in Form eines Denkmals feststellen zu können. Freilich ist der Dichter Naso „fort" (51) und nicht mehr aufzufinden, so daß letztlich nur sein Name, nicht seine Person verewigt wird. Außerdem entstammt das Denkmal der Hand eines Steinmetzen, der sich wie der Dichter in dessen Werk spiegelt:

> Pythagoras warf sein Schabwerkzeug zufrieden fort, trat einen Schritt zurück und betrachtete seine Arbeit: ICH HABE EIN WERK VOLLENDET. (52)

Wie Naso sich gegen den Mißbrauch seiner Person und seines Werks nicht wehren konnte, so ist sein Denkmalpark wehrlos der pflanzlichen Überwucherung und der Inbesitznahme durch die Schnecken ausgesetzt. Diese bilden mit ihren Todesgeräuschen, „einem hohen, vielstimmigen und feinen Pfeifen", das an das „Geräusch einer Windharfe" erinnert (49), den Reflex des Sirenengesangs; erst mit ihrem „Todespfeifen" geben sie den Stein frei. Zuletzt ist es wieder Cotta, der, „gierig nach dem Zusammenhang und Sinn der Sätze" suchend, das Steingewirr als das bildnerische Vermächtnis Nasos deutet (50): „Die Steine waren entziffert" (75). Der Dichter kann weder rekonstruiert noch sein Verbleib nachgewiesen werden.

6. Die Vollendung des Werks im Denkmal läßt Cotta hoffen, daß eine Rekonstruktion des Dichters doch noch gelingt. Cotta meint, den Dichter „in der nachlässigen Pose seiner Rede im Stadion" tatsächlich zu sehen: „Er hatte Naso endlich gefunden" (239). Doch Cotta, das Medium der Dichter-Rekonstruktion des Lesers, hat einen verläßlichen Bewußtseinsstand aufgegeben: „Kein Zweifel, er mußte verrückt geworden sein" (240). Der Erdrutsch hat mittlerweile die auf Ewigkeitsdauer berechneten Literaturdenkmäler zerstört; den Rest besorgen Pflanzenwuchs und die Schnecken (242 f.). Im Zu-

sammentragen der auf Stoffetzen gekritzelten Dichterworte versucht Cotta eine letzte, ebenfalls zum Scheitern verurteilte Rekonstruktion. Doch diesmal geht es schon nicht mehr um die Rekonstruktion des Dichters Naso, sondern um die Spurensicherung seines Werkes.[60] Für Cotta ist dieser Umgang mit den Resten der Poesie noch einmal Lebensform im wahrsten Sinn des Wortes, wenn er aus den Fetzen „Wimpelgirlanden" knüpft und diese „über die gedeckte Veranda" spannt oder als „Geflecht aus Ranken, Fetzen und Schnüren" um den Hals trägt (286) und daraus einen Sinn zu rekonstruieren versucht:

> Cotta versuchte die Fetzen zu ordnen. Jede Schnur trug einen Zusammenhang, trug einen Namen und alles, was sich mit diesem Namen verbinden ließ – *Arachne … Möwen … Seide* … Wohin aber waren die vielen Namen von Pflanzen und Steinen zu hängen, die er auf dem ausgelaugten Gewebe entzifferte? Auf Echos Schnur? Auf jene des erstarrten Fallsüchtigen? Das Spiel, als bloßer Behelf zur Sichtung eines Lumpenbündels begonnen, ließ ihn tagelang nicht los. (250)

Die Dokumentationskraft dieser Rekonstruktion wird sogar noch gesteigert, da Cotta glaubt, sie als prophetische Voraussage verstehen zu können:

> Was nun geschah, war nur die Erfüllung dessen, was längst auf den Fetzen und Wimpeln von Trachila geschrieben stand. (284)

Doch Cottas Deutung ist getrübt; er „hatte allein die Bilder vor Augen, die ihm die Inschriften auf seinen Lumpen verhießen" (286). Schließlich bahnt sich bei ihm die Erkenntnis an,

> daß die Steinmale von Trachila nicht viel mehr enthielten als das Getratsche der Krämerin, Schicksale, Legenden und Gerüchte dieser Küste, von Naso und seinem griechischen Knecht gesammelt, ins Gebirge getragen und aufgezeichnet in einem kuriosen, kindischen Spiel mit der Überlieferung. (269)

Diese letzte Rekonstruktion Cottas, die zugleich seine Desillusionierung enthält, weil sie Nasos Werk als Gerüchtesammlung durchschaut, treibt der personale Erzähler noch weiter. Als Cotta zuletzt in den Steinhaufen sich den Olymp imaginiert, verschwindet daraus nicht bloß der Dichter, sondern auch der Sinngehalt der Dichtung:

> Unsinnig heiter wie ein Kind saß Cotta allein in der Seilerei inmitten seines zerrissenen Himmels, wühlte in den Fetzen des Baldachins, löste beschriftete Fähnchen aus den Blütenranken und Blättern der Winde und las manche Inschriften laut in den leeren Raum wie einer, der Gerümpel sortiert und die Namen der Dinge noch einmal ausspricht, bevor er sich für immer von ihnen trennt und sie fortwirft. (285)

In Ransmayrs ›Die letzte Welt‹ unterliegen Werk und Dichter fortwährenden Verwandlungen, permanenten Interpretationen und Rekonstruktionen. Der Dichter besteht nicht aus dem, was er sein will oder sein sollte, sondern aus dem, was man in ihm sieht. Ovids ›Metamorphosen‹, der Vorwurf, auf den sich Ransmayr bezieht, werden auf den Kopf stellt. Während Ovids Verwandlungen aus dem Chaos des Weltanfangs den geordneten Weltzustand des Augusteischen Zeitalters hervorbringen, läßt Ransmayr die bestehende Ordnung in der Apokalypse versinken.[61] Darin gewinnt der alte Mythos vom Dichter als dem Schöpfer eine neue, universelle Gültigkeit. Der Dichter ist zwar nun keine greifbare Gestalt mehr, seine Rekonstruktion in Form einer fixierbaren Biographie erweist sich als unmöglich. Doch in allen Verwandlungen seines Werks bleibt er präsent.

X. Orpheus, Prometheus oder poète maudit? Wandlungen und Kontinuitäten des schriftstellerischen Selbstverständnisses

In der Rückschau erhellen sich Umrisse. Seit Orpheus mit so erstaunlicher Wirkung zu singen begonnen hatte, fassen wir den Beruf des Dichters als Verkörperung einer außerordentlichen Anspruchsform menschlicher Existenz. Ein Dichter, kraft göttlicher Berufung von den übrigen Sterblichen geschieden und mit besonderen Fähigkeiten ausgestattet, tritt als Verkünder göttlicher Weissagung und als Seelenerschütterer auf. Diesem Grundmuster des *poeta vates* gehört die fraglose Gültigkeit eines Weltdeutungskonzepts zu, nach dem Wirklichkeit und Wirklichkeitsimagination noch nicht kategorial unterschieden sind. Doch schon Plato zweifelte in seinem ›Ion‹ am eigenschöpferischen Vermögen der Dichter. Für ihn waren die Dichter nur Sprachrohr, Verstärker einer göttlichen Kraft, die sich eines willenlosen Mediums bediente. Platos Verachtung des Fiktionscharakters alles Dichterischen, die in dem Vorwurf gipfelte, daß alle Dichter lügen, konnte dadurch begegnet werden, daß die Dichter sich statt auf eine unfaßbare Inspirationsquelle stärker auf ihre Kunstfertigkeit und ihre durch Bildungswissen zur Sprache gewordene Kompetenz beriefen. Der solchermaßen legitimierte *poeta doctus*, wie ihn Horaz als den gültigen Dichtertyp formulierte, leitete seine Berechtigung zur eigenwertigen Weltdeutung aus seiner rhetorisch-literarischen Qualifikation ab, die eine prinzipiell erlernbare und lehrbare Kunstfertigkeit war. Freilich war die eigentümliche Gabe, die den Dichter vom bloßen Redner oder Schreiber unterschied, nicht aufgegeben: Poesie war immer mehr als die bloße Fähigkeit, in Versen zu sprechen. Das Selbstbewußtsein der Dichter mochte sich immer auf beide Pole als die Säulen des Dichterberufs stützen. Gerade weil seine Schöpfungen mit der Wirklichkeit konkurrierten, konnte der Dichter ein Eigenrecht seiner Fiktion und eine Sonderstellung für sich selbst daraus ableiten. Dem mittelalterlichen Minnesänger geriet dieses Spannungsverhältnis zum Spiel mit seiner Auftrittsrolle, in der er zugleich Vortragender, handelnder Held und Erfinder seiner Welt war, der vorbildliches höfisches Verhalten anmahnte, Gunstbezeugungen öffentlich machte und das in einer feudalen Personalherrschaft notwendige Gleitmittel der Festfreude hervorbringen oder verweigern konnte. Walther von der Vogelweide spitzte diese vorgefundenen Rollen seines Sängerauftritts in eine gegenseitige Bezüglichkeit von Wirklichkeit und Poesie mit solcher Ausschließlichkeit der Pointe zu, daß die besungene Dame zum Spiegelbild der Dichterposition wurde. Die im Lied Angesprochene lebte als fiktive Gestalt erst durch den Dichter und unterstand dem Willen ihres Schöpfers; andererseits brachte dieses reizvolle Doppelspiel zwischen Dichtung und Wirklichkeit den Dichter in die selbstgeschaffene Verpflichtung, gesellschaftliche Normerfüllungen permanent einklagen zu müssen. Und nirgends klaffte der tatsächliche soziale Rang des Dichters und sein ästhetischer Anspruch im fiktiven Rollenspiel so weit auseinander.

Die Neuzeit definierte den Dichterberuf in Anknüpfung an die antiken Vorbilder. Humanisten und Barockdichter forcierten das überlieferte Bild des *poeta doctus* mit Blick auf seine Einordnung in die höfische Gesellschaft, indem sie den lehrhaften und gelehrten Charakter der rhetorischen Kunst gegen das zwielichtige Geschäfts des Erfindens fiktiver Geschichten betonten. Diese Bemühungen, den Dichtern eine anerkannte Stellung neben den Gelehrten einzuräumen, waren so lange erfolgreich, als die Dichter sich damit begnügten, als Artikulationsorgan gesellschaftlicher Bedürfnisse oder Stimmungslagen zu fungieren und nicht etwa persönliche Bekenntnisse abgeben wollten. Aber selbst mittelmäßige Barockdichter lassen sich nicht auf die Funktion als Sprachrohr der Erwartungen ihrer Gönner und Auftraggeber reduzieren. Allen galt die „Poeterey", selbst wenn sie ihren sozialen Status niemals darauf gründen würden, keinesfalls als eine Tätigkeit, die jedermann offenstand. Noch Gottscheds rationalistisches Charakterbild eines Poeten geht als Summe der gesellschaftlichen Erwartungen keinesfalls auf. Es läßt sich vielmehr als Versuch definieren, das Irrationale mit den Begriffen des Vernunftzeitalters zu fassen: die Begriffe „Witz" und „Einbildungskraft" müssen zur Erklärung der ehemals als göttlich erachteten Inspiration herhalten.

Der Bruch mit solchen Konventionen war radikal gemeint, wenngleich er aus ihnen hervorging. Klopstocks Vorstellungen vom Dichter als göttlichem Sänger, Priester und Propheten basierten auf derselben rhetorischen Tradition, die den *poeta doctus* legitimierte. Wenn Klopstock bis in die archaischen Anfänge des Dichterberufs zurückgriff und die Sängerpose pathetisch erhöhte, so erweiterte er sie durch eine christliche Grundierung, die der göttlichen Berufung zur Seite trat. Nicht im Dienst der Gesellschaft, sondern im unmittelbar erfahrenen Auftrag Gottes wollte der Dichter seinem Innersten Ausdruck geben, um dadurch die Rechtfertigung zu erlangen, selber priesterlich wirken zu können. Der junge Goethe des Sturm und Drang anerkannte diese emanzipatorische Leistung Klopstocks. Er selbst betonte sehr viel stärker das errungene Recht des in eigener Verantwortung nach selbst gesetzten Maßstäben schaffenden Dichters. Diesen Anspruch auf Autonomie des Dichters als eines Schöpfers gewann er in heftigem Widerspruch und Widerstand gegen die alten Mächte von Kirche und Staat, gegen die Tradition und die vorhergehende Literaturepoche. Der Höhe eines solchen Anspruchs, in Konkurrenz oder gar an die Stelle des göttlichen Schöpfungsplans zu treten, war die reale Existenz eines frei-schaffenden Dichters noch nicht gewachsen. Die soziale und ökonomische Wirklichkeit der damaligen Schriftsteller zwischen mäzenatischer Abhängigkeit und der Orientierung auf ein erst entstehendes bürgerliches Lesepublikum widersprach solchen Postulaten. Gerade dieser Kontrast sicherte diesem Selbstverständnis seine utopische Dimension. Wielands Warnung an junge Dichter stellte den realen Positionsverlust des Schriftstellers, der sich aus den alten Bindungen lösen wollte und mit der neuen Freiheit auch das ökonomische Risiko wählte, dem hohen Anspruch der Emanzipation des Geistes durch Literatur noch als frei wählbare Alternative gegenüber. Dabei hatte schon 1790 Jean Paul in seinem ›Leben des vergnügten Schulmeisterlein Maria Wutz in Auenthal‹ dem Genialitäts- und Autonomieanspruch des Dichters die Grenzen aufgezeigt. Schärfer als Wielands Ironie überspitzte Jean Pauls Satire: Einen Schulmeister versetzte er in die verklärte Abgeschiedenheit des Altfränkischen – „eine Art Idylle", so der Untertitel; ihn ließ er die großen Werke der Genieepoche so lange nachschreiben, bis alle Vorstellungen von Originalität ad absurdum geführt waren (da Wutz selbst glaubte, der wahre Verfasser der Bücher zu sein).

Goethes ›Tasso‹ zeigte dann am literarischen Modell einer scheinbar vergangenen Epoche und mit Reflexen auf die zeitgenössische Weimarer Hofgesellschaft den Punkt auf, an dem sich eine unüberbrückbare Kluft zwischen der Selbstzuschreibung und ihrer gesellschaftlichen Akzeptanz auftat: Die Grenzen der Genieästhetik lagen in ihrem eigenen Anspruch. Gerade das Scheitern, der Zusammenbruch des Dichters setzte jedoch die Erkenntnis frei, daß erst die Erfahrung des Leidens als Signatur personaler Ausgegrenztheit die Einsicht in die Besonderheiten dichterischer Begabung ermöglichte. Was Goethe für seine Person zu verwirklichen suchte, nämlich absoluter Dichter zu sein und *dennoch* erfolgreich-tätig in der wirklichen Welt zu leben, gelang seinem Tasso nicht. Doch eben aus dem Bewußtsein dieses Defizits erwuchsen diesem neue Formen des dichterischen Selbstverständnisses, weil Tasso sein Leiden nicht bloß auslebte, sondern in Literatursprache verwandeln konnte und damit über das bloße Ausdrücken menschlicher Befindlichkeiten hinausging. Auch so, aus dem Gegensatz des sprechenden Dichter-Ichs zum bloß erlebenden Menschlichen, kann die bekannte ›Tasso‹-Sentenz gelesen werden:

> Und wenn der Mensch in *seiner* Qual verstummt,
> Gab *mir* ein Gott zu sagen, wie *ich* leide.

Die Selbstreflexion des Dichters erscheint im ›Vorspiel auf dem Theater‹ des ›Faust‹ zugleich weiter ausdifferenziert und auf eine andere Sprachebene versetzt. Der „Dichter", schon in der Namenlosigkeit stellvertretend für die gesamte Zunft konzipiert, artikuliert ein Programm, das an den Erfordernissen der Wanderbühne, für die er arbeitet, völlig vorbeigeht; solche „Dichterhöhe" (V. 121) muß durch die pragmatischen Theaterforderungen der lustigen Person und des Direktors auf ihre Realisierbarkeit zurechtgerückt werden.

Denn der Dichter ist eigentlich nur an der Erinnerung poesiegeschwängerter Jugendzeiten interessiert (V. 184ff.). Diese Gedankenrichtung verbindet ihn auf das genauste mit dem lyrischen Ich der ›Zueignung‹, wo ebenfalls die Zeitdifferenz zwischen der ursprünglichen Schaffensphase und dem jetzigen Verständnis des Dichterberufs thematisiert wird. Der hier „ich" sagt, verfügt wohl souverän über das Metapherninventar der Schöpfungsästhetik;[1] er lebt jedoch aus dem Bewußtsein der wachsenden Distanz zwischen seinem heutigen Dichterberuf und dem einstmals geschaffenen Werk.

Was Goethes ›Tasso‹ noch ausgeblendet hatte, machte Hölderlins ›Dichterberuf‹ zum Zentrum seiner Auseinandersetzung. Für ihn hinderten die „reißenden" Wirkungen der Zeitereignisse die Fortsetzung der antiken Tradition dichterischen Rühmens und Besingens einer höheren Macht. Doch sollte die neue Zeitsensibilisierung die überkommene höhere Verantwortung keinesfalls ausschließen. Das Dichten dürfe nur nicht „dienstbar" sein, sondern als Bewahrung und Überbrückung dieser Zwischenzeit angesiedelt werden. Die daraus resultierende utopische Komponente des Dichterberufs enthielt die Zeitschelte, aber auch das Bewußtsein der Einsamkeit bei einer solchen Aufgabe. Tassos Leiden verfestigte sich aus einer punktuell aufgebrochenen Erfahrung zu einem dauerhaften Unterton. Die romantischen Dichter lebten und litten mit den Schattenseiten des Dichterberufs. ›Heinrich von Ofterdingen‹ forderte noch einmal, wenn auch der Lebenswirklichkeit fremd geworden und im Fragment belassen, den universellen Weltdeutungsanspruch des geborenen Dichters ein. ›Dichter und ihre Gesellen‹ demonstrierte an verschiedenen Dichterfiguren die grundsätzliche Fragwürdigkeit *jeder* dieser Existenzformen. Einigkeit galt nur im abweisenden Blick auf die Gegenentwürfe. Alle Dichter lehnten die Institutionalisierung der Dichtergabe zum Dichterberuf und die Tendenz zur Professionalisierung mit Heftigkeit ab. Während es auf sozialgeschichtlichem Feld um die Durchsetzbarkeit des freien Schriftstellerberufs in einer sich konstituierenden Kulturgesellschaft ging, artikulierten die poetologischen Texte diesen Konflikt in den Bildern irrationaler Bedrohungen. E. T. A. Hoffmann stellte die Nachtseite der Kunst dar; er dämonisierte den fanatischen Künstler und rückte ihn in Zusammenhänge von Triebhaftigkeit und Triebbefriedigung, von Verbrechen, Wahnsinn und Krankheit. Er zeigte aber auch am Ende seines Werks auf, wie trotz und aus der Bedrohtheit von Dichterexistenz und dichterischem Anspruch eine neue Sicht der Wirklichkeit hervorgehen konnte. Gerade die Beschränkung des Erzählers auf einen Ausschnitt erlaubte eine erweiterte und intensivierte Perspektive auf seine Figuren.

Ob der Dichter durch diese Position von der Lebenspraxis abgeschnitten, nur abgesondert und vereinsamt oder privilegiert herausgehoben war – dieses Bild beschrieb jedenfalls einen literarischen Grundkonflikt der Epoche. In der ersten Hälfte des 19. Jahrhunderts verfestigte sich auf der Grundlage einer banalisierten klassisch-romantischen Ästhetik die Ideologie des Dichterfürsten, der vom Volk seiner Leser durch Höhe und quasi-göttliche wie -soziale Differenzen abgehoben war. Bis in die Lebensgeschichten fast aller Biedermeier-Dichter, erst recht in ihren poetologischen Äußerungen, problematisierte sich diese angebliche Unverträglichkeit von „Werkeltagsgeschäft" und „Feiertagsfeier" der Poesie.[2]

Der hohe Anspruch, der zugleich die Abgrenzung gegen die Literatenexistenz der Jungdeutschen und deren Abhängigkeit vom Massengeschmack enthielt, ließ sich durch die Vergrößerung der Distanz zwischen Höhenstandort und Niederung noch epigonal füllen. Vereinigungsillusionen wie die wiederbelebte religiöse Rhetorik in der politischen Lyrik, die den Dichter als Heerführer und Schilderer zugleich an die Spitze des Volkes stellen wollte, erregten Aufmerksamkeit und Widerspruch. Dem hohen Pathos dieser Tendenzpoesie fehlten indes, wie Heine mit Sarkasmus feststellte, die konkreten Inhalte. Eine ernsthafte Selbstdefinition der Dichter mied solche „Höhen der Menschheit" oder benutzte sie in Form der Parodie. Die Karikaturen des Dichterberufs als Molkereibetrieb oder als Steinbruch für uneigentliches Sprechen in den Versatzstücken romantisch-sentimentaler Stimmungspoesie enthielten aber schon neue Möglichkeiten, dem wahrhaft Poetischen auf die Sprünge zu helfen. Schon dabei war die Person des Dichters bis zur Unkenntlichkeit verwischt worden. Versuche, aus der Parodie der „Mondscheindichter" und der Poesiealbenlyriker eine in Stilhaltung und Motivwahl noch wirklichkeitsgesättigtere Literatur zu begründen, blieben ohne Resonanz. Detlev von Liliencrons Programmgedicht ›An meinen Freund, den Dichter‹ von 1889 band den wahren Dichter an die Realidylle eines schon angestrengt gesund wirkenden Landlebens und verpflichtete ihn auf eine Poesie der „Buttermilch".[3] Der radikale Bruch der Moderne mit der 'realistischen' Vergangenheit war damit nicht abzuwenden.

Dichter wie Stefan George reagierten auf den angefochtenen hohen Anspruch des Dichters mit verstärkter Heroisierung und einer Verschärfung der Abgrenzung gegen Sinnleere und Indienstnahme für Zwecke jeder Art. Der reine Dichter legitimierte sein Recht zur Prophetie aus seiner Freiheit von gesellschaftlichen Zwängen und seiner Existenz in den Randzonen der Gesellschaft. Andere wie Hofmannsthal verfielen in eine Art poetischen Masochismus, indem sie das Leiden an der Zeit zum Selbstausdruck des Dichterischen erhoben. Diese Dichter der Moderne fühlten sich nicht mehr bloß als Randexistenzen, sondern als gleichsam Aussätzige oder als mit dem Kainsmal Gezeichnete, als eben deshalb seismographisch Empfindliche und zwanghaft Mitleidende. Ihre Nichtteilhabe an den alltäglichen Lebensprozessen, sei sie selbstgewählt oder aufgezwungen, begünstigte die Intensität ihrer Weltbeobachtung. Rilkes ›Sonette an Orpheus‹ (1923) griffen den Mythos im Sinnspiel der Motive und Zuschreibungen des überlieferten Dichterberufs auf und versuchten zwischen dem archaischen Dichterauftrag zum Rühmen[4] und moderner Zivilisationskritik[5] die Identität des Dichter-Ichs aufzuweisen[6].

Manche Antworten suchten die Neuvermessung des Dichterberufs im Extrem. Falsche Antworten waren darunter, die in provokantem Duktus die Autonomieansprüche des Dichters radikalisierten und sein Ich mit Allmachtsphantasien auszustatten trachteten. Andere machten genau diese ihre Begrenztheit der beschränkten Perspektive zum Gegenstand einer immanenten Poetik; in ihrem Vollzug erst fanden sie, wie Alfred Döblin, einen neuen Ton, neue Formen und neue Inhalte des Schreibens. Während etwa Brecht die poetische Autonomie des Dichterischen dadurch bewahren konnte, daß er sie als den alleinigen Produktionsantrieb aufgab und sie nur in dialektischem Gegensatz zum politischen Impuls gelten ließ, ging Thomas Mann den Weg über die Parodien all seiner Dichter, in denen sich sein Leiden an ihnen und seine Sehnsucht nach Repräsentanz verbarg. Der Umschlag geschah am Ende der Zuspitzung; erst wenn der Dichter seine Andersartigkeit annahm, konnte er wahre Kunst hervorbringen, was ihn vom bloßen Schriftsteller unterschied.

Die Gegenwart sieht den Schriftsteller schon längst nicht mehr in einem eindimensionalen Spannungsfeld von freischwebendem Dichterberuf und bürgerlicher Tätigkeit. Die dahinterstehende Auseinandersetzung mit der Autonomieästhetik des 18. Jahrhunderts und ihren Schwundformen im 19. ist in die Krise geraten.[7] Insofern beschrieb Paul Kluckhohns abschreckend gemeinter Leitfaden ›Dichterberuf und bürgerliche Existenz‹[8] eine geschichtlich gewordene Thematik und war schon bei seinem Erscheinen 1949 als Lebenshilfe anachronistisch. Spätestens hier hatten es die Schriftsteller mit einem doppelten Literaturbegriff zu tun. Einerseits verstand sich die Literatur als Erkenntnisinstrument, sie stellte die Person des Dichters in ein Spannungsfeld „der Großkampftage und des Großkaufhauses“ (Musil) und des Rückzugs aus fast allen menschlichen Umgänglichkeiten, in denen der Dichter immer, manchmal sogar sein Werk zu scheitern drohte. Andererseits trennte sich ein Begriff von Literatur ab, dem es eher darum ging, die aufgebrochenen Widersprüche zu beschönigen oder gar zu verleugnen. Der Verzicht auf poetologische Reflexion, das Weiterschreiben konsumierbarer Texte, ihre fast gewaltsame Zurichtung auf die Harmoniebedürfnisse der Leser hielten rückwärtsgewandte Wunschvorstellungen am Leben. Solche Inhalte sind zweifellos ein Wertungskriterium und berechtigen die Zuweisung zur Beschwichtigungs- oder Trivialliteratur. Wenn sich schließlich solche Autoren zum Nachdenken über das Wesen des Dichtertums aufschwangen, entstanden in sich fragwürdige Texte, bei denen selbst das kulturkritische und christlich-abendländische Geraune die mangelnde Reflexionshöhe und die Gewaltsamkeit des Anstemmens gegen die Jetztzeit nicht überdecken konnte.[9]

Daß Dichter die Welt nicht ändern können, sondern ihr nur durch das Benennen eine besondere Form des Sinns geben können, ist die illusionslose

Konsequenz aus der Einsicht, daß alle Zweifel am Dichterberuf zugleich die Verzweiflung an ihm enthalten. Der Vorgang des Verschwindens des Dichters aus der Dichtung, der ja kein frei entschiedener Rückzug, sondern die notwendige Selbstauslöschung zum Zweck poetischer Erkenntnis ist, erweist sich in der Gegenwart als der dominierende Prozeß. Dabei sieht es so aus, als gewänne dieser unsichtbar gewordene Dichter neue Konturen, sei es durch seine Bereitschaft zur Verantwortungsnahme im Dienst des Menschlichen (wie bei Canetti), sei es als „Gleichnis" der realen Schriftstellerexistenz (wie bei Handke) oder sei es als eine aus Texten rekonstruierte Gestalt, die unendlichen Verwandlungen unterliegt.

Auf die Gefahr hin, die bei den Textuntersuchungen gewonnenen Differenzierungen wieder einzuebnen, soll abschließend ein typologisches Raster des dichterischen Selbstverständnisses entworfen werden, das bei aller Verkürzung doch die Vielfalt der Ausprägungen des Dichterberufs auch in ihren Zwischen- und Mischformen erfassen kann. Eine Theorie einer immanenten Poetik ist, wie die Einleitung es begründet hat, nicht angestrebt, jedoch eine Systematisierung der Untersuchungsergebnisse, die über eine Sammlung von Einzelanalysen oder die Darstellung der literaturgeschichtlichen Entwicklung des dichterischen Selbstverständnisses in Form von „Rollentypen" oder „Autorbildern"[10] hinausgeht. Statt dessen wird hier ein mehrdimensionales Modell angeboten, das unterschiedliche Ausprägungsgrade auf mehreren Ebenen darstellt. Auf einer ersten Ebene lassen sich drei Kräftefelder skizzieren, auf die das poetische Selbstverständnis dominant orientiert ist:

1. Die Ausrichtung auf die dichterische Inspiration
2. Die Ausrichtung auf das Publikum (in Zuwendung oder Abgrenzung)
3. Die Ausrichtung an Artistik oder Gelehrsamkeit

Allen drei Kräftefeldern lassen sich personalisierte idealtypische Ausprägungen zuordnen. Diese *Dichtertypen* des *poeta doctus*, des *poeta vates* oder des *Dichterfürsten* sind beschrieben.[11]

Zur Systematisierung wäre nun in einem zweiten Schritt der Grad zu bestimmen, in welchem die leitenden Prinzipien dieser Kräftefelder ausgeprägt sind. In der Verbindung beider Schritte lassen sich die schon beschriebenen Formen der immanenten Poetik dann präzis einordnen.

1. Im ersten Bereich wäre zu untersuchen, in welchem Ausmaß sich der Dichter als Prophet, als Verkünder göttlicher Weisheiten, als Dolmetscher eines Gottes versteht und bis zu welchem Grad er dem Typus des *poeta vates* gleichkommen möchte. Auch alle Abwehrstrategien gegen die inspirative Bevormundung, etwa die Betonung des eigenen Schöpfertums oder ein noch schärferes Eigensinnigkeitspostulat, sind als Gegenlinien innerhalb des Kräftefelds miteinzubeziehen und können als Grad des Autonomieanspruchs bestimmt werden.

2. Die Bezugnahme auf ein (tatsächliches, implizites oder nur fiktives) Pu-

blikum hebt den Dichter auf eine andere Weise hervor als die Berufung auf eine göttliche Inspiration. Mit dieser Orientierung unterwirft sich der Dichterberuf einem meßbaren Realitätsfaktor. In der traditionellen Ausprägung dieses Kräftefelds kommt der Dichter in Polarität zur Gestalt des Helden zu stehen; in diesem Konflikt erfährt er, zwischen ›Tasso‹ und Vergil, gewöhnlich Defizite und Niederlagen. In positiver Ausprägung tritt der Dichter als politisch-rhetorischer Herold auf, als Anführer seines Publikums oder als Wortführer einer aktivistisch verstandenen Literatur. Durch die ideologische Verbrämung und die poetische Imitation des historischen Feudalismus erscheint er in extremer Form als *Dichterfürst*. In der Moderne überwiegen dabei die negativen Ausformungen; die Erfahrung von Defiziten, Beschränkungen und Behinderungen dominiert. Da der Typus des Dichterfürsten die am stärksten der Realität verhaftete Form darstellt, unterliegt sie auch am stärksten der geschichtlichen Entwicklung: aus den naiven Erlösungshoffnungen werden bald abgrundtiefe Selbstzweifel, Versagensängste und Bewußtseinsverstörungen. In der Rolle als Narr oder als *poète maudit* gibt der moderne Dichter schließlich enttäuschte Ansprüche und Hoffnungen an sein Publikum zurück.

3. Der Typus des *poeta doctus* verkörpert am deutlichsten diejenige Ausprägung des Dichters, der sich als Wissender, Gebildeter oder gar als Gelehrter versteht. Als positive Spielart benennt der Terminus den souverän alle Register seiner rhetorischen Kunst ziehenden Bildungsdichter, gleichermaßen angesehen durch Gelehrsamkeit wie Traditionsbewahrung. In der artistischen Spielart als Wortjongleur, literarischer Taschenspieler oder als Illusionskünstler zeigen sich seine negativen Seiten. Beide Formen schließen sich nicht aus, sondern spiegeln sich ineinander: artistische Raffinesse, ausgegeben als gewollte Naivität, der zitat- und anspielungsreiche Verzicht auf Wissensbalast, die Verachtung von Bildungswissen, Gelehrsamkeit bei gleichzeitigem Zweifel an ihrer Verwendbarkeit – der moderne *poeta doctus* zeichnet sich dadurch aus, daß er es verbirgt.

Was die Praktikabilität dieses Modells erschwert, ist die einer Typologie zuwiderhandelnde Literaturgeschichte.[12] Denn entgegen der Systematik des Modells zeigt diese dominante Kontinuitätslinien im Strang der literaturgeschichtlichen Entwicklung, d.h. quer zur Typologie. Zum ersten ist mit Mischformen nicht nur zu rechnen; sie scheinen vielmehr den Normalfall im Korpus poetologischer Texte zu bilden. Zum zweiten bestimmt der jeweils herrschende (und sich historisch wandelnde) Literaturbegriff jedes sich noch so individuell gebärdende Selbstverständnis des Schriftstellers. Die dominierende klassisch-romantische Autonomie- und Originalitätsästhetik hat die Geschichte des Dichterberufs in Aufnahme und Abgrenzung, in Variation und Reduktion so sehr geprägt, daß es des kontrastiven Blicks auf die allerjüngste Gegenwart oder in die fernere Vergangenheit bedarf, um ihrer Bevormundung zu entkommen. Zuletzt ist die Zunahme des poetologischen Bewußtseins seit dem Beginn der Moderne und die immer länger werdende poetologische Tradition zu bedenken, der auch die Dichter folgen, immer weniger selbstverständlich und immer weniger naiv. Bezugnahmen auf Gegenbilder und Kontrafakturen historischer Vorbilder, zumeist in Formen der Negation, nehmen im Verlauf der Literaturgeschichte stetig zu und lassen das zur immanenten Poetik taugliche Material ständig anwachsen. Dieser Prozeß ist unumkehrbar. Heute weniger denn je kann ein Schriftsteller tun, als sei er *poeta doctus* oder gar Dichterfürst, ohne diesen Anspruch permanent zu rechtfertigen, zu reflektieren (und oftmals auch diese Legitimierung nochmals zu reflektieren) oder nur mehr ironisch, selbstkritisch oder karikierend zur Disposition zu stellen. Nicht einmal mehr die selbstmitleidige Maske des *poète maudit* kann noch als glaubwürdig gelten. Mit wachsendem historischem Bewußtsein erleben die Schriftsteller ihren Dichterberuf kaum mehr positiv. Mit zunehmender Gegenwart steigen die Erlebnisse des Defizitären, der Beschränktheit und der Behinderung an, es dominieren die Erfahrungen des Leidens, des Ausgestoßenseins oder gar des Verlusts zentraler menschlicher Eigenschaften. Dennoch mindert dies die Ich-Stärke heutiger Schriftsteller keineswegs, auch dort nicht, wo sie ihr Ich aus den Texten verbannt haben. Läßt sich für die literaturgeschichtliche Vergangenheit sagen, daß die poetologische Reflexion den Texten jeweils eine zusätzliche Bedeutungsebene eingezogen hat, so muß man für die Gegenwart konstatieren, daß Literatur mit Anspruch kaum mehr anders denn als immanente Poetik auftreten kann.

Anmerkungen

Poesie – Poetik – Poetologie: Einleitung

[1] Über terminologische Differenzierungen zwischen „Dichter", „Schriftsteller" oder „Autor" und die Verhaftung solcher Begriffe z. B. an die klassisch-romantische Ästhetik, thematisiert von Helmut Kreuzer in der Einleitung des LiLi-Hefts ›Der Autor‹ 42 (1981), S. 7, muß man hier nicht streiten, weil nicht die Person des Schriftstellers, sondern die Poetologie des Werks im Mittelpunkt steht. Vgl. auch Felix Philipp Ingold/Werner Wunderlich (Hrsg.), Fragen nach dem Autor. Positionen und Perspektiven, Konstanz 1992.

[2] Vgl. Günter Blamberger, Das Geheimnis des Schöpferischen oder: Ingenium est ineffabile? Studien zur Literaturgeschichte der Kreativität zwischen Goethezeit und Moderne, Stuttgart 1991.

[3] Vgl. Eike Barmeyer, Die Musen. Ein Beitrag zur Inspirationstheorie, München 1968 (= Humanistische Bibliothek I,2).

[4] Erich Rupprecht, Die Botschaft der Dichter, Stuttgart 1947 (= Schriftenreihe der Universitas); Louis Simpson, The Character of the Poet, Ann Arbor/Michigan 1986.

[5] Beda Allemann, Dichter über Dichtung, in: Adolf Frisé (Hrsg.), Definitionen. Essays zur Literatur, Frankfurt a. M. 1963, S. 9–34.

[6] Vgl. Herbert Anton (Hrsg.), Invaliden des Apoll. Motive und Mythen des Dichterbilds, München 1982.

[7] Sigmund Freud, Der Dichter und das Phantasieren (1907), Frankfurt a. M. 1982 (= Studienausgabe Band 10), S. 171.

[8] Diesen Prozeß hat Heinz Schlaffer, Das Dichtergedicht im 19. Jahrhundert. Topos und Ideologie, in: Schiller-Jahrbuch 10 (1966), S. 297–335 einläßlich dargestellt.

[9] Zit. nach: Walter Pape, „Ein Orpheus – mit den Liedern Andrer!" Ferdinand Freiligraths poetologische Anthologie ›Dichtung und Dichter‹, in: „Was tragisch ist, ist auch lustig ...", Grabbe-Jahrbuch 1987, 6. Jahrgang, S. 87.

[10] Benno von Wiese, Dichtertum. Zum Selbstverständnis des deutschen Autors im 19. Jahrhundert und heute, in: Bernd Hüppauf/Dolf Sternberger (Hrsg.), Über Literatur und Geschichte. Festschrift für Gerhard Storz, Frankfurt a. M. 1973, S. 223–242 mag als Beispiel dafür dienen, aus einem literaturgeschichtlichen Abriß dieser Art Kriterien für die Literatur der Gegenwart, ihre „Entgrenzung" (S. 239), ihren konstatierten Sinnverlust und „das Widerspruchsvolle unserer Epoche" (S. 242) zu gewinnen.

[11] So Jochen Schmidt, Die Geschichte des Genie-Gedankens in der deutschen Literatur, Philosophie und Politik 1750–1945, Darmstadt ^{2}1988, Band 1, S. XV, der fortfährt: „Der Preis dieser Erkenntnis ist das Risiko der Interpretation".

[12] Wolfgang Theile, Immanente Poetik des Romans, Darmstadt 1980. Zur Abgren-

zung der immanenten Poetik von der Intertextualität vgl. Manfred Schmeling, Autothematische Dichtung als Konfrontation. Zur Systematik literarischer Selbstdarstellung, in: LiLi 8 (1978), S. 77–97.

13 Vgl. ebd., wo Theile S. 3 auch von der immanenten Poetik als einem „Formprinzip des Werks" spricht.

14 Armin Paul Frank, Theorie im Gedicht und Theorie als Gedicht, in: ders., Literaturwissenschaft zwischen Extremen. Aufsätze und Ansätze zu aktuellen Fragen einer unsicher gemachten Disziplin, Berlin und New York 1977 (= de Gruyter Studienbuch), S. 131–169. – Frank prägt dafür den Terminus der „Autonymie", entscheidet sich dann aber für den Begriff der „mimetischen Poetik" (S. 192 f.). Vielleicht wäre „autonyme Poetik" als kategoriale Abgrenzung zu den genannten Formen diskursiver Poetologie doch der bessere Terminus.

15 Ebd., S. 168 f., das Gedicht ›Ars poetica‹ von MacLeish (1924/1926) zit. nach ebd., S. 168.

16 Fausts Antwort möchte ich nicht als vorausgenommene Methodenkritik verstanden wissen (V. 1360 f.)!

17 Walter Hinck, Das Gedicht als Spiegel der Dichter. Zur Poetologie des poetologischen Gedichts, Opladen 1985 (= Vorträge der Rheinisch-Westfälischen Akademie der Wissenschaften. Geisteswissenschaften G 273); dazu auch seine Anthologie: Schläft ein Lied in allen Dingen. Das Gedicht als Spiegel des Dichters. Poetische Manifeste von Walther von der Vogelweide bis zur Gegenwart. Unter Mitarbeit von Friedrich Krause, Frankfurt a. M. 1985.

18 Vgl. ebd., S. 12: Das poetologische Gedicht sei thematisch durch die überwiegende Selbstreflexion bestimmt, „zugleich in sinnfälliger poetischer Form".

19 Hrsg. von Gunter E. Grimm, Frankfurt a. M. 1992 (= Fischer Taschenbuch 10722).

20 Wer sich intensiv mit der Erforschung von Kreativität beschäftigt, kann der Versuchung erliegen, die Grenzen zwischen nachschreibender Analyse und originären Texten zu übersehen und die eigene Arbeit für kreativ zu halten; so spricht Günter Blamberger (›Das Geheimnis des Schöpferischen‹) anfangs noch ironisch von den „Musen" seiner „Inspirationen" (S. 9), am Ende dann aber ernsthaft über seinen „Besitz- und Individualitätstitel" für das „Geschaffene" und erklärt: „Es scheint von daher gleichgültig, ob man literarisch oder wissenschaftlich kreativ ist" (S. 192).

21 Vgl. Bernd Scheffer, Interpretation und Lebensroman. Zu einer konstruktivistischen Literaturtheorie, Frankfurt a. M. 1992 (= suhrkamp taschenbuch wissenschaft 1028), S. 9.

22 Ebd., S. 33.

I. Mythos und Kritik: Zur Vorgeschichte des dichterischen Selbstverständnisses

1 Vgl. Walter F. Otto, Die Musen und der göttliche Ursprung des Singens und Sagens, Düsseldorf und Köln 1955, S. 46 und auch im folgenden.

2 Elisabeth Frenzel, Stoffe der Weltliteratur. Ein Lexikon dichtungsgeschichtlicher Längsschnitte, Stuttgart 71988, S. 573–579; zuletzt Detlef C. Kochan, Literarische Spuren einer Symbolfigur. Orpheus zum Beispiel, in: Werner Wunderlich (Hrsg.), Lite-

rarische Symbolfiguren. Von Prometheus bis Svejk. Beiträge zu Tradition und Wandel, Bern und Stuttgart 1989 (= Facetten deutscher Literatur. St. Galler Studien 1), S. 37–63.

[3] Diesen Prozeß macht Heinz Schlaffer, Poesie und Wissen. Die Entstehung des ästhetischen Bewußtseins und der philologischen Erkenntnis, Frankfurt a. M. 1990 zum Gegenstand seines Buches; die folgende Skizze lehnt sich daran an, vgl. dort S. 26–82.

[4] Vgl. Eike Barmeyer, Die Musen, dort zu den Begriffen des Sängers (S. 69 ff.) und des Dichters (S. 83 ff.).

[5] Schlaffer, Poesie und Wissen, hat darauf hingewiesen, daß Platons Dichterbild der ›Politeia‹ bis heute wirksam, der komplexere Versuch des ›Ion‹ aber unbeachtet geblieben ist: S. 21.

[6] Zum Rhapsoden vgl. Eike Barmeyer, Die Musen, S. 74ff.

[7] Zit. nach: Platon, Ion. Griechisch/Deutsch. Übersetzt und hrsg. von Hellmut Flashar, Stuttgart 1988 (= Reclams Universalbibliothek 8471), S. 5.

[8] Ebd., S. 19.

[9] Ebd., S. 17.

[10] Ebd., S. 19: „denen doch der Verstand nicht mehr innewohnt".

[11] Ebd., S. 39.

[12] Ebd., S. 17.

[13] Ebd., S. 5 und 19.

[14] Ebd., S. 23.

[15] Ebd., S. 17.

[16] Ebd., S. 19.

[17] Goethe, Weimarer Ausgabe I, Band 41, 2, S. 171.

[18] Ebd., S. 172.

[19] Ebd., S. 174 f.

[20] Zur Einordnung vgl. Manfred Fuhrmann, Einführung in die antike Dichtungstheorie, Darmstadt 1973, S. 100 ff.

[21] Quintus Horatius Flaccus, Sämtliche Gedichte. Lateinisch/Deutsch, hrsg. von Bernhard Kytzler, Stuttgart 1992. Nach dieser Ausgabe wird fortlaufend im Text zitiert. Hier ›Ars poetica‹, V. 310: „Socraticae chartae".

[22] Ebd., V. 391.

[23] Ebd., V. 396: „fuit haec sapientia quondam".

[24] Ebd., V. 400: „honor et nomen divinis vatibus".

[25] Ebd., V. 45: „carminis auctor" und V. 120: „scriptor".

[26] Ebd., V. 9 f.: „poetis quidlibet audendi semper fuit aequa potestas".

[27] Vgl. Wilfried Barner, Poeta doctus. Über die Renaissance eines Dichterideals in der deutschen Literatur des 20. Jahrhunderts, in: Jürgen Brummack u. a. (Hrsg.), Literaturwissenschaft und Geistesgeschichte. Festschrift für Richard Brinkmann, Tübingen 1981, S. 725–752.

[28] Ars poetica, V. 291: „limae labor et mora".

[29] Ebd., V. 307: „quid alat formetque poetam, quid deceat".

[30] Ebd., V. 333.

[31] Ebd., V. 453–457: „versus ructatur".

[32] Ebd., V. 466 : „sit ius liceatque perire poetis".

[33] Ebd., V. 470: „nec satis adparet, cur versus factitet".

[34] Horaz, carmina I, 1, V. 29 f.

35 V. 35 f.

36 Ebd., carmina IV, 3, V. 24: „quod spiro et placeo, si placeo, tuum est".

37 Ebd., V. 22 f.

38 Inhalt und Formulierung sind Topos, vgl. Hans Peter Syndikus, Die Lyrik des Horaz. Eine Interpretation der Oden, Band II, Darmstadt 1973 (= Impulse der Forschung), S. 272 ff.

39 Horaz, carmina III, 30, V. 13 f.: „princeps Aeolium carmen ad Italos / deduxisse modos".

40 Die Beifügung „Delphica" läßt sich als appolinischer Lorbeer zur Charakterisierung des poetischen anstelle des militärischen Ruhms lesen (so Syndikus S. 281), jedoch auch als präzise Mitinbesitznahme der augusteischen Kulturideologie (vgl. Paul Zanker, Augustus und die Macht der Bilder, München 1987, bes. S. 171 ff.).

41 Horaz, carmina III, 30, V. 12: „ex humili potens".

42 Ebd., V. 13 durch *geographische* Bezeichnungen, nicht durch die Nennung Roms, das *staatliche* Würde definiert (vgl. Syndikus, S. 277 f.).

43 Ebd., V. 15 f.: „et mihi Delphica / lauro cinge volens, Melpomene, comam".

44 Die Rolle der Literatur in der mittelalterlichen höfischen Gesellschaft kann hier nur angedeutet werden; vgl. Joachim Bumke, Höfische Kultur. Literatur und Gesellschaft im hohen Mittelalter, München 1986, v. a. Band 2, S. 595 ff., bes. S. 677 ff.; zuletzt grundlegend und zusammenfassend Gerhard Hahn/Hedda Ragotzky (Hrsg.), Grundlagen des Verstehens mittelalterlicher Literatur. Literarische Texte und ihr historischer Erkenntniswert, Stuttgart 1992 (= Kröners Studienbibliothek 663).

45 So der Titel des grundlegenden Aufsatzes von Hugo Kuhn, Minnesang als Aufführungsform, in: ders., Text und Theorie, Stuttgart 1969, S. 182–190.

46 Zur grundsätzlichen Problematik, inwieweit – im Unterschied zu modernen Texten – im Mittelalter Ich-Aussagen das tatsächliche Selbstverständnis eines Autors treffen können, vgl. Hahn/Ragotzky, S. 33.

47 Die Gedichte Walthers von der Vogelweide. Neu hrsg. von Hugo Kuhn, Berlin 1965. Nach dieser Ausgabe wird im Text zitiert. Hier: Walther, 56, 14–21.

48 Den schnoddrigen Tonfall bei hohem dichterischem Anspruch hat Peter Rühmkorf in seiner gereimten Übersetzung genau getroffen, vgl. Peter Rühmkorf, Walther von der Vogelweide, Klopstock und ich, Reinbek 1975 (= das neue buch), S. 29.

49 Walther, 72, 32–73, 22, auch im folgenden.

50 Minnesangs Frühling, 128, 14.

51 Minnesangs Frühling, 158, 28. – Vgl. hierzu auch Carl von Kraus, Walther von der Vogelweide. Untersuchungen, Berlin und Leipzig 1935, S. 288–295; Günther Schweikle, Steckt im ›sumerlaten‹-Lied Walthers von der Vogelweide (72, 31) ein Gedicht Reinmars des Alten?, in: ZfdPh 87 (1968), Sonderheft, S. 131–153.

52 Die Mehrdeutigkeit des Rutenschlagens als Rudiment eines Fruchtbarkeitszaubers bleibt in diesem Zusammenhang außer Betracht, vgl. Volker Mertens, Alte Damen und junge Männer – Spiegelungen in Walthers *sumerlaten*-Lied, in: Jan-Dirk Müller/Franz Josef Worstbrock (Hrsg.), Walther von der Vogelweide, Hamburger Colloquium zum 65. Geburtstag von Karl-Heinz Borck, Stuttgart 1989, S. 205 ff.

53 So ebd., S. 197.

54 Vgl. Paul Raabe, Lorbeerkranz und Denkmal. Wandlungen der Dichterhuldi-

gung in Deutschland, in: Festschrift für Klaus Ziegler, hrsg. von Eckehard Catholy und Winfried Hellmann, Tübingen 1968, S. 411–426.

55 Vgl. Peter Seibert, Der „tichter“ und „poeta“ am Beginn der Neuzeit. Einige Bemerkungen zum frühneuzeitlichen Autorentypus, in: LiLi 11, Heft 42: Der Autor (1981), S. 20 ff.

56 Vgl. Eckart Schäfer, Conrad Celtis' Ode an Apoll. Ein Manifest neulateinischen Dichtens in Deutschland, in: Volker Meid (Hrsg.), Gedichte und Interpretationen, Band 1: Renaissance und Barock, Stuttgart 1982, S. 83–93.

57 Johann Klaj, Redeoratorien und ›Lobrede der Teutschen Poeterey‹, hrsg. von Conrad Wiedemann, Tübingen 1965 (= Deutsche Neudrucke. Reihe Barock), S. 396. – Nach dieser Ausgabe wird fortlaufend im Text zitiert.

58 Vgl. dazu: Wilfried Barner, Barockrhetorik. Untersuchungen zu ihren geschichtlichen Grundlagen, Tübingen 1970.

59 Vgl. dazu grundlegend: Wilfried Barner, Barockrhetorik.

60 Vgl. Ferdinand van Ingen, Zum Selbstverständnis des Dichters im 17. und frühen 18. Jahrhundert, in: James A. Parente jr./Richard Erich Schade/George C. Schoolfield (Hrsg.), Literary Culture in the Holy Roman Empire, 1555–1720, Chapel Hill und London 1991 (= Studies in the Germanic Languages and Literatures 113), S. 210.

61 Klaj, Lobrede, S. 389: „es muß ein Poet ein vielwissender / in den Sprachen durchtriebener und allerdinge erfahrner Mann seyn“; Ingen, Zum Selbstverständnis des Dichters, betont die Steigerung des *poeta doctus* zum *homo doctus* (S. 211).

62 Vgl. Ferdinand van Ingen, Dichterverständnis, Heldensprache, städtisches Leben. Johann Klajs ›Lobrede der Teutschen Poeterey‹, in: Barbara Becker-Cantarino/ Jörg-Ulrich Fechner (Hrsg.), Opitz und seine Welt. Festschrift für Georg Schulz-Behrend zum 12. Februar 1988, Amsterdam und Atlanta 1990 (= Chloe. Beihefte zum Daphnis 10), S. 252.

63 Vgl. dazu Ingen, Dichterverständnis, Heldensprache, städtisches Leben, S. 258.

64 Dazu auch ebd., S. 258 f.

65 Vgl. ausführlich ebd., S. 255.

66 Vgl. Jochen Schmidt, Die Geschichte des Genie-Gedankens, Band 1, S. 31 ff.

67 Johann Christoph Gottsched, Versuch einer critischen Dichtkunst, Darmstadt 1962 (= Reprint der 4., vermehrten Auflage, Leipzig 1751). – Nach dieser Ausgabe wird fortlaufend im Text zitiert.

68 Ebd., S. 67: „daß die allerersten Menschen das Singen von den Vögeln gelernet haben“.

69 Ebd., S. 89: „nicht viel besser, als etwan itzo auf Messen und Jahrmärkten die Bänkelsänger mit ihren Liedern von Wundergeschichten, den Pöbel einzunehmen pflegen“.

70 Ebd., S. 89: „Dieses ließen sich auch die Poeten gefallen“.

71 Vgl. ausführlicher zu diesem Vorgang Jochen Schmidt, Die Geschichte des Genie-Gedankens, S. 31 ff.

72 Vgl. Wendelin Schmidt-Dengler, Genius. Zur Wirkungsgeschichte antiker Mythologie in der Goethezeit, München 1978.

73 Gottsched, Critische Dichtkunst, S. 102.

74 Ebd., S. 103: „eine starke Einbildungskraft, viel Scharfsinnigkeit und einen großen Witz schon von Natur aus“.

[75] Ebd., S. 105: „Er muß sich vielmehr bemühen, von allen, zum wenigsten einen kurzen Begriff zu fassen".

[76] Zum poetikgeschichtlichen Zusammenhang vgl. Bernhard Fischer, Von der ars zur ästhetischen Evidenz. Überlegungen zur Entwicklung der Poetologie von Gottsched bis Lessing, in: ZfdPh 109 (1990), S. 481–502.

[77] Dieser Prozeß ist nicht nur unter soziologischer Perspektive längst dargestellt; vgl. Jürgen Habermas, Strukturwandel der Öffentlichkeit. Untersuchungen zu einer Kategorie der bürgerlichen Gesellschaft, Neuwied [5]1971; Hans J. Haferkorn, Zur Entstehung der bürgerlich-literarischen Intelligenz und des Schriftstellers in Deutschland zwischen 1750 und 1800, in: Bernd Lutz (Hrsg.), Deutsches Bürgertum und literarische Intelligenz 1750–1800, Stuttgart 1974 (= Literaturwissenschaft und Sozialwissenschaften 3), S. 113–275; Herbert Jaumann, Emanzipation als Positionsverlust. Ein sozialgeschichtlicher Versuch über die Situation des Autors im 18. Jahrhundert, in: LiLi 11, Heft 42: Der Autor (1981), S. 46–72.

[78] Gottsched, Versuch einer critischen Dichtkunst, z.B. S. 110: „schädlicher Scribent"; S. 11: „unverschämte Zotenreißer"; S. 113: „Schmäuchler" und „Lästerer".

II. Die Emanzipation des Dichters: Poetisches Selbstbewußtsein und der Anspruch auf Mündigkeit

[1] Übersetzung von C. F. Cramer, in: Klopstock. Er; und über ihn, hrsg. von C. F. Cramer, Erster Theil, Hamburg 1780, S. 54 f.; zit. nach: Hans-Georg Werner, Klopstock und sein Dichterberuf, in: ders. (Hrsg.), Friedrich Gottlieb Klopstock. Werk und Wirkung. Wissenschaftliche Konferenz der Martin-Luther-Universität Halle-Wittenberg im Juli 1974, Berlin 1978, S. 11 f.

[2] Vgl. Jochen Schmidt, Die Geschichte des Genie-Gedankens. S. 47 ff.

[3] Zu Klopstocks Poetologie vgl. Karl August Schleiden, Klopstocks Dichtungstheorie als Beitrag zur Geschichte der deutschen Poetik, Saarbrücken 1954; Wilhelm Große, Studien zu Klopstocks Poetik, München 1977; Winfried Menninghaus, Klopstocks Poetik der schnellen „Bewegung", in: ders. (Hrsg.), Friedrich Gottlieb Klopstock. Gedanken über die Natur der Poesie, Dichtungstheoretische Schriften, Frankfurt a. M. 1989, S. 259–361; jetzt auch: Johannes Mahr, „Die Regeln gehören zu meiner Materie nicht". Die poetischen Schriften Friedrich Gottlieb Klopstocks, in: Gunter E. Grimm (Hrsg.), Metamorphosen des Dichters, S. 35–49.

[4] Vgl.: Walter Lich, Klopstocks Dichterbegriff. Diss. Frankfurt a. M. 1933; Max Freivogel, Klopstock der heilige Dichter, Diss. Bern 1954.

[5] Gerhard von Hofe/Peter Pfaff/H. Timm (Hrsg.), Was aber bleibet stiften die Dichter? Zur Dichter-Theologie der Goethezeit, München 1986.

[6] Vgl. Gerhard Kaiser, Klopstock. Religion und Dichtung, Gütersloh 1963.

[7] Vgl. Jochen Schmidt, Die Geschichte des Genie-Gedankens, S. 63 f.

[8] Zum Sängerberuf vgl. Fritz Martini, Sänger und Gesang. Mythos, Poetik und Geschichte. Ein Kapitel deutscher Literaturgeschichte zwischen Klopstock und Heine, in: Goethe-Jahrbuch 101 (1984), S. 141–145.

[9] Friedrich Gottlieb Klopstock, Ausgewählte Werke, hrsg. von Karl August

Schleiden, München (1962), S. 30: „daß er einsam / Unter dem himmlischen Schatten dichte" (V. 10 f). – Nach dieser Ausgabe wird fortlaufend im Text zitiert.

[10] Ebd.: „Daß diesem Ort kein schwatzender Prediger, / Kein wandelloser Christ, der Propheten selbst / Nicht fühlt, sich nahe" (V. 21–23).

[11] Vgl. Helmut Pape, Die gesellschaftlich-wirtschaftliche Stellung Friedrich Gottlieb Klopstocks, Diss. Bonn 1960; ders., Klopstocks Autorenhonorare und Selbstverlagsgewinne, Frankfurt a. M. 1969.

[12] Vgl. die auch hier zu zitierende Arbeit von Hans J. Haferkorn, Zur Entstehung der bürgerlich-literarischen Intelligenz und des Schriftstellers in Deutschland zwischen 1750 und 1800, in: Bernd Lutz (Hrsg.), Deutsches Bürgertum und literarische Intelligenz 1750–1800, Stuttgart 1974 (= Literaturwissenschaft und Sozialwissenschaften 3), S. 113–275; Peter Rühmkorf, Walther von der Vogelweide, Klopstock und ich, Reinbek 1975 (= das neue buch), S. 81 ff., hat diese „Interdependenzen von ökonomischen Fundamentalerschütterungen und nervösem Überbaugeflacker" (S. 85) mit modernem Vokabular und auf das eigene Dichter-Ich bezogen dargestellt; vgl. auch: Harro Zimmermann, Freiheit und Geschichte. Friedrich Gottlieb Klopstock als historischer Dichter und Denker, Heidelberg 1987.

[13] Klopstock, Ausgewählte Werke, S. 20: ›Auf meine Freunde‹ (V. 271 f.).

[14] V. 192: „Trunknes, poetisches Auge".

[15] Zum Beispiel V. 257–259.

[16] Vgl. Jochen Schmidt, Die Geschichte des Genie-Gedankens, S. 179 ff.

[17] Klopstock, V. 19 f.: „Des spott' ich, der es [= mein Lied] unbegeistert, / Richterisch und philosophisch höret."

[18] Vgl. Günter Peters, Der zerrissene Engel. Genieästhetik und literarische Selbstdarstellung im achtzehnten Jahrhundert, Stuttgart 1982 (= Studien zur Allgemeinen und Vergleichenden Literaturwissenschaft 24).

[19] So Werner, Klopstock und sein Dichterberuf, S. 35, der S. 34–36 eine ausgezeichnete Zusammenfassung gibt.

[20] Vgl. dazu Ulrich Dzwonek/Claus Ritterhoff/Harro Zimmermann, Bürgerliche Oppositionsliteratur zwischen Revolution und Reformismus. F. G. Klopstocks ›Deutsche Gelehrtenrepublik‹ und Bardendichtung als Dokumente der bürgerlichen Emanzipationsbewegung in der zweiten Hälfte des 18. Jahrhunderts, in: Bernd Lutz (Hrsg.), Deutsches Bürgertum und literarische Intelligenz 1750–1800, Stuttgart 1974 (= Literaturwissenschaft und Sozialwissenschaften 3), S. 277–328.

[21] So König Ludwig I. in seinem eigenhändig verfaßten Katalog ›Walhalla's Genossen‹, München ²1842, S. 236.

[22] Zur denkmalgeschichtlichen Einordnung Klopstocks vgl. Rolf Selbmann, Dichterdenkmäler in Deutschland. Literaturgeschichte in Erz und Stein, Stuttgart 1988, S. 45 ff.

[23] Michael Müller/Horst Bredekamp (Hrsg.), Autonomie der Kunst. Zur Genese und Kritik einer bürgerlichen Kategorie, Frankfurt a. M. 1972.

[24] Goethe, Berliner Ausgabe, Bd. 13, S. 429 f.

[25] Vgl. Elisabeth Frenzel, Stoffe der Weltliteratur. Ein Lexikon dichtungsgeschichtlicher Längsschnitte, Stuttgart ⁷1988 (= Kröners Taschenausgabe 300), S. 622–627; Oskar Walzel, Das Prometheussymbol von Shaftesbury zu Goethe, München ²1932 (zuerst Leipzig 1910); zuletzt Eberhard Lämmert, Die Entfesselung des Prometheus.

Selbstbehauptung und Kritik der Künstlerautonomie von Goethe bis Gide, in: Werner Wunderlich (Hrsg.), Literarische Symbolfiguren, S. 17–36, mit neuerer Literatur.

26 Vgl. Edith Braemer, Goethes Prometheus und die Grundposition des Sturm und Drang, Weimar 1959.

27 Vgl. Peter Müller, Goethes ›Prometheus‹. Sinn- und Urbild bürgerlichen Emanzipationsanspruchs, in: Weimarer Beiträge 22 (1976), S. 52–82.

28 Darauf weist hin Horst Thomé, Tätigkeit und Reflexion in Goethes ›Prometheus‹. Umrisse einer Interpretation, in: Karl Richter (Hrsg.), Gedichte und Interpretationen 2, Aufklärung und Sturm und Drang, Stuttgart 1983, S. 427 f.

29 Thomas Metscher, ›Prometheus‹. Zum Verhältnis von bürgerlicher Literatur und materieller Produktion, in: Bernd Lutz (Hrsg.), Deutsches Bürgertum und literarische Intelligenz 1750–1800, Stuttgart 1974 (= Literaturwissenschaft und Sozialwissenschaften 3), S. 385–543.

30 Vgl. Karl Otto Conrady, Johann Wolfgang von Goethe: Prometheus. in: Die deutsche Lyrik. Form und Geschichte, hrsg. von Benno von Wiese, Band 1, Düsseldorf 1962, S. 220.

31 So Thomé, Tätigkeit und Reflexion, S. 434.

32 In Anlehnung an das grundlegende Buch von Hans Blumenberg, Arbeit am Mythos. Frankfurt a. M. 1979; für die Folgezeit vgl. Rudolf Drux, Dichter und Titan. Der poetologische Bezug auf den Prometheus-Mythos in der Lyrik von Goethe bis Heine, in: Heine-Jahrbuch 25 (1986), S. 11–26.

33 Blumenberg, Arbeit am Mythos, S. 374 ff. und S. 417 ff.

34 Vgl. ebd., S. 441.

35 Ebd., S. 451.

36 Vgl. ebd., S. 544 ff.

37 Am kürzesten, freilich nur chronologisch, nicht systematisch dargestellt bei Dieter Bremer, Griechische Paradigmen in der neuzeitlichen Autonomieästhetik. Zum Verhältnis von poetischer und ästhetischer Realität, in: Wolfgang Wittkowski (Hrsg.), Revolution und Autonomie, S. 157–161.

38 Goethe selbst in einem Brief von 1773, zit. nach Hans Blumenberg, Arbeit am Mythos, S. 439.

39 Vgl. ebd., S. 442.

40 Goethe, Berliner Ausgabe, Band 13, S. 687.

41 Vgl. Hans Blumenberg, Arbeit am Mythos, S. 442.

42 Ebd., S. 504 ff.; dieser Strang ist für unsere Zwecke ohne Belang.

43 Goethe, Dichtung und Wahrheit, Berliner Ausgabe, Band 13, S. 687.

44 Ebd., S. 686.

45 Ebd., S. 686 und weitere Belegstellen ebd., S. 685: „so ist doch immer das Final, daß der Mensch auf sich zurückgewiesen wird"; S. 686: „Ich trete die Kelter allein!"; „abgesondert von den Göttern"; „Meine Sachen […] waren Kinder der Einsamkeit".

46 Ebd., S. 686.

47 Ebd., S. 686 f.

48 Brief Goethes an Zelter vom 11. Mai 1820, zit. nach: Hans Blumenberg, Arbeit am Mythos, S. 460.

49 So Bremer, Griechische Paradigmen, S. 159.

50 Goethe, Dichtung und Wahrheit, Berliner Ausgabe, Band 13, S. 687.

[51] Vgl. Jochen Schmidt, Die Geschichte des Genie-Gedankens, S. 197–199.

[52] Goethe, Prometheus, Berliner Ausgabe, Band 1, S. 327.

[53] Vgl. Jochen Schmidt, Die Geschichte des Genie-Gedankens, S. 264 ff.

[54] Goethe, Dichtung und Wahrheit, Berliner Ausgabe, Band 13, S. 686.

[55] Ebd., S. 688.

[56] Goethe, Berliner Ausgabe, Band 5, S. 478.

[57] Ebd., S. 479, dann identisch.

[58] Ebd., S. 487.

[59] Goethe, Dichtung und Wahrheit, Berliner Ausgabe, Band 13, S. 687.

[60] Vgl. Gen. 1, 26 f.: „ein Bild, das uns gleich sei"; „ihm zum Bilde, zum Bilde Gottes".

[61] Vgl. die Regieanweisung, Berliner Ausgabe, Band 5, S. 485: „in seiner Werkstatt".

[62] Daß die Moderne die menschliche Existenz eher als sinnloses Ausharren im Mythos des Sisyphus (wie etwa bei Camus) denn als hoffnungsfrohes Aufbegehren Prometheus' begreift, bleibt als epochale Differenz (wenigstens im Exkurs) anzumerken.

[63] Goethe, Dichtung und Wahrheit, Berliner Ausgabe, Band 13, S. 687.

[64] C. M. Wieland, Sendschreiben an einen jungen Dichter, in: ders., Sämmtliche Werke, Band 24, Leipzig 1796 (= Reprint Hamburg 1984), S. 3. – Nach dieser Ausgabe wird fortlaufend im Text zitiert.

[65] Wolfdietrich Rasch, ›Torquato Tasso‹. Die Tragödie des Dichters, Stuttgart 1954, S. 23–25.

[66] Klaus Manger, Wieland, der klassische Nationalautor, in: Gunter E. Grimm (Hrsg.), Metamorphosen des Dichters, S. 75.

[67] Ebd., S. 8.: „die beynahe ekstatische Entzückung".

[68] Ebd.: „alles dieß kam bey mir dem Unterrichte zuvor".

[69] Ebd., S. 9: „Alles dies war, von Wort zu Wort, vor fünf und dreyßig Jahren mein eigner Fall".

[70] Ebd., S. 10: „so entschiedenen Naturberuf", „Merkmahl eines wahren Talents".

[71] Ebd., S. 10: „ganz Dichter und also für alle andre Lebensarten verloren".

[72] Ebd., S. 11: „daß Plutus zu ihrem Plan hätte beygezogen werden müssen".

[73] Ebd., S. 12: „Aber die Verse, die man so nach Dessau in Verlag schickt, sind denn freylich auch darnach".

[74] Ebd.: „Wer nur alsdann Verse macht, wenn er sonst auf der Gotteswelt nichts zu thun weiß".

[75] Vgl. dazu nochmals Hans J. Haferkorn, Zur Entstehung der bürgerlich-literarischen Intelligenz, S. 113–275; dazu Herbert Jaumann, Emanzipation als Positionsverlust. Ein sozialgeschichtlicher Versuch über die Situation des Autors im 18. Jahrhundert, in: LiLi 11, Heft 42: Der Autor (1981), S. 48 f.

[76] Wieland, Sendschreiben, S. 17 f.: „Nein, Gold und Zuckermandeln, / Konfekte, Wein und Ordensband / Sind unser einem nur dem Nahmen nach bekannt."

[77] Zum Begriff vgl. Jürgen Habermas, Strukturwandel der Öffentlichkeit. Untersuchungen zu einer Kategorie der bürgerlichen Gesellschaft, Neuwied ^{5}1971.

[78] Wieland, Sendschreiben, S. 21: „Zu diesen Künsten hat ungefähr jedermann einen Maßstab, und kann, mehr oder weniger, ziemlich richtig beurtheilen".

[79] Ebd., S. 28: „ohne von einer *Clique* zu seyn, ohne Schüler gemacht, ohne seinen Ruhm den dermahligen Potentaten in der Gelehrten-Republik zu Lehen aufgetragen,

ohne hinwieder angehende Schriftstellerchen in seine Klientel aufgenommen und sich in ihnen einen rüstigen Anhang gemacht zu haben".

[80] Ebd., S. 33: „Die lesende Welt will auf allerley Art ergetzt und unterhalten seyn; sie liebt die Mannigfaltigkeit."

[81] Ebd., S. 34: „Auch in der leichtesten und kunstlosesten Gattung, die kaum etwas andres Poetisches hat als die Lebhaftigkeit des Ausdrucks und den Reim, ist Witz oder Laune oder glückliche Ejakulazion eines augenblicklichen Gefühls genug, einen Verfasser der Nazion lieb und schätzbar zu machen."

[82] Ebd., S. 34. – Man vgl. die sprechenden Begriffe aus der Sphäre des Ökonomischen: „verdienen", „bereichern", „Preise", „billiger Weise".

[83] Vgl. Formulierungen wie ebd., S. 35: „weil es Unsinn wäre, von den Menschen mehr zu erwarten als sie zu geben haben." S. 36: „daß ich mit meinem Loose in jeder Betrachtung zufrieden bin".

III. Die gerettete Autonomie und die neue Einsamkeit des Dichters

[1] Zur Entwicklung von Goethes Dichterberuf vgl. Wolfdietrich Rasch, ›Torquato Tasso‹. Die Tragödie des Dichters, Stuttgart 1954, S. 30 ff.

[2] Brief vom 20. März 1789 an Herder, zit. nach: Goethe, Berliner Ausgabe, Band 7, S. 956. – Nach dieser Ausgabe wird fortlaufend im Text mit Verszählung zitiert.

[3] Brief an Herzog Karl August vom 28. 3. 1788, zit. nach ebd., S. 957.

[4] Gespräch mit Eckermann vom 6. 5. 1827, zit. nach ebd., S. 956.

[5] Zuletzt Günter Niggl, Lied und Tat. Die Frage der Kunstautonomie in Goethes Schauspiel ›Torquato Tasso‹, in: Wolfgang Wittkowski (Hrsg.), Revolution und Autonomie, S. 89–100.

[6] Nach dem Titel des Buches von Gerhard Neumann, Konfiguration. Goethes ›Torquato Tasso‹, München 1965.

[7] Vgl. Walter Hinderer, Torquato Tasso, in: ders. (Hrsg.), Goethes Dramen. Neue Interpretationen, Stuttgart 1980, S. 191 f., der noch weitere auflistet.

[8] Gabriele Girschner, Zum Verhältnis zwischen Dichter und Gesellschaft in Goethes ›Torquato Tasso‹, in: Goethe-Jahrbuch 101 (1984), 243 ff.

[9] So Gerhard Kaiser, Der Dichter und die Gesellschaft in Goethes ›Torquato Tasso‹, in: ders., Wanderer und Idylle. Goethe und die Phänomenologie der Natur in der deutschen Dichtung von Geßner bis Gottfried Keller, Göttingen 1977, S. 192, der darin gerade das Symbolhafte des Stücks sieht.

[10] Goethe, Berliner Ausgabe, Band 5, S. 487.

[11] Goethe, Artemis-Gedenkausgabe, Band 12, S. 423 f.

[12] Herzog: „Laß zwischen dich und dein Gedicht / Mich als Vermittler treten" (V. 3030 f.); Tasso über Leonore: „Und die verschmitzte kleine Mittlerin!" (V. 3352).

[13] V. 551: „Wie gleiches Streben Held und Dichter bindet."

[14] V. 1327–1329: „zeige mir den Helden" / „den Dichter stell mir vor".

[15] Vgl. Paul Raabe, Lorbeerkranz und Denkmal. Wandlungen der Dichterhuldigung in Deutschland, in: Festschrift für Klaus Ziegler, hrsg. von Eckehard Catholy und Winfried Hellmann, Tübingen 1968, S. 411–426. – Die Bekränzungsszene und den Lor-

beer als Symbol haben fast alle Interpreten zum Ausgangspunkt oder zum Zentrum ihrer Analyse gemacht. Vgl. Wolfdietrich Rasch, ›Torquato Tasso‹, S. 104 ff.

16 Vgl. Lieselotte Blumenthal, Arkadien in Goethes ›Tasso‹, in: Goethe N. F. 21 (1959), S. 15 f.

17 V. 667: „Er schätzt die Kunst, sofern sie ziert".

18 V. 713–715: „So hüllt er alles [...] / Ins blühende Gewand der Fabel ein."

19 V. 718: „Fürs wahre Gute".

20 V. 722 f.: „wunderlich umgaukelt / Vom losen Spiel der Amoretten."

21 V. 724: „bunte Wunderfische".

22 V. 730: „erhabne Sprüche tönen".

23 V. 733: „doch im schönsten Takt sich mäßig hält".

24 Vgl. dazu: Hans Rudolf Vaget, Um einen Tasso von außen bittend. Kunst und Dilettantismus am Musenhof von Ferrara, in: DVjs 54 (1980), S. 247 ff.

25 V. 2923: „Sein Talent kann niemand sehen".

26 V. 2133 f.: „Er fordert das Unmögliche von sich, / Damit er es von andern fordern dürfe."

27 Vgl. V. 391: „Du überraschest mich mit deiner Gabe".

28 V. 3306: „Du hast den Sklaven wohl gekettet".

29 Vgl. V. 2868: „Wie sehr ich ihn geschont".

30 V. 3030 f.: „Laß zwischen dich und zwischen [!] dein Gedicht / Mich als Vermittler treten".

31 Die Forschung schreibt dieses Verständnis zumeist der Prinzessin zu, weil diese dem Dichter Tasso näherstehe, vgl. dazu unten.

32 V. 175 f.: „Allein mir scheint auch ihn das Wirkliche / Gewaltsam anzuziehn und festzuhalten."

33 Ganz anders Günter Niggl, Lied und Tat. Die Frage der Kunstautonomie in Goethes Schauspiel ›Torquato Tasso‹, in: Wolfgang Wittkowski (Hrsg.), Revolution und Autonomie, S. 91, der auf die höfische Bindung und (historische) Rückständigkeit der Poesievorstellungen Leonores hinweist.

34 Auch dies sollte davor warnen, solche Aussagen als isolierbare Botschaften des Dramas aufzufassen, vgl. Lawrence Ryan, Die Tragödie des Dichters in Goethes ›Torquato Tasso‹, in: Schiller-Jahrbuch 9 (1965), S. 288 f., der Zweifel am Wahrheitsgehalt und der Deutbarkeit der Aussagen Leonores anmeldet.

35 V. 2140: „Er schadet andern nicht, er schadet sich."

36 Wolfdietrich Rasch, ›Torquato Tasso‹, lobt ihre „stille Kraft der Entsagung" (S. 153) und ihren „hohen menschlichen Rang" (S. 155); noch Jochen Schmidt, Die Geschichte des Genie-Gedankens, betont ihre „besondere innere Nähe zum Dichter und zum Dichterischen" (S. 244). Dagegen stehen die berechtigten Zweifel von Lawrence Ryan, Die Tragödie des Dichters, der sogar von einer „gegenseitigen Verkennung" (S. 303) spricht; allerdings sei die Prinzessin „eine Art Folie zu Tasso" (S. 316).

37 Vgl. auch V. 996–1002.

38 V. 995: „Erlaubt ist, was gefällt."

39 V. 1159: „bildend soll sie mich besitzen".

40 V. 1815: „leben sollt ich, leiden". Diese Denkform der Ineinssetzung dauert selbst nach der Genesung noch an, vgl. V. 1819: „Ich bin gesund, das heißt, ich bin nicht krank".

[41] V. 1808 f.: „ich unterhielt / Mich mit mir selbst".

[42] Vgl. Hans Rudolf Vaget, Um einen Tasso von außen bittend, der Leonore und die Prinzessin unter dieser Perspektive gegenüberstellt; jene treibe Selbstbespiegelung, diese den Selbstgenuß der Poesie (S. 246).

[43] Vgl. Gerhard Neumann, Konfiguration, S. 122 f.

[44] Vgl. Helmut Koopmann, Dilettantismus. Bemerkungen zu einem Phänomen der Goethezeit, in: Helmut Holtzhauer/Bernhard Zeller (Hrsg.), Studien zur Goethezeit. Festschrift für Lieselotte Blumenthal, Weimar 1968, S. 178–208.

[45] V. 3164: „Erkenne die Gefahr, in der du schwebst!"

[46] V. 930: „Der Mensch ist nicht geboren, frei zu sein".

[47] Vgl. V. 2555: „Die Willkür macht mich frei, wie sie mich band"; V. 2586: „Du brachtest mir die Freiheit wieder"; V. 2692: „Du hast mich frei erklärt".

[48] So die Titel der Arbeiten von Benno von Wiese, Die deutsche Tragödie von Lessing bis Hebbel, Hamburg 1948; Wolfdietrich Rasch, ›Torquato Tasso‹. Die Tragödie des Dichters, Stuttgart 1954 und Lawrence Ryan, Die Tragödie des Dichters in Goethes ›Torquato Tasso‹, in: Schiller-Jahrbuch 9 (1965), S. 281–322.

[49] Diese Fünfgliederung korrespondiert nicht mit der Viergliederung bei Günter Niggl, Lied und Tat. Die Frage der Kunstautonomie in Goethes Schauspiel ›Torquato Tasso‹, in: Wolfgang Wittkowski (Hrsg.), Revolution und Autonomie, S. 92–95, der Tassos Dichterberuf zu einseitig aus der Perspektive der höfischen Gesellschaft sieht; z. B. stehe „eine Halt- und Maßlosigkeit Tassos der Welt und den Freunden [!] gegenüber, die nun auch zur gesellschaftlichen Selbstverbannung des Dichters führen muß" (S. 96).

[50] V. 404: „Wenn die Natur der Dichtung holde Gabe / Aus reicher Willkür freundlich mir geschenkt".

[51] V. 436 f.: „als wärest du / Mein Genius".

[52] V. 444 f.: „Euch zu gefallen", „Euch zu ergötzen".

[53] V. 536 f.: „ich sehe / Elysium".

[54] Vgl. V. 532–537: „wunderbar", „Zauberfläche".

[55] V. 545 f.: „O säh ich die Heroen, die Poeten / Der alten Zeit um diesen Quell versammelt!"; V. 551: „Wie gleiches Streben Held und Dichter bindet."

[56] V. 750 ff.: „unsicher", „Gedanken ohne Maß", „die neu erregten Zweifel" usw.

[57] V. 793: „Um einen großen, einzig klugen Mann", V. 826: „Das eine, schmale, meerumgebne Land"; V. 890: „Mit einem Blick"; V. 896: „eine Perle"; V. 952: „von einem Mann".

[58] V. 943 f.: „Er besitzt, / Ich mag wohl sagen, alles, was mir fehlt."

[59] Diese Opposition von Held und Dichter (vgl. Heinz Schlaffer, Der Bürger als Held. Sozialgeschichtliche Auflösungen literarischer Widersprüche, Frankfurt a. M. 1973 [= edition suhrkamp 624], bes. S. 27 ff.) wird sich schon mit dem Beginn des 19. Jahrhunderts in die Parallele von Fürst und Dichter verschieben (vgl. Kap. V, 2).

[60] Vor allem Antonios V. 1317 f.: „ich blicke tief dir in das Herz und kenne / Fürs ganze Leben dich"; 1417; V. 1476: „Du kennst ihn nicht und wirst ihn niemals kennen!" u. ö.

[61] So Benno von Wiese, Die deutsche Tragödie von Lessing bis Hebbel, Hamburg 1948, S. 63; vgl. auch: Wolfdietrich Rasch, ›Torquato Tasso‹, S. 125 ff.: „Tassos Wahn und die Wirklichkeit".

[62] So Günter Niggl, Lied und Tat. Die Frage der Kunstautonomie in Goethes Schauspiel ›Torquato Tasso‹, in: Wolfgang Wittkowski (Hrsg.), Revolution und Autonomie, S. 95, Tasso stoße hier zum „Wesen seiner Künstlerexistenz" vor.

[63] Wie Lawrence Ryan, Die Tragödie des Dichters, S. 316 meint, der im Bild des sich einspinnenden Seidenwurms die Vorstufe einer Wiedergeburt des Dichters nach der Verpuppungsphase sieht.

[64] So etwa Rasch, ›Torquato Tasso‹, S. 165 ff., der solche Einsichten Antonios ebenso unterstellt wie Horst Nahler (Dichtertum und Moralität in Goethes ›Torquato Tasso‹, in: Helmut Holtzhauser/Bernhard Zeller [Hrsg.], Studien zur Goethezeit. Festschrift für Lieselotte Blumenthal, Weimar 1968) S. 293 oder Jochen Schmidt, Die Geschichte des Genie-Gedankens, S. 243, der sogar von einer beiderseitigen Erkenntnis und Anerkenntnis des jeweils anderen ausgeht.

[65] V. 3293: „Wir haben nichts, womit wir das vergleichen" und V. 3423–3426: „Stellt sich kein edler Mann mir vor die Augen / [...] Damit ich mich mit ihm vergleichend fasse? / Nein, alles ist dahin!"

[66] Vgl. Lawrence Ryan, Die Tragödie des Dichters, S. 312 f.

[67] Goethe, Berliner Ausgabe, Band 1, S. 497.

[68] Thomas Mann, Tonio Kröger, in: Die Erzählungen, Erster Band, Frankfurt a. M. 1967, S. 256.

[69] Ebd., S. 31.

[70] In diesem Sinn bezeichnet Rasch, ›Torquato Tasso‹, Antonio mit Recht als „Symbol der Wirklichkeit" (S. 177).

[71] Rasch, ›Torquato Tasso‹, S. 178 sieht einen „Sprung von Bild zu Bild", da nur so Tassos Wesen ausgedrückt werden könne.

[72] Diese ehemalige „Ruhe" der Welle wird ausdrücklich zweimal genannt, vgl. V. 3443 und 3445.

[73] Auch der „Sturm" wird zweimal genannt, vgl. V. 3435 und 3440.

[74] Bis hierher ähnlich Lawrence Ryan, Die Tragödie des Dichters, S. 310 f.

[75] Genau dort, wo es einmal auftaucht, ist auch seine Identität mit der Welle in Frage gestellt: „Ich scheine nur die sturmbewegte Welle" (V. 3435).

[76] Vgl. dazu grundlegend Hans Blumenberg, Schiffbruch mit Zuschauer. Paradigma einer Daseinsmetapher, Frankfurt a. M. 1979 (= suhrkamp taschenbuch wissenschaft 289), hier S. 56, dessen Buchtitel auch die Überschriften beider Abschnitte begründet; vgl. auch Gerhard Neumann, Konfiguration, S. 149 ff. und umfassendes Material S. 198 ff.; sowie Lawrence Ryan, Die Tragödie des Dichters, S. 311 f.

[77] Das letzte Wort des Dramas ist nicht das Scheitern, wie Rasch, ›Torquato Tasso‹, S. 170 und andere Interpreten meinen; Richtigstellung durch Lawrence Ryan, Die Tragödie des Dichters, S. 283.

[78] Hugo von Hofmannsthal, Unterhaltung über den ›Tasso‹ von Goethe, in: ders., Gesammelte Werke in zehn Bänden, hrsg. von Bernd Schoeller, Band 7: Erzählungen, erfundene Gespräche und Briefe, Reisen, Frankfurt a. M. 1979, S. 526.

[79] Walther Rehm, Orpheus. Der Dichter und die Toten, Düsseldorf 1950, S. 225 ff.; Joachim Rosteutscher, Hölderlins Ode ›Dichterberuf‹. Zum Hintergrund des literarischen Lebens bei Hölderlins Dichterberuf und die Frage der Auffassung vom Beruf des Dichters überhaupt, in: Deutsche Akademie für Sprache und Dichtung, Darmstadt,

Jahrbuch 1962, S. 62–75; vgl. Gerhard Kurz, Der deutsche Schriftsteller: Hölderlin, in: Gunter E. Grimm (Hrsg.), Metamorphosen des Dichters, S. 120–134.

80 Vgl. Bernhard Böschenstein, Hölderlins Dionysoshymne ›Wie wenn man Feiertage ...‹, in: ders., „Frucht des Gewitters". Hölderlins Dionysos als Gott der Revolution, Frankfurt a. M. 1989, S. 133 f.; Jochen Schmidt, Die Geschichte des Genie-Gedankens, S. 420 ff.; zuletzt die Interpretation von Gerhard Kaiser, Geschichte der deutschen Lyrik von Goethe bis Heine. Ein Grundriß in Interpretationen, Zweiter Teil, Frankfurt a. M. 1988 (= Suhrkamp Taschenbuch 2087), S. 475–485.

81 Vgl. Bernhard Böschenstein, „Frucht des Gewitters", der diesen Zug im Gesamtwerk Hölderlins untersucht.

82 Zu den verschiedenen Fassungen vgl. unten; hier auch Beißner, Stuttgarter Ausgabe II, 483 sowie Guido Schmidlin, Hölderlins Ode ›Dichterberuf‹. Eine Interpretation, Bern 1958, S. 34.

83 Vgl. Böschenstein, ›Wie wenn am Feiertage ...‹, S. 114; Maria Behre, „Des dunkeln Lichtes voll". Hölderlins Mythokonzept Dionysos, München 1987, S. 214–216.

84 Der Beschreibungsliteratur erteilt Hölderlin schon in ›An die jungen Dichter‹ eine deutliche Absage: „lehrt und beschreibt nichts!" Frankfurter Ausgabe, hrsg. von D. E. Sattler, Band 5: Oden II, Frankfurt a. M. 1984, S. 524; andere Ausgaben haben hier: „lehrt und beschreibet nicht!"

85 Die Hs. nennt sogar noch „Tugend" und Wissenschaft": Frankfurter Ausgabe, Band V, S. 548.

86 Vgl. Bernhard Böschenstein, Klopstock als Lehrer Hölderlins. Die Mythisierung von Freundschaft und Dichtung, in: ders., Leuchttürme. Von Hölderlin zu Celan. Wirkung und Vergleich. Studien, Frankfurt a. M. 1977, S. 44–63.

87 Den Gegensatz hebt besonders hervor Walter Müller-Seidel, Hölderlins Ode ›Dichterberuf‹. Zum schriftstellerischen Selbstverständnis um 1800, in: ders., Die Geschichtlichkeit der deutschen Klassik. Literatur und Denkformen um 1800, Stuttgart 1983, S. 199 f.

88 Friedrich Beißner, Stuttgarter Ausgabe, S. 484 weist darauf hin, daß der Griff in die Locken aus der biblischen Berufung der Propheten entlehnt ist.

89 In ›Wie wenn am Feiertage ...‹ empfangen die Dichter „unter Gottes Gewittern" „des Vaters Stral".

90 Die Handschrift hat für „Neulich": „In dieser Zeit" (vgl. Frankfurter Ausgabe, Band V, S. 555).

91 Die Verweigerung Hölderlins gegenüber beiden Extremen, nämlich ohne Rücksicht auf die Zeitereignisse einfach weiterzudichten oder sich der Zeitdichtung völlig hinzugeben, enthält auch das bekannte ›Hälfte des Lebens‹, wenn man es als poetologisches Gedicht liest, vgl. meinen Aufsatz: „Zur Blindheit über-redete Augen". Hölderlins ›Hälfte des Lebens‹ mit Celans ›Tübingen, Jänner‹ als poetologisches Gedicht gelesen, in: Schiller-Jahrbuch 36 (1992), S. 219–228.

92 Die Handschrift hat noch schärfer für „feil": „mit schnödem Gold" (Frankfurter Ausgabe, Band V, S. 549); vgl. auch Beißner, Stuttgarter Ausgabe, Band II, S. 485.

93 Wie Walter Müller-Seidel, Hölderlins Ode ›Dichterberuf‹, S. 202, Anm. 32 mit Recht abwehrt.

94 Die Handschrift hat zwei Verse zuvor für „die Gegenwart des Guten übereilest" nochmals „Spiel und Schmach" (Frankfurter Ausgabe, Band V, S. 555).

[95] Ohne hier näher auf Schillers Ästhetik einzugehen: Gerade über den Spielbegriff seiner ›Briefe‹ bindet Schiller ja sein ästhetisches Programm an eine allgemein menschliche Bildungsidee, die den Weg zur Vernunft über die ästhetische Bildung nimmt. Hölderlin wendet sich in seiner Darstellung nicht nur bloß an den (vereinzelten) Dichter, sondern vor allem auch gegen *jede* Funktionalisierung (vgl. seine negative Wertung finaler Aussagen wie z. B.: „Den Geist zu Diensten brauchst", „zu Spiel und Schmach", „zum Spiele / Feil", „verbraucht / Die Gütigen, zur Lust").

[96] Man hat die scharfen Formulierungen als deutliche Wissenschaftskritik gelesen, vgl. Walter Müller-Seidel, Hölderlins Ode ›Dichterberuf‹, S. 203 f.

[97] Nicht zufällig sind die Gedichtanfänge von ›Blödigkeit‹ und der beiden Fassungen von ›Dichtermut‹ identisch!

[98] Frankfurter Ausgabe, Band V, S. 546.

[99] Ebd., S. 547.

[100] In diesem Zusammenhang ist es gleichgültig, ob man die Epitheta auf den Dichter (so mit der Handschrift Beißner [Stuttgarter Ausgabe, Band II, S. 483]) oder auf Rousseau (vgl. Müller-Seidel, Hölderlins Ode ›Dichterberuf‹, S. 196) bezieht.

[101] Frankfurter Ausgabe, Band V, S. 418.

[102] Vgl. Müller-Seidel, Hölderlins Ode ›Dichterberuf‹, S. 197 f., der Hölderlins Briefkritik vom 16. November 1799, da „Buonaparte eine Art Dictator geworden ist", zitiert; vgl. auch Bernhard Böschenstein, Geschehen und Gedächtnis. Hölderlins Hymnen ›Wie wenn am Feiertage ...‹ und ›Andenken‹, in: ders., „Frucht des Gewitters". Hölderlins Dionysos als Gott der Revolution, Frankfurt a. M. 1989, S. 143 ff.

[103] Frankfurter Ausgabe, Band V, S. 558.

[104] Ebd., S. 561; vgl. auch Beißner, Stuttgarter Ausgabe, Band II, S. 48.

[105] Vgl. Böschenstein, ›Wie wenn am Feiertage ...‹, S. 134.

[106] Vgl. Beißner, Stuttgarter Ausgabe, Band II, S. 485 f.

IV. Romantische Dichter und arme Poeten

[1] Novalis, Werke, Tagebücher und Briefe Friedrich von Hardenbergs, hrsg. von Hans-Joachim Mähl und Richard Samuel, Band 1: Das dichterische Werk, Tagebücher und Briefe, München 1978, S. 732. – Nach dieser Ausgabe wird fortlaufend im Text zitiert.

[2] Vgl. Hans-Joachim Mähl, Novalis' Wilhelm-Meister-Studien des Jahres 1797, in: Neophilologus 47 (1963), S. 286–305; Hans-Joachim Beck, Friedrich von Hardenbergs „Oeconomie des Styls". Die ›Wilhelm-Meister‹-Rezeption im ›Heinrich von Ofterdingen‹ (Diss. Tübingen 1956), Bonn 1976.

[3] Ebd., II, S. 385: „Meister ist reiner Roman".

[4] Ebd., II, S. 414: „Göthe wird und muß übertroffen werden". – Zur Spannung von Autorrolle und Schriftstellerexistenz bei Novalis vgl. jetzt Ulrich Stadler, Friedrich von Hardenberg / Novalis. Ein Autor, der mehr sein möchte als bloß Poet, in: Gunter E. Grimm (Hrsg.), Metamorphosen des Dichters, S. 135–150.

[5] Ebd., II, S. 561, vgl. auch weitere Charakterisierungen wie: „Künstlerischer Atheismus", „undichterisch im höchsten Grade", „Satire auf die Poesie" usw.

[6] Für die Forschung ist damit die Frage angeschnitten, ob der ›Ofterdingen‹ ein

'echter' Bildungsroman ist oder nicht. Für Richard Samuel (Heinrich von Ofterdingen, in: Benno von Wiese [Hrsg.]), Der deutsche Roman. Vom Barock bis zur Gegenwart. Struktur und Geschichte, Band I, Düsseldorf 1963) hat der Roman eine „eigentümliche Stellung innerhalb dieser Gattung" (S. 298), während Johannes Mahr (Übergang zum Endlichen. Der Weg des Dichters in Novalis' ›Heinrich von Ofterdingen‹, Diss. Würzburg 1968, München 1969) ihn mangels Zielvorgabe ausschließt (S. 24); Jürgen Jacobs/Markus Krause (Der deutsche Bildungsroman. Gattungsgeschichte vom 18. bis zum 20. Jahrhundert, München 1989) behandeln den ›Ofterdingen‹ zwar als Bildungsroman (S. 102–117), artikulieren jedoch vorsichtige Zweifel; Gerhart Mayer, Der deutsche Bildungsroman. Von der Aufklärung bis zur Gegenwart, Stuttgart 1992, S. 87 ff.; vgl. meine Zusammenfassung in: Der deutsche Bildungsroman, Stuttgart ²1994, S. 85–88.

[7] Ebd.: „Ich glaubte, ich wäre wahnsinnig". – Die immer wiederkehrende, syntaktisch verzwickte Vergleichsstruktur, bei der eine geistig-seelische Vorstellung mit einer im grammatikalischen Irrealis, inhaltlich aber im Potentialis gehaltenen Erfahrung verbunden ist, trägt nicht wenig dazu bei.

[8] Ebd., S. 242. – Die von Novalis auch anderweitig häufig verwendete Flüssigkeitsmetaphorik wäre hierbei zu berücksichtigen.

[9] Vgl. Johannes Mahr, Übergang zum Endlichen, S. 48 f.

[10] Ebd., S. 375: „Ich weis selbst nicht, erwiederte Heinrich, was Erziehung heißt".

[11] Vgl. dazu Friedrich A. Kittler, Die Irrwege des Eros und die „absolute Familie". Psychoanalytischer und diskursanalytischer Kommentar zu Klingsohrs Märchen in Novalis' ›Heinrich von Ofterdingen‹, in: Bernd Urban/Winfried Kudszus (Hrsg.), Psychoanalystische und psychopathologische Literaturwissenschaft, Darmstadt 1981, S. 421–470.

[12] So wenigstens vermuten die Kaufleute in ihrer Spekulation „um die Geheimnisse der Dichter" (I, S. 254 f.): „Es mag wohl wahr seyn, daß eine besondere Gestirnung dazu gehört, wenn ein Dichter zur Welt kommen soll".

[13] Ebd., S. 245: „eine Flasche Wein".

[14] Ebd., S. 244. – Ernst Behler (Der Roman der Frühromantik, in: Helmut Koopmann [Hrsg.], Handbuch des deutschen Romans, Düsseldorf 1983) verharmlost die Notwendigkeit des Alkoholrausches für den Dichter als „Erziehung zur Sinnlichkeit, zu den Freuden der Liebe, des Weins, Gesangs" (S. 299).

[15] So der Kommentar: Novalis, Werke, Band III, S. 168 f.

[16] Ebd., vgl. auch S. 324: Klingsohr „lockte allmählich seine ganze Seele auf die Lippen".

[17] Ebd., S. 324: „Das erste und einzige Fest meines Lebens, sagte Heinrich zu sich selbst".

[18] Ebd., S. 254. – Zu Heinrichs Dichterwerdung vgl. auch Walther Rehm, Orpheus. Der Dichter und die Toten, Düsseldorf 1950, S. 15–98; Hans-Joachim Mähl, Die Idee des goldenen Zeitalters im Werk des Novalis. Studien zur Wesensbestimmung der frühromantischen Utopie und zu ihren ideengeschichtlichen Voraussetzungen, Heidelberg 1965, S. 406–412.

[19] Ebd.: „wiewohl die Musik und Poesie wohl ziemlich eins seyn mögen".

[20] Vgl. Johannes Mahr, Übergang zum Endlichen, S. 115 ff.

[21] Deshalb erscheint es höchst fraglich, ob eine Inhaltsanalyse des Romans nach

Entwicklungsstufen sinnvoll ist, vgl. Ernst Behler, Der Roman der Frühromantik, S. 299.

22 Ebd., II, S. 314, vgl. auch Johannes Mahr, Übergang zum Endlichen, S. 200 f.

23 Ebd., S. 314: „Alle Zufälle werden zu Geschichten unter ihrem Einfluß, und ihr Leben ist eine ununterbrochene Kette merkwürdiger, glänzender, verwickelter und seltsamer Ereignisse."

24 Ernst Behler, Der Roman der Frühromantik, S. 300.

25 Novalis, Werke I, S. 67–72 bzw. S. 73.

26 Vgl. Detlef C. Kochan, Literarische Spuren einer Symbolfigur. Orpheus zum Beispiel, in: Werner Wunderlich (Hrsg.), Literarische Symbolfiguren, S. 46; Walter Hinck, Das Gedicht als Spiegel der Dichter, S. 38 f.

27 Das Singen der Sirenen als Bild für die bedrohliche Wirkung der Poesie führt einen eigenen Strang eines spezifischen Dichterbilds bis in die Gegenwart fort, der hier nicht weiter untersucht werden kann. Vgl. Kafkas Parabel ›Das Schweigen der Sirenen‹ oder Brechts ›Odysseus und die Sirenen‹.

28 Ebd., S. 265: „Er wußte selbst nicht genau, was er sich bey den Worten dachte, die er hinschrieb."

29 Ebd., S. 271: „der Gesang trug ein fremdes, wunderbares Gepräge"; „Ein solcher Gesang war nie vernommen worden".

30 Goethe, Berliner Ausgabe, Band 9, S. 133 f.

31 Schillers ›Jungfrau von Orleans‹ stammt von 1802; dort I. Akt, 2. Auftritt.

32 Ebd., S. 291: „denn es giebt keine Kunst [...] als der Bergbau."

33 Ebd., S. 298; im weiteren Verlauf einer Selbstreflexion, eines Traums und einer weiteren Erinnerung an die Erzählung der Kaufleute fällt auch die bedeutungsschwere Formulierung mit der „Tapetenthür" (vgl. S. 299).

34 Z. B. ebd., S. 329: „Der junge Dichter kann nicht kühl, nicht besonnen genug seyn." Ohne weitere Untersuchung muß dabei bleiben, inwiefern Klingsohr die Standpunkte Goethes vertreten soll (vgl. Novalis, Werke III, S. 169 f.) und damit Novalis' realbiographische Bezugnahmen widerspiegelt.

35 Ebd., S. 332: „Es sind gewöhnlich die Geburtszeiten der Dichter" und S. 333: „Viele Kriege [...] sind ächte Dichtungen"; „Der Krieg überhaupt, sagte Heinrich, scheint mir eine poetische Wirkung."

36 Ebd., S. 335: „Daher ist auch ein Mährchen eine sehr schwierige Aufgabe, und selten wird ein junger Dichter sie gut lösen."

37 Vgl. zu den Bezugnahmen des ›Ofterdingen‹ auf Goethes ›Märchen‹ Ulrich Stadler, Heinrich von Ofterdingen, in: Paul Michael Lützeler (Hrsg.), Romane und Erzählungen der deutschen Romantik, Stuttgart 1981, S. 149 f. sowie die pychoanalytische Deutung von Friedrich A. Kittler, Die Irrwege des Eros und die „absolute Familie", S. 421–470.

38 Richard Samuel, Heinrich von Ofterdingen, S. 288–296 hat recht überzeugend rekonstruiert, wie der ›Ofterdingen‹ hätte fortgeführt werden sollen.

39 Vgl. Johannes Mahr, Übergang zum Endlichen, S. 77: „Thema des Ofterdingen ist die Entwicklung eines Dichters, die geschieht durch Begegnung mit Dichtung, die ihrerseits von Dichtung handelt"; Friedrich Kittler, Die Irrwege des Eros und die „absolute Familie", in: ders., Dichter, Mutter, Kind, München 1991, S. 187; ders., ›Heinrich von Ofterdingen‹ als Nachrichtenfluß, in: Gerhard Schulz (Hrsg.), Novalis. Beiträge zu

Werk und Persönlichkeit Friedrich von Hardenbergs, Darmstadt ²1986 (= Wege der Forschung 248), S. 480–508; Ulrich Stadler, Heinrich von Ofterdingen, S. 142–144, der dafür das Bild ineinandergeschobener Schachteln zitiert.

[40] Darauf hat z.B. Ernst L. Offermanns, Eichendorffs ›Dichter und ihre Gesellen‹, in: Alfred Riemen (Hrsg.), Ansichten zu Eichendorff. Beiträge zur Forschung 1958–1988, Sigmaringen 1988, S. 152 hingewiesen.

[41] Joseph von Eichendorff, Ausgewählte Werke, hrsg. von Paul Stapf, Berlin und Darmstadt 1957, S. 955. – Nach dieser Ausgabe wird fortlaufend im Text zitiert.

[42] Offermanns, Eichendorffs ›Dichter und ihre Gesellen‹, S. 162 f.

[43] Ebd., S. 157.

[44] Joseph von Eichendorff, Ausgewählte Werke, S. 890: „Das waren schöne Jugendträume!“

[45] „Wie glücklich seid Ihr Dichter? Eurem zauberischen Sinne erschließt sich überall, wo Ihr wandelt, wie dem Geliebten, willig und vertraulich die verborgene Schönheit der Welt, mit jedem Schritte erweitern sich die Kreise, das Entfernte, Dunkle rückt verständlich in freundliche Nähe und neue Fernen heben sich wieder wunderbar immer weiter und schöner“ (985).

[46] „Je weiter ich komme, je enger wird der Kreis, und die Fernen, die mich in der Jugend entzückten, verbleichen und versinken mir allmählich“ (985).

[47] „Komödiantensprüche“, „in unser ehrliches Haus einmal eine Theaterprinzessin heimzuführen“, „eine von aller Welt ausgeklatschte Kreatur“ (912). – Man hat darauf hingewiesen, daß Eichendorffs Roman das Theatralische als Grundmotiv, -struktur und -denkform unterliegt, vgl. Klaus Kindermann, Lustspielhandlung und Romanstruktur. Untersuchungen zu Eichendorffs ›Dichter und ihre Gesellen‹, Diss. FU Berlin 1973; Ernst L. Offermanns, Eichendorffs ›Dichter und ihre Gesellen‹, S. 155 ff.; Esther Hudgins, Nicht-epische Strukturen des romantischen Romans, The Hague und Paris 1975 (= De Proprietatibus Litterarum 101), S. 137.

[48] Joseph von Eichendorff, Ausgewählte Werke, S. 973: „Doch bald faßte ihn der rasche Strom der eigenen Dichtung“.

[49] „der nach Tische zur Verdauung Poesie treibt“ (974).

[50] Vgl. A. E. M. Meder, Essay on Eichendorff's ›Dichter und ihre Gesellen‹, Ilfracombe 1979, S. 49 f.

[51] Zu Eichendorffs Abneigung gegen das berufsmäßige Dichten vgl. Hans Jürg Lüthi, Dichtung und Dichter bei Eichendorff, Bern und München 1966, S. 240.

[52] Joseph von Eichendorff, Ausgewählte Werke, S. 980: „gehen Sie nach Hause und nehmen Sie ein Fußbad“.

[53] Ebd., S. 1045: „Profession vom Dichten machen, ist überhaupt lächerlich“.

[54] „Wie sich's kein Autor hat gedacht: / Volk, Fürsten und Dryander“ (935). Sein Name reimt sich hier auf „alles durcheinander“!

[55] Zum Bild des irren Spielmanns bei Eichendorff vgl. Hans Jürg Lüthi, Dichtung und Dichter bei Eichendorff, S. 209–212. – Auch an Grillparzers 1831 begonnene Erzählung ›Der arme Spielmann‹ ist zu denken.

[56] Joseph von Eichendorff, Ausgewählte Werke, S. 1058: „Was wird es sein! dachte er, die alte Posse: Sorgen ohne Not und Not ohne Sorgen. Die Rakete wird draußen verprasseln, ohne eben den Erdkreis in Brand zu stecken. –“

[57] Ebd., S. 1102: „Wir zogen manchen Wald entlang, / Viel fröhliche Gesellen“.

[58] Ebd., S. 1107: „Wir aber lassen das Irrlicht wandern".

[59] Ebd., S. 912: „hochrot vor Zorn".

[60] Vgl. Eckehard Catholy, Karl Philipp Moritz und die Ursprünge der deutschen Theaterleidenschaft, Tübingen 1962.

[61] So betrachtet der Vater Ottos Bekenntnis zur Poesie als abgenutzte Anverwandlung des Theaterlebens: „Aber wir wissen's wohl, wo du die Komödiantensprüche gelernt hast" (912).

[62] Vgl. Katharina Kaspers, Der arme Poet. Wandlungen des dichterischen Selbstverständnisses in der deutschen Romantik, Frankfurt a. M. u. a. 1989 (= Europäische Hochschulschriften, Reihe I: Deutsche Sprache und Literatur, 1145), S. 133.

[63] 1016: „keinen Dichter noch ließ seine Heimat los".

[64] Vgl. Hans Jürg Lüthi, Dichtung und Dichter bei Eichendorff, S. 113 f.

[65] 1020: „Und Deutschland liegt so weit, / Das Dichten geht elendig / In meiner Einsamkeit".

[66] 1069: „Also so sieht ein Dichter aus!"

[67] 1099: „Ich spiele den letzten Akt", erwiderte jener lächelnd, „Gräber, Hochzeit, Gottes grüne Zinnen und die aufgehende Sonne als Schlußdekoration".

[68] Der Geniebegriff wird sonst zumeist parodistisch und im Umfeld Dryanders verwendet, vgl. S. 928(!), 943, 950, 1000, 1026, 1035 u. ö.

[69] Nach Matthäus 4, 8–10 vgl. Hans Jürg Lüthi, Dichtung und Dichter bei Eichendorff, S. 227.

[70] Vgl. Günter Hess, „Fracta Cithara" oder Die zerbrochene Laute. Zur Allegorisierung der Bekehrungsgeschichte Jacob Baldes im 18. Jahrhundert, in: Walter Haug (Hrsg.), Formen und Funktionen der Allegorie, Symposion Wolfenbüttel 1978, Stuttgart 1979, S. 605–631.

[71] 1033: „Was Teufel spielen sie denn heut so lange?"

[72] 1034: „Dort, der Dichter selbst, sie haben ihn erkannt, Graf Victor von Hohenstein".

[73] Auch nicht, daß die Verbindung von Dichterberuf und Religion bei Eichendorff „unglaubwürdig" bleibe (Katharina Kaspers, Der arme Poet, S. 128); vgl. auch Hans Jürg Lüthi, Dichtung und Dichter bei Eichendorff, S. 236.

[74] Vgl. dagegen Katharina Kaspers, Der arme Poet, S. 134; Hans Jürg Lüthi, Dichtung und Dichter bei Eichendorff, S. 220: „Lothario ist die bedeutendste Dichtergestalt, die Eichendorff geschaffen"; Esther Hudgins, Nicht-epische Strukturen des romantischen Romans, S. 155, Lothario sei „Die Zentralgestalt des Romans".

[75] 986: „Eure Aufgabe ist unübersehbar, verwickelt und selten recht in Eurer eigenen Gewalt".

[76] Vgl. auch 1088: „und spiegelt unsere eigene Geschichte närrisch in der Luft" oder 1092: „es müßte wahrlich mit dem Eigensinne eines Romanschreibers zugehen, wenn ihr euch zuletzt nicht noch kriegtet".

[77] So wie alle Romane Eichendorffs einen (wenigstens für die meisten Interpreten) unbefriedigenden Schluß haben (vgl. Hans Jürg Lüthi, Dichtung und Dichter bei Eichendorff, S. 124 f.).

[78] Vgl. die Sammlung von Hans Ulrich Lindken, E. T. A. Hoffmann: Das Fräulein von Scuderi, Stuttgart 1978 (= Erläuterungen und Dokumente); Klaus Kanzog, E. T. A. Hoffmanns Erzählung ›Das Fräulein von Scuderi‹ als Kriminalgeschichte, in:

Mitteilungen der Hoffmann-Gesellschaft 11 (1964), S. 1–11; Gisela Gorski, Das Fräulein von Scuderi als Detektivgeschichte, in: ebd. 27 (1981), S. 1–15; Peter Schneider, Verbrechen, Künstlertum und Wahnsinn. Untersuchungen zur Figur des Cardillac in E. T. A. Hoffmanns ›Das Fräulein von Scuderi‹, in: ebd. 26 (1980), S. 34–50; Johannes Werner, Was treibt Cardillac? Ein Goldschmied auf Abwegen, in: WW 40 (1990), S. 32–38; zuletzt: Günter Blamberger, Das Geheimnis des Schöpferischen, S. 98 ff.

79 Noch für Josef Kunz (Die deutsche Novelle zwischen Klassik und Romantik, Berlin 1966, S. 91) war „die Gestalt der Scuderi zu substanzlos, gelegentlich sogar von einer Nichtigkeit, die man mehr als einmal albern und banal zu nennen versucht ist"; daraus resultiere „die innere Schwäche der Novelle".

80 E. T. A. Hoffmann, Sämtliche poetischen Werke, hrsg. von Hannsludwig Geiger, Berlin, Darmstadt, Wien 1963, Band 2, S. 624.

81 Ebd., S. 687.

82 Vgl. zuletzt: Lothar Pikulik, E. T. A. Hoffmann als Erzähler. Ein Kommentar zu den ›Serapions-Brüdern‹, Göttingen 1987; zur ›Scuderi‹, S. 166–176.

83 Dieser wird vielmehr beiseite gelegt: „ich weiß, daß Euer Fräulein soeben das Manuskript ihres Romans, 'Clelia' geheißen, an dem sie rastlos arbeitet, beiseite gelegt hat und jetzt noch einige Verse aufschreibt" (4).

84 E. T. A. Hoffmann, Das Fräulein von Scuderi, Stuttgart 1979 (= Reclams Universalbibliothek 25), S. 3. – Nach dieser Ausgabe wird fortlaufend im Text zitiert.

85 Walter Müller-Seidel, Nachwort zu: E.T.A. Hoffmann, Die Serapions-Brüder, München 1963, S. 1015.

86 Vgl. Günter Blamberger, Das Geheimnis des Schöpferischen, S. 100 ff., der diese Entwicklung kritisch aufzeigt.

87 Die Konstruktion eines psychoanalytischen Diskurses hat eine orale Mutterrolle der Scuderi enthüllt, vgl. Friedrich A. Kittler, Eine Detektivgeschichte der ersten Detektivgeschichte, in: ders., Dichter, Mutter, Kind, München 1991, S. 197–218.

88 In Selbstbezeichnung (S. 20: „die ich, der Tugend getreu"), durch Cardillac (S. 59: „mit solch hoher Tugend begabt") oder gleichsam als Tugendallegorie durch Ludwig XIV. (S. 74: „wen die Tugend selbst in Schutz nimmt").

89 S. 65: „entweder durch aufrichtiges Geständnis oder wenigstens durch die genaueste Erzählung".

90 Vgl. S. 70: Lakonismus („mit kurzen Worten"), hyperbolisches Aussparen zur Spannungssteigerung („noch erwähnte sie nicht"), erzählstrategische Steuerung durch den (behaupteten) „Zufall", die Wirkung der Klimax („Mit immer steigendem und steigendem Interesse"), schließlich der Wechsel der Redeweisen („Sie erzählte"; „Sie schilderte") bis hin zum Arrangement von „Szenen", in denen Scuderis „Rede glühte".

91 S. 74: „beim heiligen Dionys, Eurer Beredsamkeit widersteht niemand auf Erden."

92 Schmidt, Die Geschichte des Genie-Gedankens, Band 2, S. 38.

93 Kittler, Eine Detektivgeschichte, S. 198.

94 So mit Recht Brigitte Feldges/Ulrich Stadler, E. T. A. Hoffmann. Epoche – Werk – Wirkung, München 1986 (= Beck'sche Elementarbücher), S. 165.

95 Wie dies Kittler, Eine Detektivgeschichte, tut.

[96] Das hindert übrigens nicht, daß die poetische Beschäftigung mit der Liebe Wirkung auf die Scuderi selbst zeigt: „ein flüchtiges Rot überflog wie Abendpurpur die blassen Wangen der alten würdigen Dame" (18)!

[97] So Feldges/Stadler, E. T. A. Hoffmann, S. 166.

[98] Vgl. Blamberger, Das Geheimnis des Schöpferischen, S. 124–128.

[99] Schmidt, Die Geschichte des Genie-Gedankens, Band 2, S. 10; neuere Literatur: Ulrich Stadler, Die Aussicht als Einblick. Zu E. T. A. Hoffmanns später Erzählung ›Des Vetters Eckfenster‹, in: ZfdPh 105 (1986), S. 499 f.

[100] Vgl. grundsätzlich die monographische Darstellung von Lutz Hagestedt, Das Genieproblem bei E. T. A. Hoffmann. Am Beispiel illustriert: eine Interpretation seiner späten Erzählung ›Des Vetters Eckfenster‹ (= Theorie und Praxis der Interpretation 2), München 1991.

[101] Vgl. Hermann Korte, Der ökonomische Automat. E. T. A. Hoffmanns späte Erzählung ›Des Vetters Eckfenster‹, in: Heinz Ludwig Arnold (Hrsg.), Text und Kritik. Sonderband E. T. A. Hoffmann, München 1992, S. 127.

[102] E. T. A. Hoffmann, Sämtliche poetischen Werke, hrsg. von Hannsludwig Geiger, Berlin, Darmstadt, Wien 1963, Band 3, S. 865. – Nach dieser Ausgabe wird fortlaufend im Text zitiert.

[103] So mit Hermann Korte, Der ökonomische Automat, S. 127.

[104] Vgl. Roger F. Cook, Reader Response and Authorial Strategies. E. T. A. Hoffmann's View from ›Des Vetters Eckfenster‹, in: Germanic Studies Review 12/3 (Oktober 1989), S. 421–435.

[105] Vgl. Günter Oesterle, E. T. A. Hoffmann: Des Vetters Eckfenster. Zur Historisierung ästhetischer Wahrnehmung oder Der kalkulierte romantische Rückgriff auf Sehmuster der Aufklärung, in: Der Deutschunterricht 39 (1987), S. 86 ff.; der Begriff fällt auch im Text (870).

[106] S. 865: „ich verstehe mich nicht darauf".

[107] S. 869: „Ich nenne diese Person, die keinen Markttag fehlt, die rabiate Hausfrau."

[108] S. 871: „Ich denke mir in diesem Augenblick".

[109] S. 870: „Ich weiß es!"

[110] Korte, Der ökonomische Automat, S. 135.

[111] S. 876: „daß der liebe Gott diese Bücher wachsen lasse wie Pilze".

[112] Hagestedt, Das Genieproblem bei E. T. A. Hoffmann, S. 100.

[113] S. 884: „ganz treues Abbild der Köhler, wie sie in Romanen vorzukommen pflegen".

[114] Vgl. Oesterle, E. T. A. Hoffmann: Des Vetters Eckfenster, S. 102 ff.

[115] Zur Vorwegnahme des Poetischen Realismus vgl. Hagestedt, Das Genieproblem bei E. T. A. Hoffmann, S. 140 ff.

[116] So 1939 schon Walter Benjamin, der Hoffmanns Sehweise gegen die fortschrittlichere Perspektive Poes und Baudelaires ausspielt (Über einige Motive bei Baudelaire, in: Walter Benjamin, Gesammelte Schriften I, 2 [= Werkausgabe Band 2], hrsg. von Rolf Tiedemann und Hermann Schweppenhäuser, Frankfurt a. M. 1980); dort heißt es über den Vetter: „Sein Opernglas [!] hebt ihm Genreszenen aus ihr [= der Menge] heraus. Dem Gebrauch dieses Instruments ist die innere Haltung des Benutzers durchaus entsprechend" (S. 628).

[117] Ebd., S. 888: „enthusiastische Rigoristen, hyperpatriotische Aszetiker".

[118] Ebd., S. 878: „den Puter schaut er bloß an mit liebäugelnden Blicken", nicht ohne diesen „verführerischen Gegenstand seiner Begierde" wenigstens „liebkosend zu berühren".

[119] Vgl. Katharina Kaspers, Der arme Poet. Wandlungen des dichterischen Selbstverständnisses in der deutschen Romantik, Frankfurt a. M. u. a. 1989 (= Europ. Hochschulschriften Reihe I: Deutsche Sprache und Literatur, 1145), S. 148; vgl. demnächst meinen Aufsatz: Diät mit Horaz. Zur Poetik von E. T. A. Hoffmanns Erzählung ›Des Vetters Eckfenster‹, in: E. T. A. Hoffmann-Jahrbuch 2 (1994).

[120] S. 865: „ich geb's auf, das wirkende, schaffende Leben, welches, zur äußern Form gestaltet, aus mir selbst hinaustritt, sich mit der Welt befreundend! – Mein Geist zieht sich in seine Klause zurück!"

[121] Horaz II, 10 (V. 18–20): „quondam cithara tacentem / suscitat Musam neque semper arcum / tendit Apollo."

[122] Friedrich Sengle, Biedermeierzeit. Deutsche Literatur im Spannungsfeld zwischen Restauration und Revolution 1815–1848. Besonders Band 1: Allgemeine Voraussetzungen, Richtungen, Darstellungsmittel, Stuttgart 1971, S. 251 ff. u. ö.

[123] Ganz anders Ulrich Stadler, Die Aussicht als Einblick, S. 509, der mit Blick auf die seit dem 19. Jahrhundert Mode werdenden Panoramen eine Gemeinsamkeit der panoramatischen (romantischen) und der 'realistischen' Sehweise des Vetters erhalten möchte.

[124] S. 867: „das bunte Leben", „ich fühle mich befreundet mit seinem niemals rastenden Treiben".

[125] Ebd.: „Das heißt, ich kann mich nicht aus der Stelle rühren und karre mich in diesem Räderstuhl hin und her auf anmutige Weise".

[126] Ganz anders Hagestedt, Das Genieproblem bei E. T. A. Hoffmann, der den Ich-Erzähler sehr viel positiver „als unbewußt schaffende Natur" (S. 63) und den Vetter „als unproduktive Künstlerfigur" (S. 66) ansieht; der Vetter sei ein „gescheitertes Genie" (S. 154), der Ich-Erzähler hingegen „das krasse Gegenteil" (S. 154) und „dem Vetter überlegen" (S. 155); zugleich betont er die „Komplementarität der beiden Vettern"; sie seien „Aufspaltungen einer Archifigur" zur Geniethematik (S. 156).

V. Schwundformen poetischer Autonomie

[1] Ludwig Uhland, Werke, hrsg. von Hans-Rüdiger Schwab, Frankfurt a. M. 1983, Band 1, S. 77 f.

[2] Ebd., S. 120.

[3] Vgl. Heinz Schlaffer, Das Dichtergedicht im 19. Jahrhundert, S. 297–335.

[4] Vgl. zum Epigonenbegriff Manfred Windfuhr, Der Epigone. Begriff, Phänomen und Bewußtsein, in: Archiv für Begriffsgeschichte 4 (1959), S. 182–209.

[5] Vgl. Guiseppe Farese, Georg Herwegh und Ferdinand Freiligrath. Zwischen Vormärz und Revolution, in: Gert Mattenklott/Klaus R. Scherpe (Hrsg.), Demokratisch-revolutionäre Literatur in Deutschland: Vormärz, Kronberg 1974, S. 187–244, der in einer „kontrapunktischen Interpretation" (S. 241) Freiligrath gegen den 'fortschrittlicheren' Herwegh ausspielt, mit dem Referat älterer Positionen.

[6] Zur Einordnung vgl. Peter Demetz, Marx, Engels und die Dichter. Zur Grundlagenforschung des Marxismus, Stuttgart 1959, S. 115–118.

[7] Vgl. Karl Prümm, Selbstporträt der „politischen Poesie“. Zu Robert Prutz' Gedicht ›Rechtfertigung‹, in: Günther Häntzschel (Hrsg.), Gedichte und Interpretationen 4. Vom Biedermeier zum Bürgerlichen Realismus, Stuttgart 1983 (= Reclams Universalbibliothek 7893), S. 180–190.

[8] Vgl. Gerhard Kaiser, Geschichte der deutschen Lyrik von Heine bis zur Gegenwart, 1. Teil, Frankfurt a. M. 1991 (= suhrkamp taschenbuch 2107), S. 62; vgl. auch zum Zusammenhang Wolfgang Büttner, Wie Freiligrath zum politischen Dichter wurde, in: Grabbe-Jahrbuch 10 (1991), S. 100–112.

[9] Vgl. Klaus von Beyme, Artikel ›Partei‹, in: Geschichtliche Grundbegriffe. Historisches Lexikon zur politisch-sozialen Sprache in Deutschland, Stuttgart 1978, Band 4, S. 677–733.

[10] In seinem Gedicht ›Einem Andern‹ vom Mai 1863 hat Herwegh dieses Denkmodell wieder auf Schiller zurückgeleitet und zugleich parodierend wie politisch verschärfend, aber auch versimpelnd gereimt: „Ihr Dichter, seid nur harmlos, / So könnt ihr auch gendarmlos / Mit einem König gehn“ (Herweghs Werke in einem Band, hrsg. von Hans-Georg Werner, Berlin und Weimar 1980, S. 231).

[11] Goethes Werke, Weimarer Ausgabe, Teil I, Band 7, S. 100.

[12] Sylvia Peuckert, Freiheitsträume. Georg Herwegh und die Herweghianer. Politische Gedichte der 1840er Jahre und Metaphern für Freiheit in dieser Zeit, Frankfurt a. M. u. a. 1985 (= Europäische Hochschulschriften Reihe 1, Deutsche Sprache und Literatur, Serie 1, 858), S. 183; Michail Krausnick, Die eiserne Lerche. Georg Herwegh – Dichter und Rebell, Baden-Baden 1990, S. 37 f., der Herwegh rechtfertigt; vgl. Gerhard Kaiser, Geschichte der deutschen Lyrik von Heine bis zur Gegenwart, S. 64.

[13] Herweghs Werke in einem Band, hrsg. von Hans-Georg Werner, Berlin und Weimar 1980, S. 115.

[14] Ebd., S. 115: „Ihr müßt euch mit in diesem Kampfe schlagen“.

[15] Besonders extrem S. 113: „Sündenhefe ihrer Lust“.

[16] Ebd., S. 114.

[17] Ebd., S. 114: „Brecht immer euer Saitenspiel entzwei“.

[18] Günter Hess, „Fracta Cithara“ oder Die zerbrochene Laute. Zur Allegorisierung der Bekennungsgeschichte Jacob Baldes im 18. Jahrhundert, in: Walter Haug (Hrsg.), Formen und Funktionen der Allegorie. Symposion Wolfenbüttel 1978, Stuttgart 1979, S. 605–631.

[19] Auf Geibels:

„Eh sie diente, der Volkspartein
Zwietracht weiter zu tragen,
Lieber wollt ich am nächsten Stein
Meine Harfe zerschlagen.“ (Geibel, zit. nach: Herweghs Werke, S. 263)

dichtete Herwegh:

„Eh sie diente, von Königgrätz
So zu singen und sagen,
Lieber wollt ich dem Braun und Metz
Um die Köpfe sie schlagen.“ (ebd., S. 264)

[20] Ebd., S. 45; vgl. auch Walter Hinck, Das Gedicht als Spiegel der Dichter, S. 46.

[21] Herweghs Werke, S. 115.

[22] Sylvia Peuckert, Freiheitsträume, S. 142; vgl. auch Wolfgang Büttner, Wie Freiligrath zum politischen Dicher wurde, in: Grabbe-Jahrbuch 10 (1991), S. 108 ff.

[23] Zit. nach Jost Hermand (Hrsg.), Der deutsche Vormärz. Texte und Dokumente, Stuttgart 1967 (= Reclams Universalbibliothek 8794), S. 51.

[24] Ebd., S. 52 f.

[25] Vgl. Walter Pape, „Die Wüsten- und Löwenpoesie war im Grunde auch nur revolutionair." Ästhetischer Ursprung und ethische Legitimation von politischer Lyrik im 19. Jahrhundert am Beispiel Ferdinand Freiligraths, in: Kontroversen, alte und neue. Akten des VII. Internationalen Germanisten-Kongresses Göttingen 1985, hrsg. von Albrecht Schöne, Band 8, Tübingen 1986, S. 74 f.

[26] Dessau 1854. – Man beachte auch die Reihenfolge!

[27] Vgl. Walter Pape, „Ein Orpheus – mit den Liedern Andrer!" Ferdinand Freiligraths poetologische Anthologie ›Dichtung und Dichter‹, in: „Was tragisch ist, ist auch lustig...". Grabbe-Jahrbuch 6 (1987), S. 91.

[28] Vgl. Heinrich Heine, Sämtliche Schriften, hrsg. von Klaus Briegleb, München 1976, Band 7, S. 997: „andre Vögel, andre Lieder".

[29] Ebd.: „Auf der Zinne der Partei / Flattern sie mit lahmen Schwingen".

[30] Ebd., S. 422 f.

[31] Johannes Franke (Hrsg.), Joseph Victor von Scheffels sämtliche Werke, Leipzig (1917), Band 1, S. 5.

[32] Ebd., S. 151.

[33] Ebd., S. 6: „der Tendenz Verpfeff'rung".

[34] Vgl. Gerhard Kaiser, Geschichte der deutschen Lyrik von Heine bis zur Gegenwart, S. 73f.; Rolf Selbmann, Dichterberuf im bürgerlichen Zeitalter. Joseph Viktor von Scheffel und seine Literatur, Heidelberg 1982 (= Beiträge zur neueren Literaturgeschichte. Folge 3. Band 58), S. 51 f.

[35] Scheffels Werke, Band 1, S. 151.

[36] Ebd., S. 6: „Fehlt ihm tragisch hoher Stelzgang, / Fehlt ihm der Tendenz Verpfeff'rung, / Fehlt ihm auch der amarant'ne / Weihrauchduft der frommen Seele / Und die anspruchsvolle Blässe."

[37] Hierher gehören die ›Lieder des stillen Mannes‹, ebd., S. 158 ff.

[38] Ebd., S. 150; vgl. auch Selbmann, Dichterberuf im bürgerlichen Zeitalter, S. 95.

[39] Theodor Fontane, Gedichte, hrsg. von Joachim Krueger und Anita Golz, Berlin und Weimar, Band 2, S. 486 f.

[40] Vgl. Bettina Plett, Tintensklaven mit Kronenorden. Diagnose, Travestie und Kritik in Fontanes „Dichtergedichten", in: Fontane-Blätter 52 (1991), S. 18 f.

[41] Den Fontane bekanntlich (bei Ablehnung der Konsequenzen aus seiner ästhetischen Position) hochschätzte, vgl. Fontanes Gedicht ›An Georg Herwegh‹ und die versteckte Huldigung in seinem Roman ›Frau Jenny Treibel‹ (vgl. dazu unten).

[42] Vgl. Joachim Bark, Beruf und Berufung. Zur Haltung der Dichter im Vor- und Nachmärz, in: Helmut Koopmann/J. Adolf Schmoll gen. Eisenwerth (Hrsg.), Beiträge zur Theorie der Künste im 19. Jahrhundert, Frankfurt a. M. 1972 (= Studien zur Philosophie und Literatur des 19. Jahrhunderts 12/2), S. 150.

[43] Vgl. Eberhard Lämmert, Der Dichterfürst, in: Dichtung, Sprache, Gesellschaft. Akten des IV. Intern. Germanistenkongresses 1970 in Princeton, hrsg. von Victor Lange

und Hanns-Gert Roloff, Frankfurt a. M. 1971 (= Beihefte zum Jahrbuch für Int. Germanistik 1), S. 439–455; Selbmann, Dichterberuf im bürgerlichen Zeitalter, S. 125 ff.

[44] Goethe, Berliner Ausgabe, Band 10, S. 134.

[45] Was wiederum auf Klopstocks ›An den Erlöser‹ zurückgeht, vgl. Fritz Martini, Sänger und Gesang. Mythos, Poetik und Geschichte. Ein Kapitel deutscher Literaturgeschichte zwischen Klopstock und Heine, in: Goethe-Jahrbuch 101 (1984), S. 144.

[46] Berliner Ausgabe, Band 10, S. 133: „wenn du etwas bedarfst!"

[47] Ebd., S. 135.

[48] Ebd., S. 136.

[49] Ebd., S. 133.

[50] So Fritz Martini, Sänger und Gesang, S. 147. – Die geheime Überlegenheit des Sängers über den König zeigt sich auch an der grammatischen Struktur der letzten Strophe, in der der Sänger den Grad seines Danks zur Richtschnur der Erinnerung des Hofes macht: „so denkt an mich, / Und danket Gott so warm, als ich / Für diesen Trunk euch danke" (134).

[51] Ebd., S. 134.

[52] Goethe, Berliner Ausgabe, Band 1, S. 113.

[53] Fritz Martini, Sänger und Gesang, S. 146.

[54] Schiller, Werke, hrsg. von Paul Stapf, Berlin und Darmstadt 1955, Band 1, S. 940.

[55] Ebd.

[56] Vgl. Fritz Martini, Sänger und Gesang, S. 150.

[57] Schillers poetologische Gedichte wie z. B. ›Die Macht des Gesanges‹, ›Die Sänger der Vorwelt‹ oder ›Die Künstler‹ (vgl. dazu jetzt: Walter Hinck, Wissenschaft zum Kunstwerk geadelt: Schillers poetologische Lyrik, in: Wolfgang Wittkowski [Hrsg.], Autonomie und Revolution, S. 297–313) bleiben hier, wo es um die Verbindung von Fürst und Dichter geht, außerhalb der Betrachtung.

[58] Schiller, Werke, Band 2, S. 201 ff.

[59] Ebd., S. 202: „Nicht gebieten werd ich dem Sänger".

[60] Ebd.

[61] Ebd., S. 204: „Jetzt, da er dem Sänger ins Auge sah".

[62] Auf den einmaligen Grenzfall, daß der Dichterfürst tatsächlich auch ein dichtender Fürst ist wie König Ludwig I. von Bayern, sei hier nur verwiesen, vgl. dazu Wolfgang Frühwald, Der König als Dichter, in: DVjs 50 (1976), S. 127–157.

[63] Ludwig Uhland, Werke, Band 1, S. 220.

[64] Vgl. Fritz Martini, Sänger und Gesang, S. 156.

[65] Ludwig Uhland, Werke, Band 1, S. 222.

[66] Ebd.

[67] Heinrich Heine, Sämtliche Schriften, Band 11, S. 51.

[68] Ebd., S. 52.

[69] Ebd., S. 54.

[70] Vgl. Paul Konrad Kurz, Künstler, Tribun, Apostel. Heinrich Heines Auffassung vom Beruf des Dichters, München 1967.

[71] Heinrich Heine, Sämtliche Schriften, Band 11, S. 49.

[72] Fritz Martini, Sänger und Gesang, S. 159.

[73] Heine, S. 49: „Seiner Heimat Fabelchronik".

[74] Ebd., S. 49 f.

[75] Ebd., S. 50.

[76] Ebd., S. 49.

[77] Ebd., S. 50.

[78] Ebd.

[79] So Walter Hinck: Exil als Zuflucht der Resignation. Der Herrscher-Dichter-Konflikt in der Firdusi-Romanze und die Ästhetik des späten Heine, in: ders.: Von Heine zu Brecht. Lyrik im Geschichtsprozeß. Frankfurt 1978. S. 37 ff.

[80] Emanuel Geibel: Gesammelte Werke. Band 1. Stuttgart 1883, S. 28 f.

[81] Walter Hinck: Epigonendichtung und Nationalidee. Zur Lyrik Emanuel Geibels, in: ZdPh 85 (1966), S. 267–284.

[82] Geibel: Gesammelte Werke S. 28 f.: „jede“ Zone, „den besten“ Schmuck, „alles fügt sich“.

[83] Ebd. S. 28 f.: „er winkt, da öffnet“, „er läßt [...] wogen“ usw.

[84] Darauf weist Herbert Kaiser: Die ästhetische Einheit der Lyrik Geibels, in: WW 27 (1977), S. 251 hin.

[85] Eine gelungene Zusammenfassung der zentralen Elemente von Geibels Dichterauffassung gibt Kaiser, Die ästhetische Einheit der Lyrik Geibels, S. 248.

[86] Geibel, Gesammelte Werke, S. 29.

[87] Gottfried Keller: Die Leute von Seldwyla. Hrsg. von Thomas Böning. Frankfurt a. M. 1989 (= Bibliothek deutscher Klassiker 43), S. 364. Nach dieser Ausgabe wird fortlaufend im Text zitiert.

[88] Gerhard Kaiser, Gottfried Keller. Das gedichtete Leben, Frankfurt a. M. 1981, S. 360 ff.

[89] Vgl. Hans-Jörg Neuschäfer, Das Autonomiestreben und die Bedingungen des Literaturmarktes. Zur Stellung des ‘freien’ Schriftstellers im 19. Jahrhundert, in: LiLi 42 (1981), S. 73–92.

[90] S. 369: „schnell ein Dutzend Seiten zu schmieren“; „Mischmasch von Geschichtchen und Geschwätz jeder Art“; S. 370: „keinen Stoff als so zu sagen das Schreiben selbst“; S. 371: „rührige Industrie“; das Aus- und Umschreiben literarischer Vorläufer usw.

[91] S. 376: „Du weißt, daß ich die dornenvolle Laufbahn eines Dichters betreten habe“.

[92] Autobiographische Bezüge auf die Arbeitsweise des jungen Keller sind bezeugt, vgl. Kommentar der zit. Ausgabe S. 792 sowie Gerhard Kaiser, Gottfried Keller, S. 361 f.

[93] S. 374: „Vielleicht in Räuberszenen anzuwenden“; „Motiv für Dorfgeschichte“.

[94] S. 374: „Die letztere Beobachtung dürfte neu sein“.

[95] So Jochen Schmidt, Die Geschichte des Genie-Gedankens, S. 116, der mit Recht „zwei komplementäre Entwicklungen“ in der Geschichte ausmacht.

[96] Gerhard Kaiser, Gottfried Keller, S. 372.

[97] S. 392: „Buhlerin mit glattem Gesicht“.

[98] Ebd.: „zu dumm, ihre Schande in Worte zu setzen“.

[99] Nämlich: „märchenhafter“ Erzählton; die Landschaft als „Bild“; Originalität nicht durch die Stoffwahl, sondern durch die Gestaltung; der Anspruch des Kunstwerks („Werk“, „Baumeister“).

[100] S. 421: „denn sie schreibe für ihr Leben gern“.

[101] Wilhelm Busch, Das Gesamtwerk des Zeichners und Dichters in sechs Bänden,

hrsg. von Hugo Werner, Olten, Stuttgart, Salzburg 1959, Band 5, S. 171. – Nach dieser Ausgabe wird fortlaufend im Text zitiert.

[102] Daß dieses Bild die Moralvorstellungen des Protestantismus typisiert, betont Ulrich Mihr, Wilhelm Busch. Der Protestant, der trotzdem lacht. Philosophischer Protestantismus als Grundlage des literarischen Werks, Tübingen 1987; das puritanische Arbeitsethos verlangt ja, daß sogar die Freizeit sinnvoll ausgefüllt werden muß. Vgl. auch Michael Vogt (Hrsg.), Die boshafte Heiterkeit des Wilhelm Busch, Bielefeld 1988.

[103] Walter Pape, Wilhelm Busch, Stuttgart 1977 (= Sammlung Metzler 163), S. 67 geht wohl zu weit, wenn er in Bählamm ein Symbol von Buschs eigenem Scheitern erkennt und behauptet, Busch ergreife trotz Ironie „eindeutig Partei für den Gescheiterten".

[104] Vgl. auch S. 169: „Befriedigt durch die eigne Dichtung".

[105] Vgl. dazu auch Gerd Ueding: Wilhelm Busch. Das 19. Jahrhundert en miniature, Frankfurt a. M. 1977.

[106] S. 169: „So auch der Dichter".

[107] Friedrich Nietzsche, Werke, Band 3, hrsg. von Karl Schlechta, Frankfurt a. M., Berlin, Wien 1980, S. 577.

[108] Man vgl. Anfang und Schluß dieser Beschreibung ebd. S. 577 f.: „– Hat jemand, Ende des neunzehnten Jahrhunderts, einen deutlichen Begriff davon, was Dichter starker Zeitalter *Inspiration* nannten? [...] Dies ist *meine* Erfahrung von Inspiration; ich zweifle nicht, daß man Jahrtausende zurückgehn muß, um jemanden zu finden, der mir sagen darf 'es ist auch die meine'." Dabei hätte Nietzsche gar nicht weit zurückgehen müssen. Gustave Flaubert z. B. hatte in seinen Briefen an Hippolyte Taine eine in vielen Aspekten ähnliche Position zur „dichterischen Inspiration" (im Unterschied zur pathologischen Halluzination) vorgetragen (Brief vom 1. Dezember 1986, zit. nach: Flaubert, Briefe, hrsg. und übersetzt von Helmut Scheffel, Zürich 1977, S. 507 f.).

[109] Ebd. S. 685; jetzt grundsätzlich Theo Meyer, Nietzsche und die Kunst, Tübingen 1993 (= UTB 1414).

[110] So Walter Hinck, Das Gedicht als Spiegel der Dichter, S. 52 f.

[111] Nietzsche, Werke, Band 3, S. 578; Eike Barmeyer, Die Musen, S. 182–185 konstatiert die Übereinstimmung mit antiken Vorstellungen, sieht aber nicht diesen auf die Moderne – etwa Hofmannsthals berühmten ›Chandos‹-Brief – weisenden Aspekt der sprachlichen Verselbständigung der Bildlichkeit.

[112] Vgl. Friedrich Theodor Vischer 1807–1887 bearbeitet von Heinz Schlaffer und Dirk Mende, Marbach 1987 (= Marbacher Magazin 44), S. 59 f. – Noch 1921 hat Hugo von Hofmannsthal in seiner kleinen Betrachtung ›Die Ironie der Dinge‹, freilich rückblickend auf die romantische Ironie, ein solches „tausendfach verhäkeltes Verhältnis zur Welt" ausgemacht (Reden und Aufsätze II, hrsg. von Bernd Schoeller, Frankfurt a. M. 1979, S. 138), die „Ironie des Werkzeuges gegen die Hand, die das Werkzeug zu führen glaubt" (S. 139): „Für alle diese Dinge waren die Dichter empfindlich" (S. 140).

[113] Vgl. zu diesem Abschnitt mein (leicht veränderter) Aufsatz: „Das Poetische hat immer recht". Zur Bedeutung der Poesie in Fontanes Roman ›Frau Jenny Treibel‹. Zu Jenny Treibels 100. Geburtstag, in: Fontane-Blätter 54 (1992), S. 101–109.

[114] Vgl. Gotthard Erlers Kommentar in: Theodor Fontane, Romane und Erzäh-

lungen in 8 Bänden, hrsg. von Peter Goldammer und Gotthard Erler, Band 6, Berlin und Weimar 1968, S. 526.

115 Grundlegend Walter Müller-Seidel, Theodor Fontane. Soziale Romankunst in Deutschland, Stuttgart 1975, S. 300–319. – Fontane hat sich in dieser Zeit, etwa in seinem 1891 anonym erschienenen Aufsatz ›Über die gesellschaftliche Stellung der Schriftsteller‹, programmatisch mit der sozialen Seite des Dichterberufs auseinandergesetzt, vgl. Bettina Plett, Tintensklaven mit Kronenorden. Diagnose, Travestie und Kritik in Fontanes „Dichtergedichten", in: Fontane-Blätter 52 (1991), S. 16.

116 Theodor Fontane, Frau Jenny Treibel, Stuttgart 1973 (= Reclams Universalbibliothek 7635), S. 7. – Nach dieser Ausgabe wird fortlaufend im Text zitiert.

117 Brief vom 9. Mai 1888 an Sohn Theodor, zit. nach Erlers Kommentar, S. 524.

118 S. 27: „erbärmlicher Gassenhauer"; „ganz der frivole Geist"; „nur Schein, Lug und Trug".

119 S. 28: „Der König hat es auch gelesen [...] und die besseren Klassen lesen es alle".

120 Herweghs Werke in einem Band, hrsg. von Hans-Georg Werner, Berlin und Weimar, 1980, S. 52.

121 Als „sentimental" hat es Fontane ja selbst bezeichnet; vgl. Müller-Seidel, Soziale Romankunst, S. 309–311 und die dortige Diskussion.

122 Norbert Mecklenburg, Einsichten und Blindheiten. Fragmente einer nichtkanonischen Fontane-Lektüre, in: Theodor Fontane. Sonderband. Text und Kritik, München 1989, versucht S. 150–152 das Lied als Fontane-Kunstwerk zu retten, indem er darin den Durchgang des Poetischen durchs Triviale erkennen will; vgl. auch Frederick Betz, „Wo sich Herz zum Herzen find't". The Question of Authorship and Source of the Song and Sub-Title in Fontane's ›Frau Jenny Treibel‹, in: German Quarterly 49 (1976), S. 312–317.

123 S. 86: „von meinem Gefühl und meiner Liebe".

124 Dem entspricht auch Fontanes prinzipielle Hochschätzung, vgl. Kap. IV.

125 Herweghs Werke, S. 53.

126 Über den Stellenwert von Gold und Geld in Fontanes Lyrik vgl. sein Gedicht ›Arm oder reich‹ und die Interpretation von Karl Richter, ›Arm oder reich‹. Zur späten Lyrik Fontanes, in: Günter Häntzschel (Hrsg.): Gedichte und Interpretationen 4. Vom Biedermeier zum Bürgerlichen Realismus, Stuttgart 1983, S. 435–446.

127 Überzogen Hugo Aust: „Anstößige Versöhnung?" Zum Begriff der Versöhnung in Fontanes ›Frau Jenny Treibel‹, in: ZfdPh 92 (1973), Sonderheft, S. 116, Jenny vernichte das Lied, indem sie sich seiner bediene.

128 S. 86: „mein berühmtes Lied"; „meinem Gefühl und meiner Liebe".

129 S. 86: „das kommt von Gott"; „sie blieb aber dabei, es sei von Gott".

130 S. 86: „mein berühmtes Gedicht"; „das Unglücksding".

131 S. 87: „Ich persönlich bin drüber weg".

132 Und wohl keine „Neuentdeckung" des Lieds durch Schmidt oder eine „Zurücknahme" des Geschenks an Jenny, wie Hugo Aust: „Anstößige Versöhnung?", S. 117 meint; Dieter Kafitz: Die Kritik am Bildungsbürgertum in Fontanes Roman ›Frau Jenny Treibel‹, in: ZfdPh 92 (1973), Sonderheft, S. 80 spricht von der Selbstironie Schmidts als psychischem Selbstschutz.

133 S. 87: „ich bin kein Übelnehmer und Spielverderber".

134 So Müller-Seidel, Soziale Romankunst, S. 318; vgl. auch zur Frage, ob der Schluß des Romans eine Versöhnung von Besitz und Bildung darstelle: Aust, „Anstößige Versöhnung?“, S. 120 ff.; dagegen Dieter Kafitz, Die Kritik am Bildungsbürgertum S. 93ff.; nur annähernd Andreas Poltermann: ›Frau Jenny Treibel‹ oder die Profanierung der Poesie, in: Theodor Fontane. Sonderband. Text und Kritik, München 1989, S. 144.

135 So Müller-Seidel, Soziale Romankunst S. 313.

136 S. 24: er lobt „sein gutes Äußere, seine gute Stimme und sein gutes Vermögen“.

137 Überzogen wirkt die literaturtheoretisch begründete Behauptung von Aust, „Anstößige Versöhnung?“, S. 125 f., Schmidt verliere sich in sein Gedicht.

VI. Legitimationskrisen des Dichterberufs: Leiden an der Zeit

1 Vgl. Heinz Linduschka, Die Auffassung vom Dichterberuf im deutschen Naturalismus, Frankfurt a. M. u. a. 1978 (= Europäische Hochschulschriften I, 248).

2 Vgl. Jochen Schmidt, Die Geschichte des Genie-Gedankens, Band 2, S. 188 ff.

3 Vgl. Ernesta Calmberg, Die Auffassung vom Beruf des Dichters im Weltbild deutscher Dichter zwischen Nietzsche und George, Diss. Tübingen 1936; H. W. Rosenhaupt, Der Dichter um die Jahrhundertwende und seine Abgelöstheit von der Gesellschaft, Bern 1939.

4 Walter Muschg, Tragische Literaturgeschichte, Stuttgart 1948, hat den Versuch unternommen, unter diesem Aspekt der realbiographischen Gefährdungen der Schriftsteller eine Literaturgeschichte zu schreiben.

5 Ähnlich Walter Hinck, Das Gedicht als Spiegel der Dichter, S. 26; grundlegend zu Georges Poetik im Gedicht Manfred Durzak, Zwischen Symbolismus und Expressionismus. Stefan George, Stuttgart 1974 (= Sprache und Literatur 89), S. 44 ff.

6 In der Widmung „einem jungen führer im weltkrieg“ enthält es sogar eine ganz unmittelbare Zeitaussage.

7 Stefan George, Werke. Ausgabe in zwei Bänden, Düsseldorf und München ²1968, Band 1, S. 416. Nach dieser Ausgabe wird fortlaufend im Text zitiert.

8 Vierfach „wenn“ V. 4, 7, 17, 22.

9 Die Ablehnung der „list“ als Rettungsmittel ist übrigens wiederum präzises Zitat aus Hölderlins ›Dichterberuf‹.

10 Vgl. auch: Michael Winkler, Der Jugendbegriff im George-Kreis, in: „Mit uns zieht die neue Zeit“. Der Mythos Jugend, hrsg. von Thomas Koebner, Rolf-Peter Janz und Frank Trommler, Frankfurt a. M. 1985 (= edition suhrkamp 1229), S. 496; Stefan Bodo Würffel, „der dichter in zeiten der wirren“. Zum George-Bild des Dritten Reiches, in: Jörg Thurecke (Hrsg.), Leid der Worte. Panorama des literarischen Nationalsozialismus, Bonn 1987 (= Abhandlungen zur Kunst-, Musik- und Literaturwissenschaft 367), S. 227–254.

11 Friedrich Gundolf, Dichter und Helden, Heidelberg 1921, S. 70.

12 Ebd., S. 74.

13 Vgl. Michael Winkler, „Hugo, Dichter und Handelsmann“. Hofmannsthals Ästhetizismus, in: Gunter E. Grimm (Hrsg.), Metamorphosen des Dichters, S. 190.

[14] William H. Rey, Die Drohung der Zeit in Hofmannsthals Frühwerk, in: Euph. 48 (1954), S. 280–310.

[15] Vgl. Andreas Härter, Der Anstand des Schweigens. Bedingungen des Redens in Hofmannsthals ›Brief‹, Bonn 1989 (= Studien zur Germanistik, Anglistik und Komparatistik 120), S. 80 ff.

[16] Vgl. auch Ernst-Otto Gerke, Der Essay als Kunstform bei Hugo von Hofmannsthal, Lübeck und Hamburg 1970 (= Germanische Studien 236); zum ›Chandos-Brief‹ dort S. 132 ff.

[17] Er eröffnet seine programmatische Rede mit einem Gedankengang, den man nicht bloß als Bescheidenheitsfloskel abtun sollte: „Es fehlen mir völlig die Mittel und ebensosehr die Absicht, in irgendwelcher Weise Philosophie der Kunst zu treiben" (Hugo von Hofmannsthal, Reden und Aufsätze I, Frankfurt a. M. 1979 [= Gesammelte Werke in zehn Einzelbänden], hrsg. von Bernd Schoeller, S. 54). Nach dieser Ausgabe wird fortlaufend im Text zitiert.

[18] Ebd. Vgl. auch S. 55 f.: „ja diese haarscharfe Absonderung des Dichters vom Nicht-Dichter erscheint mir gar nicht möglich."

[19] Hofmannsthal unterscheidet sehr wohl zwischen einerseits dem „ganzen Dichter" und andererseits von „Möglichkeiten von Dichtern", „dichterisch veranlagte Individuen" oder „dichterische Materie" (56).

[20] S. 65: „aber es ist nicht die Sache der vielen".

[21] Sigmund Freud, Studienausgabe, Band 10, Frankfurt a. M. 1982, S. 171–179.

[22] Ebd., S. 177: „Ein starkes aktuelles Erlebnis weckt im Dichter die Erinnerung an ein früheres, meist der Kindheit angehöriges Erlebnis auf, von welchem nun der Wunsch ausgeht, der sich in der Dichtung seine Erfüllung schafft"; Freuds literarische Erfahrungen scheinen an der Moderne orientiert (vgl. S. 177: „Neigung des modernen Dichters, sein Ich durch Selbstbeobachtung in Partial-Ichs zu zerspalten"); als Beispiel greift er freilich zu Zolas „exzentrischen" Romanen (S. 177); vgl. allgemein Jack J. Spector, Freud und die Ästhetik, München 1973.

[23] Anders Bernd Urban, Hofmannsthal, Freud und die Psychoanalyse. Quellenkundliche Untersuchungen, Bern, Frankfurt a. M. 1978 (= Literatur und Psychoanalyse 1. Europäische Hochschulschriften I, 273).

[24] Freud, S. 179: „Wie der Dichter das zustande bringt, das ist sein eigenstes Geheimnis".

[25] S. 67: „Er aber [...] besitzt alles dies".

[26] Dazu Walther Rehm, Der Dichter und die neue Einsamkeit. Aufsätze zur Literatur um 1900, Göttingen 1969.

[27] S. 76: „Eine erwachte Zeit wird von den Dichtern mehr und Geheimnisvolleres verlangen."

[28] Hugo von Hofmannsthal, Erzählungen, erfundene Gespräche und Briefe, Reisen, Frankfurt a. M. 1979 (= Gesammelte Werke in zehn Einzelbänden, hrsg. von Bernd Schoeller), S. 463. Der gesamte Absatz ist im Potentialis verfaßt.

[29] Hugo von Hofmannsthal, Reden und Aufsätze III, Frankfurt a. M. 1980 (= Gesammelte Werke in zehn Einzelbänden, hrsg. von Bernd Schoeller), S. 41. Im folgenden fortlaufend im Text zitiert; vgl. auch Hermann Rudolph, Kulturkritik und konservative Revolution. Zum kulturpolitischen Denken Hofmannsthals und seinem problemgeschichtlichen Kontext, Tübingen 1971. – Zur Gattung des kulturkonservativen

Essays vgl. Hannelore Schlaffer, Der kulturkonservative Essay im 20. Jahrhundert, in: dies./Heinz Schlaffer, Studien zum ästhetischen Historismus, Frankfurt a. M. 1975 (= edition suhrkamp 756), S. 140–173.

30 Geibel und, wiewohl modifiziert, Sisyphus lassen grüßen: „er schleppt sich aus der Ferne der Zeiten die widerspenstigsten Blöcke herbei, seinen Tempel zu bauen" (33 f.). Das Erdbebengebiet von damals erträgt offensichtlich wieder Sakralbauwerke.

31 Vgl. Michael Winkler, „Hugo, Dichter und Handelsmann", Hofmannsthals Ästhetizismus, in: Gunter E. Grimm (Hrsg.), Metamorphosen des Dichters, S. 193.

32 Rainer Maria Rilke, Werke, Band III/1, Frankfurt a. M. 1982, S. 110.

33 Alfred Döblin, Die drei Sprünge des Wang-lun. Chinesischer Roman, Olten und Freiburg 1977, S. 7 f.

34 Rilke, Werke, Band III/1, S. 110.

35 Vgl. Matthias Prangel, Alfred Döblin, Stuttgart ²1987 (= Sammlung Metzler 105), S. 34, mit entspr. Literatur S. 46.

36 Vgl. Klaus Müller-Salget, Entselbstung und Selbstbehauptung. Der Erzähler Alfred Döblin, in: Gunter E. Grimm (Hrsg.), Metamorphosen des Dichters, S. 214 f.

37 1921 über die Entstehung des ›Wang-lun‹, zit. nach Ingrid Schuster, Alfred Döblins chinesischer Roman, in: WW 20 (1970), S. 340.

38 Zit nach: Erich Kleinschmidt, Döblin-Studien. I. Depersonale Poetik. Dispositionen des Erzählens bei Alfred Döblin, in: Schiller-Jahrbuch 26 (1982), S. 384.

39 Ebd., S. 387 f.

VII. Neues Selbstbewußtsein und fragwürdige Antworten

1 Johannes R. Becher, Gedichte 1911–1918, hrsg. von Paul Raabe, München 1973, S. 227. – Nach dieser Ausgabe wird fortlaufend im Text zitiert.

2 Ebd., S. 61: „Restlos sei er gestaltet".

3 Vgl. ebd., S. 62 und S. 169–171.

4 Vgl. allgemein Hans Richter, Der Dichter in Bechers Gedicht, in: Weimarer Beiträge 28 (1982), Heft 3, S. 5–26; zum vorliegenden Gedicht: Walter Hinck, Das Gedicht als Spiegel der Dichter, S. 49.

5 Etwa bei der Aufzählung der Schreibweisen, die er „nur noch gelten" lasse (Brief an Heinrich F. S. Bachmair vom 25. Januar 1915, zit. nach: Johannes R. Becher, Briefe 1909–1958, hrsg. von Rolf Harder, Berlin und Weimar 1993, S. 28) wie z. B.: „Gedichte, vor Sturmanläufen explodierende, Romane: Staatsformen entwickelnde, experimentierende" (Brief vom 23. Juni 1915 an dens., ebd., S. 33); vgl. auch: „Jeden Tag bereiten wir vor"; „schreit! brüllt! stoßt vor! trommelt!" usw. (Brief vom 24. Juni 1915 an dens., ebd., S. 33). Gegenüber dem Mitdichter Alfred Wolfenstein äußert sich Becher sogar poetologisch-intertextuell:

„Allons! Berühren wir! Arbeiten wir!

Und bald habe ich meine neuen Gedichte fertig. Und ich werde über Sie schreiben: Satzperioden, die einander umarmen, Viadukt-Sätze; Sätze auf Kothurnen. Sätze die küssen. Schwank sind. Aber auch solche: marschierende, springende, vorstoßende!!!" (Brief vom 19. September 1915, ebd., S. 35).

6 Vgl. Rolf Selbmann, Selbstmord als Literatur. Zur geschichtlichen Einordnung des

expressionistischen Dichterbewußtseins bei Johannes R. Becher, in: Schiller-Jahrbuch 30 (1986), S. 511–532.

[7] Vgl. Carsten Gansel (Hrsg.), Metamorphosen eines Dichters. Johannes R. Becher. Gedichte, Briefe, Dokumente 1909–1945, Berlin 1992.

[8] Vgl. Herweghs „Ein Schwert in euerer Hand ist das Gedicht".

[9] Vgl. Jan Knopf, Brecht-Handbuch. Lyrik, Prosa, Schriften. Eine Ästhetik der Widersprüche, Stuttgart 1984, S. 109 f.

[10] Brecht, Gesammelte Werke in 20 Bänden, Frankfurt a. M. 1967 (= werkausgabe edition suhrkamp), Band 9, S. 743.

[11] Da ist zunächst die Formulierung im Irrealis („Käme"), sodann die Beschränkung auf die eigene Position („Käme mir [...] vor"), schließlich eine weitere Einschränkung („fast"); dem folgt die Ablehnung des Reims nicht als Negation, sondern in Form eines Vergleichs („wie"); zuletzt mag man den „Übermut" im doppelten Wortsinn lesen: einerseits als vorreflektorische Euphorie des inspirierten Dichters, andererseits als gesteigerten Widerstand gegen alle Hindernisse, also sich die Möglichkeit offenzulassen, doch noch einmal den Reim zu wagen.

[12] So z. B. „streiten" – „Anstreichers" – „zweite"; „nur" – „mir"; „Drängt mich" – „Schreibtisch" usw., was im einzelnen für das gesamte Gedicht zu zeigen wäre.

[13] Brecht, Gesammelte Werke, Band 9, S. 209.

[14] Ebd., Band 10, S. 1012.

[15] Ebd., Band 9, S. 744.

[16] Ebd., Band 9, S. 602.

[17] Das hat schon Walter Benjamin (Kommentare zu Gedichten von Brecht, in: Jost Schillemeit [Hrsg.], Deutsche Lyrik von Weckherlin bis Benn, Interpretationen I, Frankfurt a. M. 1965, S. 325) so gesehen.

[18] Brecht, Gesammelte Werke, Band 9, S. 647.

[19] Ebd., Band 9, S. 822.

[20] Ebd., Band 10, S. 935 f.

[21] Becker zit. nach Walter Hinck, Schläft ein Lied in allen Dingen, S. 207.

[22] Ebd., S. 207.

[23] Ebd., S. 208.

[24] Ebd.

[25] Paul Celan, Gesammelte Werke in fünf Bänden, Frankfurt a. M. 1986, Band 2, S. 385.

[26] Brecht, Gesammelte Werke, Band 10, S. 1028.

[27] Vgl. Erdmann Wanieck, Frieden, Schein und Schweigen. Brechts Ausruf über die Zeiten und drei Gegen-Gedichte von Celan, Enzensberger und Fritz, in: WW 42 (1992), S. 256 f., mit weiteren Kontrafakturen und Bezugnahmen auf Brecht.

[28] Brecht, Gesammelte Werke, Band 9, S. 723.

[29] Dietmar Goltschnigg, Das Zitat in Celans Dichtergedichten, in: Joseph P. Strelka (Hrsg.), Psalm und Hawdalah. Zum Werk Paul Celans. Akten des Internationalen Paul-Celan-Kolloquiums, New York 1985, Bern u. a. 1987 (= Jahrbuch für Internationale Germanistik. Reihe A, Kongreßberichte 20), S. 56.

[30] Vgl. Hans R. Vaget in: Helmut Koopmann, Thomas-Mann-Handbuch, Stuttgart 1990, S. 567; dort auch die einschlägige Literatur S. 569 f.

[31] Vgl. Jochen Schmidt, Die Geschichte des Genie-Gedankens, Band 2, S. 243; über

die Voraussetzungen eines solchen Kunstverständnisses vgl. Peter Pütz, Kunst und Künstler bei Nietzsche und Thomas Mann. Zum Problem des ästhetischen Perspektivismus in der Moderne, Bonn 21975 (= Bonner Arbeiten zur deutschen Literatur 6); zu ›Tonio Kröger‹ S. 67–75.

32 „Er ging den Weg, den er gehen mußte" (Thomas Mann, Die Erzählungen, Erster Band, Frankfurt a. M. 1967, S. 218. Nach dieser Ausgabe wird fortlaufend im Text zitiert.

33 Gemeint sind die bekannten Verse Goethes mit dessen doppelpoliger Charakterbildung: „Vom Vater hab ich die Statur, / Des Lebens ernstes Führen, / Vom Mütterchen die Frohnatur, / Und Lust zu fabulieren" (Goethe, Berliner Ausgabe, Band 1, S. 712).

34 Thomas Mann, Die Erzählungen, Erster Band, Frankfurt a. M. 1967, S. 229: „halten Sie es nicht für Literatur, was ich da sage!"

35 S. 247; schon der Begriff enthält ja die Wiederholung der Situation!

36 So heißt es, um ein beliebiges Beispiel noch trivialerer Zuspitzung zu zitieren, im Vorwort von Scheffels ›Ekkehard‹ von 1855 über den Dichter: „wachsen ihm Gestalten empor, erst von wallendem Nebel umflossen, dann klar und durchsichtig, und sie schauen ihn ringend an und umtanzen ihn in mitternächtigen Stunden und sprechen: Verdicht uns!" (Joseph Viktor von Scheffel, Sämtliche Werke, hrsg. von Johannes Franke, Band 5, Leipzig 1917, S. 9).

37 Vgl. Hermann Kurzke, Thomas Mann. Epoche – Werk – Wirkung, München 1985 (= Arbeitsbücher zur Literaturgeschichte), S. 102 f.

38 Vgl. dazu auch ebd., S. 107 f.

39 S. 174: „ein ganz wunderlicher Kauz"; S. 175: „dieser absonderliche Herr Spinell".

40 S. 167: „Weil es nicht selten geschieht, daß ein Geschlecht mit praktischen, bürgerlichen und trockenen Traditionen sich gegen das Ende seiner Tage noch einmal durch die Kunst verklärt."

41 S. 177: „Wie schön!" sagte Herr Spinell und zog die Schultern empor. „Saßen Sie und sangen?"
„Nein, wir häkelten meistens."
„Immerhin ... Immerhin ..."

42 S. 182: „spielen wie einst".

43 Vgl. Kurzke, Thomas Mann, S. 108: „Das Hauptwerk seiner Kunst aber ist die Umformung Gabrieles."

44 Jochen Schmidt, Die Geschichte des Genie-Gedankens, Band 2, S. 242 f.

45 Hans Wysling in: Koopmann, Thomas-Mann-Handbuch, S. 384 ff.

46 So im Brief an den Bruder Heinrich vom 17.1.1906 in: Thomas Mann – Heinrich Mann. Briefwechsel 1900–1949, Frankfurt a. M. 1975, S. 79.

47 Kurzke, Thomas Mann, S. 83.

48 Vgl. Wysling im Thomas-Mann-Handbuch, S. 393: „Allegorie des Künstlers vor dem Künstler selbst".

49 Thomas Mann, Königliche Hoheit. Der Erwählte, Frankfurt a. M. 1967, S. 132. – Nach dieser Ausgabe wird fortlaufend im Text zitiert.

50 S. 132: „das zärtlichste Liebeslied, das innigste religiöse Gedicht, den feurigsten patriotischen Gesang, für die trefflichsten lyrischen Leistungen zum Preise der Musik, des Waldes, des Frühlings, der Lebenslust."

51 Ebd., S. 139: „etwas Abschreckendes", „ein bißchen widerlich".

[52] Ebd., S. 136: „Jeder von uns".

[53] Ebd., S. 137; vgl. dazu im ›Tonio Kröger‹: Erzählungen, S. 255.

[54] Thomas Mann, Die Erzählungen, Erster Band, S. 173.

[55] Ebd., S. 344.

[56] Vgl. Hans R. Vaget in: Thomas-Mann-Handbuch, S. 575.

[57] Vgl. ebd. über ›Das Eisenbahnunglück‹: „Von Krise à la Aschenbach keine Spur".

[58] Thomas Mann, Die Erzählungen, Erster Band, Frankfurt a. M. 1967, S. 347. – Nach dieser Ausgabe wird fortlaufend im Text zitiert.

[59] Ebd., S. 343: „den Glauben des breiten Publikums und die bewundernde, fordernde Teilnahme der Wählerischen zu gewinnen".

[60] Vgl. Schmidt, Die Geschichte des Genie-Gedankens, Band 2, S. 246–252.

[61] Vgl. Hans R. Vaget, Thomas Mann und die Neuklassik. Der ›Tod in Venedig‹ und Samuel Lublinskis Literaturauffassung, in: Stationen der Thomas-Mann-Forschung, Würzburg 1985, S. 41–60; vgl. auch ders. in: Thomas-Mann-Handbuch, S. 580–591; psychologisch im Zusammenhang mit der Biographie deutend Marianne Krüll, Im Netz der Zauberer. Eine andere Geschichte der Familie Mann, Zürich 1991, S. 224 ff.

[62] Vgl. Hans Wysling, Aschenbachs Werke. Archivalische Untersuchungen an einem Thomas-Mann-Satz, in: Euphorion 59 (1965), S. 272–314.

[63] Vgl. Thomas Mann, Die Erzählungen, Erster Band, S. 397 f. Im übrigen zeigen alle Formulierungen, daß Würde niemals eigentümlich ist, z. B. S. 396: „der würdig *gewordene* Künstler"; S. 397: „wir möchten [...] Würde gewinnen"; „die Erkenntnis, Phaidros, hat keine Würde" u. ö.

[64] Dazu Terence J. Reed, Thomas Mann, Der Tod in Venedig. Text, Materialien, Kommentar, München 1983 (= Hanser Literaturkommentare 19), S. 159f.: Peter Pütz, Der Ausbruch der Negativität. Das Ethos im ›Tod in Venedig‹, in: Thomas-Mann-Jahrbuch 1 (1988), S. 1–11.

[65] Vgl. Kurzke, Thomas Mann, S. 127.

[66] Thomas Mann, Die Erzählungen, Erster Band, Frankfurt a. M. 1967, S. 399: „in schöner Drehung aus seiner Grundpositur".

[67] So mit Recht Pütz, S. 8 f.: „Der Künstler ist zwar gescheitert, nicht aber seine Kunst."

VIII. Dichter-Reflexionen

[1] Robert Musil, Gesammelte Werke in neun Bänden, hrsg. von Adolf Frisé, Reinbek 1978, Band 8, S. 1307. Nach dieser Ausgabe wird fortlaufend im Text zitiert.

[2] Ebd., S. 1029; Hervorhebung im Original.

[3] 1029 f.: „Rasender", „Seher", „Kind", „Sänger", „Verklärer seiner Zeit", Verherrlicher der Ideale.

[4] Ebd., S. 1349: „Oder: Der Dichter und seine Zeit".

[5] Vgl. dazu Marie-Louise Roth, Robert Musil. Ethik und Ästhetik. Zum theoretischen Werk des Dichters, München 1972, S. 187 ff.: „Die Erkenntnis des Dichters".

[6] Robert Musil, S. 1248: „wir irren vorwärts!"

[7] Ebd., S. 1243: „daß wir nicht wissen, was sie sind".

[8] Z. B. S. 1249: „Antiindividualismus", „Demokratie", „Kollektivismus", „Be-

kenntnis zum großen Individuum", „Führer-Prinzip", „Machtformen", „Kultus des Geistes und der Individualität", „der Mensch als Staatsbürger" usw.

[9] So Ulf Eisele, Ulrichs Mutter ist doch ein Tintenfaß. Zur Literaturproblematik in Musils ›Mann ohne Eigenschaften‹, in: Renate von Heydebrand (Hrsg.), Robert Musil, Darmstadt 1982 (= Wege der Forschung 588), S. 161.

[10] Robert Musil, Gesammelte Werke in neun Bänden, hrsg. von Adolf Frisé, Reinbek 1978, Band 2, S. 429.

[11] Ebd., S. 431: „neunundvierzig Prozent Begabung".

[12] Ebd., S. 429: „Denn der Großschriftsteller ist keineswegs einfach das gleiche wie ein Schriftsteller, der viel Geld verdient".

[13] Vgl. Ulf Eisele, Zur Literaturproblematik, S. 173.

[14] Vgl. dazu Schmidt, Geschichte des Genie-Gedankens, S. 279.

[15] Zur Typologie des Dichters bei Musil vgl. Roger Willemsen, Das Existenzrecht der Dichtung. Zur Rekonstruktion einer systematischen Literaturtheorie im Werk Robert Musils, München 1984 (= Münchner Germanistische Beiträge 34), S. 19 ff.

[16] Ebd., S. 284.

[17] Robert Musil, S. 1001: „'Man sagt, daß er ein großer Dichter sein soll', wiederholte Sektionschef Tuzzi unsicher, und Meseritscher erwiderte fest: 'Wer sagt das?! Die Kritiker im Feuilleton sagen das! Was zählt das schon, Herr Sektionschef?!'"

[18] Vgl. ebd., S. 1003: „Feuermaul ist in zehn Jahren eine internationale Größe; dafür werden die Verbindungen der Drangsal sorgen, und dann wird sie ihn heiraten. Wenn der Ruhm bei ihm bleibt, wird es eine glückliche Ehe werden."

[19] Ebd., S. 1348: „an seiner Statt ein anderer"; diese Funktion hat er mit den zentralen Figuren des Romans gemein: „Auch Ah. [= Arnheim] wäre ebenso zu ersetzen gewesen" (1439).

[20] Barner, Poeta doctus, S. 726.

[21] Vgl. Manfred Durzak, Hermann Broch. Dichtung und Erkenntnis. Studien zum dichterischen Werk, Stuttgart u. a. 1978 (= Sprache und Literatur 102), S. 111 ff.; vgl. jetzt den Forschungsbericht von Michael Roesler, Hermann Brochs Romanwerk. Ein Forschungsbericht, in: DVjs 65 (1991), S. 502–587, bes. S. 561 ff.

[22] Vgl. Albert Fuchs, Broch: Der Tod des Vergil, in: Benno von Wiese (Hrsg.), Der deutsche Roman. Vom Barock bis zur Gegenwart. Struktur und Geschichte, Düsseldorf 1963, S. 336 ff.; Maria Angela Winkel, Denkerische und dichterische Erkenntnis als Einheit. Eine Untersuchung zur Symbolik in Hermann Brochs ›Tod des Vergil‹, Frankfurt a. M. u. a. 1980 (= Europäische Hochschulschriften Reihe 1. Serie 1. 319).

[23] Thomas Koebner, Vergil als Leitfigur? Zu Hermann Brochs ›Der Tod des Vergil‹, in: Vergil-Jahrbuch 1982 (= Würzburger Jahrbücher für die Altertumswissenschaft. Neue Folge 8), S. 161–170.

[24] Hermann Broch, Der Tod des Vergil, Frankfurt a. M. 1976. Kommentierte Werkausgabe, hrsg. von Paul Michael Lützeler, Band 4 (= suhrkamp taschenbuch 296), S. 11. Nach dieser Ausgabe wird fortlaufend im Text zitiert.

[25] Vgl. Winkel, Denkerische und dichterische Erkenntnis, S. 22 ff.

[26] Hermann Broch, Der Tod des Vergil, S. 128: „Ach, nicht einmal Orpheus hatte solches je erreicht".

[27] Dabei fällt auf, daß die Assoziation des „Prometheischen" über die Wahrnehmung des Feuers verläuft, „irdisch verbunden und dabei seltsam sphärisch ver-

bunden", „eingereiht in eine Kette der Bilder und Aber-Bilder" (100), die sich unschwer in einer Reihe literarischer Brandlegungen lesen lassen, wenn man Vergils ursprüngliche Absicht einbezieht, durch das Verbrennen seines Manuskripts die Frage nach dem Überdauern der Poesie radikal zu lösen. Die Reihe beginnt bei Kafkas testamentarischer Verfügung, seine Texte zu verbrennen, führt zur Verbrennung der Bibliothek in Canettis 1935 erschienener ›Blendung‹ und gipfelt in der pervertierten Realisierung als nationalsozialistische Bücherverbrennung.

28 Ebd., S. 288: „Äneas-Enkel".

29 Durzak, Hermann Broch, S. 120.

30 Hermann Broch, Der Tod des Vergil, S. 288: „wirklichkeitsfest und farbenstark"; 336: „das ist Wirklichkeit, schlichte Wirklichkeit" und: „Ich glaube an eine einfachere Wirklichkeit, mein Vergil; ich glaube zum Beispiel an die handfeste Wirklichkeit unseres Alltags".

31 Ebd., S. 289: „unsere ewige Jugend".

32 Ebd., S. 295: „sie sind nicht das ganze Gedicht".

33 Ebd., S. 310: „wir brauchen euch beide".

34 Ebd., S. 314 f.: „Du erfüllst deine Aufgabe der Zeit, ich nicht".

35 Ebd., S. 329: „deine Bilder sind lebendigste Wirklichkeit, sie sind die Wirklichkeit deines Volkes"; S. 334: „in deinem Staatswerk irdisch verkörpert und zur sichtbaren Gestalt gebracht".

36 Ebd., S. 360: „Du willst dir selber sein Amt vorbehalten".

37 Ebd., S. 368: „Es ist kein Machwerk".

38 Ebd., S. 370: „Wahrhaftig, Octavian, widersprich mir nicht; auf der Stelle will ich sterben, wenn die Fesseln nicht weiß gewesen sind!"

39 Ebd.: „das ist mir ein zu hoher Preis".

40 Ebd., S. 411: „die Gesänge dürfen nicht zerrissen werden [...] und ich untersage, irgendein Wort hinzuzufügen oder auszulassen".

41 Doris Stephan, Thomas Manns ›Tod in Venedig‹ und Brochs ›Vergil‹, in: Schweizer Monatshefte 40 (1961), S. 76–83.

42 Gottfried Benn 1886–1956, Marbach 1986 (= Marbacher Kataloge 41), S. 124, dort auch die Einordnung und die weiteren Hintergründe.

43 Gottfried Benn, Gesammelte Werke in acht Bänden, hrsg. von Dieter Wellershoff, Wiesbaden 1960, Band 8, S. 1670. Nach dieser Ausgabe wird fortlaufend im Text zitiert.

44 Ebd., S. 1676: „das ganze freischwebende Gemecker der Zivilisation".

45 Zum gesamten Zusammenhang vgl. Jürgen Schröder, Gottfried Benn. Poesie und Sozialisation, Stuttgart 1978 (= Sprache und Literatur 103), S. 145 ff.

46 Ebd., S. 1674: „das alles ist doch schon gar nicht mehr individuell erlebbar".

47 Ebd., S. 1675: „so bist du und du wirst nie anders sein".

48 Ebd., S. 1675: „Ecce historia!"

49 Dies ist auch der argumentatorische Ausgangspunkt der Arbeit von Schröder, Poesie und Sozialisation; vgl. ebd., S. 9.

50 Eine grundlegende Deutung, v. a. mit Bezug auf die biographische Psychogenese des Bennschen Dichterbilds, gibt Schröder ebd., S. 48–57; vgl. auch B. Fenner, Ein Weg zu Hebbel, in: Hebbel-Jahrbuch (1983), S. 127–144.

51 Vgl. Benn, Gesammelte Werke, Band 1, S. 21: „Aber ich will Ich werden!"

[52] Briefentwurf Benns von 1951, zit. nach: Harald Steinhagen, Die Statischen Gedichte von Gottfried Benn. Die Vollendung seiner expressionistischen Lyrik, Stuttgart 1969, S. 313.

[53] Vgl. Schröder, Poesie und Sozialisation, S. 83 f.

[54] Vgl. G. Lampe, Über den Weltbezug von Gottfried Benns ›Gedicht‹, in: Text und Kritik Heft 44 (1985), S. 90–98.

[55] Vgl. Benn, Gesammelte Werke Band 1, S. 208: „Ein Wort – ein Glanz, ein Flug, ein Feuer, / ein Flammenwurf, ein Sternenstrich –".

[56] Die Bildanalogie zu Goethes berühmtem Verspaar aus ›Lied und Gebilde‹ aus seinem ›West-östlichen Diwan‹ (Berliner Ausgabe, Band 3, S. 18) vom schöpferischen Dichter („Schöpft des Dichters reine Hand, / Wasser wird sich ballen") ist, als Gegenposition zur antik-klassizistischen Gestaltung, offensichtlich gewollt.

[57] Benns Gedicht ›Künstlermoral‹ von 1950 paßt insofern nicht ganz in diese poetologische Reihe, als es ausdrücklich keine Gesamtaussage über den Dichterberuf macht, sondern nur auf die Differenz des Künstlers zum allgemein Menschlichen abhebt: „sein Menschliches muß verschweigen, / wer so mit Qualen versehn" (II, 466). Es ist daher stärker selbstbezogenes Selbstgespräch („dein Sterbliches") als Selbstaussage, was sich auch in der sprachlichen Extremisierung am scheinbaren Rückschritt in der Erkenntnis widerspiegelt („Qualen", „Sünden", „Blut" usw.). Ähnliches gilt vielleicht auch für das biographisch initiierte ›Orpheus' Tod‹ von 1946 (I, 190 ff.), das den Mythos umdeutet. Benn interessiert nicht die Allmacht des Sängers und seine Überwindung der Unterwelt, sondern seine Angst vor einem Ende, in dem das Material seiner dichterischen Erinnerung verlorengehen könnte.

[58] Elias Canetti, Der Beruf des Dichters, Münchner Rede, Januar 1976, in: Markus Krause/Stephan Speicher (Hrsg.), Absichten und Einsichten. Texte zum Selbstverständnis zeitgenössischer Autoren, Stuttgart 1990 (= Reclams Universalbibliothek 8640), S. 246. Nach dieser Ausgabe wird fortlaufend im Text zitiert.

[59] Das Buch von Edgar Piel, Wenn Dichter lügen ... Literatur als Menschenforschung, Zürich 1988 (= Texte und Thesen 208) erweist sich trotz seines vielversprechenden Titels als journalistisch, effekthascherisch und undiskutabel.

[60] Vgl. Bernd Witte, Der Einzelne und seine Literatur. Elias Canettis Auffassung vom Dichter, in: Kurt Bartsch/Gerhard Melzer (Hrsg.), Experte der Macht. Elias Canetti, Graz 1985, S. 16 ff.; Olga Dobijanka-Wiztczakowa: Einige Gedanken über Canettis Rede ›Der Beruf des Dichters‹, in: Stefan H. Kaszynski (Hrsg.), Elias Canettis Anthropologie und Poetik, München 1984, S. 11–19 gibt nur eine kommentierende Paraphrase; der Begriff der „Verwandlung" ist, zusammen mit „Identität" und „Machtausübung", zum Thema einer Studie gemacht worden, vgl. Friederike Eigler, Das autobiographische Werk von Elias Canetti, Tübingen 1988 (= Stauffenburg Colloquium 7).

[61] Vgl. S. 250: „was ein Dichter heute haben müßte, um diesem Anspruch zu genügen"; „würde ich sagen"; S. 246: „wodurch Dichter, oder was man bisher dafür hielt, sich nützlich machen könnten"; 253: „Dies, meine ich, wäre die eigentliche Aufgabe der Dichter. Sie sollten [...]"; S. 254: „wie ein Dichter wäre, wenn es einen gäbe" usw. Daß der Dichter nur konjunktivisch definiert sei, vgl. Eigler, Das autobiographische Werk, S. 99.

[62] Zit. nach Reiner Wild, „Der Hund seiner Zeit". Zu Elias Canettis Selbstver-

ständnis als Dichter, in: Sprachkunst 18 (1987), S. 75; Wild betont S. 86 mit Recht, daß Canetti „an seinen Grundpositionen festgehalten hat".

[63] Ebd.

[64] Zur Aphoristik Canettis vgl. Gerhard Neumann: Widerrufen des Sündenfalls. Beobachtungen zu Canettis Aphoristik, in: Hüter der Verwandlung. Beiträge zum Werk Elias Canettis, München 1985, S. 182–204.

[65] Hinweise, daß Canetti an diesem Satz zumindest gearbeitet hat, gibt es mehr als genug, vgl. S. 247: „ich schrieb ihn mit steigender Irritation heraus, [...] daß ich ihn hernahm, zerlegte, wegstieß und wieder hernahm, als liege es nur an mir, einen Sinn darin zu finden."

[66] Ebd., S. 250: „leidenschaftlich wünschen müssen wir uns, daß es welche gäbe".

IX. Die Identität des Dichters: Selbstdarstellung und Selbstverständnis der Schriftsteller der Gegenwart

[1] Peter Rühmkorf, Walther von der Vogelweide, Klopstock und ich, Reinbek 1975 (= das neue buch), S. 126. Nach dieser Ausgabe wird fortlaufend im Text zitiert.

[2] Vgl. Herbert Uerlings, Die Gedichte Peter Rühmkorfs. Subjektivität und Wirklichkeitserfahrung in der Lyrik, Bonn 1984 (= Literatur und Wirklichkeit 24), S. 301 ff.

[3] Walter Hinck, Das Gedicht als Spiegel der Dichter, S. 57.

[4] Vgl. Heinz Ludwig Arnold (Hrsg.), Peter Rühmkorf. Text und Kritik, München 1988, S. 37.

[5] Durzak/Steinecke (Hrsg.), Peter Rühmkorf. Zwischen Freund Hein und Freund Heine. Peter Rühmkorf. Studien zu seinem Werk, Reinbek 1989. Interview mit Peter Rühmkorf, S. 327; Rühmkorf redet ebd., S. 368 auch über „mich in diesem Hochspannungsfeld".

[6] Hans-Peter Bayerdörfer, Loreley wird rehabilitiert. Zu Peter Rühmkorfs Gedicht ›Hochseil‹, in: Walter Hinck (Hrsg.), Gedichte und Interpretationen 6. Gegenwart, Stuttgart 1982, S. 340.

[7] „Verarmtes/Verirrtes" – „verrückt"; „vierfüßig", „vierzigzehig" – „zurechnungsfähig".

[8] Zum weiteren Zusammenhang vgl. Christoph Eykman, Schreiben als Erfahrung. Poetologische und kunsttheoretische Positionen von Schriftstellern und Künstlern im Zeitraum von 1945 bis 1983, Bonn 1985 (= Abhandlungen zur Kunst-, Musik- und Literaturwissenschaft 361); Friedhelm Rudorf, Poetologische Lyrik und politische Dichtung. Theorie und Probleme der modernen politischen Dichtung in den Reflexionen poetologischer Gedichte von der Aufklärung bis zur Gegenwart, Frankfurt a. M. u. a. 1988 (= Europäische Hochschulschriften Reihe 1, Deutsche Sprache und Literatur, Serie 1, 1105).

[9] Vgl. hierzu auch meine ausführliche Untersuchung: Trinkpoesie oder Poetik des Suffs? Norbert C. Kasers letztes Gedicht im literaturgeschichtlichen Kontext, in: Eberhard Sauermann/Rolf Selbmann (Hrsg.), Neuburger Kaser-Symposium, Innsbruck 1993, S. 75–85.

[10] Norbert C. Kaser, Gesammelte Werke, hrsg. von Hans Haider, Walter Methlagl

und Sigurd Paul Scheichl, Innsbruck 1988, Band I, S. 17. Nach dieser Ausgabe wird fortlaufend im Text zitiert.

[11] So z.B. Ulrich Weinzierl (FAZ vom 30. 5. 1989).

[12] Hans Haider, der Herausgeber der Werkausgabe, hat dankenswerterweise darauf aufmerksam gemacht, daß Kaser in seiner letzten Krankheitsphase Windeln tragen mußte.

[13] Brief vom 19. November 1975: III, S. 273.

[14] Günter Kunert, Abtötungsverfahren. Gedichte, München 1980, S. 59.

[15] Ebd., S. 57.

[16] Zit. nach Walter Hinck, Schläft ein Lied in allen Dingen, S. 218.

[17] Ebd., S. 219.

[18] In dem Sammelband: Günter Kunert. Beiträge zu seinem Werk, hrsg. von Manfred Durzak und Hartmut Steinecke, München 1992, verweisen mehrere Beiträge darauf.

[19] Günter Kunert, Abtötungsverfahren, S. 61.

[20] Zu Kunerts Poetik vgl.: Text und Kritik 109, München 1991, S. 81–93: Kunerts Poetik, hrsg. von Horst Dieter Schlosser und Hans Dieter Zimmermann, Frankfurt a. M. 1988; Alo Allkemper, Paradox. Anmerkungen zu Günter Kunerts Poetik, in: ZfdPh 106 (1987), S. 609–624.

[21] So Walter Hinderer, „Schaffen heißt: seinem Schicksal Gestalt geben", in: Günter Kunert. Beiträge zu seinem Werk, S. 38.

[22] Günter Kunert, Vor der Sintflut. Das Gedicht als Arche Noah. Frankfurter Vorlesungen, München und Wien 1985, S. 63.

[23] Günter Kunert. Beiträge zu seinem Werk, S. 325: Auf die Unterstellung des Interviewers, der Vers „keinerlei Gegenbeweis" sei doch gerade ein solcher, antwortet Kunert: „Nein, es ist einfach nichts anderes als die ironisierte Einsicht: Das Gedicht richtet in der Welt und gegen die Welt nichts aus. Es ist *nicht* der Gegenbeweis."

[24] Ebd., S. 323.

[25] Günter Kunert, Warum schreiben? Notizen zur Literatur, München 1976 (= Literatur als Kunst), S. 263.

[26] Zuerst veröffentlicht in: Die Zeit vom 9. 9. 1983, zit. nach: Walter Hinck, Schläft ein Lied in allen Dingen, S. 204 f.

[27] Vgl. Peter Handke, Nachmittag eines Schriftstellers. Erzählung, Frankfurt a. M. 1989 (= suhrkamp taschenbuch 1668), S. 80; vgl. unten zum Begriff des Übersetzens.

[28] Vgl. jetzt: Heinz Ludwig Arnold (Hrsg.), Peter Handke. Text und Kritik 24, 5. Aufl. Neubearbeitung, München 1989, S. 17–20.

[29] Markus Krause/Stephan Speicher (Hrsg.), Absichten und Einsichten. Texte zum Selbstverständnis zeitgenössischer Autoren, Stuttgart 1990 (= Reclams Universalbibliothek 8640), S. 102–112, hier S. 102. Nach dieser Ausgabe wird fortlaufend im Text zitiert.

[30] Vgl. dazu auch: Peter Pütz, Peter Handkes „Elfenbeinturm", in: Heinz Ludwig Arnold (Hrsg.), Peter Handke, S. 21–29 mit einer Zusammenfassung.

[31] Markus Krause/Stephan Speicher (Hrsg.), Absichten und Einsichten, S. 107: „Jede Geschichte lenkt mich von meiner wirklichen Geschichte ab".

[32] Ebd., S. 105: „Geschichten schreibt das Leben bekanntlich am besten, nur daß es nicht schreiben kann".

[33] Anspielung auf Claude Debussys ›L'après-midi d'un faune‹?

[34] Wie es einige der Rezensionen getan haben, vgl: Reinhard Baumgart, Der Nachmittagskünstler. Die Stunden außerhalb des Schreibens: Peter Handkes autobiographische Erzählung, in: Die Zeit vom 10. 4. 1987; Joachim Kaiser, Im Schutz der Erzählung. Peter Handke gibt Auskunst, in: SZ vom 14. 4. 1987; Hermann Lenz, Handkes Autor muß leiden, in: Die Welt vom 16. 4. 1987; Jürgen Jacobs, Verbeugung vorm Blatt. Peter Handkes Erzählung, in: FAZ vom 2. 5. 1987.

[35] Peter Handke, Nachmittag eines Schriftstellers. Erzählung, Frankfurt a. M. 1989 (= suhrkamp taschenbuch 1668), S. 5. Nach dieser Ausgabe wird fortlaufend im Text zitiert.

[36] Zur Ähnlichkeit des Sprachverlusts mit Hofmannsthals ›Chandos‹-Brief vgl. Gunter Pakendorf, Writing About Writing. Peter Handkes ›Nachmittag eines Schriftstellers‹, in: Modern Austrian Literature 23 (1990), S. 77–86.

[37] Handke, Nachmittag eines Schriftstellers, S. 19: „in die Nähe der Leute gezogen".

[38] Die nicht nur topographische Randexistenz des Schriftstellers betont Pakendorf, Writing About Writing, S. 81 f.

[39] Handke, Nachmittag eines Schriftstellers, S. 18: „Zwar lebte er, schon seit Jahrzehnten, auf sein jeweiliges Schreibziel hin".

[40] Ebd., S. 9: „Der Schriftsteller hatte ihm seinerzeit auf den Anfangsbrief kurz geantwortet, aus dem einzigen Grund, daß er des anderen Handschrift auf den ersten Blick mit der eigenen verwechselt hatte ..."

[41] Ebd., S. 28: „Er brachte seinen Satz kaum zu Ende".

[42] Zur Schriftsteller-Kollegen-Parallele vgl. Pakendorf, Writing About Writing, S. 83 f.

[43] Vgl. Martin Stern, Zwischen Mythos, Mystik und Verzicht. Peter Handkes neues Schreiben, in: Schweizer Monatshefte 68 (1988), S. 844 f.

[44] Handke, Nachmittag eines Schriftstellers, S. 79: „Manchen seiner Sätze ging ein langgezogener Summton voraus, wie die Ankündigung eines Herolds."

[45] Ebd., S. 73: „Seltsam einverstanden mit dem Ergebnis des Selbstgesprächs".

[46] Vgl. Kurt Bartsch, Dialog mit Antike und Mythos. Christoph Ransmayrs Ovid-Roman ›Die letzte Welt‹, in: Modern Austrian Literature 23 (1990), S. 121 ff.; Jaroslav Kovar, Acht Thesen zu Christoph Ransmayrs Roman ›Die letzte Welt‹, in: Literatur und Kritik 241/242 (1990), S. 193–200.

[47] Ovid, Metamorphosen I, V. 17.

[48] Christoph Ransmayr, Die letzte Welt. Roman. Mit einem Ovidischen Repertoire, Nördlingen 1988 (= Die Andere Bibliothek, hrsg. von Hans Magnus Enzensberger), S. 111. Nach dieser Ausgabe wird fortlaufend im Text zitiert. Vgl. auch Helmut Bernsmeier, „Keinem bleibt seine Gestalt". Ransmayrs ›Letzte Welt‹, in: Euphorion 85 (1991), S. 168–181; Christine Palm, Alterität, Verbannung, Abgelegenheit und eine Geschichte der Entwicklung der Menschheit im Roman ›Die letzte Welt‹ von Christoph Ransmayr, in: Begegnung mit dem Fremden. Grenzen – Traditionen – Vergleiche, hrsg. von Eijiro Iwasaki (= Akten des VIII. Internationalen Germanisten-Kongresses Tokyo 1990), Band 2, München 1991, S. 236–242 geht über eine kommentierende Inhaltsangabe nicht hinaus.

[49] Christoph Ransmayr, Die letzte Welt, S. 17: er „kicherte: Naso ist Naso, Pythagoras ist Pythagoras".

[50] Ebd., S. 197: die er „nicht verstand"!

[51] Ebd., S. 192: „griff sie in diese Fäden wie in Saiten".

[52] Das betonen fast alle Beiträge in: „Keinem bleibt seine Gestalt". Ovids ›Metamorphoses‹ und Christoph Ransmayrs ›Letzte Welt‹. Essays zu einem interdisziplinären Kolloquium, hrsg. von Helmuth Kiesel und Georg Wöhrle, Bamberg 1990 (= Fußnoten zur neueren deutschen Literatur Heft 20), z. B. S. 5 f., 7, 11, 27.

[53] Christoph Ransmayr, Die letzte Welt, S. 14: „Hier war Naso gegangen. Das war Nasos Weg."

[54] Ebd., S. 57: „bis zur Unkenntlichkeit entstellt".

[55] Ebd., S. 57 f.: „er habe noch niemals das platte Gleichnis der römischen Wirklichkeit zu gestalten versucht".

[56] Ebd., S. 60: „Naso sprach leise wie immer".

[57] Vgl. Eske Bockelmann (1990) in: Kritisches Lexikon zur deutschen Gegenwartsliteratur, Band 7, S. 5 f.

[58] Ovid, Metamorphosen XV, V. 871 ff.

[59] Christoph Ransmayr, Die letzte Welt, S. 51: „durch dieses Werk werde ich fortdauern"; „mein Name wird unzerstörbar sein".

[60] Vgl. Eske Bockelmann (1990) in: Kritisches Lexikon zur deutschen Gegenwartsliteratur, Band 7, S. 3.

[61] Vgl. Bernsmeier, „Keinem bleibt seine Gestalt", S. 177; ganz anders Eva Pachale in: „Keinem bleibt seine Gestalt". Ovids ›Metamorphoses‹ und Christoph Ransmayrs ›Letzte Welt‹, S. 7: „Leidenschaftslos glücklich endet Ransmayrs Buch".

X. Orpheus, Prometheus oder poète maudit? Wandlungen und Kontinuitäten des schriftstellerischen Selbstverständnisses

[1] Vgl. V. 1: „schwankende Gestalten"; V. 8: „Zauberhauch", V. 28: „Äolsharfe" usw.

[2] So z. B. Franz Grillparzer 1828 im Tagebuch, zit. nach: Paul Kluckhohn, Dichterberuf und bürgerliche Existenz, Tübingen 1949 (= Die Brunnen-Bücherei 4), S. 35.

[3] Detlev Freiherr von Liliencron. Gedichte, Leipzig 1889, S. 73–78; zit. nach: Günter Häntzschel: Kritik an der Lyrik seiner Zeit und Suche nach neuen Möglichkeiten. Detlev von Liliencron: ›An meinen Freund, den Dichter‹, in: ders. (Hrsg.), Gedichte und Interpretationen, Band 4: Vom Biedermeier zum Bürgerlichen Realismus, Stuttgart 1983, S. 419–432.

[4] Rainer Maria Rilke, ›Sonette an Orpheus‹ I, 7 (Werke II/1. Frankfurt a. M. 1980), S. 491: „Rühmen, das ists!"

[5] Ebd., II, 10, S. 513: „Alles Erworbne bedroht die Maschine".

[6] Vgl. Walther Rehm, Orpheus. Der Dichter und die Toten, Düsseldorf 1950; Hermann Mörchen, Rilkes Sonette an Orpheus, Stuttgart 1958.

[7] Vgl. Hans Joachim Schrimpf, Der Schriftsteller als öffentliche Person. Zur Krise der Wertmaßstäbe, in: ders., Der Schriftsteller als öffentliche Person. Von Lessing bis Hochhuth, Berlin 1977, S. 7–33

[8] Paul Kluckhohn, Dichterberuf und bürgerliche Existenz, Tübingen 1949 (= Die

Brunnen-Bücherei 4) liefert einen literaturgeschichtlichen Rückblick als Belegsammlung zu dem biederen Ratschlag an zukünftige Schriftsteller, sich auf keine so unsolide Zukunft einzulassen: „Keinem jungen Menschen mit dichterischer Begabung kann geraten werden, sein Leben auf diese Begabung aufzubauen" (S. 73).

[9] Vgl. Reinhold Schneider, Der Dichter vor der heraufziehenden Zeit, Freiburg 1947; noch schlimmer Ignaz Zangerle, Die Bestimmung des Dichters. Ein Versuch, Freiburg 1949.

[10] Vgl. Gunter E. Grimm (Hrsg.), Metamorphosen des Dichters, der in seiner Einleitung, S. 13 f. dergleichen vorträgt.

[11] Vgl. Wilfried Barner, Poeta doctus. Über die Renaissance eines Dichterideals in der deutschen Literatur des 20. Jahrhunderts, in: Jürgen Brummack u. a. (Hrsg.), Literaturwissenschaft und Geistesgeschichte. Festschrift für Richard Brinkmann, Tübingen 1981, S. 725–752; für die Traditionslinie des *poeta vates* bis in die Moderne vgl. Eike Barmeyer, Die Musen. Ein Beitrag zur Inspirationstheorie, S. 16–37; zum Dichterfürsten: Heinz Schlaffer, Das Dichtergedicht im 19. Jahrhundert; Eberhard Lämmert, Der Dichterfürst, in: Dichtung, Sprache, Gesellschaft. Akten des IV. Internationalen Germanistenkongresses 1970 in Princeton, hrsg. von Victor Lange und Hanns-Gert Roloff, Frankfurt a. M. 1971 (= Beihefte zum Jahrbuch für Internationale Germanistik 1), S. 439–455.

[12] Zur Problematik solcher Typologien, ihrem Erkenntniszweck und zur Frage der Zuschreibungsmerkmale vgl. die knappen Bemerkungen Horst Brunners in: Walter Haug/Burghart Wachinger (Hrsg.), Autorentypen, Tübingen 1991 (= Fortuna vitrea 6), S. 89 ff. und S. 103.

Literaturverzeichnis

Das Literaturverzeichnis beschränkt sich auf thematisch übergreifende Arbeiten; punktuell zitierte Literatur ist in den Anmerkungen vollständig nachgewiesen.

Allemann, Beda, Dichter über Dichtung, in: Adolf Frisé (Hrsg.), Definitionen. Essays zur Literatur, Frankfurt a. M. 1963, S. 9–34.

Anton, Herbert (Hrsg.), Invaliden des Apoll. Motive und Mythen des Dichterbilds, München 1982.

Bark, Joachim, Beruf und Berufung. Zur Haltung der Dichter im Vor- und Nachmärz, in: Helmut Koopmann/J. Adolf Schmoll gen. Eisenwerth (Hrsg.), Beiträge zur Theorie der Künste im 19. Jahrhundert, Frankfurt a. M. 1972 (= Studien zur Philosophie und Literatur des 19. Jahrhunderts 12/2), S. 149–174.

Barmeyer, Eike, Die Musen. Ein Beitrag zur Inspirationstheorie, München 1968 (= Humanistische Bibliothek I, 2).

Barner, Wilfried, Poeta doctus. Über die Renaissance eines Dichterideals in der deutschen Literatur des 20. Jahrhunderts, in: Jürgen Brummack u. a. (Hrsg.), Literaturwissenschaft und Geistesgeschichte. Festschrift für Richard Brinkmann, Tübingen 1981, S. 725–752.

Blamberger, Günter, Das Geheimnis des Schöpferischen oder: Ingenium est ineffabile? Studien zur Literaturgeschichte der Kreativität zwischen Goethezeit und Moderne, Stuttgart 1991.

Braemer, Edith, Goethes Prometheus und die Grundposition des Sturm und Drang, Weimar 1959.

Bremer, Dieter, Griechische Paradigmen in der neuzeitlichen Autonomieästhetik. Zum Verhältnis von poetischer und ästhetischer Realität, in: Wolfgang Wittkowski (Hrsg.), Revolution und Autonomie. Die Autonomieästhetik im Zeitalter der Französischen Revolution. Ein Symposium, Tübingen 1990, S. 157–161.

Calmberg, Ernesta, Die Auffassung vom Beruf des Dichters im Weltbild deutscher Dichter zwischen Nietzsche und George, Diss. Tübingen 1936.

Drux, Rudolf, Dichter und Titan. Der poetologische Bezug auf den Prometheus-Mythos in der Lyrik von Goethe bis Heine, in: Heine-Jahrbuch 25 (1986), S. 11–26.

Eykman, Christoph, Schreiben als Erfahrung. Poetologische und kunsttheoretische Positionen von Schriftstellern und Künstlern im Zeitraum von 1945 bis 1983, Bonn 1985 (= Abhandlungen zur Kunst-, Musik- und Literaturwissenschaft 361).

Frank, Armin Paul, Theorie im Gedicht und Theorie als Gedicht, in: ders., Literaturwissenschaft zwischen Extremen. Aufsätze und Ansätze zu aktuellen Fragen einer unsicher gemachten Disziplin, Berlin und New York 1977 (= de Gruyter Studienbuch), S. 131–169.

Garber, Klaus, Der Autor im 17. Jahrhundert, in: LiLi 11, Heft 42: Der Autor (1981), S. 29–45.

Grimm, Gunter E. (Hrsg.), Metamorphosen des Dichters. Das Rollenverständnis deutscher Schriftsteller vom Barock bis zur Gegenwart, Frankfurt a. M. 1992 (= Fischer Taschenbuch 10722).

Haferkorn, Hans J., Zur Entstehung der bürgerlich-literarischen Intelligenz und des Schriftstellers in Deutschland zwischen 1750 und 1800, in: Bernd Lutz (Hrsg.), Deutsches Bürgertum und literarische Intelligenz 1750–1800, Stuttgart 1974 (= Literaturwissenschaft und Sozialwissenschaften 3), S. 113–275.

Hess, Günter, *Fracta Cithara* oder Die zerbrochene Laute. Zur Allegorisierung der Bekehrungsgeschichte Jacob Baldes im 18. Jahrhundert, in: Walter Haug (Hrsg.), Formen und Funktionen der Allegorie. Symposion Wolfenbüttel 1978, Stuttgart 1979, S. 605–631.

Hinck, Walter, Das Gedicht als Spiegel der Dichter. Zur Poetologie des poetologischen Gedichts, Opladen 1985 (= Vorträge der Rheinisch-Westfälischen Akademie der Wissenschaften. Geisteswissenschaften G 273).

– (Hrsg.), Schläft ein Lied in allen Dingen. Das Gedicht als Spiegel des Dichters. Poetische Manifeste von Walther von der Vogelweide bis zur Gegenwart. Unter Mitarbeit von Friedrich Krause, Frankfurt a. M. 1985.

Ingen, Ferdinand van, Zum Selbstverständnis des Dichters im 17. und frühen 18. Jahrhundert, in: James A. Parente jr./Richard Erich Schade/George C. Schoolfield (Hrsg.), Literary Culture in the Holy Roman Empire, 1555–1720, Chapel Hill und London 1991 (= Studies in the Germanic Languages and Literatures 113), S. 206–223.

Ingold, Felix Philipp/Werner Wunderlich (Hrsg.), Fragen nach dem Autor. Positionen und Perspektiven, Konstanz 1992.

Jaumann, Herbert, Emanzipation als Positionsverlust. Ein sozialgeschichtlicher Versuch über die Situation des Autors im 18. Jahrhundert, in: LiLi 11, Heft 42: Der Autor (1981), S. 46–72.

Kaspers, Katharina, Der arme Poet. Wandlungen des dichterischen Selbstverständnisses in der deutschen Romantik, Frankfurt a. M. u. a. 1989 (= Europäische Hochschulschriften, Reihe I: Deutsche Sprache und Literatur, 1145).

Kluckhohn, Paul, Dichterberuf und bürgerliche Existenz, Tübingen 1949 (= Die Brunnen-Bücherei 4).

Kochan, Detlef C., Literarische Spuren einer Symbolfigur. Orpheus zum Beispiel, in: Werner Wunderlich (Hrsg.), Literarische Symbolfiguren. Von Prometheus bis Svejk. Beiträge zu Tradition und Wandel, Bern und Stuttgart 1989 (= Facetten deutscher Literatur. St. Galler Studien 1).

Koopmann, Helmut, Dilettantismus. Bemerkungen zu einem Phänomen der Goethezeit, in: Helmut Holtzhauer/Bernhard Zeller (Hrsg.), Studien zur Goethezeit. Festschrift für Lieselotte Blumenthal, Weimar 1968, S. 178–208.

Kurz, Paul Konrad, Künstler, Tribun, Apostel. Heinrich Heines Auffassung vom Beruf des Dichters, München 1967.

Lämmert, Eberhard, Der Dichterfürst, in: Dichtung, Sprache, Gesellschaft. Akten des IV. Internationalen Germanistenkongresses 1970 in Princeton, hrsg. von Victor Lange und Hanns-Gert Roloff, Frankfurt a. M. 1971 (= Beihefte zum Jahrbuch für Internationale Germanistik 1), S. 439–455.

–, Die Entfesselung des Prometheus. Selbstbehauptung und Kritik der Künstlerautonomie von Goethe bis Gide, in: Werner Wunderlich (Hrsg.), Literarische Symbolfiguren. Von Prometheus bis Svejk. Beiträge zu Tradition und Wandel, Bern und Stuttgart 1989 (= Facetten deutscher Literatur. St. Galler Studien 1), S. 17–36.

Linduschka, Heinz, Die Auffassung vom Dichterberuf im deutschen Naturalismus, Frankfurt a. M. u. a. 1978 (= Europäische Hochschulschriften I, 248).

Mahr, Johannes, Übergang zum Endlichen. Der Weg des Dichters in Novalis' ›Heinrich von Ofterdingen‹, Diss. Würzburg 1968, München 1969.

Martini, Fritz, Sänger und Gesang. Mythos, Poetik und Geschichte. Ein Kapitel deutscher Literaturgeschichte zwischen Klopstock und Heine, in: Goethe-Jahrbuch 101 (1984), S. 139–161.

Müller, Michael/Horst Bredekamp (Hrsg.), Autonomie der Kunst. Zur Genese und Kritik einer bürgerlichen Kategorie, Frankfurt a. M. 1972.

Müller, Peter, Goethes ›Prometheus‹. Sinn- und Urbild bürgerlichen Emanzipationsanspruchs, in: Weimarer Beiträge 22 (1976), S. 52–82.

Müller-Seidel, Walter, Hölderlins Ode ›Dichterberuf‹. Zum schriftstellerischen Selbstverständnis um 1800, in: ders., Die Geschichtlichkeit der deutschen Klassik. Literatur und Denkformen um 1800, Stuttgart 1983, S. 191–208.

Neuschäfer, Hans-Jörg, Das Autonomiestreben und die Bedingungen des Literaturmarktes. Zur Stellung des 'freien' Schriftstellers im 19. Jahrhundert, in: LiLi 42, Heft 42: Der Autor (1981), S. 73–92.

Otto, Walter F., Die Musen und der göttliche Ursprung des Singens und Sagens, Düsseldorf und Köln 1955.

Peters, Günter, Der zerrissene Engel. Genieästhetik und literarische Selbstdarstellung im achtzehnten Jahrhundert, Stuttgart 1982 (= Studien zur Allgemeinen und Vergleichenden Literaturwissenschaft 24).

Raabe, Paul, Lorbeerkranz und Denkmal. Wandlungen der Dichterhuldigung in Deutschland, in: Festschrift für Klaus Ziegler, hrsg. von Eckehard Catholy und Winfried Hellmann, Tübingen 1968, S. 411–426.

Rehm, Walther, Orpheus. Der Dichter und die Toten, Düsseldorf 1950.

Rosteutscher, Joachim, Hölderlins Ode ›Dichterberuf‹. Zum Hintergrund des literarischen Lebens bei Hölderlins Dichterberuf und die Frage der Auffassung vom Beruf des Dichters überhaupt, in: Deutsche Akademie für Sprache und Dichtung, Darmstadt, Jahrbuch 1962, S. 62–75.

Rudorf, Friedhelm, Poetologische Lyrik und politische Dichtung. Theorie und Probleme der modernen politischen Dichtung in den Reflexionen poetologischer Gedichte von der Aufklärung bis zur Gegenwart, Frankfurt a. M. u. a. 1988 (= Europäische Hochschulschriften Reihe 1, Deutsche Sprache und Literatur, Serie 1, 1105).

Rühmkorf, Peter, Walther von der Vogelweide, Klopstock und ich, Reinbek 1975 (= das neue buch).

Rupprecht, Erich, Die Botschaft der Dichter, Stuttgart 1947 (= Schriftenreihe der Universitas).

Ryan, Lawrence, Die Tragödie des Dichters in Goethes ›Torquato Tasso‹, in: Schiller-Jahrbuch 9 (1965), S. 281–322.

Schlaffer, Heinz, Das Dichtergedicht im 19. Jahrhundert. Topos und Ideologie, in: Schiller-Jahrbuch 10 (1966), S. 297–335.

Schlaffer, Heinz, Poesie und Wissen. Die Entstehung des ästhetischen Bewußtseins und der philologischen Erkenntnis, Frankfurt a. M. 1990.

Schmidt, Jochen, Die Geschichte des Genie-Gedankens in der deutschen Literatur, Philosophie und Politik 1750–1945, 2 Bände, Darmstadt [2]1988.

Schmidt-Dengler, Wendelin, Genius. Zur Wirkungsgeschichte antiker Mythologie in der Goethezeit, München 1978.

Schneider, Reinhold, Der Dichter vor der heraufziehenden Zeit, Freiburg 1947.

Schrimpf, Hans Joachim, Der Schriftsteller als öffentliche Person. Zur Krise der Wertmaßstäbe, in: ders., Der Schriftsteller als öffentliche Person. Von Lessing bis Hochhuth, Berlin 1977, S. 7–33.

Seibert, Peter, Der „tichter" und „poeta" am Beginn der Neuzeit. Einige Bemerkungen zum frühneuzeitlichen Autorentypus, in: LiLi 11, Heft 42: Der Autor (1981), S. 20–28.

Selbmann, Rolf, Dichterberuf im bürgerlichen Zeitalter. Joseph Viktor von Scheffel und seine Literatur, Heidelberg 1982 (= Beiträge zur neueren Literaturgeschichte 3. Folge Band 58).

Theile, Wolfgang, Immanente Poetik des Romans, Darmstadt 1980.

Vom Hofe, Gerhard/Peter Pfaff/Hermann Timm (Hrsg.), Was aber bleibet stiften die Dichter? Zur Dichter-Theologie der Goethezeit, München 1986.

Walzel, Oskar, Das Prometheussymbol von Shaftesbury zu Goethe, München [2]1932 (zuerst Leipzig 1910).

Werner, Hans-Georg, Klopstock und sein Dichterberuf, in: ders. (Hrsg.), Friedrich Gottlieb Klopstock. Werk und Wirkung. Wissenschaftliche Konferenz der Martin-Luther-Universität Halle-Wittenberg im Juli 1974, Berlin 1978, S. 11–41.

Wiese, Benno von, Dichtertum. Zum Selbstverständnis des deutschen Autors im 19. Jahrhundert und heute, in: Bernd Hüppauf/Dolf Sternberger (Hrsg.), Über Literatur und Geschichte. Festschrift für Gerhard Storz, Frankfurt a. M. 1973, S. 223–242.

Wittkowski, Wolfgang (Hrsg.), Revolution und Autonomie. Die Autonomieästhetik im Zeitalter der Französischen Revolution. Ein Symposium, Tübingen 1990.

Zangerle, Ignaz, Die Bestimmung des Dichters. Ein Versuch, Freiburg 1949.

Register (Personen und Werke)